Josef Helwig

Zeitrechnung zu Erörterung der Daten in Urkunden für Deutschland

Josef Helwig

Zeitrechnung zu Erörterung der Daten in Urkunden für Deutschland

ISBN/EAN: 9783337023379

Printed in Europe, USA, Canada, Australia, Japan

Cover: Foto ©ninafisch / pixelio.de

Zeitrechnung

zu

Erörterung

der

Daten in Urkunden

für

Deutschland.

ad Franciscum Riehner von *Registratorem. 1808.*

Joseph Helwig

des kaiserl. königl. geheimen Hausarchives wirklichen Offizialen.

Mit einer Vorrede

des

kais. königl. wirklichen Hofraths, Direktors des kais. königl. Hausarchives, und Beisitzers der Bücherzensurs - Komission.

Herrn Michael Ignaz Schmidt.

WIEN,

bei Joseph Edlen von Kurzbek, Kaiserl. Königlichen Hofbuchdrucker, Groß - und Buchhändler.

1787.

Vorrede.

Nichts würde überflüssiger seyn, als bey unseren Zeiten von dem Nutzen und der Nothwendigkeit des Gebrauchs der Urkunden, und der davon unzertrennlichen Diplomatik zu reden. Es wird zwar jeder ohnehin davon überzeugt seyn, der nur auf irgend eine Weise über die Glaubwürdigkeit der Geschichte, über die verschiedenen Stuffen der historischen Wahrscheinlichkeit, ihren inneren Gehalt und Werth nachgedacht hat. Jener aber wird es noch dazu anschauend und durch eigenes Gefühl wahrnehmen, der sich in dem Fall befindet Privatzeugnisse und Erzählungen, selbst auch der Zeitgenossen, und nicht selten gar der Augenzeugen mit öffentlichen Dokumenten aller Art, hauptsächlich den unter gewissen Feierlichkeiten ausgefertigten Urkunden zu vergleichen.

Wie sehr wird er manchmal über die Unwissenheit, Leichtgläubigkeit, wo nicht gar über die Untreue solcher Leute erstaunen, die es auf sich genommen, die Nachwelt über die Begebenheiten ihres Zeitalters zu belehren. Wie oft wird er in solchen Umständen, da ihm nichts als dergleichen privat Zeugniße zu Gebothe stehen, in die Versuchung eines größern oder kleinern, wo nicht gänzlichen historischen Sceptizismus verfallen, oder doch mit dem magern Resultat sich müssen begnügen lassen, daß wenigstens etwas an der Sache seyn müsse, wenn auch die nähere Beschaffenheit sich nicht angeben läßt. Dahingegen durch Urkunden so viel Gewisheit und Beruhigung erhalten wird, als in solchen Dingen möglich ist, und vernünftiger Weise gefordert werden kann.

Diejenigen Geschichtserzählungen die darauf gebaut sind, können zwar nie das Lebhafte und Blühende solcher Beschreibungen und Gemählde erreichen, wodurch sich die alten Geschichtschreiber so sehr auszeichnen; dagegen nähern sie sich dem wesentlichen Zweck der Geschichte um so mehr. Was sie an Schönheit verlieren, gewinnen sie an der Glaubwürdigkeit und Wahrheit. Auch leistet uns von einer Seite das große Bestreben, Urkunden zum Vorschein zu bringen, und auf der andern den Beifall und Dank, mit welchen sie von Kennern aufgenommen werden, hinlängliche Bürgschaft, daß die Gesinnungen unsers Zeitalters vielleicht in keinem Stücke weniger getheilt sind als in diesem.

Eine nothwendige Folge davon ist, daß auch diejenigen alle Ermunterung verdienen, die uns den Gebrauch der Urkunden auf irgend eine Weise erleichtern. Denkende Köpfe, welchen es vorzüglich um den Gebrauch derselben zu thun ist, haben selten Muße genug und manchmal nicht die Anlage, sich in dergleichen Untersuchungen einzulassen, welche die Diplomatik im Ganzen sowohl als in ihren einzelnen Theilen erfordert. Was demnach zur Aufklärung der Sphragistik, Semiotik, Geographie des mittlern Zeitalters oder anderer dahin einschlagender Dinge bis daher geleistet worden, war Kennern und Liebhabern der Geschichte und Diplomatik immer willkommen, als eben so viele Hilfsmittel, die Urkunden selbst mit mehrerer Sicherheit, Leichtigkeit und Nutzbarkeit gebrauchen zu können.

Noch mehr läßt sich dieses von der Chronologie sagen, in so weit sie mit den Urkunden im Zusammenhange steht, da die Aechtheit oder Unächtheit derselben vielleicht noch öfters von der Zeitrechnung als irgend einem anderen Umstand abhängt, und noch dazu das wahre Datum einer an sich wichtigen Thatsache gar oft mit Sicherheit blos aus Urkunden kann bestimmt werden. Hieraus läßt sich auch mit gutem Grunde schliessen, daß die Kunst, die wahre Zeitrechnung einer Urkunde zu finden, nicht nur allein den übrigen Theilen der Diplomatik an Wichtigkeit nichts nachgibt, sondern um so unentbehrlicher ist, da sie mit dem Gebrauch der Urkunden selbst, und dem mit der Zeitrechnung innigst verbundenen Pragmatischen der Geschichte in weit näherem Zusammenhang steht, als andere Theile.

Niemand, der nur einige Erfahrung in der Sache hat, wird nebst diesem daran zweifeln, daß derjenige, der Gebrauch von Urkunden macht, fast in keinem Falle, eine Beihilfe nöthiger habe, als in diesem. Nichts von den allgemeinen Schwierigkeiten der verschiedenen Aeren, Indiktionen, Zykeln rc. rc. zu melden, bleiben wir nur bei jener Art der Zeitangaben stehen, die von dem dreyzehenten Jahrhundert an bei den Deutschen und Franzosen zur Mode geworden, nämlich die Benennung eines gewissen Festages in der Kirche, oder auch des Nahmenstages eines Heiligen, auf, vor oder nach welchem die Urkunde ausgefertiget worden.

Daß man wenigstens die Jahrzahl deutlich ausdrückte, hatte allerdings seinen entschiedenen Werth; aber wie oft kömmt es nicht auch auf den Monat, ja den eigentlichen Tag des Monats an. Ein Verstoß von einigen Tagen kann manchmal den ganzen Hergang einer der wichtigsten Handlungen in Verwirrung setzen, und die ganze Verkettung der Thatsachen aus einander reißen.

Hier

Hier biethen sich aber Schwierigkeiten dar, welche zu heben in manchen Fällen ungemein viel Fleiß und Mühe erforderlich ist, die allemal für die Hauptsache verlohren geht. Ja in manchen wird derjenige, der sich kein besonderes Studium daraus gemacht, gar nicht einmal wissen aus der Sache zu kommen. Da sich unsere Sprache so sehr geändert, daß wir überhaupt die Bedeutungen mancher in den Mittelalter noch so sehr geläufigen Worte hart errathen können, so trifft es weit mehr in Ansehung der in verschiedenen Provinzen so sehr von einander abgehenden oder nach und nach gar erloschenen Benennungen der Festtage der kristlichen Kirche ein.

Bei andern Worten läßt sich ungemein viel aus dem ganzen Innhalt und Zusammenhange einer Urkunde, und hauptsächlich aus den Bedeutungen schon bekannter Worte und ihrer Zusammenstellung mit den dunkeln und ungewissen abnehmen; ein Hilfsmittel das ganz wegfällt, wenn von der Benennung der Festtage die Rede ist, weil sie mit dem Innhalt sowohl als einzelnen Theilen der Urkunde in gar keiner Verbindung steht.

Die sogenannte Beweglichkeit dieser Festtage macht eine neue Schwierigkeit, um allemal mit Genauigkeit bestimmen zu können, auf welchen Tag in verschiedenen Jahren ein jeder gefallen. Die Nahmen der Heiligen würden noch eher zum Leitfaden dienen können, wenn nicht manche Veränderungen auch mit ihnen vorgegangen, und manche zu verschiedenen Zeiten hinzu, andere davon gekommen wären, nebst dem, daß auch die Nahmen der Heiligen selbst durch die Schreiber der Urkunden, welche sie sehr oft nach der gemeinen Volksaussprache ausdrückten, so sehr verunstaltet worden, daß man nach aller Mühe und Sorgfalt sie manchmal nicht mit Zuverläßigkeit angeben kann.

Die berühmten französischen Verfasser des Werkes: L'art de verifier les dates wendeten zwar unsägliche Mühe darauf, um alle chronologische Schwierigkeiten bei dem Gebrauch der Urkunden zu heben; allein nebst dem, daß sie viel zu weit ausholen, indem sie nicht sowohl die Daten der eigentlichen Urkunden als jene aller Zeiten der alten und neuen Geschichte untersuchen, so wäre es auch bei allen guten Willen nicht möglich gewesen für andere Nationen dasjenige zu leisten, was nothwendig solche Sprachkenntnisse und einen solchen Umgang mit innländischen Urkunden voraussetzt, die ein Ausländer nicht einmal haben kann.

Dagegen haben zwei deutsche Männer unserer vaterländischen Diplomatik in diesem Stücke vor andern wichtige Dienste geleistet, und ihre Arbeiten verdienen allerdings den größten Dank. Johann Jakob Rabe durch sein Calendarium festorum dierumque mobilium atque immobilium in usum chronologiæ historicæ & rei diplomaticæ. Onoldi 1735. und *Haltaus* durch sein Calendarium medii ævi Lipsiæ 1729. Der erstere beschränkte sich auf Tabellen, um die beweglichen und unbeweglichen Feste und Tage zu bestimmen. Der andere hat zur Erklärung der veralteten und außer Brauch gekommenen Benennungen der Feste und Tage den Grund gelegt. Die Arbeiten von beiden hat in dem gegenwärtigen Werk Herr Helwig Offizial des k. k. ge-

heimen

heimen Hausarchivs zu vervollkommnen, ergänzen, berichtigen und brauchbarer zu machen gesucht, und nebst diesem auch alle übrige Mittel an die Hand zu geben sich bestrebet, um die Daten der Urkunden von allen Seiten gründlich untersuchen, beurtheilen und bestimmen zu können.

Durch die Tabellen die er liefert, sind die beweglichen und unbeweglichen Feste und Tage weit sicherer und leichter zu finden als in jenen des Rabe. Diese Tabellen sind so beschaffen, daß man eine ganze Uibersicht aller Festen zugleich vor sich hat, so, daß der Verfasser mit etlichen Tabellen alles umfaßt, was gegen 150 Tabellen des Rabe in sich begreifen. Die Introitus der Messen, deren Kenntniß dabei unentbehrlich ist, sind in alphabetischer Ordnung gleich beigefügt, um dieselben desto leichter in der ersten oder zweiten Tabelle zu finden. Der römische Kalender macht auch nur eine Tabelle zur leichtern Uibersicht aus. Endlich stellt er in etlichen Blättern eine Jahrfolge vom J. 779 bis 1800 mit dem Ostervollmonde, Osterfeste, Goldenenzahl und der Indiction für den Julianischen, — und eine dergleichen vom J. 1583 bis 2000 mit der Indiction und Epacte eines jeden Jahrs für den Gregorianischen Kalender vor Augen. Die Reihe dieser Osterfesten hat er aus dem Werk L'art de verifier les dates entlehnt. Auf solche Art hat er zwar nicht des Rabe Tabellen, (von denen immer der Wunsch war, eine neue Auflage zu sehen,) wohl aber alles das, was dieselben in sich enthalten, geliefert.

Aber viel weitläuftiger wurde die Ausdeutung oder Erklärung der alten Benennungen der Festen, Tagen und anderer Zeitbenennungen des Mittelalters, dessen ersten Grund Haltaus gelegt hat, weil das k. k. geheime Hausarchiv reichen Stoff dazu darbote. Sein Plan war auch, diesen Theil so vollständig zu machen, als ein solches Werk der Vollendung fähig ist. Daher hat er alles, was die Patres S. Mauri, der Hr. Archivar und Regierungsrath Spieß, Pilgram und andere Gelehrte in disem Fache geliefert haben, gesammelt, untersucht, geprüft und berichtigt, auch viele Daten, die die Sammler der Urkunden unerörtert gelassen haben, erklärt, oder doch diejenigen die er selbst nicht bestimmen konnte, angemerkt, um derselben Erörterung andern zu überlassen. Zugleich hat er einige noch unbekannte Introitus in alten Missalen ꝛc. aufgesucht und gefunden, die Hr. Baudis an den sel. Reichshofrath von Senkenberg geschikt und um Erörterung ersucht hat; davon er eine Abschrift unter den hinterlassenen Schriften des sel. Hrn. Hofr. von Rosenthal (aber ohne Erörterung) vorgefunden hatte. Verschiedene Artikel hat er ohne Andachtsschwindel untersucht, wie z. B. das Marie Empfängnißfest, bei welchem er unter den Artikeln Annuntiatio und Conceptio bis zur Evidenz, und fast mathematisch bewiesen, daß in den Urkunden unter dem Ausdruck Conceptio immer nur der 25. März verstanden worden sei; wozu ihm der sehr helldenkende Schöpflin den Grund angegeben, indem er Conceptionem activam und passivam sehr klug unterschiede, und das erstere für das Datum in die Conceptionis Marie erklärte und bewies. Doch gab er zugleich die Epoche an, von welcher Zeit man den 8.

December

December annehmen könne, nämlich vom J. 1476, da Pabst Sixt. IV. ein Minorit, dieses damals neue Fest der Empfängniß Marie (passive verstanden) gesätzmässig festsetzte. — So viel von diesen zwei Stücken des Rabe und Haltaus.

Um die verschiedenen Daten in Urkunden des Mittelalters zu erörtern, stossen noch mehrere Schwierigkeiten auf. Vorzüglich ist der Jahrsanfang in Betrachtung zu ziehen; denn in einigen Urkunden wird das Jahr vom 25. December oder den Weihnachttag; in andern vom 25. März oder Marie Verkündigung; wiederum in anderen am Osterabend; und in einigen vom ersten Jäner angefangen. Daher war er sehr sorgfältig, die Urkunden des k. k. geheimen Hausarchives zu sammlen und gegeneinander zu halten, um aus derselben Daten den Jahrsanfang zu erforschen. Solche beweisende Urkunden hat er in Ansehung des Osterabends in Urkunden von Paris datirt, — in Ansehung des 25 Märzes von Venedig, — und in Ansehung des Weihnachttags von den röm. Königen und Kaisern datirt 2c. glücklich aufgefunden, aus welchen durch Gegeneinanderhaltung klar erhellen mußte, was für ein Jahrsanfang dazumal im Brauche war. Auf solche Art handelt er durch Hilfe des Glossar eines Du Cange und anderer Gelehrten, auch eigener Bemerkung von Deutschlands, Engellands, Frankreichs, Spaniens, Italiens 2c. Jahrsanfange.

Der verschiedene Gebrauch des Julianischen und Gregorianischen Kalenders behauptet hier nicht minder einen Platz; denn jener gilt noch immer an manchen Orten in der Schweitz und in Rußland; dieser aber wurde nicht alsogleich, und nicht allenthalben angenommen. Ja, die Protestanten erschuffen sich einen eigenen, den sogenannten neuen verbesserten, dessen Gebrauch erst mit dem Anfang des achtzehenten Jahrhunderts began. Der Verfasser hat daher die Epochen angegeben, wann einer oder der andere in den verschiedenen Königreichen, Provinzen, Städten 2c. angenommen worden, und derselben eine alphabetische Ordnung geliefert.

Was die Nahmen der Heiligen betrift hat er deren so viele gesammelt als ihm nur möglich war aufzubringen; und dennoch konnte er sie nicht alle erörtern, welches nebst der schon angegebenen Ursache zum Theil seinen Grund auch darinn haben mag, weil die Abschreiber die Urkunden nicht richtig genug lesen konnten, insonderheit was die Nahmen anbelangt, welches verursachte, daß hernach auch der Druck unrichtig ausgefallen, wie der Verfasser bei dem Georgisch es einigemal bemerkt.

Man trifft mehrere Urkunden an, in denen Kaiser und Könige das Jahr Christi weggelassen, und nur allein den Tag des Monats ausgedrückt haben; doch aber, um das Jahr anzudeuten, ihre Regierungsjahre beisetzten. Auch Päbste ließen vom 13ten Jahrhundert bis auf Eugen IV. in ihren Bullen das Jahr Christi weg, und gaben nur den Tag nach dem römischen Kalender und ihre Pontifikatsjahre an. Daher ist es von äusserster Wichtigkeit, den gewissen und bestimmten Tag ihrer Erwählung und Krönung zu wissen. Zu dem Ende hat der Herr Verfasser in einer

Zeitfolge die Päbste , römischen Könige und Kaiser , die Könige von Hungarn, Böhmen und Polen mit ihren Erwählungs- und Krönungstagen vorgestellt , und selbe, wann es möglich war , mit diplomatischen Stellen bewiesen. — Von dem Erzherzog Rudolph IV. zu Oesterreich that er nur deßhalb Meldung , weil dieser das außerordentliche hatte, die Jahre seines Alters und seines Gewalts (wie er sich ausdrükt) in den Daten seiner Urkunden beizusetzen.

Den Beschluß machen drei weitläuftigere Untersuchungen der Epochen von der Erwählung und Krönung der Könige und Kaiser Sigmunds, Friderichs III. und Albrechts II. als derjenigen , deren Erwählungs- und Krönungstag bisher noch ganz unbestimmt geblieben war.

Schon diese kurze Uibersicht wird hinlänglich seyn, den Leser nicht nur allein zu belehren, was er in diesem Werke zu suchen habe, oder nicht, sondern auch all diejenigen, die mit Urkunden und Archiven zu thun haben, von der Brauchbarkeit desselben , wie auch der großen Mühe und Sorgsalt zu überzeugen, die der Herr Verfasser in seinem so nützlich als rühmlich angewendeten Nebenstunden demselben gewidmet.

Wien im Maymonat 1787.

M. J. Schmidt,
k. k. Hofrath, und Direktor
des geheimen Hausarchivs.

Inhalt dieses Werks.

Einleitung.

Von den beweglichen Festen und Tagen, und dem Gebrauche der dazu gehörigen Tabellen.

Von den unbeweglichen Festen 2c. und dem Gebrauche der dazu gehörigen Tabellen.

Tabellen für die beweglichen Feste.

A Jahrfolge für die beweglichen Feste und Tage des Julianischen Kalenders.

B Fortsetzung dieser Jahrfolge.

C Jahrfolge für die beweglichen Feste 2c. des Gregorianischen Kalenders.

D Allgemeine Tabelle der beweglichen Feste, vom Sonntage Septuagesima bis Dreifaltigkeitsonntag.

E Zweite allgemeine Tabelle der beweglichen Sonntäge, um alle Introitus von Pfingsten bis Septuagesima zu finden.

F Verzeichniß aller Introitus in Alphabetischer Ordnung.

Tabellen für die Unbeweglichen Feste.

G Jahrfolge für die unbeweglichen Feste des Julianischen Kalenders.

H Jahrfolge für die unbeweglichen Feste des Gregorianischen Kalenders.

I Allgemeine Tabelle für die unbeweglichen Feste, die die ersten sechs Monate enthält.

K Zweite allgemeine Tabelle die die andern sechs Monate enthält.

L Calendarium Romanum.

M Reihe der Ostern nach dem Julianischen Kalender vom Jahre 797 — 1800.

N Reihe der Ostern nach dem Gregorianischen Kalender vom Jahr 1583 — 2000.

E N D E.

Zeit-

Zeitrechnung
zu
Erörterung
der
Daten in Urkunden
für
Deutschland.

Einleitung.

Zeitrechnung überhaupt dienet, aller Begebenheiten Zeitfolge zu bestimmen; — die Zeitrechnung..z Erörterung der Daten in Urkunden hingegen lehret vorzüglich den Zeitpunkt, in welchem diese er jene Urkunde ausgefertiget worden, zu erörtern. Um zu diesem Zweck zu gelangen, und die Umden auch von dieser Seite richtig zu beurtheilen, sind folgende Erforderniſſe unumgänglich nothwig:

Erstes Tabellen, in welchen man die beweglichen und unbeweglichen Kirchenfeste und Tage es jeden Jahrs leicht und sicher auffinden kann.

Zweis: Ein Verzeichniß der alten, außer Brauche gekommenen Benennungen der Kirchenfe und Tage des Mittelalters mit ihrer gewiſſen Bedeutung.

Drits: Die Bestimmung der Zeit, in welcher die Königreiche, Provinzen, Städte, ꝛc. n Gregorianischen, oder den Verbeſſerten Kalender angenommen, oder welche Provinz, Städte, ꝛc. den Julianischen noch beibehalten haben.

Viers: Ein Verzeichniß der Namen der Heiligen, mit dem Tage, an welchem ihr Fest im Mittelalter begangen worden.

Füns: Die Epochen der Erwählung oder Krönung der Kaiser und Könige, um die in n Urkunden vorkommenden Regierungsjahre verläßlich angeben zu können.

Sens: Zeitrechnung und verschiedener Gebrauch der Indikzionen.

iese sämmtlichen Gegenstände, so viel möglich ausgearbeitet zu liefern, war der Zweck des Werks.

or andern wollen wir die Werke durchgehen, welche sich in dieser Gattung auszeichnen. Unter n verdienet *L'art de verifier les dates* der gelehrten Benediktiner von der Kongregazion des h. arus unstreitig den ersten Platz. Es begreift alle Theile in sich, die zur diplomatischen Zeitredg erfodert werden. Die beweglichen und unbeweglichen Feste findet man genau und sicher, etwas weitschweifig, bestimmt. Zudem ist auch ein sehr grosser Vorrath von den Merkmaalen Zeitrechnung in Urkunden vorhanden, als da sind der Sonnenzirkel, Mondzirkel, Claviregulares, Sonn- und Mondfinsterniſſen ꝛc. eines jeden Jahres, deren ich einige, als zu me Zweck überflüſſig, unbenutzt gelaſſen, weil Sonn- und Mondfinsterniſſen in den Daten der Urkunden der Deutschen sehr selten vorkommen. Vieler Sachen zu geschweigen, die nur zur Zeitrechnung überhaupt erfodert werden, als z. B. die Alexandrinische Zeitrechnung, die Antiochenische, die Konstantinopolitanische, die Zeitrechnung der Seleuziden, die Spanische, die Diokletzianische, die Türkische, die Zeitrechnung von Abraham, des Nabonassars, von Tirus, der Armenier, der Juden, ꝛc. ꝛc. die sich ganz wohl in das *Systema Chronologiæ fundamentalis Joan. Georgii Frankii* schicken, aber bei der diplomatischen Zeitrechnung überflüssig sind. Zudem ist dieses schöne Werk fast einzig für Frankreich geschrieben; denn es enthält weder die im Mittelalter in Deutschland üblich gewesenen Benennungen der Tage und Feste, weder die in Deutschlands Kalendern der damaligen Zeit vorkommenden Namen der Heiligen, weder bestimmt es die Epochen von Erwählung und Krönung der deutschen Könige und Kaiser genug. Und die Verfasser scheinen überhaupt nicht soviel Kritik für die Geschichte der deutschen, als der französischen Länder angewendet zu haben, wie man bei Gegeneinanderhaltung gegenwärtigen Werkes mit dem angeführten deutlich sehen kann.

In Deutschland sind zum Behufe der diplomatischen Zeitrechnung folgende zwei Werke viel früher bekannt: Calendarium medii ævi Cl. V. Christ. Haltausii 1729, welches die Benennungen der Feste und Tage des Mittelalters mit vielem Fleiß und Scharfsinn erkläret und beleuchtet. Und Calendarium festorum dierumque mobilium atque immobilium in usum chronologiæ Historicæ & Rei diplomaticæ Joh. Jacobi Rabe. Onoldi 1735. Seine Tabellen sind bisher noch immer das einzige Werk gewesen, dessen man sich in Deutschland bei Erforschung der Daten mit Nutzen bedienet hat. Dem Erfinder dieser Tabellen bleibt auf immer die Ehre, daß er der erste war, der eine solche Leichtigkeit an die Hand gegeben, die beweglichen und unbeweglichen Feste und Tage aufzusuchen und zu finden. Zwar hat er bei Verfertigung seiner Tabellen manchmal Umweg nehmen müssen, welches dem aufzusuchenden manche Beschwernisse verursachet; denn in den Tabelen der beweglichen Feste machen zwo Zahlen in einer Zelle immer eine Undeutlichkeit. Er bekennet es selbsten: " In ipso Calendario aliam peperit difficultatem intercalaris annus, ut scilicet multi dies, " qui bissextilem antecedunt & proxime consequuntur, binis dierum numeris fuerint notandi: — " anno communi numerus dierum mensis prior adhibendus: anno bissextili posterior. " — — Aber es gibt auch zwo Zahlen in einer Zelle, wobei gar nicht angezeiget wird, welche Zahl zu wählen sey. Z. B. Man suche folgenden Tag: Geben 1478. Mittwoch nach Invocavit. — Da steht man in der Zelle 8—15. Febr. Welche Zahl gilt wohl hier für den Sonntag Invocavit? Ich war unschlüssig, welche Zahl zu nehmen wäre, und zog meine Tabellen zu Rath. Hier fand ich geradezu, daß es der 8. Febr. sei; folglich ist der Mittwoch der 11. Februar. Nun weiß man erst, anno communi prior adhibendus. — Ein andermal war er von der natürlichen Ordnung abzuweichen gezwungen, und mußte (Seite 119. und 120.) die Goldne-Zahl verändern, also zwar, daß das Jahr 1659, welches in der Linie der Goldnen-Zahl I. gesucht wird, nun mit der beigesetzten Goldnen-Zahl VI. angetroffen wird; welches bei andern Jahren auch geschehen.

Diese zwei Werke sind inzwischen so selten geworden, daß, auch um hohen Preis, kaum ein Exemplar mehr zu bekommen ist.

Ueber die bereits angezeigten hat auch vor kurzem Herr Abbt Pilgram ein Calendarium chronologicum Viennæ 1781. herausgegeben. Es enthält die 35 Kalender aus dem Werke L'art de verifier les dates, ersterer Ausgabe, um die beweglichen und unbeweglichen Feste zu finden. Zu verwundern ist, daß Hr. Pilgram den Julianischen Kalender nur bis auf das Jahr 1582. gegeben, und das Jahr darauf gleich den Gregorianischen angefangen habe; da doch diesen, selbst die Katholischen nicht zugleich angenommen; wie z. B. das Königreich Hungern denselben erst im Jahre 1587. den 1. November genehmiget; zu geschweigen der Protestanten in der Schweiz, in den Niederlanden, und überhaupt in Deutschland, die erst zu Anfang dieses Jahrhunderts den Verbesserten angenommen, einige Städte in der Schweiz hingegen den Julianischen noch bis diesen Tag beibehalten haben. Allem Anscheine nach muß dem Herrn Verfasser die zwote Ausgabe desselben Werkes nicht zu Gesicht gekommen seyn, in welcher diese Patres den Fehler der erstern verbesserten, und den Julianischen Kalender bis auf das Jahr 1800. fortsetzten. — Der andere Theil enthält die Erklärung der Benennungen der Feste und Tage des Mittelalters nach dem Haltaus. Da Hr. Pilgram das Glück gehabt, Beiträge eines Pater Schier, Augustiner, eines P. Rieberer, Exjesuiten, und anderer Gelehrten zu erhalten, so war er allerdings im Stande, das in seiner Art klassische Buch des Haltaus zu vermehren, welche Vermehrung ich auch, gleichsam durch die dritte Hand, genützt habe. Eben so hab ich auch von den Festagen der Heiligen, welche er durch Hilfe obgenannter und verschiedener Gelehrten, aus so vielen Kalendern des Mittelalters und Martirologien, als den ächten Quellen, mit vielem Fleiße gesammelt, einiges Licht bekommen.

Endlich

Endlich hab' ich auch von den Beiträgen zur Chronologie des Hrn. Regierungsrath und Archivar Spieß (im zweiten Theile seiner Archivischen Nebenarbeiten und Nachrichten von Seite 75 bis 90.) worinn merkwürdige Feste enthalten, und mit vielem Scharfsinn erörtert sind, nützlichen Gebrauch gemacht. — Soviel von den zur diplomatischen Zeitrechnung dienenden Werken. Ich komme zu meinem Zweck.

Um den im Rabeischen Kalendarium vorkommenden Schwierigkeiten abzuhelfen, war ich beflissen, solche Tabellen zu verfertigen, die alle beweglichen, und unbeweglichen Feste auf einmal vor Augen stellen, und das Ganze mit einem Blick zu übersehen erlauben. Ich nahm daher zu einem Zeiger die 35. Sonntagsbuchstaben eben so vieler Jahre (in welchen Ostern wie bekannt ist, immer auf eine verschiedene Zeit fällt,) mit den Wochen und Tagen des zwischen Weihnachten und dem Sonntag Quinquagesima von den 35. Ostern bestimmten (folglich wandelbaren,) Zeitraums an. Ein jeder dieser Sonntagsbuchstaben mit den beigesetzten Zahlen der Wochen und Tage des gesagten Zeitraums, zeiget das gesuchte bewegliche Fest eines jeden angegebenen Jahrs an; wie weiter unten von den beweglichen Festen gewiesen werden soll. Auf solche Art hab' ich die 35. Kalender des Werks L'art de verifier les dates ins Kurze und zwar in wenige Tabellen zusammen gezogen.

Die letzten derselben enthalten alle Osterfeste in einer Jahrfolge vom Jahre 779. angefangen bis 1800. mit eines jeden Jahrs Indikzion und Goldnenzahl für den Julianischen Kalender; und vom Jahre 1583. bis 20 00. mit der Indikzion und Epakte eines jeden Jahrs für den Gregorianischen Kalender. Die Reihe der Osterfeste ist aus dem Werke L'art de verifier les dates genommen, damit man theils die Indikzion gleich bei jedem Jahre finden, theils untersuchen könne, ob die Osterfeste nach gegenwärtigen Tabellen richtig mit jenen übereinkommen.

Aus dem Kalendarium des Haltaus habe ich nur die veralteten Benennungen der Feste und Tage des Mittelalters mit ihrer Bedeutung ausgezogen, ohne die Beweise (es wären denn einige wenige Worte einer Urkunde ꝛc.) dazu anzuführen, welche man allenfalls in dem Buche selbst nachsehen kann; um so leichter, da es itzt durch Hrn. Pilgrams Bemühung mehr zur Hand ist. Meine Absicht ist nicht, anderer Werke überflüssig zu machen, um das meinige ohne Noth zu vergrößern; indem ich ein Buch zu liefern gedenke, welches den Diplomatiker, der nicht den Beweis der Ausdeutung, sondern nur die Bedeutung dieser veralteten Wörter suchet, in den Stand setzen kann, sicher und bestimmt zu finden, was er immer, in Absicht auf die Zeitrechnung in Urkunden verlangen wird.

Ein Verzeichniß der Heiligen ist zu dieser Zeitrechnung unentbehrlich, weil die Urkunden meistens nur mit dem Namen eines Heiligen bezeichnet worden. Ich habe derer soviel gesammelt als mir möglich war, und doch von einigen den Tag ihres Festes nicht ausfindig machen können. Z. B. Hr. Pilgram erklärt (S 166.) was der Name Erbland in dem Mittelalter geheißen habe, und setzt hinzu: S. Ermelandus; aber er setzte nicht den Tag des Jahrs bei; ich habe erst nach vielen Aufsuchen gefunden, an welchem Tage dieser Heilige gefeiert worden.

Die Epochen der Annehmung des Gregorianischen oder Verbesserten Kalenders in den Königreichen, Provinzen, Städten, wird zur diplomatischen Zeitrechnung darum erfodert, damit man wisse, nach welchem Stile man den Tag, oder das Fest suchen soll. Die hab' ich größtentheils aus dem Werke L'art de &c. genommen, und die Reiche, Provinzen und Städte, mit den Epochen der Annahme in alphabetischer Ordnung dargestellt.

Bei Untersuchung einer Urkunde, von Seite der Zeitrechnung in den Daten, ob sie ächt oder für untergeschoben zu halten sei, muß man alle in Urkunden übliche Merkmale der Zeitrechnung beurtheilen können. Da nun nebst andern auch die Regierungsjahre der Kaiser und Könige in den Urkunden vorkommen, so ist es, dem Zweck gemäß, unumgänglich nothwendig, nicht allein das Jahr, sondern auch das Monat und den Tag des Anfangs seiner Regierung, das ist, seiner Erwählung, oder Krönung zu wissen. Dem Geschichtschreiber darf nicht soviel daran liegen, ob die Wahl alsogleich, oder etwas später angenommen worden sei, indem die Thatsachen seiner Geschichte demungeacht wahr bleiben, die er zu erzählen hat; der Diplomatiker hingegen muß den wahren Tag der Wahl oder Krönung, er muß den Tag der Wahlannehmung wissen, wenn er die Reichsjahre in Urkunden richtig beurtheilen will. Dem Geschichtschreiber ist es genug, wenn er sagt: Kaiser Friedrich III. ist am Lichtmeßtag 1440. zu Frankfurt zum römischen König erwählt worden; dem Diplomatiker hingegen ist dieses nicht genug, sondern er muß auch wissen, von welchem Tage er seine

Regierungsjahre zu zählen angefangen habe. Und da findet sich, daß er seine Reichsjahre nicht von der Wahl, sondern von Annehmung derselben und Uebernehmung des deutschen Reichs, das ist, vom 6 April, rechne. Aus dieser Ursache sind hier die Epochen der Erwählung und Krönung der römischen Könige und Kaiser, der Könige zu Hungern, Böhmen und Polen, (weil diese Königreiche den meisten Einfluß in die Diplomatik von Deutschland haben,) soviel als möglich kritisch bestimmt vor Augen gestellet worden; die Zeitfolge der Päbste mit ihren Epochen der Krönung und Sterbetage hat hier auch einen Platz erhalten, nicht allein wegen dem Einfluß in unsere Diplomatik, als vielmehr wegen ihren Bullen, in denen vom Gregor VII. bis in die Hälfte des fünfzehnten Jahrhunderts meistens das Jahr Christi ausgelassen ist, und nur die Jahre des Pontifikats beigesetzt sind, folglich das Jahr Christi durch den Tag ihrer Erwählung oder Krönung gefunden werden muß. Von dem Kaiser Siegmund, dem römischen König Albrecht II. und dem Kaiser Friderich III. sind hier weitläufigere kritische Untersuchungen ihrer Erwählungs- und Krönungs Epochen beigefüget worden, weil derselben Epochen am allermeisten unrichtig gefunden werden. Die übrigen Anmerkungen und Beweise, wo einige gemacht werden konnten, sind jedem Kaiser oder Könige gleich beigesetzet werden. Die Buchstaben (H. A.) bedenten immer, daß diese Daten, oder Stellen aus Urschriften des k. k. geh: Hausarchives genommen worden.

Bei Kaisern, römischen- und andern Königen war es hergebracht, ihre Reichs- oder Regierungsjahre in den Urkunden zu benennen. Von regierenden Herzogen und Fürsten hingegen findet man überhaupt keine Spur, daß sie dieselben ausgedrückt hätten. Nur Herzog Leopold VII. zu Oesterreich und Steier setzte in dem Stiftbriefe für das Kloster Lilienfeld die Jahre seiner Regierung in Steier und Oesterreich hinzu; " Liupoldus dux austrie & stirie — Datum est in Ni„ wenburch Anno ab incarnatione domini. M. CC. VIIII. Indictione. XII. VII. Idus Aprilis. *Anno* „ *ducatus nostri in stiria. XVI. In austria. XI.* „ — Desgleichen Rudolf der Vierte, Erzherzog zu Oesterreich, doch mit dem Unterschiede, daß er nicht vnsers Reichs, sondern vnsers Gewalts, und im Lateinischen *Regiminis* schrieb. Dieser war auch der erste unter den Herzogen zu Oesterreich, der die Zahl des Namens der Vierte ausdrückte, den Titel Erzherzog, nach altem Rechte, sich beilegte, und in Urkunden noch die Jahre seines Alters beifügte. Als z. B. " Wir Ru„ dolff der Vierd von gots gnaden Erzherzog zu Oesterreich — der geben ist ze Wienn, am Eri„ tag nach sand Vlreichstag. Nach Christs geburd 1360. iar Vnsers alters in dem Ains vnd zwain„ czigisten vnd vnsers Gwalts in dem andern Jar. „ — Und im Lateinischen: " Nos Rudolffus „ Quartus dei Gratia *Archidux Austrie* — Datum & actum in Grecz, feria Quinta proxima ante „ dominicam qua cantabitur Judica. Anno domini 1363. *Etatis nostre vicesimo quarto, Regiminis* „ *vero nostri Quinto annis.* „ — Er war 1339. den 1. November gebohren, und ist nach seines Vaters Herzog Albrechts zu Oesterreich Tode, der im Jahre 1358, den 20. Julius erfolgte, zur Regierung gekommen; welches folgendes Datum beweiset: " Wir Rudolf der Vierd — der geben „ ist ze Wien an Eritag vor sand Jacobs tag, des Zwelfbotten (20. Jul.), do man zalt von Kri„ stes Geburd, dreuzehen Hundert iar, Darnach in dem ayns, vnd Sechczigisten iare, Vnsers alters „ in dem zwai, vnd zwainczigisten, vnd vnsers Gewaltes in dem vierten Jare. Des ersten Jages, „ do dasselb vierd iar anfieng. „ — Er starb zu Mailand im Jahre 1365, den 27. Julius, im 26. Jahre seines Alters.

Von

Von den Beweglichen Festen und Tagen.

Bewegliche Feste sind diejenigen, die sich nach dem Osterfeste richten: denn gleichwie das Osterfest bald früher, bald später im Jahre fällt, so fallen auch die davon abhangenden Sonntage der Feste. Um also die Tage der beweglichen Feste von jedem Jahre zu finden, sind folgende Tabellen bestimmt:

Erstens: Eine Tabelle, in welcher die Jahre Christi vom Jahre 779. bis 1800. mit den Sonntagsbuchstaben und Zahlen der Wochen und Tage des wandelbaren Zeitraums enthalten sind, für den Julianischen Kalender. — Und eine eben so eingerichtete Tabelle von 1583. bis auf das Jahr 2000. für den Gregorianischen Kalender.

Zweitens: Eine allgemeine Tabelle mit den 35. Sonntagsbuchstaben und den Zahlen der Wochen und Tagen des Zeitraums, welche die beweglichen Sonntage von Septuagesima bis Dreifaltigkeitsonntag enthält; und wieder eine andere, die alle Introitus von Pfingsten bis S. Septuagesima zeiget. Dem Gedächtniß zur Hilfe, findet man nach dieser Tabelle auf einem Blatte alle Introitus in alphabetischer Ordnung, mit Bezeichnung des Tages, an welchem jeder gesungen wird.

Der Gebrauch dieser Tabellen ist folgender: Erstens muß man wissen, ob das Fest nach dem Julianischen oder Gregorianischen Kalender zu suchen ist. Wenn man dieses weiß, so sucht man das angegebene Jahr in der gehörigen Tabelle der Jahrfolge, und merke sich den dazu gesetzten Sonntagsbuchstaben mit der Zahl der Woche und Tage des Zeitraums. Diesen Sonntagsbuchstaben mit der Zahl der Wochen und Tage suche man weiter in der allgemeinen Tabelle; man suche auch das oben geschriebene Fest oder den Sonntag, und fahre von oben herunter bis auf die Linie, in welcher der bemerkte Sonntagsbuchstabe mit seinen Zahlen steht, so findet man in dem durch beide Finger gemachten Winkel, an welchem Tage das gesuchte Fest oder der Sonntag fällt.

Beispiele werden dieses mehr beleuchten: Gegeben 1354. am Ostertage. Man suche nun in der Tabelle der Jahrfolge der beweglichen Feste des Julianischen Kalenders das Jahr 1354. und man wird finden, daß es mit dem Sonntagsbuchstaben E und den Zahlen 8. 4. bezeichnet ist. Den Sonntagsbuchstaben E suche man nun in der ersten allgemeinen Tabelle der beweglichen Festen, welcher ebenfalls mit den Zahlen 8. 4. begleitet ist. Endlich suche man oben: Osterfest, und fahre herunter bis auf die Reihe, wo E 8. 4. steht, so trift es auf den 13. April, welches der Tag ist, an dem die gegebene Urkunde ausgefertiget worden.

Zu einer andern Urkunde steht: *Datum feria tertia proxima post Pascha, 1437.* Man verfahre auf die nämliche Art, und es wird sich finden, daß Ostern am 31. März fiel. Weil aber dabei steht: *feria tertia post*, welches der Dienstag darnach ist, so zählet man noch 2 Tage hinzu, so kommt der 2. April heraus.

Eine andere Urkunde hat: *Datum 1249. feria sexta post diem cinerum.* Man suche abermal das Jahr mit dem Sonntagsbuchstaben und den Zahlen, und es findet sich C. 7. 2. dabei. Nun sehe man in der ersten allgemeinen Tabelle nach den Buchstaben C. mit den Zahlen 7. 2; oben suche man den Titel Aschermittwoch und fahre herunter bis auf die Reihe C. 7. 2. und man trifft auf den 17. Februar, als den Tag, an welchem in diesem Jahre der Aschermittwoch fiel. Die Urkunde aber sagt: *feria sexta post*, welches der Freitag darnach ist, also ward die Urkunde am 19. Februar gegeben.

Ein Schaltjahr ist mit zwei Sonntagsbuchstaben bezeichnet, davon der erste bis den 24. Februar, der zweite aber vom 25. Februar bis zu Ende des Jahrs gilt. Bei einem Schaltjahr ist zu bemerken, daß, weil der Februar wegen des Schalttages um einen Tag mehr hat, und Mathias nicht am 24. sondern am 25. Febr. fällt, alle übrigen Tage der Heiligen dieses Monats um einen Tag weiter vorrücken.

Beispiel: *Datum dominica quinquagesime, 1320.* — Man suche das Jahr 1320, und man wird dabei finden F E. 6. 5. — ein Zeichen, daß es ein Schaltjahr ist. Nun suche man in der ersten allgemeinen Tabelle in der Reihe F. 6. 5. und sehe, ob Quinquagesima vor- oder nach dem 24. Februar falle; und es zeigt sich, daß der Sonntag Quinquagesima den 10. Februar fällt; also gilt der erste Sonntagsbuchstab F. und die Urkunde ist vom 10. Februar.

Wenn aber das angegebene Fest, nach dem 24. Februar gefallen wäre, so ist der zweite Sonntagsbuchstab zu nehmen. Z. B. Geben 1460. am Aschtag. Bei diesem Jahre finden sich die Buchstaben F E. 8. 5. — Man sehe bei dem ersten Buchstaben F. 8. 5. wann der Aschermittwoch fallen würde; und man findet ihn nach den 24. Februar, also muß man sich nach dem zweiten Buchstaben nämlich E richten; welcher um eine Reihe höher steht; und in dieser Reihe zeiget sich der Aschtag oder Aschermittwoch den 26. Februar. In einem Schaltjahre aber wird ein Tag zugesetzt; also fiel der Aschermittwoch im Jahre 1460. den 27. Februar.

Zu leichterer Erinnerung, daß man bei Schaltjahren im Februar vom 24. an bis zum 28. einen Tag zusetzen müße, hab' ich in der Tabelle zum 24. Februar und sofort bis zum 28. Februar die Zahl 1. mit dem Zeichen × (plus) zugesetzet. Das ist; wenn es ein gemeines Jahr ist, so bleibt 24; in einem Schaltjahre hingegen heißt es: 24. und (plus) 1. ist 25. Weiters 25. und 1. ist 26, und sofort bis 28. und 1. ist 29.

Ein Beispiel: Geben am Sonntag Quinquagesima 1400. — Dieses Jahr hat die Sonntagsbuchstaben DC. 9. 3; also ist es ein Schaltjahr. Wenn man nun in der Reihe D. 9. 3. diesen Sonntag aufsucht, so zeigt sich, daß er nach dem 24. Februar fiel; daher gebrauche man sich des zweiten Sonntagsbuchstaben (das ist um eine Reihe höher als D.) C. 9. 2. und in dieser Reihe findet man Quinquagesima den 28. Februar. Weil aber (wie oben gesagt worden) in einem Schaltjahr immer die Zahl 1. hinzugesetzet wird, so kam im Jahre 1400, der Sonntag Quinquagesima auf den 29. Februar.

Auf gleiche Weise werden auch die Introitus gesucht. Z. B. *Datum Sabbato sitientes 1324.* Man suche in dem Verzeichniß der Introitus den Tag *Sitientes*, und man findet, daß es der Samstag vor Judica sei. Hierauf suche man in der Jahrfolge das Jahr 1324; dabei steht A G. 9. — Weil aber der Sonntag Judica nach dem 24. Februar fiel, wie man leicht sehen kann, so gilt der zweite Buchstabe G, (das ist um eine Reihe höher als A. 9. —) und da trift der Sonntag Judica auf den 1. April, folglich der vorhergehende Samstag auf den 31. März.

Von

Von den

Unbeweglichen Festen und Tagen.

Unbewegliche Feste sind, die zwar alle Jahr' an einem gewissen Tage des Monats, aber nicht auf einen gewissen Wochentag fallen. Daher ist es eben so nothwendig, diese Wochentage, wie die unbeweglichen Feste aussuchen zu können, weil die Data der Urkunden meistens durch dieselben ausgedrückt werden. Z. B. Freytag nach s. Valentin. Hier muß man zu erst wissen, an welchem Wochentage Valentin gefallen, wenn man erfahren will, welcher Tag des Monats der Freitag nach s. Valentin war. Um dieses zu finden, sind folgende Tabellen hinlänglich:

Jahrfolge für die unbeweglichen Feste mit der Zahl des Sonnenzirkels für den Julianischen; und eine andere für den Gregorianischen Kalender. In diesen Tabellen enthält die erste mit römischen Buchstaben bemerkte Zeile die Zahlen des Sonnenzirkels.

Allgemeine Tabelle aller Sonntage eines jeden Jahrs. Diese enthält zween Theile, wovon jeder sechs Monat einschließt. In dieser Tabelle zeigt die erste Zeile (wie die Tabellen der Jahrfolge) abermal die Zahlen des Sonnenzirkels.

Gebrauch dieser Tabellen.

Die Art, den Wochentag von einem gegebenen Fest' eines Heiligen zu finden, ist folgende: Man suche das angesetzte Jahr in der Tabelle der Jahrfolge für die unbeweglichen Feste mit der darüberstehenden Zahl des Sonnenzirkels. Diese Zahl des Sonnenzirkels suche man nachher in der allgemeinen Tabelle aller Sonntage in dem Monate, in welchem das Fest des Heiligen fällt, so findet man zween Sonntage, zwischen welchen das Fest des Heiligen eintrifft. Z. B. Man wollte wissen, auf welchen Wochentag das Fest des h. Valentinus des Martirs (14. Februar) im Jahre 1240. gefallen sei, so suche man das J. 1240 in der Jahrfolge für die unbeweglichen Feste, und man findet, daß es mit der Zahl XVII. des Sonnenzirkels überschrieben ist. Weiter suche man in der allgemeinen Tabelle aller Sonntage den Monat Februar und zugleich in der überstehenden Reihe der Zahlen des Sonnenzirkels die Zahl XVII, so finden sich, wenn man von oben gerade herunter fährt, die Sonntage im Februar 5. 12. 19. 26. Nun fällt Valentin den 14. Februar, folglich zwischen den zween Sonntagen 12. und 19. Weil also der 12. ein Sonntag war, so ist der 14. ein Dienstag gewesen.

Das Datum einer Urkunde lautet also: *Datum 1240. feria sexta proxima post festum S. Valentini mart.* Man verfährt auf die vorige Art, um den Wochentag des Festes zu finden; und dieser ist Dienstag; die Urkunde aber ist vom Freitag nach Valentin datirt, also wurde sie den 17. Februar gegeben.

Geben 1315. Mittwoch vor sand Urbans tag. Man suche in der Jahrfolge der unbeweglichen Feste das Jahr 1315. Die darüber geschriebene Zahl des Sonnenzirkels ist VIII. — Man suche nun in der allgemeinen Tabelle aller Sonntage den Monat Mai, (weil Urbanus am 25. Mai fällt,) und die überstehende Zahl des Sonnenzirkels VIII. so finden sich, wenn man von oben gerade herunter fährt, im Mai die Sonntage 4. 11. 18. 25. Also fiel Urbanus in diesem Jahre an einem Sonntage d. i. den 25. Mai. Nun sagt das Datum: Mittwoch vor sand Urbans tag, folglich ist die Urkund' am 21. Mai gegeben worden.

Von dem Monate Februar ist zu erinnern (wie bereits bei den beweglichen Festen gesagt worden,) daß, da in einem Schaltjahre der Schalttag auf den 24. Februar fällt, das Mathiasfest am 25. begangen wird.

Noch ist übrig, von den zweien unbeweglichen Quatembern anzumerken, daß, wenn Kreuzerhöhung, oder Luzia am Mittwoche fällt, der Quatember am Mittwoch über acht Tage gehalten wird.

Nun folgen die Tabellen nach dem Alphabet.

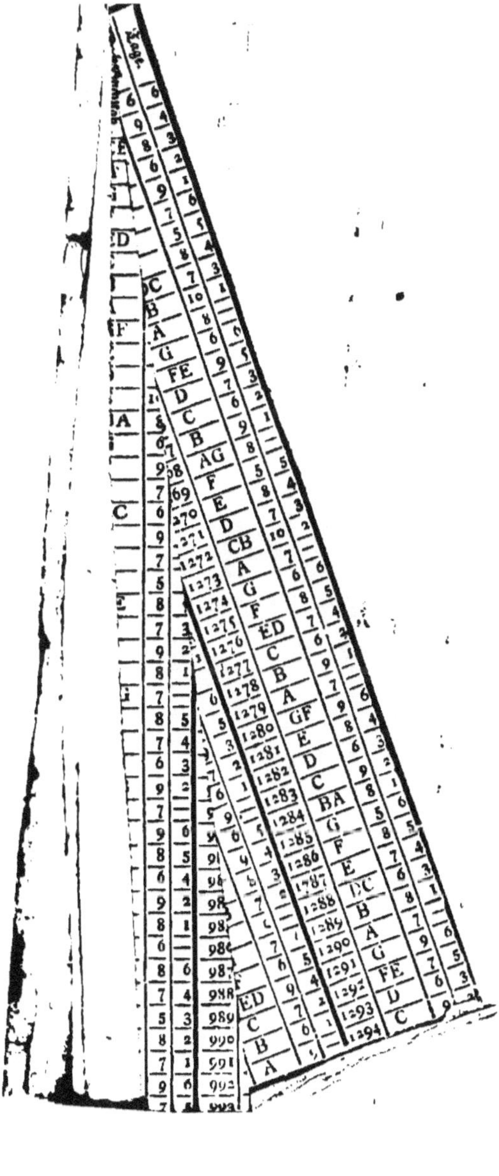

Jahre Christi.	Indikt.	Sonntags Buchstab.	Epakt.	Ostern.
1926	9	C	18	4 A.
1927	10	B	27	17 A.
1928	11	AG	8	8 A.
1929	12	F	19	31 M.
1930	13	E	1	13 A.
1931	14	D	12	5 A.
1932	15	CB	23	27 M.
1933	1	A	4	16 A.
1934	2	G	15	1 A.
1935	3	F	26	21 A.
1936	4	ED	7	12 A.
1937	5	C	18	28 M.
1938	6	B	29	17 A.
1939	7	A	10	9 A.
1940	8	GF	21	24 M.
1941	9	E	2	13 A.
1942	10	D	13	5 A.
1943	11	C	24	25 A.
1944	12	BA	5	9 A.
1945	13	G	16	1 A.
1946	14	F	27	21 A.
1947	15	E	8	6 A.
1948	1	DC	19	28 M.
1949	2	B	1	17 A.
1950	3	A	12	2 A.
1951	4	G	23	25 M.
1952	5	FE	4	13 A.
1953	6	D	15	5 A.
1954	7	C	26	18 A.
1955	8	B	7	10 A.
1956	9	AG	18	1 A.
1957	10	F	29	21 A.
1958	11	E	10	6 A.
1959	12	D	21	29 M.
1960	13	CB	2	17 A.
1961	14	A	13	2 A.
1962	15	G	24	22 A.
1963	1	F	5	14 A.
1964	2	ED	16	29 M.
1965	3	C	27	18 A.
1966	4	B	8	10 A.
1967	5	A	19	26 M.
1968	6	GF	1	14 A.
1969	7	E	12	6 A.
1970	8	D	23	22 M.
1971	9	C	4	11 A.
1972	10	BA	15	2 A.
1973	11	G	26	22 A.
1974	12	F	7	7 A.
1975	13	E	18	30 M.
1976	14	DC	29	18 A.
1977	15	B	10	10 A.
1978	1	A	21	26 M.
1979	2	G	2	15 A.
1980	3	FE	13	6 A.
1981	4	D	24	19 A.
1982	5	C	5	18 A.
1983	6	B	16	3 A.
1984	7	AG	27	22 A.
1985	8	F	8	7 A.
1986	9	E	19	30 M.
1987	10	D	1	19 A.
1988	11	CB	12	3 A.
1989	12	A	23	26 M.
1990	13	G	4	15 A.
1991	14	F	15	31 M.
1992	15	ED	26	19 A.
1993	1	C	7	11 A.
1994	2	B	18	27 M.
1995	3	A	29	16 A.
1996	4	GF	10	7 A.
1997	5	E	21	30 M.
1998	6	D	2	12 A.
1999	7	C	13	4 A.
2000	8	BA	24	23 A.

Alphabethisches Verzeichniß,

von den

im Mittelalter gebräuchigen Benennungen der Tage und Kirchenfeste mit ihren Bedeutungen.

F. A.

Abend, Avend. Vorabend, Vorfest, Vigilia — Herr Regierungsrath und Archivar Spieß zu Plassenburg schreibt in seinen Archivischen Nebenarbeiten und Nachrichten, II. Theile, Seite 76: Abend bedeutet nicht immer den Vorabend des Festes, sondern auch andere Tage, und gibt das Beispiel: 1391. am Freitag S. Katherin abent, das doch wider ihn spricht; indem der Freitag richtig den Vorabend, Vorfest, Vigilia bezeichnet, weil der angedeute Freitag am 24. Novemb. als am Vorabend fällt. Auch das zweite von ihm angeführte Beispiel beweiset das nämliche: Slaitz donerstag am abent Marie Magdalena 1513. indem Maria Magdalena am Freitag fiel, folglich Donnerstag der Vorabend war. — Aber durch folgendes Datum einer Urkunde des kaiserl. königl. geheimen Hausarchives: — Geben am Pfincztag sant Thomas abend des heyligen zwellfpoten 1469. — sollte man fast überzeugt werden, daß Abend nicht immer den Vorabend, sondern bisweilen auch das Fest selbst bedeute, weil in diesem Datum das Thomasfest selbst am Pfinczag fällt. Auch Perchtnacht bedeutet nicht den Vorabend des Dreikönigtages, welches folgendes Datum hinlänglich beweiset: Sonntag nach Perchnachten 1343. (H. A.) — Allein dieses sind Anomalien. — Daß aber Abend soviel als Vigilia heisse, bekräftigen zween Briefe gleichen Inhalts, wovon der eine in deutscher, und der andere in lateinischer Sprache ist; des letztern Datum lautet also: *Datum aput Lantshut in vigilia beati Egidii abbatis*, 1286. Und des ersten: Geben daez Landshut, an sand Egidien Abent, 1286. (H. A.) (Man s. Heilige Abend — Vigilia.)

Aberest. Aprilmonat. 1341. an dem nechsten Fritag vor mitten Aberesten (Pilgram.)

Aberell. Aprilmonat. (Waser.)

Ablaßwoche. Fronleichnams-Octav. (Haltaus.)

Abot. Abend. An sand Laurenzen Abot, 1428. (H. A.)

Abrellen. April. Geben ze Lünz des andern tags ingenten dem Abrellen. 1331. (H. A.)

Abrellin. April. Gegeben ze Burnetrud angendim Abrellin, 1283. (H. A.)

Abrello. April. (Pilgram.)

Abrille. April. 1277. in dem Monn der da haizzet der Abrille. (Pilgram.)

Abrolle. Wienn, 1292. In dem Manen den man da nenne Abrolle, an Sant Marien tage von Egypte. (H. A.) 8. April.

Abund. Abend. Am heiligen Brehen Abund, 1406. (H. A.) — Geben Velach an s. Katrein Abond, 1310. (H. A.)

Achte Tag. Die Octav. Geben Chrems des Samstages nach dem achten Tag des Perichtages, 1289. (H. A.) — Geben Vdmarveld am achtentage nach Ostern (Sonntag Quasimodogeniti) 1293. (H. A.) — Geben am achten tag nach dem Perichtag 1297. (H. A.) — Geben Wienn, an dem achtoden tach nach dem Perchtag, 1297. (H. A.) In beiden der 13. Jäner. — Geben Pleyburch, an dem achten tag nach Pfingsten, 1298. (H. A.) — Geben zu Wienn, am Pfincztag nach dem achten Tag nach Pfingsten 1312. (H. A.) — Gegeben ze Vline, an den achtoden Tag nach dem Ostertag, 1315. (H. A.) — Geben zu Wienn an achten tage vnserr vrowen der Liechtmesse, 1322. (H. A.) — Presburg an dem achten Tage nach Epyphanie, 1392. (H. A.) — und dergleichen mehr.

Achte tag, actintag, der achtiste. Der actintag vnsers Hern. Beschneidung Christi, 1. Jäner. — Nach Circumcisionis domini, den man nennet den achtin tag unsirs Herren. (Pilgram.) — Geben czu Dresdin, dez achten tags nach dem Heiligen Crist tag, 1349. (H. A.)

Achte tag nach den Zwölften tag nach Weihnachten. Dreikönig-Octav, 13. Jäner. (Man s. Achtzehende, Zwanzigste Tag.)

Achtid Tag dez Prehem. 13. Jäner. (Pilgram.)

Achtet des Obristen. 13. Jäner. (Pilgram.)

Achtet des heiligen Bluts. Fronleichnams-Octav. (Pilgram.)

Achtet vnser Frauen. Im Millstät. Kalender werden die Octaven von Marie Heimsuchung und M. Himmelfahrt auf vorgeschriebene Weise, ohne allen Zusatz, ausgedrückt. Die Octav von Marie Geburt aber: des acht Marie Gepurd. (Pilgram.) (Man s. Frauentag.)

Achtoden tag nach Ostern 1347. (H. A.) Sonntag Quasimodogeniti.

Achtoste tag sant Johanns in der Wihennachten. — Die Octav, 3. Jäner.

Acht sand Merten. Octav des Martinstag, 18. November.

Acht tage. Geben zu Wienn des Sonntags acht tage vor Pfingsten im May, 1288. (H. A.) Sonnt. Exaudi, 9. Mai.

Achtzehente Tag. Die Octav des Dreikönigtags, 13. Jäner (*) Am Dienstage nach dem achtzenden Dage vnsers Herren. — Am Montage nach den achtzenden Tage. — In dem achtzenten tage nach des heiligen Christs Tage. (Man s. Haltaus.) 1408. vff den nechsten Dornstag vor dem achtezehensten tag den man nennet zu Latin Octaua Epiphanie domini. (H. A.) — Auch Hr. Spieß führt ein solches Datum an: der geben ist vff Fritag nach dem achtzehensten, Octava Epiphanie Domini genannt 1439. — und setzet nach dem Wort Fritag hinzu: „ soll sicher heißen Eritag d. i. Dienstag „ da es doch sicher nicht Eritag oder Dienstag heißen kann, weil der dreizehende Jäner welcher in Mittelalter auch der achtzehenste heißt, in demselben Jahr auf einen Dienstag fiel. Also wurde diese Urkunde, die vom Fritag nach dem 13. Jäner (das ist nach dem achtzehensten) datirt ist, am sechzehensten Jäner 1439. gegeben.

(*) Hr. Pilgram meint, daß der achtzehente der 10, oder 11. Jäner sei (Seite 158.); aber unrichtig: denn der Achtzehente ist ein unwandelbarer Tag, so wie der Zwanzigste, obschon beide den 13. Jäner bedeuten. Auch der zwölfte und dreizehente sind immer der Dreikönigtag, oder 6. Jäner.

Achzigste tag. Geben 1354, uf den achzigsten tag. — Georgisch führt dieses Datum unter seinen unbestimmten an. Ich halte dafür, es soll heißen: achzehende Tag.

Achztag. In dem k. k. geh. Hausarchive befindet sich eine Urkunde mit folgendem Datum: der ist geben des Phincztags nach dem achztag, do man zalt von Christes gepürd dreyzehen Hun[illegible] Jar darnach in dem Ayn und dreygsten Jar. Der hier ausgedrückte Achztag ist der achtzehente Tag (13. Jäner), ungeachtet achztag im Original kein Verkürzungszeichen (Abbreviatur) hat; denn Achztag ist in der Aussprache, wie in der Schreibart, eben so verkürzt, wie dreygsten, welches ohne weitere Erklärung dreyßigsten heißt.

Actentag. Aktentag. Hr. Pilgram hält dafür, es bezeichne den Agnetentag: denn er schreibt (Seite 153) „ Aktentag. Actentag. fest. S. Agnetis 5. Febr. Mon. Boica II. A. 1355. an S. Akten Tag. „ — Dieses gibt Anlaß zu einer Untersuchung. Das angeführte Datum aus den Mo-

num.

num. Boicis, an S. Akten Tag soll beweisen, das auch Actentag das nämliche bedeute. Den leztern Ausdruck wollen wir zu erst vornehmen. Man kann sicher behaupten, daß unter Actentag der Achte Tag, der Neujahrstag, oder erste Jäner verstanden werde, denn Hr. Pilgram gibt selbst den Beweis an die Hand, indem er, (Seite 157.) dem Ausdruck Achte Tag auch Actintag unsers Herrn beifüget, und sofort erklärt, das beides der „dies circumcisi„onis, & octava Nativitatis, atque anni a die Nativitatis incipientis„ sei. Ja zu noch klärerem Beweise für mich, führt er (Seite 178.) bei Erläuterung des Ausdruckes „Obersten, Oberstentag„ folgendes Datum an: „an dem Acten Tage des obristen Tages„ welches hier den achten Tag, oder die Dreikönigs-Octav bemerket. Daß die Schreibart, oder Aussprache zwischen Actentag und Actintag hier gar keinen Unterschied mache, ergibt sich von selbst. Was das erste Datum „an S. Acten Tag„ anbelanget, wäre ich fast geneigt, es unter die nämliche Rubrik zu bringen; denn der Beisaz Sanct könnte nur dazu gesezt worden seyn, um das große Fest, nämlich die Beschneidung Christi darunter zu verstehen. — Müßte aber eine Heilige darunter verstanden werden, so könnte es doch nicht Agnes, sondern würde Agatha seyn. — Man s. hier Aitentag, Aetentag, Agetentag.

Adamtag. Aschermittwoche, (Pilgram.)

Adelguna. In einem Vidimus beim Georgisch: *Datum in die St. Adelgune* 1470. *XXVII. Julii.* Man suche beim Georgisch das Jahr 1456. Sonst fällt Adelgund am 30. Jäner.

Adolfes tag. In Schilters Kalendario Alemannico steht bei dem 29. August: *S. Adolfes Tag.*

Adorate dominum. Der dritte Sonntag nach dem Dreikönigtag.

Adoratio magorum. Epiphania. (Pilgram.)

Adrianstag. 4. März. Pfinztag nach sand Adrianstag des heiligen Martrer. 1482. (H. A.)

Ad te leuaui. Erste Adventsonntag.

Adventus spiritus sancti. In einigen alten Kalendern der 15. Mai, als ein unbewegliches Fest, (Pilgram)

Aeten tag. Geben an sand Aeten tag, 1325. Dieses Datum einer Urkunde findet sich in dem Haus-Archive. Es ist mehr als wahrscheinlich, daß es eine verkürzte Aussprache von Agatha sei, so, wie Ageten dag. Man s. Ageten dag auch Aitentag.

Afern tag. Afra. Geben Merenberch, am nächsten Sonntage nach sand Afern tage 1288. (H. A.)

Aflat. Ablaß. Der Barvoten Aflates tag. Ablaßtag bei den Barfüssern. (Pilgram.)

Affter halme vnd howe. Affter habe, und halm. Der Herbst. (*Haltaus.*)

Afftermontag. Dienstag. (*Haltaus.*) 1483. Afftermontag nach Egidi. Egidiusfest fiel in diesem Jahre an einem Montage. (Pilgram.) — Dumont im Corps Diplomat. nimmt in einer Urkunde vom Jahr 1391. den Afftermontag für den Montag; aber unrichtig, denn affter heißt hernach, nach, hiemit der Tag nach dem Montag. — Geben vf Afftermontag nach sant Valentins tag, 1368. (H. A.) Valentin, 14. Febr. fiel an einem Montag. — Geben an Afftermontag nach Natiuitatis Marie 1466. (H. A.) In diesem Jahr fiel Maria Geburt am Montage.

Afftersonntag. Montag. (*Haltaus.*)

Affterstag. (der heilige Afftersstag.) Auffahrtstag, Christi Himmelfahrt. (Haltaus.)

Afra. 7. August. Geben am Sonntage Afrä, 1435. (H. A.) — Crems am Mittichen sand Afferatag. 1476. (H. A.)

Agapt. Agapitus, 18. August.

Agnetentag. Agnes. Am Sant Agenten Tage, 1354. (H. A.)

Ageit. Augustmonat.

Ageten Dag. Agatha. In Schilders Kalendario Alemannico steht beim 5. Februar. *Ageten.* Und beim 21. Jäuner: *S. Angenesen tag.*

Aglei. Aquileja.

Aegler Pfennige. Agleyer Pfennige. (H. A.)

Agneta. Agnes.

Agnetentag. 21. Jäner. Wien, an Mittwochen sant Agnetentag. 1347. (H. A.)

Agneten tag. Hr. Pilgram schreibt bei diesem Fest, oder Tage (Seite 158.) „alias festum S. Agnetis 5. Febr.„ da doch in den alten und neuern Kalendern (derer Hr. Pilgram so viele anführt) den 21, und 28 Jäuer (als Octav) Agnes, und den 5. Febr. Agatha gefunden wird. Selbst in seinem Tentamine de Cultu praecipuorum festorum medii aevi (Seite 200.) schreibt er „Agnes V. M. 21. Jan. & 28. Jan.„ und „Agatha V. 5. Febr.„ — Zwar befindet sich in dem geo. H. A. eine Urkunde datirt: Geben ze Wienn 1292, an Sant Agnes tage, in dem Manen Feovrario; Albrecht von Petronell verpfändet dem Ulrich von Chapelle die Güter zu

Steteldorf; das Datum heißt: Geben, Wien, an s. Agnestag 1292. — Durch eine andere Urkunde gibt er ihm diese Güter auf; das Datum ist: Geben, Wienn, an s. Agnes tag in den Manen Febrvario, 1292. Hieraus erhellet, daß ein Schreibfehler in dem zweiten Datum liege, der in dem bestehet, daß es an s. Agatha tag heißen soll. Oder wenn man dieses nicht zulassen will, so müßte es den 28. Jäner bedeuten, der dem Februar der nächste Agnestag ist. Vielleicht hat es aber einen Bezug auf den Neumond. Allein ich glaube, es verhält sich mit diesem so, wie mit folgendem eben daselbst befindlichen Datum einer Urkunde: 1400. am Sameztag vor sand Vrbans tag nach dem Mayen; da doch in allen alten Kalendern Vrbanus am 25 Mai, und niemal an einem andern Tag zu finden ist.

Agthen tag. Agatha, 5 Februar. Meran, 1363. an sant Agthen tag. (H. A.)

Ahte tag. In Schilters Kalendario Alemannico steht bei dem ersten Januar: *dis ist der akte Tag.*

Aht tag vor sand Georgen tag, 1340 (H. A.) 16. April.

Ailffte Tag nach Christes vnsers lieben Herren vnd Heilands Geburt. Hr. Pilgram, der dieses Datum aus den Mon. Boicis anführt, hält für wahrscheinlicher, daß es der Vorabend des Dreikönigtags sei; mir aber dünkt die Wahrscheinlichkeit für den Dreikönigtag selbst größer, welcher nicht allein der Zwölfte sondern auch der Dreizehende heißt. Es kömmt auf die Art zu zählen an, wie bei dem Achtzehenden und Zwanzigsten.

Aindleff. Eilf. Aindlefte tag, der eilfte tag. Geben an der Aindleff tausend Maidtach, 1341 (H. A.)

Aiten tag. Geben an sand Aiten tag, 1298. (H. A.) — Dreytzehenhondert Jar und darnach in dem zehenden Jar an sant Aiten tag. (H. A.) Es ist mit größter Wahrscheinlichkeit dafür zu halten, daß darunter Agiten, Ageten, Agathen, (nach der verschiedentlich verkürzten Aussprache) zu verstehen sey. In dieser Urkunde sind über dem Buchstaben i meistens Strichlein, und auch so über dem i in Aiten, obschon sich bei sehr vielen weder Pünktlein noch Strichlein befinden; denn außer dem könnte man es Acten tag lesen. — Auch Hr. Pilgram führt unter der Rubrick: Aytt, Maid und Martyrin einen auf solche Art verkürzten Namen in einem Datum an (Seite 160.): 1305. des nechsten Montags nach sand Aitentag, und deutet es auf Agathentag aus.

Albans tag. Albanus, 22 Juni. Eltuil, dunrnstag vor sinte Albans tage 1366. (H. A.)

Albus dies Jovis. Cœna domini. (Pilgram.)

Aleizze, und in einer lateinischen Urkunde: *Aleyza.* Elisabeth.

Aliden und Sonien. Abdon und Senen, 30 Juli. (Haltaus.)

Allechsen tag, 1437. (H. A.) Alexius, 17. Juli.

Alleluia claudere, Alleluia dimittere. Domin. Septuages.

Alleluia Niederlegung. Sonntag Septuagesima. In dem von Hrn. Pilgram angezeigten Kalender vom Jahre 1512. steht bei diesem Sonntage: der Tag vncz daz man Alleluja hinlegt. (Man s. Sonntag, wenn man leget Alleluja.)

Aller Apostelen Dag; (Aller zwölf Boten Tag; — Der hilge dag der Apostelen. Apostelheilung 15. Juli. Wels an der zweif poten tag als se vorsand wurden, 1321. (H. A.) Am zwölff Bothen Tag, als sie zusand würden. — Aller Apostelen Dag alse se vorsand worden — Aller zwölff Boten Tag, den man nennet Dimissionem Apostolorum — Der Tag der Scheidung der heiligen zwölff Boten.

Aller Gotts Heiligen Tag. 1 November. 1425. an dem heilign Abent aller Heyling mit ainander. (Pilgram.) — Geben am Allerheiligen Tag. 1396. (H. A.)

Aller Kindleintag. 28 December. — Hr. Pilgram führt folgendes Datum an: 1377, des Mitichens nach Pfingsten an aller Chindlintag. Dieser Mittwoch fiel auf den 20 Mai.

Aller mann Faßnacht. — Zondagh thu aller Manne Vasten. — Haltaus zweifelt ob es Sonntag Invocavit, oder Esto mihi sei. Hr. Pilgram hält es für den Sonntag Invocavit, als den ersten Sonntag in der Fasten; und bestreitet Haltausen durch desselben eigene angeführte Stelle aus den Actis Lips. „ A. 1610. den 6. Februar weil der Pfarrherr zu Merkwitz Joh. Witich in„ nerhalb seiner Zeitt, der 37. Jahr, kein Exempel gehabt, vnd wegen Ergerniß dafür geben„ ten hat, ist des Richters Sohne — uff allerman Fastnacht Hochzeit zu machen abgeschla„ gen worden. „ Wenn man diese Stelle, wie sie angezogen wird, nach Strenge beurtheilet, so wäre es weder der Sonntag Esto mihi, weder der Sonntag Invocavit, sondern der Sonntag Septuagesima, genannt: Circumdederunt; denn dieses ist der Sonntag des Mittelalters, so man das Alleluja legt vnd Hochzeit verbeut. (Man s. beim Hrn. Pilgram. Seite 184. Sonntag, und Seite 177. Meyde.) Im Jahre 1610. war am 6. Februar der Samstag vor dem Sonntag Circumdederunt, also dürfte der Pfarrer am Sonntage Circumdederunt nicht mehr copuliren. — Aber so strenge darf man es hier nicht, wie im Mittelalter, nehmen; denn es ist zu zweifeln, ob man sich im Jahre 1610. dieses Ausdruckes bedienet habe. — Welcher Sonntag ist also aller mann Fassnacht? Um kurz davon zu kommen, so wäre mit dem Hrn. Pilgram der Sonntag Invocavit anzunehmen; obschon auch dieser Sonntag, nach der Angabe, Faßnacht, Fastnacht, aller Mann Fassnacht heißt, als nach welchem Tage die Fasten anfängt, wie z. B. der Dienstag vor Aschermittwoche die Faßnacht heißt, an welchem Tage noch kopulirt wird, und worauf die Fasten anfängt. — Auch im geheimen Hausarchive finden sich solche Daten: Sontags an aller mann Vaschang tag, 1330. — An aller mann Vaschang tag, 1358. — Geben an Sameztag vor aller mann Vaschang tag, 1404. — Wenn man überdieß die folgenden im geh. H. A. vorfindigen Daten überdenkt, so muß man allerdings H. Pilgrams Meinung beitreten: Kritags nach aller Mann Vaschang tag, 1403. — Eger 1376. am Dienstag nach aller manne Vasnacht. — Freytag nach aller Mann Faschang tag, 1368. — Denn, wenn es der Sonntag Esto mihi seyn sollte, so wäre der Dienstag und Eritag der Vaschangtag selbst, und der Freytag, der Freytag in den vier Tagen. — Wenn man hingegen ein von Georgisch angeführtes Datum — Schweidnitz 1405, Dienstage vor aller Manne Fastnacht. — betrachtet, so wird man in den vorigen Zweifel versetzet.

Aller Sel tage. Baden, dez mentägs nach aller Sel tage, 1315. (H. A.) — Wienn am Allerselentag, 1336. (H. A.) 2. Nov.

Alre. Aller. Geben an alre Hailigen tag, 1308. (H. A.)

Alte Fassnacht. Sonntag Invocavit. Haltaus führet dieses, und auch nachstehende Zeitfolge aus dem Hafnerus an: am Sonntag nach dem *XX.* (Zwanzigsten) Tag — An der Herren Faßnacht — an der alten Faßnacht — und was Urstisius in der Basler Chronik geschehen zu seyn, schreibt, Samstags vor Invocavit. Stumpf erkläret es durch Samstags der alten Faßnacht. In der Schweiz wird der Sonntag Invocavit noch immer so genennet. (Man s. *Haltaus.*)

Amaley. Amalia.

Ambrosien tag. 4. April. Geben zu Costenz an Montag sant Ambrosien tag. Der Wochentag zeigt den 4. April. — 1494, an Sannd Ambrosie tag. (H. A.)

Anclasentag. Donnerstag nach dem Palmsonntag. In des Babestes Banne, de man jergelich kündet an des Anclases Tage. (Pilgram Seite 159.) — Nur ist anzumerken, daß in den Schriften des Mittelalters die Buchstaben c und t schwer von einander zu unterscheiden sind, so, daß es auch Antlasentag kann gelesen werden.

Angaria Frohndienst. (*Haltaus, ex Schœttgenio.*)

Angaria Cinerum & Crucis; Angaria post Luciæ; Angaria Pentecostes. Die vier Quatember. (*Haltaus.*)

Angeende Vasten. Man s. Fasten.

Angehenden oder eingehenden Monat. In einigen alten deutschen und lateinischen Urkunden findet man den Monat, oder den Theil des Monats, in welchen solche ausgefertiget worden, mit dem Beisatze engehend oder eingehend, *intrante mense*, oder ausgehend *exeunte mense* angemerkt, welcher Gebrauch aus Welschland zu uns hergekommen, und in einigen benachbarten deutschen Ländern nachgeahmt worden ist. Beispiele davon sind: *Datum Tridenti die Martis secundo intrante Maio 1256.* (2 Mai.) — *Anno 1272. die Martis XV. intrante Novembri* (15. November.) In beiden trift der Wochentag richtig ein. — *Datum Tridenti, die dominico* 19. *incipiente Februario*, 1307. Der 19. Februar ist in diesem Jahr ein Sonntag. — Geben an dem nechsten Sambstag vor Ingenden Maigen 1370. (27. April.) *Anno 1290. die Mercurii decimo exeunte Februario.* Der Wochentag fällt richtig auf den 19. Februar. — *Anno 1261, die Mercurii XV. exeunte Augusto.* (17. August.) — *Anno 1273, die Martis XV. exeunte Octobri.* (17. October war Dienstag.) — *Anno 1275. proximo die Mercurii ante festum Pentecostes videlicet die III. exeunte Mayo* (Der 29. Mai war ein Mittwoch.) An Sente Cecilientag, der da waz dez Neunten Tages ausgenten November 1287. — des zwölften Tages ausgendes Mayen, 1380. (20. Mai). — Geben ze Neuwenburg an dem nähsten Sunnentag nach usgenden Mayen, 1370. (5. Junius.) (Data des geh. H. A.)

Anglesen Tag. Agnes 21. Jäner. Geben Pfinztags vor sand Anglesen tag. 1370 (H. A.)

Angnesen tag. Agnes. Geben des Samztages an dem Tag der guten sand Angnesen tag, 1346. H. A.) — Der geben ist 1344. des Mitichens an sand Ang̃ tag. (*H. A.*) So ist es im Original mit einem Abkürzungszeichen geschrieben. Man kann es also Augustinstag oder Angnesentag lesen; weil aber beim Augustinstag der Wochentag nicht eintrift; Agnes aber in diesem Jahre am Mittwoche fällt, so ist Angnesentag zu lesen.

Anklopferstag. Anklopferleinstag. Weihnachtabend, 24. December. (Pilgram.)

Annentag. Anna, 26. Juli. Wienn an sent Annentag, 1357. (H. A.)

Annuntiatio B. V. 25. Mar. „ Occurrit prima vice — ante A. 496. Dein 692. ubique 25. Mart. „ — — Quia sæpe cum hebdomada sancta & Paschate concurrit, Conc. Tol. X. A. 656. il-

„lud transtulit ad 18. Dec. —— Nominant autem *Festum Virginis*, aut *Gloriosæ Matris*, quia non erat tunc alius Festum B. V. in Hispania —— Post annos 25. aut 30. „appellabatur hoc festum *Conceptio S. Mariæ V. Matris Domini*. — In Gallia, excepta Occitania, semper agebatur 25. Martii, & vocabant *Adnunciationem* —— In Calend. Gall. II. „sec. IX. dicitur *Conceptio I. C. & Passio Domini*. Mediolani celebrabatur —— Dominica „ante Nativitatem Domini, ob prohibitionem Conc. Laodic. non celebrandi festa in Quadragesima. Dicitur Romæ & longo tempore fuisse celebratum 18. Decemb, —— at denuo „repositum ad 25. Martii, quod & Hispani fecere, qui tamen 18. Dec. substituere *Festum* „*Expectationis*. „ — (Videatur *Pilgram* pag. 204.) —— Wenn man diese ganze, wahrhaft gelehrte Stelle des Hrn. Pilgram gehörig fasset, so scheinet er damit sattsam anzuzeigen, wie aus dem Feste der Verkündigung (*Annuntiationis*) das Fest Marie Empfängniß (*Conceptionis* — active? vel Passive?) entstanden sei. Ich will hier seine Worte in das Deutsche frei übertragen: das Fest der Verkündigung (*Annuntiationis*) wurde im siebenten Jahrhunderte allenthalben am 25. März gefeyert. Weil es aber öfters in die Charwoche, oder gar in die Osterfeyer fällt, so wurde es auf den 18. December verlegt. Man nennte es das Fest der Jungfrau, oder der glorreichen Mutter, weil dazumal in Spanien kein anderes Frauenfest war. Nach einigen Jahren wurde dieses Fest der Annunciation das Fest der Conception der heiligen Jungfrauen Maria, der Mutter des Herrn genannt. In Gallien, Languedock ausgenommen, hielt man dasselbe immer am 25. März, und nannte es Verkündigung (*Adnunciationem*) und in den französischen (Gallischen) Kalendern des neunten Jahrhunderts nennte man es die Empfängniß Jesu Christi. In Mailand ward es am Sonntag vor der Geburt Christi gefeyert, wegen des Verbots, daß keine Feste in der vierzigtägigen Fasten gehalten werden sollen. Man sagt, daß es zu Rom lange Zeit am 18. December gehalten wurde, welches doch nach dem achten Jahrhundert gewesen seyn muß. Doch wurde es abermal auf den 25. März verlegt, welches auch in Spanien geschah, wo man aber dafür am 18. December das Fest der Erwartung (Expectationis) einführte.

Annardagr viku. secunda dies septimanæ, Montag. (*Thorkelin*.)

Annus Circumcisionis. „ Pro Anno Nativitatis seu Kal. Januarii *annus Circumcisionis* ut in Italiæ sacræ „ tom. 5. col. 914. & 1619. „ (Du Cangè, *Annus* col. 461.)

Annus Trabeationis. v. *Trabeatio*.

Annus Passionis. v. *Passionis annus*.

Ante Adventum Domini. Dieses ist nicht gewiß zu bestimmen; ist es der Christabend, (24. Dec.) — oder der Samstag vor dem ersten Adventsonntag, oder ganz eine unbestimmte Zeit nahe vor dem Advent?

Antipascha. Dominic. Quasimodogeniti. Tota subsequa septimana vocatur *Antipaschalis*. (Pilgram.)

Antlaßtag, — Antlasentag. Donnerstag nach dem Palmsonntag. Der heilige Antlaz tag, als vnser Herr Jesus Christus mit seinem Leichnam speiseth sein Jünger. (Pilgram.) — Haimburg an dem heiligen Antlazz tag 1386. (H. A.) — An dem Antlastag in der Vasten, 1387. (H. A.) Wien an dem heiligen Antlas tag, 1396. (H. A.)

Antlaßwoche. Die Woche vor Ostern. Pfincztag vor Ostern in der Antlazzwoche. — Geben Mitichens in der Antlazwochen, 1330. (H. A.) — Geben Montags in der Antlazzwoche, 1417. (H. A.) 1344, Erchtag in dem Antlaß. (Pilgram.)

Antonientag. Daß das Antonsfest in den Urkunden (wenn es nicht ein Beisatz anders bestimmet) vom 17. Jäner, dem Antonius Einsiedler, und nicht vom 13. Junius, dem Antonius von Padua, genommen werden müße, bezeigen folgende zwo Urkunden des geh. H. A. Waffenstillstand zwischen König Georgen zu Böhmen und Kurfürst Friderichen zu Brandenburg — Geben zu Brüx vf Sonntag Anthonii confessoris nach Christi Geburt 1462. vnsers Jürgen Königs zu Beheim Im vierden Jaren. Darauf folgt zwischen ihnen der Friedensvertrag über ihre Irrungen und Fehde: Gegeben zu Gubin am heiligen phingstabend (5. Junius) 1462, vnsers des Königreichs im fünfften Jaren. Hieraus erhellet klar, daß der Waffenstillstand nicht vom Antonstag 13. Junius, seyn kann, weil der Friedensvertrag vom 5. Junius ist. — Auch der Wochentag der folgenden Urkunde beweiset es: Geben zu Linz an Mitichen sannd Antonitag anno ꝛc. Quadragesimo Octavo, (1448.), weil das Fest vom Anton von Padua an einem Donnerstag gewesen. — Aber ein beigesetzter Ausdruck macht eine andere Bestimmung. z. B. Baden im Ergöw Zinstag nach Sand Anthonyen des heiligen Martrers, 1386. (H. A.) Der Zusatz Martrer entscheidet hier, daß es das Antonsfest am 10. April sei. — Folgender Ausdruck einer Urkunde des geh. H. A. ist zu bemerken: Geben ze Wyenn nach Christes Geburt 1349. des nechsten Suntags nach sand Anthonitag des heiligen Heren. (Man. s. Herr.) Auch ist in dem nämlichen geh. H. A. eine Urkunde mit folgendem Datum: Der geben ist vor sannd Anthonien tag des heiligen Babst, 1479. — Hier halte ich dafür, wäre Abbt zu lesen, weil man von keinem Pabst Antonius weiß. Auch findet sich folgendes Datum: Samstag vor s. Anthonitag des heil. Abbtz, 1480. (H. A.)

Apos

Apostelscheidung — Apostelthеilung. 15. Juli. Am Montag nach der heiligen Zwelfboten austeylung tag, 1515. (H. A.)

Aposteltag. Hr. Pilgram versteht hierunter Apostelthеilung, welches auch aller Apostelen dag beweiset. (Man s. aller Aposteln dag.)

Apparitio domini. Epiphania, 6. Januar.

Aren. Augustmonat. Geben ze Wienne 1343. des nahsten Menetages vor sand Jacobs Tage in dem Aren. (H. A.) Jacobus 25. Juli. Hier wird der erste Augst, das ist, der Monat Julius darunter verstanden. (Man s. Augst.)

Arenmonat. Augustmonat. (*Haltaus.*)

Armorum Christi Festum. Das Heiltumsfest, Freitag nach Quasimodogeniti.

Ascensa, Ascensio domini. 5. Maii tanquam festum immobile. *Pilgram.*, p. 159. „ nonnunquam annua eius memoria 5. Maii. „

Aschen Mitich, 1447. (H. A.) Aschermittwoche.

Aschentag. Aschermittwoche. Gretz, 1312, an dem Aschentage. (H. A.)

Ascherigen Mitichen. Aschermittwoche. Lynnz, an der ascherigen Mitichen, 1501. (H. A.)

Aschtag, Aschern Mittiche. Aschermittwoche. Geben zu Budissin, an dem Aschtag 1350. (H. A.) — Wienn, Mittich am Aschtag, 1470. (H. A.) — an dem Aschtag ze Vassten 1391. (H. A.)

Aspiciens a longe Dominica I. Adventus. (*L'art de verifier les dates.*)

Assensio Domini. (H. A.) — Ascensio.

Assumption. Geben an unser Frauen Tag in Assumptione. 1339. (H. A.) 15. Aug.

Aswolcztag, 1409. (H. A.) Oswaldus.

Aubend. Abend. An sand Gallen Aubend, 1436. (H. A.) Am Mittichen sant Andreas Apostels Aubend, 1497. Dieser Mittwoch fiel richtig am 29. November. (H. A.)

Aubet. Abend. Worms am Mittwuch sant Bartholomeus Aubet, 1497. (H. A.)

Audivit dominus. Feria VI. & Sabbato post diem Cinerum.

Avent. Abend, Vorabend, Vorfest, Vigilia.

Auffahrt Christi. „ Johann von Nepomuck ist im Jahre 1383. am Vorabend der Auffahrt Christi, „ welches der 16. May war, in die Moldau gestürzt worden. „ In seinem Leben, das zu Prag 1730. herausgekommen. — Der Vorabend der Auffahrt Christ war in diesem Jahre 1383. der 29. April.

Aufert tach, 1302. (H. A.) — Auffahrt Christi.

Auffertag. Geben an Vreytach nach Auffertag, 1405. (H. A.) Auffahrt Christi.

Auffirt tag, 1366. (H. A.) Auffahrt tag.

Aufvart unsers Herren, 1292. (H. A.) — Wienne, an dem Aufverte tage unsers Herren, 1297. (H. A.) Landstrost, an der Aufvert abend, 1346. H. A.)

Augst. Augustinus, 28. August. Oder der Monat Augustus.

Augst, Augustmonat. In dem Mittelalter nannte man den Julius den ersten August, und den Augustmonat den zweiten Augst. Es findet sich ein Kalender aus dem vierzehenten Jahrhundert, in welchem die Monate auf folgende Art genennet werden: Jäner, Hornung, März, April, May, Der annder May (Junius). Der erst Augst, (Julius). Der Annder Augst (Augustmonat). Der Erst Herbst, (September). Der Annder Herbst (October). Wintermonat. Cristmonat. — In dem geh. H. A. ist eine Urkunde mit folgendem Datum: Nürnberg, 1422. des Seesundczwenczigisten tages in dem Augste. Wenn man bei Ausfertigung dieser Urkunde den obigen Kalender vor Augen gehabt hätte, so müßte sie am 26. Jul. ausgefertiget worden seyn, weil der Ausdruck der Annder nicht dabei ist.

Augustin tag des heiligen Lerer, 1447. (H. A.)

Aun. Ohne, weniger, minder. Aun einen. weniger einem. Geben zu Welden an s. Petronellen Abend, der gewesen ist der letst tag des Mayen aun ainem. Auch ist die nämliche Urkunde lateinisch vorhanden: *Datum in castro nostro Vtinensi, die penultima Maii.* (H. A.)

Aurea Missa. Man s. gemeine Meß.

Aurius. In einem wienerischen Kalender vom J. 1502. steht: 16. Junius S. Aurius und Justinus martrer.

Austern. Ostern. „ Zwischen Austern und sant Georgen tac. „ (H. A.)

Austheilungtag der Zwölfpoten. Apostelthеilung, Divisio Apostolorum. Geben am Montag nach heyligen Zwölfpoten Austheylung tag, 1515. (H. A.)

Auwest. Augustmonat. Sant Peterstag der der erst tag was in dem Auwest. (Pilgram.)

Ayndlef tausent Maide Tag. Ursula.

Aytt maid und Martyrin. Hr. Pilgram versteht Agatha, 5. Februar darunter. — Litschaw,

1386, an Sand Aytten tag. (H. A.) — Geben Freytag nach sant Ayten tag, 1356. (H. A.) (— Man s. Aiten tag.)

Bannfasten. Bedeutet eine gewisse vorgeschriebene Fasten, wie einstens eine war nach den Sonntagen Misericordia und Salus, nach dem von Haltaus angeführten bekannten Vers: *post salus & Miseri tibi erunt jejunia banni.* In dem Millstätter Kalender heissen alle Fastage Pannfasten. (Pilgram.) — desgleichen werden in einem wienerischen Kalender vom Jahr 1502. alle gebothene Fastage Panfast genennet. z. B. 23. Febr. Panfast, wegen S. Mathias zwelfpot. u. s. fort.

Baptismus Christi, Epiphania.

Bastians tag. Sebastian, 20. Jäner.

Bauernsonntag. In Nördlingen der zweite Sonntag nach Trinitatis, oder der dritte nach Pfingsten (Arch. Spieß.)

Bebudelse tag. Marie Verkündigung, 25. März. (Haltaus.)

Beclibin. Unsre Frowentag Beclibin. Marie Verkündigung. Menken. Tom. II. dicit S. Elisabetham natam esse *an den Ferdin Tage noch unsir Frowntage Beclibin,* quam Monachus Pirnensis natam dicit *Mittwoche nach Anunciationis Mariæ.* (*Pilgram.*)

Bekleibung, Beclibin, unser Frawen. an unser lieben Frawentag irer Becleibunge. (Haltaus.) Maria Verkündigung. (Man s. Frauentag.)

Benedicta. Introitus des Dreifaltigkeitsonntags.

Benedictentag des heiligen Aptes, 1423. (H. A.) — Geben ze sand Andre auf der Traisen an sand Benedicten tag ze Fasten, 1422. (H. A.) 21. März.

Beschneidungstag (der heilige) 1. Jäner.

Betfartswoche, Bettwoche. Bethtage, Dies rogationum. Da man mit Creutzen um Bahn und Feld gehet. (Haltaus.) Man s. Creuzwoche.

Blasentag, 1313. (H. A.) Blasius.

Bläsentag, 1335. (H. A.) — Wien an sand Bläsentag, 1340. (H. A.) Blasius.

Blaue Dienstag. Dienstag nach dem Palmsonntag.

Blaue Montag. Montag nach dem Sonntag Esto mihi. (Haltaus.)

Blaue Ostertag. Palmsonntag.

Blesentag, Blesiustag. Blasius. An sand Blesien tag, 1375. (H. A.)

Blindgeborne. Mitwoch nach Lätare.

Bloiemaant. Maimonat. (*Haltaus.*)

Blothmonat. November. (*Haltaus.*)

Blüdemonat. Februar. (Waser.)

Blutstag. Fronleichnamstag. Geben auf Tirol, Samstag nach des heiligen Blutstag, 1347. (H. A.) — Octauo die des heiligen Bluts, ist die Octav des Fronleichnamstages. Dieses Datum kann den Grünendonnerstag nicht bedeuten, weil derselbe keine Octav hat. Der Tag des heiligen Blutes unsers Herrn Jesu Christi. (Haltaus.)

Bodeschupp. (das Fest der) Marie Verkündigung. Mariendach, do se gebotschup wurd. — Unsir lieben Frowentag also su vorbotschafft war. (*Haltaus.*)

Bohordicum, Bouhourdis, Behourdi, Behourdick, apud gallos prima & secunda Dom. Quadragesimæ. Hinc Prima vocabatur *Dimence premier Benourdi.*

Bolaygen. Apollonia, 9. Februar. „ — — Die Vogtay von Lindowe, oder daz frowen Chloster ze Lindowe — — vnd mit namen sand Bolaygen Lute — — „ 1334. 28 Juli (H. A.)

Bona quinta feria. Festum Cœnæ domini. *Cœna domini que est bona feria quinta.*

Bona sexta feria. Parasceve. (*Haltaus.*)

Bonnen Somtag. Sonntag nach Ostern. (Haltaus.)

Burdæ, Burdæ. Dom. Invocavit. Georgisch bringt ein Datum bei, das er nicht zubestimmen gewußt, *Fait le Vendredy apres les Boures,* 1288. d. i. Freitag nach dem Sonntag Invocavit. — Auch folgendes Datum: *Donné l' an 1294. le Maicredy apres la quinzaine des Bordes.* d. i. Mittwoche nach Oculi.

Botulphus Abbas. In dem Diplomatario Arna — Magnæano Tom. II. pag 15. in Indice steht folgendes Datum: *„Anno M. CC. Nonagesimo octava, proxima sexta feria ante festum beati Botulphi Abbatis.* „ und pag. 215. steht der ausgerechnete Tag der Urkunde: 1298. 13. Junii. — Noch ein dergleichen Datum: *Anno M. CC. Nonagesimo octavo, die Sabati proxima post festum beati Botulphi Abbatis.* „ und p. 225. mit der Bestimmung des Tags der Urkunde: 1298. 21. Junii — Also fällt das Fest Botulphi zwischen dem 13. und 21. Junius.

Brachet. Brachmonat, Junius. (Haltaus.)

Brackmaent. October. (*Haltaus.*)

Brandones Dom. Invocavit. *Actum Parisiis, die Veneris ante Brandones,* 1281. (Georgisch.) Er sezte es unter die unbestimmten. — Freitag vor Invocavit.

Bres

Brehentag. Dreikönigtag. Wienn, Mittichen nach dem Brehentag 1415. (H. A.)
Breid ein maid. Brigitta. Geben an sant Breiden tag, 1471 (H. A.)
Briccientag. Brictius. Newnstadt, an Sant Briccientag, 1386. (H. A.) — *Datum feria VI post Bricii*, *1436*. (H. A.)
Brezlab. Breslau. Geben ze Brezlab Dynstag nach des h. Creuz tag als es funden wart, 1329. (H. A.)
Briccij tag. 13. Nov. Geben Freitag nach sant Briccij tag 1436. (H. A.)
Bricciumtag. Brictius. Waidhoven, an sand Bricciumtag, 1313. (H. A.)
Bricentag. Brictius. Vnd ist daz geschehen ze Linz, da von Christs Purtt waren. Drevzehen Hondert Jar, vnd dar nach in dem zwelften Jar, an sant Bricen tag (H. A.) — Geben an sant Bricзen tag, 1330. (H. A.) — Briczientag. In einem geschriebenen Kalender bei der k. k. Hofbibliothek stehet beim 13. Nov. Bricзien. — im französischen heißt es *S. Brice*.
Bricken tag. 1326, an sant Bricken tag. (H. A.) Brictius.
Brida ain magt. Brigida.
Briginestag. Vff Sonntag nach Sent Brigines tag des heil. Bischoves, 1472. Rabe sagt: nisi fallor, est dies S. Briccii Ep. Turon. cujus memoriæ 13 Nov. facer est. „ Und Hr. Pilgram „ fors rectius pro festo S. Brigidæ haberi posset. „ Aber wie kann denn Brigida auch ein Bischof seyn?
Britius. So viel als Brictius. „ Turonis S. Britii ep. & conf. 13. Nov. „ (*Martyrol. Rom. Gregorii XIII. Antwerp. 1586.*)
Brizen tag. Brictius. Am Montage nach sand Brizen tag, 1339. (H. A.)
Brondons. Douné à ſainct Germain en Laye, le Mardy apres les Brondons, 1297. (Georgisch.) Dienstag nach Sonnt. Invocavit. (Man s. *Brandones*.)
Broncheria Dom. Palmarum.
Bruck an der Vecla. Veclabruck. Geben zu Bruck an der Vecla, an Sannd Matheus tag des heiligen Zwelfpoten vnd Ewangelisten, 1459 (H. A.) (Man s. Vecla.)
Bruederchirichweich. Geben Lynncz, Freitag nach Bruederchirichweich, 1434. (H. A.) Ich halte dafür, es werde das Portiunkulafest des Franzenordens darunter verstanden, welcher sich Brüder, Mindere Brüder, Frati, nennet.
Bulber. Augustmonat.
Buræ. Dom. Invocavit.
Burci marci (*Sanct.*) Processi & Martiniani, 2. Julii. *Ex Calend. Alemann. seculi XIII.* Schiltert.
Burgertag. M. Geburt, 8. Sep.

Cæcus natus. Feria IV. quartæ septimanæ Quadrages.
Caiphasfreytag. Freitag vor dem Palmsonntag. — ein kerzen am sonntag letare, ein kerzen am sontag Judica, ein kerzen am kayfas freytag, ein kerzen am palmsontag. — (H. Archivar Spieß führt diese Zeitfolge aus einem Stiftbrief an.)
Calamai. Fest. Purificationis. (Pilgram.)
Calenes. F. Nativitatis domini. (Pilgram.)
Cananæa. Feria V. primæ hebd. Quadrages. (Man s. Festum.)
Candelmeß. Lichtmeß, 2. Febr.
Cannden. Candidus. die Kirche zu Cannden vnd sand Corbinian. (Kirche in Tirol.) 1455. 28. April. (H. A.)
Cantate. Dom. IV. post Pascha.
Cantianstag. 31. Mai. Geben an sand Cantianstag, 1342. (H. A.) Geben an sand Cancianstag, 1395. (H. A.) — An sand Cantianstag, 1363. (H. A.)
Canutus Martyr. 25. Iunii. „ Anno M. C. LXX. V. Septima Kal. Julii in die sancti Canuti Martyris, *Ex Diplomatario Arna-Magnæano*, Tom. I. pag. 255.
Caput Jejunii. Dies Cinerum. *Post diem cineris — qui caput ieiunii dicitur*.
Caput Kalendarum, *Nonarum*, *Iduum*. Kalendæ, Nonæ, Idus.
Cara cognatio. Fest S. Petri epularum, 22. Febr.
Caramentranum, *Carempreniium*, *Carnicapium*, *Carniplarium*, *Carnivora*. Dies martis post Esto mihi.
Carena. Quadragesima.
Carenfreytag. Freitag nach Palmsonntag.
Caristia. Idem quod Cara cognatio, 22. Febr.
Caritas dei. Introitus Sabbati post Pentecost.
Carniprivium, *Carnisprivium sacerdotum*. Dom. Septuages.
Carnisprivium novum. Dom. Quinquages.

Carnisprivium vetus. Dom. Invocavit. *Inter duo Carnisprivia.* Dies inter Dom. Esto mihi & Invocavit.

Cathedra Petri. (Man s. Peterstag.)

Catreytag. Katharina, 25. Nov.

Cerealis Marie dies. Lichtmeßtag. (*Haltaus.*)

Charwoche. Die Woche zwischen dem Palmsonntag und Ostertage. (Haltaus.)

Cherist. Christus. Der prief ist geben do von cherist gepuerde warn ergangen drevzehen hundert Jar. Darnach in dem Nevnzehenten Jar. an sant Jacobez tag. (H. A.)

Chindeleintag. 28. December. An der Chindlein tag in den veyertagen ze Weynachten, 1347. (H. A.) Man s. Aller Chindleintag.

Chlarntag. Clara. Wienn an sand Chlarntag, 1335. (H. A.)

Cholmanstag. 13. October. Am sand Cholmanstag, 1320. (H. A.)

Chorfreytag. Freitag vor Ostern. Am heiligen Chorfreytag, 1494. (H. A.)

Chotember. Quatember. 1299. Samstags in den Chotempern in der pfingstwochen. (H. A.) — An Mitichen in der Chotember in der Vasten, 1381. (H. A.) — Grez, Freytag der nesten Chotempern vor Weinachten, 1305. (H. A.)

Chreuz tag. Nach Ostern an des heiligen Chreuz Tag. (Rabe, S. 180.) — Wienn an Freytag nach des heiligen Chreucze tag ze Maien, 1373. (H. A.) Wienn, an des heiligen Kreuztag ze Mayen, als es funden wart, 1364. (H. A.) Creuzerfindung 3. Mai. — Marchpurch, 1299. des phinztages nach des hailigen chreuces tage an dem herbest. (H. A.) — Chrewcze tag ze Herbst, daz ist als es erhöcht ward, 1379. (H. A.) Creuz-Erhöhung, 14. Sept.

Chrewcz. 3. Mai. Hochleiches Chrewcze. 14. September. (Man s. Creuz, Kreuz.)

Chrewzvart. Bethtage. Der erst mentag, so ist die Creuzvart vor der Auffart unsers Hern. (Man s. Creuzen, Creuzwoche.)

Christabent. 24. December.

Christer Moende (des heiligen) Decembermonat. (*Haltaus.*)

Chrvtze tag ze Herbst, 1330. (H. A.) 14. September.

Chundungsfest unser Frawen. M. Verkündigung. Montags vor unser lieben Frawen Tag der Chündung in der Vasten, 1439. (H. A.) — Geben an unser Frawen tag do ihr got gechundet wart, 1301. (H. A.) — Wienn an unser Frawen abend zu der Chundung in der Vasten, 1346. (H. A.)

Chunigund. 3. März. Am Pfincztag vor sand Chunigunden tag in der Vasten, 1408. (H. A.) — Geben Pfincztag nach Chunigunden, in der Ersten Vast wochen, 1365. (H. A.)

Churnacht 4. Jäner zu Straßburg. (Haltaus) Aber nach dem Hrn. Arch. Spieß ist es der Donnerstag nach dem Neuen Jar. (Man s. Schwörtag.)

Circumdederunt. Dom. Septuages. Kremsmünster, 1329. des Suntags vor Vasnacht, so man Singet Circumdederunt. (H. A.) (Man s. Sonntag.)

Circumcisio Der Jahrstag. An dem Jahrstag den man nennet Circumcisio domini in Latine. (*Haltaus ex Tolnero.*)

Circumcisionis annus v. *Annus.*

Cistag, Cinstag, Zistag. Dienstag. Cinstag vor sand Georien 1319. (H. A.)

Cysuuka. Schiltero explicante: „Hebdomas casta„ Ineuntis Quadragesimæ Hebdomas. (Haltaus.)

Citelorden. Cisterzienserorden. „Abbt des Conuents zw dem h. Kreuz in österreich des Ordens von Citel.„ (H. A.)

Clausum Pascha. Dom. Quasimodogeniti. *Dominica post clausum Pascha.* Dom. Misericord. — Noch immer nennen die Franzosen den Sonntag Quasimodogeniti *Pâques closes.*

Cleibentag, Cleibeltag unserer Frawen. Maria Verkündigung. (Haltaus.) (Man s. Frauentag.)

Clemententag. 23. November. — Grifenberch, 1287. an Sente Clementen Tage, der da was dez achten Tages, ousgeinten November. (H. A.)

Clybeltag. Clybane. M. Verkündigung. Nach unser Frawentag Clybane oder Annunciate. — Unser Frauen Tage der Clyben, den man nennet zu latine Annunciacio. (H. A.)

Clitentag. Geben zu Prag an sant Cliten Tag 1436. Cletus, 26. April.

Cœna domini. Dies jovis ante Pascha. *Actum Frisaci in die cene Domini 1191.* (H. A.)

Commemoratio passionis Dominicæ. 25. *Martii.*

Commemoratio S. Pauli 30. Junii.

Communis septimana. Septimana post festum Michaelis. (Man s. Gemeine Woche.)

Compassio B. V. M. -- Feria sexta ante Dom. Palmarum. -- Haltaus führt verschiedene Tage des Jahrs an, an welchen dieses Fest gehalten worden. Nach dem *Harduinus*: „Festum Compassionis — — *Feria* „*sexta post dom. Jubilate*:„ — Nach dem *Staphorstius*: „Hamburgi celebrabatur *feria sexta* post „*Judica.*„ Nach dem *Noppius*: „Festum Compassionis Mariæ oder Septem dolorum, *den* 2.

Sem-

„ *Sambstag nach Ostern*, wird wohl im Chor gehalten, aber nicht gefeyret.“ — „*In* Dioe„ cesi Colon. fuit *Feria sexta post Dom. Jubilate.* „ — „ In Episcopatu Lubecensi quondam „ *sexta feria ante Pentecostes.*“ — „Diploma Alberti Ep. Lubicensis — quo an. MCCCCLXXIX. „ (1479.) in sua Dioecesi hoc Festum instituit: — — quatenus in honorem compassionis b. „ Virginis — — singulis annis *in sextam Feriam statim ante Festum Pentecostes* — — erigi„ mus — — “ So viel sey genug, um die Daten der Urkunden nach den Zeiten und Orten zu bestimmen.

Conceptio B. V. 8. Decembr. — Wir haben gesehen, was Hr. Pilgram bei dem Artikel *Annunciatio B. V.* geschrieben hat, wie nämlich aus diesem Feste sehr wahrscheinlich jenes neuere der Conception oder Empfängniß entstanden sei. Nun soll auch benutzet werden, was dieser Gelehrte bei dem Artikel *Conceptio* schreibt. Er beweiset ebenfalls sehr wahrscheinlich, daß der Ursprung dieses Festes in Teutschland zu suchen sei, indem es, nach der Chronik von Hessen, (beim Senkenberg) im Jahre 1045. angefangen haben soll, welches uns aber sehr gleichgültig seyn kann. Im Orient führte es in der Helfte des zwölften Jahrhunderts Michael Comnenus ein, und feierte es am 9. December. Die Griechen nennen es die Empfängniß der heiligen Anna. Die Cophtiten feiern dieses Fest am 7 August. Um diese Zeit führten es die Domherrn zu Lion ein, welchem sich der heil. Bernhard widersetzte, aus dem Grunde, daß die Einführung desselben ein stillschweigender Vorwurf gegen die HH. VV. zu seyn schiene, welche dieses Fest nicht feierten. (An einem andern Orte schreibt Hr. Pilgram, Seite 204: Der heilige Bernhard, als ein Feind der Neuerungen in geistlichen Sachen, stritte heftig wider das Fest der Empfängniß Mariä: pugnabatque sanctus Bernardus novitatum, utut sanctarum, osor contra festum *Conceptionis B. V.*) — Auch Belethus, Doktor der Sorbonne, verwarf zu Ende des zwölften Jahrhunderts die Privatandacht oder Neuerung derjenigen, die dieses Fest feierten. Selbst Papst Innozenz III. zu Ende des dreizehnten Jahrhunderts verwarf diese Neuerung. Allein, dem ungeachtet breitete sich nach und nach dieses neue Fest aus. In der Geschichte der Stadt Augspurg, die im Mspt. zu Trient aufbehalten ist, liest man, daß dieses Fest im Jahre 1183. schon feierlich gehalten wurde. -- Der Franziskanerorden setzte die öffentliche Feier desselben im Jahre 1263. fest. — Zu Wienn in Oestreich mag es zu Ende des dreizehnten Jahrhunderts schon etwas bekannt gewesen seyn, obschon es in den Passauischen Kalendern noch nicht erschien, weil in des Link Annalen von Zwetl schon ein Diplom des Magistrats daselbst vorkömmt, welches folgendes Datum hat: *A. 1299. in die Conceptionis B. V.* (Wie dieses zu verstehen sei, wird weiter unten erörtert.) — — Aber auch in dem folgenden Jahrhundert wurde es allda noch nicht unter die feyerlichen Feste des Jahrs gerechnet, woselbst man nur vier Frauenfeste zählte. (Diese sind: M. Verkündigung, M. Heimsuchung, M. Himmelfahrt, und M. Geburt.) — Das Konzilium zu Basel schrieb es zwar der ganzen Kirche vor, aber Rom, wo seit dem vierzehnten Jahrhundert am 8 December das Fest der Heiligung (*Sanctificationis*) Marie gefeiert wurde, nahm es nicht an. Endlich bestättigte Papst Sixtus IV. im Jahre 1476. das Fest der Empfängniß Marie für die ganze Christenheit. — In den Kalendern des Königreichs Hungarn findet sich dieses Fest nicht vor dem fünfzehenten Jahrhundert, und dieses Reich scheinet die römische Bestättigung abgewartet zu haben. — Dieses ist der Sinn des Hrn. Pilgram über dieses Fest in meiner freien Uebersetzung. (Man s. Pilgram. Seite 212.)

Aus allem diesen kann man wohl schließen, daß einige Urkunden, unter *Datum Conceptionis Marie*, zu dem 8 December zu setzen sind; obwohl vielleicht die meisten zum 25. März gehören mögen. Den überzeugenden Grund zu dieser Vermuthung gibt der gelehrte Schöpflin bei seiner Untersuchung des Frauentages der verhollnen an die Hand, daß nämlich Conception (Empfängniß) *active* und *passive* verstanden werden könne. (Man s. Frauentag der verhollnen.) Ueber das findet sich auch der Mangel dieses Festes in den gleichzeitigen Kalendern dieser Orte, wo Urkunden gefertiget worden. Gewiß ist es, daß nach Uebersetzung des Annunziationsfestes auf den 18. December, wie wir bei dem Artikel *Annuntiatio* gesehen, das Fest der Concepzion die Annunziazion bedeutet habe; aber es ist auch ganz wahrscheinlich, daß man durch geraume, ja lange Zeit, und an sehr vielen Orten diese Bedeutung angenommen, weil der heil. Bernhard, Gottesgelehrte, auch Päpste wider diejenigen eiferten, die es *passive* verstanden haben wollen. Wenn Marie Empfängniß *passive* verstanden wird, lautet das Datum ganz anders. Z. B. Nürnberg, an vnnserr Vrow. n tag als sie empfangen wart, 1374. (H. A.)

Zu einem Beweise, daß das Fest der Concepzion meistens *active* zu verstehen sei, sollen einige Daten des geh. H. A. angeführt werden welche die Concepzion zur Zeitanweisung haben; Und hernach einige andere, ohne diesen Ausdruck, die aber dadurch der ersteren ihre Zeitanweisung bestimmen:

Geben Wirzburg, 1397, des Sonntags Nach unser Frawen tag Concepcionis. — Dieses Datum muß vorläufig so verstanden werden, wie folgendes, in welchem Conceptio teutsch ausgedruckt ist: Geben, Steier, am Sonntag unser Frauentag der Empfahung, 1465. (H. A.) das ist: als sie empfangen hat.

Wienn, an unser Frauentag Conceptionis, 1413.

Yglaw, am nesten Mittwochen nach unser Frawentag Concepcionis, 1421.

Newnstadt, am Samstag nach unser Frauen Concepcionis, 1430.

Wienn, am Montag vor unser Frawentag Concepcionis, 1433.

Breßlaw, 1438., an unserr lieben Frawn tage Conceptionis.

Geben, an dem Montag Nach unserr lieben frawen tag Concepcionis, 1470.

Daß die meisten dergleichen Daten *active* müßen verstanden werden, sollen folgende Beispiele aus demselben geh. H. A. beweisen, wo immer von 8 December datirt wird, ohne M. Empfängniß oder Conceptio zu nennen, aus keiner andern Ursache, als weil es in ihren Kalendern nicht existirte. Man beliebe die Datirungsjahre und Orte der folgenden mit den obigen, oder der obigen mit den folgenden zu vergleichen:

Geben zu Purchausen, 1382., Montag nach Nikolai. — Am Montage nach Nicolai wäre M. Empfängniß gewesen, wenn es in dem Kalender dieses Orts gestanden hätte.

Geben, Wienn, Pfincztag nach sant Niclas, 1400. — An diesem Pfinztage wäre M. Empfängniß gewesen.

Geben ze Wienn, am Pfingstag nach Sand Niclasis tag, 1407. Eben so.

Geben, Inspругg, am achten Tag des Monats December, 1417. — Also hat M. Empfängniß in dem Kalender zu Innsbruck noch nicht gestanden.

Datum in Themeswar die octaua Decembris anno 1428. — Eben so.

Geben zu Insprugk, am Freitag nach Sant Niclas tag des heiligen Bischoues, 1480. — Also hat das Fest M. Empfängniß in den Kalendern zu Innsbruck noch nicht existirt, weil sonst an diesem Freitage M. Empfängniß fiel.

Aus diesen gegebenen Daten kann man mit der größten Wahrscheinlichkeit sich überzeugen, daß, da in den Kalendern dieser Länder, und dieser Zeiten, wo, und wann die Urkunden gegeben worden, das Fest der Empfängniß am 8. December noch unbekannt war, man bei denjenigen, die mit dem Ausdrucke Conceptio datirt sind, den 25. März annehmen müße.

Conductus Pascha. Idem quod clausum Pascha. In Missali Gothico & in veteri Gallicano apud Mabillon. (*Pilgram.*) — *Datum Trochi feria sexta proxima post conductum Phasce, 1412.* (H. A.) In diesem Jahre war Ostern am 3. April, der Sonntag Quasimodogeniti den 10. April; also der Freitag darnach der 15. April. — *Datum Sabbato in conductu Pasche 1365.* (H. A.) — *Cracouie, feria quarta infra conductum Pasche, 1489.* (H. A.) — Auch Georgisch hat ein solches, aber von ihm unbestimmtes Datum: *Cracouia, Feria sexta ante Dominicam conductus Pasce proxima, 1511.*

Conductus Pentecostes. Dominica post Pentecosten. — *Datum Stregonia, feria secunda in conductu festi Pentecostes, 1338.* (H. A.)

Consilium Judaeorum. Feria sexta ante Dom. Palmarum, ab Euangelio diei. (*Pilgram.*)

Contianstag, 1381. (H. A.) Man s. Cantianstag.

Conuersio S. Magdalene. Feria quinta post. Dom. Judica, ob Evangelium diei. (*Pilgram.*)

Corbinianus, Ep. Frising. 9. Sep. *1294, Frisingæ in festo b. Corbiniani quod est in crastino beate Virginis.*

Correctio fraterna. Feria tertia tertiæ hebdom. Quadrages. (*Pilgram.*)

Couelencze. Coblenz.

Crastinus dies. Man s. *Dies crastinus.*

Creucen, Creuzen, Chrewczen. Bethtage. (Man s. Chreuzvart — Creuzwoche.)

Creuzgang. (Man s. Chrewczvart, Creuzwoche.)

Creuztag, Creuzestag. Hr. Pilgram schreibt: „ duo festa S. Crucis, unum Inventionis (3. „ Maii), alterum Exaltationis (14. Sept.) ubi nil additur, semper præferendum est festum „ Inventionis. “ — In dem geh. H. A. ist ein Schaltbrief des Hannsen von Rorbach: Geben zu Wien an Suntag nach dez heiligen Krewcztag. 1446. — Darinne kommen folgende Worte vor: der mir sew vnuerczogenlich ausrichten und bezahlen sullen vnd wellen von dem naestkünftigen sannd Michels tag vber ein gannez Jar. — Dieses beweiset einigermassen, daß der Schuldbrief am Sonntag nach dem Kreuzerhebungstag ausgefertiget worden. Daher wäre es wahrscheinlich, daß, wenn der Kreuztag ohne bestimmenden Beisatz gefunden wird, der Kreuzerhöhungstag verstanden werden müsse, als, in diesem Falle, der nächste vor dem Michelstage. — Doch wird des Hrn Pilgrams Meinung durch einen in einem Msp. der k. k. Hofbibliothek befindlichen Kalender bestättiget, in welchem bei dem 3.

Mai

Mai stehet: Chrewcz. — Auch in des Schilters Kalendario Alemannico Sec. XIII. stehet beim 3. Mai: Heilige Crvczes tag. — Doch überwiegt alles dieses ein Datum einer Urkunde des geh. H. A. 1346. Freytag nach des heiligen Chrüczes tage des fümfzehenden tages September. — Georgisch führet mehrere Urkunden mit einem solchen Datum an, aber er setzte sie unter die unbestimmten. Z. B. Augspurg, an des heil. Creutzes Tag, 1339. — Speyer. Freytag nach dem Creuz Tage, 1349. — Nechsten Guten Tag nach Creutzes Tag. 1354.

Creuztag als es funden ward. 3. Mai. Budissyn, an Mittichen nach dez hyligen Crucis tag, als es funden wart, 1364. (H. A.) (Man s. Chreuz.)

Creuztag der da kommt vor der Hermissen. — Creucztag ze Herbst. — Creuztag der in den Herbs ist. — Creuztag als es erhöcht ward. — 14. September.

Creuzwoche. Die Woche nach dem Sonntage Rogate. Suntag vor der Creuczwoche, 1556. (H. A.) Sonntag vor dem Auffahrttage. — Karlstein, Dienstag in der Creuzwochen, 1396. (H. A.) — Die Tage als man die Crutzen tregt, vor der Vffart vnsers Herrn. — In Sante Marchenstage ist der Mereste Kruczegang; der andere ist drige tage vor vnsers Herrn Vffart, vnd heisset der Minneste Kruczegang, das haissent Rogationes. — Geben ze Winen an dem Vierden tage nach mitten Maien des Mäntages in der Chrewzwochen, 1281. (H. A.) Dieser Montag nach dem Sonntag Rogate fällt in diesem Jahre am 19. Mai, und ist der vierte Tag nach mitten Mai. — Georgisch setzet folgendes Datum unter die unbestimmten: Geben 1300, am Suntage vor den Creuczen. Aber es ist Sonntag Rogate. — Haltaus glaubt, es könnte auch manchmal die Charwoche dadurch verstanden werden. — (Man s. Da man ꝛc. — Kruczegang.)

Cristtag. 25. December. Geben zu Eger, an des heiligen Cristtage, 1375. (H. A.)

Crucifixio domini. 25. März, als ein unbewegliches Fest.

Crucis festum in Autumno. Actum Bergis elapsis a nativ. Dni M. hiemibus, CC. hiemibus LXX. hiemibus & VII. hiemibus, in Vigilia crucis in Autumno. (Ex Diplomatario Arna-Magnaeano, Tom. II. p. 17. in Indice; und p. 76. steht: 1277. die 13. Septembris. In der Urkunde heißt es: „a krossmesso aestan um haustit.„

Cunz. Kunz. Konrad.

Czuffen. Zwischen. Czussen beiden vnser Vrowentagen. Das ist zwischen den zweien Festen M. Himmelfahrt und M. Geburt, weil gleich darauf folget (sagt Haltaus): darnach in den ursten herbestmanden.

Daemon mutus. Dom. tertia Quadrages. (*Pilgram*)

Da mit Creuzen um Bahn und Felde gehet. Die Woche nach dem Sonntage Rogate. (Man s. Creuzwoche, Kruczegang.)

Dartien Dagh. — Darthündag. — *op den Dertiendendagh.* — Der dreizehnte Tag, oder Dreikönigtag. (Man s. Druttyedden dach.)

Das grosse Neuejahr. Dreikönigtag.

Datum ist die Angabe des Orts und der Zeit, da eine Urkund ausgefertiget worden ist; daher drückt Zeitangabe das Datum nicht hinlänglich aus.

Decem millia militum martyrum. Ich halte dafür es sei der 22. Jun. *Datum in profesto beatorum Decem Millium Militum martirum, 1464.* (H. A.)

Dedicatio Templi. Kirchmeßtag. (*Haltaus*)

Der achte Tag. Die Octav. (Man s. achte Tag.)

Der weisse Donnerstag. Nach dem Französischen: *Jeudi blanc.* Donnerstag nach dem Palmsonntag.

Dertientag. Dreikönigtag. Vf den heiligen Derthyen abend 1435. (H. A.) — 1359, op Dertien avent. (Georgisch.) — (Man s. Dartien dagh.)

Dies absolutionis. Coena domini.

Dies adoratus. Parasceue. (*Pilgram.*)

Dies animarum. Fuit in Hungaria 16. Augusti. (*Pilgram.*)

Dies Apostolorum. Divisio Apostolorum.

Dies Architriclinii. Dom. secunda post Epiphan.

Dies ater. Dies Generum. (*Waser.*)

Dies burarum. Dom. Invocavit.

Dies Burdellini. Duae primae septimanae Quadrages. nempe post Invocavit. (*Pilgram.*)

Dies carnem relinquens. In Hungaria feria tertia Quinquages. (*Petersy.*)

Dies cinerum. Dies Mercurii ante Dom. Innocavit. *Datum Budae secundo die cinerum. 1439.* Dies Jouis post cineres. (*Ex Kollarianis.*)

Dies craftinus. Dies sequens festum. *Craftinus b. Luce Euang.* 19. Octob. — *Sabbato craftino Simonis & Jude apostolorum.* Das ist: Postridie diei Simoni & Judæ apostolis sacri. (*Haltaus*) — *Datum, Vienne, in crastino beate Marie Magdalene.* (H. A.) 23. Juli.

Dies dominicus. Dom. Paschatos.

Dies felicissimus. Pascha.

Dies florum & ramorum. Dom. Palmarum.

Dies focorum. Dom. Invocavit.

Dies Freyæ. Dies veneris, Freitag. In dem Diplomatar. Arna-Magnæan. Tom. II. in Indice stehen einige Daten zum Beweis. Pag. 16. in *die Freyæ seu Veneris.* — Pag. 42. *Actum Asloæ Die Freya proxima ante festum Martini;* und p. 201. steht: 1297. 8. Novembris. In der Urkunde heißt es: „ friadaghen næsta firer Martæins messo." — *Actum die Freya Anno Dni MCCLXXXVIII.* (pag. 25. in Indice.) und p. 113. steht: 1288. die 5. Februarii. Die Worte der Urkunde sind: „ a freadaghin firer jgangsföstu. „ — Wenn es der 5. Februar seyn sollte, so müßte es heißen: *die Freya ante dominicam Esto mihi*, oder Freitag vor dem Faschingsonntag.

Dies Genethliacus urbis Constantinopolitanæ. 10 Maii. (*Pilgram.*)

Dies Incarnationis. Fest. Annunciationis. 1547, *am Sunntag post Incarnationis Christi.* (*Pilgram*)

Dies Indulgentiæ. Cœna Domini. (*Haltaus*)

Dies Joannis parui. 6. Maii.

Dies Jovis sancta. Cœna Domini.

Dies Lamentationum. Tres dies proximi ante Pascha. (*Pilgram.*)

Dies Lavationis. Dies Saturni. (*Thorkelin.*) *Bergis MCCLXXXVII. die Lavationis seu Saturni in septimana Paschatis.* In der Urkunde heißt es: „ a tuat dæighenom i Pasca viko. "

Dies Letaniarum. Feriæ rogationum. (*Haltaus.*) Man s. Creutzwoche.

Dies magnæ festiuitatis. Cœna domini. (*Haltaus.*)

Dies magnæ Dominæ. Assumptio Mariæ in Hungaria.

Dies magnæ Parasceves. Passio Domini. (*Haltaus.*)

Dies magnus. Dom. Pascatos.

Dies Maialis. 1. Maii. *XIII.* Tege nach dem Mayetage des Jares. 13. Mai. (Haltaus.) Hr. Pilgram führt auch an, daß es der Sonntag Lätare sei: *Maialis dies, id est, dominica Letare.*

Dies Mariæ Cerealis. F. Purificationis.

Dies Martini æstiualis. Translatio S. Martini, 4 Julii.

Dies Mercurinus. Dies Mercurii. (*Pilgram*)

Dies mysteriorum. Fer. quinta maioris hebdom. (*Pilgram.*)

Dies Natalitiorum. Thorkelin führt. (Tom. II. p. 9. in Indice) folgende Stelle an: „ Ita ut post- „ hæc halecium captura semper licita esset — — exceptis diebus maxime solennibus. Qui „ sunt — — *Quatuor Natalitiorum primi, octavus & decimus tertius.* " — — D. i. der Weihnachttag, der Stephanstag, der Johannstag, der Unschuldigen Kindertag, der Neujahrstag, der Dreikönigtag.

Dies Nicolai æstiualis. 9. Julii.

Dies Nicolai hyemalis. 6. Decemb.

Dies Odini. Mercurii dies. (*Thorkelin.*)

Dies Osanna. Dom. Palmarum.

Dies passionis lugubris & dolorosus. Dies parasceues.

Dies pingues. Tres dies præcedentes diem Cinerum.

Dies primus mundi. 18. Martii in pluribus antiquis Calendariis. (*Pilgram.*)

Dies primus Seculi. Idem.

Dies qua dedicata est Ecclesia S. Salvatoris. 9. Novemb. (*Pilgram.*)

Dies reconciliationis. Cœna domini. „ *1024, die reconciliationis — Nienburg. Cœnam dominicam* (S. Henricus) *peregit.* „ (*Pilgr.*)

Dies S. Pauli. 25. Januar. -

Dies S. Spiritus. Vel Dom. Pentecostes, vel adventus Spiritus sancti, 15. Maii. Major stat ratio pro prima. (*Pilgram.*)

Dies sanctus. Dom. Paschatos. *Sancta dies in hebdomade Paschatos.* (*Haltaus.*)

Dies Scrutinii. Fer. quarta quartæ Septimanæ Quadrages.

Dies Thori. Dies Jovis. (*Thorkelin.*)

Dies Tiri. Dies Martis. (*Thorkelin.*)

Dies viginti. Apud Gallos dies a Natiuitate ad octauam Epiphaniæ. (*Pilgram.*) (Im teutschen: der zwanzigste Tag.) 13. Jäner.

Dies viridium. Cœna Domini. (*Haltaus.*)

Diether. Theodorich. *Dieterus*. Theodoricus. 1461. (H. A.)
Dietrich. Theoderic, 1434. (H. A.)
Diligen tag. Des Mitchen, an sand diligen tage, 1322. (H. A.) So wie es hier steht, ist es deutlich im Originale geschrieben, wenn es nicht vielleicht Giligen tag heissen soll. — Noch ein anders Datum: Geben an sand Dylgen tag, 1341. (H. A.) und bedeutet den Gilgentag.
Dimissio Apostolorum. 15. Julii.
Dinge. Dienstag. In dem nehesten Dinge nach Corporis Christi (*Haltaus ex Ludwigio*.)
Dingsonntag. Sonntag Lätare, vom Worte Dingen, Knechte Dingen, u. s. f.
Dingstag. Dienstag. (*Haltaus*.)
Dinstermetten. Pumpermetten, Rumpelmetten.
Dingstag. Dienstag. Wenden, am Dingtag nach Martini, 1481. (H. A.) 13. Nov. — 1484. des Dingtages up der tryn dusent Mertelern Dage. (Georgisch, unter den unbestimmten dieses Jahrs.) Den dreitausend Martirertag hab ich noch nicht aufgefunden.
Dionisen tag. 9. Oktober. Güns, 1249., an sand Dyonisen tage. (H. A.) — *Datum Waidhouen in prima vespera S. Dionisii*, 1296. (H. A.)
Diuisio Apostolorum. 15. Julii. Frankfurt, am Mittwoch nach Diuisionis Apostolorum 1442 (H. A.) — Geben, Ofen, Freitag nach Diuisio Apostolorum 1489. (H. A.) Geben vff Diuisio Apostolorum 1495. (H. A.) — Ynnsprugg am Montag nach Diuisionis Apostolorum, 1501. (H. A.)
Dominica ad carnes leuandas, tollendas, Dom. Quinquages. (*Pilgram*.)
Dominica estatis. Sic dicebantur omnes dominicæ post Pentec. *dominica æstatis* vel etiam *dominicæ æstinales*. Ita e. gr. Missale Strigoniense impressum a. 1484. „ *Sequitur Dom. I. estatis post Pentecostes, Domine in tua*. “ (*Pilgram*.) — *Bathe feria sexta post secundam dominicam estatis 1480*. (*Kollar*.) Diese Urkund ist also am zweiten Sonntage nach Pfingsten gegeben worden. — Auch in Böhmen wird der Quatember nach Pfingsten Sommer-Quatember genennet; denn in der böhmischen Sprache heißt es Suchy dnj letniczni, wörtlich, Sommer-Quatember.
Dominica ante candelas. Dom. ante f. Purificationis.
Dom. ante Litanias. Dom. Rogate.
Dom. ante sancta Lumina. Dom. ante Epiph. ap. græcos. (*Pilgram*.)
Dom. Asoti, aut filii prodigi. Dom. Septuages. ap. græcos. (*Pilgram*.)
Dom. Benedicta. Dom. Trinitatis. Geben an der Mitichen in der Dominica Benedicta sit sancta Trinitas, 1308. (H. A.)
Dom. Brandonum, Burarum, Focorum. Dom Invocavit.
Dom. Caci nati. Ap. græcos sexta Dom. quæ nobis quinta est, post Pascha. Mediolani Dom. quarta Quadragesimæ.
Dom. Circumdederunt. Dom. Septuages. Anno 1355, an dem Suntage circumdederunt als men dye Meyde verbutet. *Haltaus ex Tentzelio*. (Man s. Meyde.)
Dom. cananæa. Dom. secunda Quadragesimæ.
Dom. cum clamarem. (Man s.) *Dom. Dum clamarem*.
Dom. de Fontanis. Dom. quarta Quadragesimæ.
Dom. de lignis orditis. Dom. Invocavit.
Dom. Da pacem. Dom. XVIII. post Pentecost.
Dom. de panibus. Sonntag Lätare. (Arch. Spieß.)
Dom. Deus in adiutorium. Dom. XII. post Pentecost.
Dom. Deus in loco sancto. Dom. XI. post Pentecost.
Dom. Dicit dominus: ego cogito. Dom. XIII. post Pentecost.
Dom. Domine in tua misericordia. Dom. prima post Pentecost. (*Pilgram*.)
Dom. Domine ne longe. Dom. Palmarum. (Man. s. Sonntag Domine.)
Dom. Dominus fortitudo. Dom. sexta post Pentecost.
Dom. Dominus illuminatio. Dom. quarta post Pentecost.
Dom. Dum clamarem ad dominum. Dom. X. post Pentecost
Dom. Dum medium silentium. Dom. prima post Natiuitatem Christi.
Dom. duplex. Dom. prima post Pentecost. ob festum Trinitatis.
Dom. Ecce deus adiuua me. Dom. nona post Pentecost.
Dom. Esto mihi. Dominica Quinquages.
Dom. Exaudi. Dom. VI. post Pascha.
Dom. Exaudi domine. Dom. V. post Pentecost.
Dom. Exurge. Dom. Sexages.
Dom. Exurge domine. Dom. quarta Aduentus.

Dom. Factus est dominus. Dom. secunda post Pentecost.

Dom. Gaudete. Dom. tertia Aduentus.

Dom. Hebdomadationis. Dom. post Michaelis. (Man s. gemeine Woche.)

Dom. Jerusalem. Dom. quarta Quadrages.

Dom. in capite Quadragesimæ. Dom. Quinquages. *1054. Dom. prima, quæ est ante caput jejuniorum.* (*Pilgram.*)

Dom. Inclina domine. Dom. XV. post Pentec.

Dom. Indulgentiæ. Dom. Palmarum. Isidor. orig. L. VI. *Dom. Indulgentiæ, quæ diuersis vocabulis distinguitur, id est dies palmarum, siue florum atque ramorum, osanna, pascha petitum, siue competentium, & capitilavium.*

Dom. In excelso. Dom. prima post trium Regum.

Dom. in media Quadragesima. Dom. Lætare.

Dom. Inuocauit. Dom. prima Quadrages. Haltaus bringt von diesem Sonntag folgende Ausdrücke vor: der Sonntag in der ersten ganzen Fastenwoche. — Die grosse Vastnacht. — Sonntag Innocauit genannt die grosse Vast-Nacht. — Den großen Sonntag, als man finget Innocauit me in der Fasten. Er zweifelt aber, ob er auch folgenden darauf anwenden soll: aller Mann Fastnacht. — Zondagh thu aller Manne Vasten. — Der befreyete Sonntag. — Am Sonntag der alten Fastnacht. Er führt auch eine Zeitfolge an: „Am Sonntag nach dem XX. „ Tag — — Au der Herren Faßnacht, — — Au der alten Fasenacht. "

Dom. In voluntate. Dom. XXI. post Pentec.

Dom. Isti sunt dies. Dom. Passionis seu Judica.

Dom. Judica. Dominica quinta Quadragesimæ, quæ *Passionis* quoque dicitur. (Man s. *Dom. Passionis.*)

Dom. Lætare. Dom. quarta Quadragesimæ. Dicitur *Lætare* hæc dominica ab introitu Missæ; *In media quadragesima* autem, quia proxima dominica est post Feriam quintam *Salus populi*, quæ Quadragesimam in duas partes diuidit. (*Pilgram.*) Man s. *Salus populi.*

Dom. Lucæ, 1ma, 2da, &c. sunt 13 dominicæ apud Græcos post festum Exaltationis S. Crucis, quarum postrema nostræ primæ dominicæ Aduentus respondet. — *Dom. Lucæ XVta*, seu *Zachæi.* Dom. II. post. Epiph. ap. Græcos. — *Dom. Lucæ XVIta* seu *Publicani & Pharisæi.* Dom. III. post Epiph. apud eosdem. (*Pilgram.*)

Dom. mapparum albarum. Dom. secunda post Pascha. (*Pilgram.*)

Dom. Matthæi 1ma, 2da, &c. apud Græcos dominicæ post Pentecosten, quæ nostris dominicis post Pentec. respondent. (*Pilgram.*)

Dom. mediana. Dom Passionis, etiam *Mediana octaua* indubie a præcedente hebdomada mediana. (*Pilgram.*) Man s. aber *Hebdomada mediana*, — Mitterfasten, — und *Salus populi.*

Dom. Memento. Dom. quarta Aduentus *1288. in die dominica qua cantatur Memento nostri, Natiuitatem præcedente.* (*Pilgram.*)

Dom. mensis paschalis. Dom. prima post Pascha. (*Pilgram.*)

Dom. noua. Ap. Græcos dom. prima post Pascha.

Dom. Miserere mei. Dom. XVI. post Pentecost.

Dom. Misericordias domini. Dom. secunda post Pascha.

Dom. Oculi. Dom. tertia Quadrages.

Dom. Omnes gentes. Dom. VII. post Pentec.

Dom. Omnia. Dom. XX. post Pentec.

Dom. Omnis terra. Dom. secunda post f. trium Regum.

Dom. Osanna & Oliuarum. Dom. Palmarum.

Dom. Orthodoxiæ. Ap. Græcos dom. prima Quadrages.

Dom. Paralytici. Ap. Græcos Dom. IV. post Pascha, nostra tertia. (*Pilgram.*)

Dom. Passionis. Dom. Judica. In dem geh. H. A. ist eine Urkunde mit folgendem Datum: *die martis proxima post dominicam de passione que fuit dies sexta mensis Aprilis, 1378.* Der 6. April. war in diesem Jahre der Dienstag nach dem Sonntag Judica.

Dom. Populus Sion. Dom. secunda Adventus.

Dom. post albas. Idem quod dom. in albis. (Pilgram.)

Dom. post focos, post ignes. Dom. secunda Quadrages.

Dom. post ostensionem reliquiarum. Sonntag Misericordia. (Arch. Spieß.)

Dom. post sancta lumina. Ap. Græcos dom. post Epiphan.

Dom. post strenas. Dom. prima anni.

Dom. post Trinitatis. Dom. secunda post Pentecosten.

Dom. prima, 2da, 3tia, 4ta ante Natale domini. Dom. quarta, tertia, secunda, prima Aduentus. (*Pilgram*)

Dom. prima post Pascha clausum. Dom. secunda post Pascha.

Dom. prima, quæ est caput jejuniorum. Dom. Esto mihi.

Dom. priuilegiata. Dom. Invocavit.

Dom. Protector noster. Dom. XIV. post Pentecost.

Dom. Publicani & Pharisæi. Dom. X. post Pentec. (*Pilgram.*)

Dom. Quasimodogeniti. Dom. prima post Pascha.

Dom. Quasi unigeniti. Occurrit in Mon. Boicis VIII. 133. ad A. 1258. judico esse errorem scribæ pro Quasimodogeniti. (*Pilgram.*)

Dom. Quinque panum. Dom. Lætare.

Dom. Quintana. Dom. prima Quadrages. quia est quinta ante mensem paschalem. (*Pilgram.*)

Dom. Reminiscere. Dom. secunda Quadrages.

Dom. Repus, Reprus, Repositus. Dom. Judica. (*Pilgram.*)

Dom. Respice domine. Dom. XIII. post Pentec.

Dom. Respice in me. Diploma Gurcense a. 1296. apud Hansiz habet: *tertia die dominica post Pentecostes qua cantatur Respice in me.*

Dom. Resurrectio „ quandoque pro omni dominica adhibebatur, quia in memoriam Resurrectionis „ dominicæ solennitas Sabbati in feriam sequentem translata est, hæcque dies dominica com„ pellata. Biograph. S. Berwardi apud Leibnitz I. 459. *A. 1007. in vigilia Epiph. domini,* „ *quæ tunc prima feria dominicæ Resurrectionis accidit* (consecrata est ecclesia Gaudensis); in„ cidit autem hoc anno hæc vigilia in Dominicam. " (*Pilgram.*)

Dom. Resurrexi. Pascha.

Dom. Rogate. Dom. quinta post Pascha.

Dom. Rosæ, de Rosa, Rosata. Dom. Lætare. (*Haltaus.*)

Dom. Salus populi. Dom. XIX. post Pentec.

Dom. Samaritani. Ap. Græcos quinta, nostra quarta Dom. post Pascha. (*Pilgram.*)

Dom. Sancta. Dom. Paschatos. *Dominica sancta in Pascha.* (*Haltaus.*)

Dom. Septuagesima. Der Tag vncz daz man Alleluja niederlegt. (Haltaus.) Man s. Meyde verbuten. — Sonntag.

Dom. Si iniquitates. Dom. XXII. post Pentec.

Dom. Spiritus domini. Dom. Pentecostes.

Dom. Statuit. Hergott (III. 409.) bringt ein Diplom des Grafen von Thierstein vor, welches folgendes Datum hat: *Actum, Rinuelden anno domini 1277. octaua dominica statuit,* und schreibt: „ Nullam reperio Dominicam, cujus introitus initium sumat a voce *Statuit.* Insuete porro „ est, Dominicæ diei *Octauam* adsignare, uti hic fit. Suspicor itaque mendum latere. In„ ter festa Sanctorum singulis fere mensibus unum alterumve recurrit, quo introitus Mis„ sæ a verbo *Statuit* orditur: sed quodnam istorum scriptor hujus chartæ indigitare volue„ rit, diuinare haud licet. Fuerit forte festum alicuius Sancti, cuius introitus erat *Sta*„ *tuit*, huius vero dies in dominicam incidebat. " Dazu hat Hr. Pilgram den Ulrichstag aufgefunden, der diesen Introitus hat, und in diesem Jahr an einem Sonntage fällt. (Man s. Pilgram) — Meine Meinung wäre folgende: Vielleicht soll es heißen: *octaua dominica ante Statuit;* (Dieser Introitus kömmt auch dem Fest der Kathedra Petri zu;) Alsdann wär' es der achte Sonntag des Jahres 1277, (vom ersten Jäner an zu rechnen,) der vor Kathedra Petri (22. Febr.) fällt, welches Fest gerade am Montag nach diesem achten Sonntag eintrifft.

Dom. Suscepimus. Dom. VIII. post Pentec.

Dom. Transfigurationis. Dom. secunda Quadrages.

Dom. Trinitatis. Prima dominica post Pentecosten. Sic dom. prima post Trinitat. est secunda post Pentec.

Dom. trium Septimanarum Paschatis, — Pentecost. Probabilius Dom. secunda post Pascha, — Pentec. Tres septimanæ Paschatis immediate diem Paschatis sequebantur. Hr. Pilgram zitirt *l'Art de verifier les Dates.*

Dom. Tyrophagi. Ap. Græcos Dom. Quinquagesimæ. (*Pilgram.*)

Dom. Vnam domini. Dom. secunda post Pascha.

Dom. Vocem jucunditatis. Dom. quinta post Pascha.

Dominicum. Idem quod dominica. *Datum Tridenti, die dominico 19. incipiente Februario, 1307.* (H. A.) Der 19. Februar ist in in diesem Jahr ein Sonntag.

Dominik. Dominica, Sonntag. Phinnctztag nach der Dominiken Reminiscere 1333. (H. A.)

Donderstag Donnerstag. An dem nehsten Dondernstag nach Pfingsten, 1362. (H. A.)

Donnerstag der gute, grüne, hohe, weisse, weizze. Donnerstag nach dem Palmsonntag.

Donstag. Donnerstag. (Man s. Vnsinnige Donstag.)

Dorethen Tag, 1366. (H A.) — Wienn an sand Dorethen tag 1372. (H. A.) Dorothea, 6. Februar.

Dornstag, Donrstag. Donnerstag.

Dorletage. Die drei Tage vor dem Aschermittwoch. (Haltaus.)

Dormitio, Transitus, Pausatio, Requies S. Mariæ. Fest. Assumptionis Mariae.

Drattiendentag. Dartiendentag. Der Dreizehente Tag, 6. Jäner.

Dreyfaltigkeit. Man s. Dryfaltigkeit.

Dreynägeltag. Der dritte Freitag nach Ostern. Unter den Urkunden des geh. H. A. finden sich folgende Daten: geben 1402, des Ertags nach der heiligen drey nägel tag. — in einer andern: geben am Montag nach der heyligen Drey Nägl tag nach Ostern, 1426. (H. A.) — und in einer dritten: Der geben ist nach Christi gepurd 1480, am Freytag der heiligen Dreynagel tag. — Megiser in seinen Annalen von Kärnten sagt, Seite 40. „Insonderheit „ aber seind vier die höchsten Perg im Land, da Järlich grosse Wahlfahrt hin sein. Deren „ Namen seind, S. Ulrichs Perg, S. Helena Perg, S. Veits Perg, vnd S. Laurenzen „ Perg. Auff diese vier Perg laufft das gemeine Landvolk alle Jahr Kirchfahrten an der „ heiligen drey Nägel Tag (denn also nennen sie den dritten Freytag nach Ostern) und muß „ diß Kirchfahrt-lauffen auf einen Tag verricht werden.“

Dreißigste (Man s. *Tricesimus.*)

Dreyzehente Tag. Dreikönigtag, 6. Jäner.

Drige Tage. Drei Tage.

Drigfaltigkeit. Am Montag nach dem Suntag der heiligen Drigfaltigkeit; 1530. (H. A.) Sonntag Trinitatis.

Dryfaltigkeit. Wienn, Montag nach der heiligen Dryfaltigkeit tag, 1411. (H. A.) — Am Suntag der heiligen Drivaltigkeit, 1448. (H. A.) Sonnt. Trinitatis.

Driveltigkeit tag, 1482. (H. A.) Sonnt. Trinitatis.

Drottingsdagr. Dies dominica. (*Thorkelin.*)

Drutteyden Dach, Druttiende Dag. Dreikönigtag. Ob des hilligen Drutteydden Dach geheiten in deme Latine Epiphanie Domini. (Man s. Haltaus.)

Dult, Tult. Ab indultu seu indulgentiis. z. B. Am Gilgentag als Tult da ist. — s. Georiendult. — s. Johanns Tult. — Unser Frawen Dulttag. — Darunter wird immer Jahrmarkt, *Nundinae*, verstanden.

Dysentag, Dys-Dag. Dienstag. (*Haltaus.*)

Ebenbeichtag, Ebenweichtag, Ebenwihetag, Ebenwichtag, Ebern-Veichtag, Ebwichtag, Ewenweichtag, Ebenwigtag. Beschneidung Christi, Neujahrstag, 1. Jänner. Wienn am heiligen Ebenbeichtag, 1412. (H. A.) — Geben Aspern, an dem Ewenbeichtag, 1343. (H. A.) — Geben an dem Embeichtag 1416. (H. A.) Dreuzehen Hundert Jar vnd darnach in dem drev vnd fünfczigsten Jar des Eritages an der Ebenweihtag. (H. A.) Der Wochentag trifft mit dem 1. Jäner richtig ein. — Geben an dem Ebenwihetage, 1300. (H. A.) — Geben Wienne, an Erihtag nach dem Ebwichtag, 1345. (H. A.) — Am tag des ingenten Jahrs den man nennet Ewigtag. (Lunig.) — Des nähsten Mäntages nach dem Ewenweihtag ze Weihnachten, 1290. — An den Ebenweichtag den man nennt in latin Circumcisio Domini, 1359. — An dem heiligen Ebenweichtag 1338. (H. A.) — 1339. ze Wienn des Suntages nach dem Ebewichtag. — Haltaus führt aus dem Steyerer eine Zeitfolge an: An dem Weichnachtag, an dem Ebenweichtag, und der dreyer Kunigtag.

Eberhardstag. Hr. Pilgram führt es aus den Mon. Boicis, IX. vom Jahr 1369. an, und versteht darunter „ aut festum S. *Erhardi*, 8. Ian. aut S. *Everardi*, germanice *Eberhard*, 23. Martii.“ Er scheint sich für das erste, und nicht ohne Grund, zu erklären. (Man s. Erhartstag.)

Edmundus. 20. Nov. „ Anno M. C. LXXX. III. XII. Kalendas Decembris in die sancti Edmundi Regis et Martiris.“ Ex Dipl. Arna-Magnaeano Tom. 1. pag. 272.

Ehrenmeß vnser vrowen. — sente Marien Missen der Eren. Maria Himmelfarth, (Haltaus.)

Eilff tawsend Mägde tag. Ursula, 21. Oktober. — 1284, Eilff tausend Jungfrauen Tag. (Pilgram.)

Elchbetten tag, 1415. (H. A.) Elisabethtag.

Elena. Helena, 8. Febr. (Man s. Helena, Helna.)

Elias Propheta. 20. Julii. *Datum in Lyppa in die Sancti Eliæ Prophetæ, 1366. (Ex Kollarianis.)*

Else, Elspeten, Elzpet, Elpet. Elisabeth, 19. Nov. Wienn am Montag vor sand Elspeten tag, 1364. (H. A.) — An sant Elzpeten tag, 1417. (H. A.)

Elsezze. Elisabeth.

Embreichtag. 1. Jäner. (Man s. Ebenweichtag.)

Emohartstag. Hermagoras. 12. Julius. „Die Kirchen des h. Hermagoras in Kärnthen und Krain „ heißen noch heutiges Tages: Bey s. Emohar.“ (Pilgram.)

Engelweihe. Michaelsfest, 29. Sept. (Haltaus.)

Epipanti. Idem quod Hypapanti, fest. Purificationis.

Ostermonat, „war der Monat, wo das Fest des Ursprungs gefeyert, oder etwann das Jahr angefangen ward" — (Man s. Meusels Neueste Litteratur der Geschichtkunde; zweiten Theil, Seite 23.)

Epiphaney. Epiphania. Am Tage der Epyphanty. 1331. (H. A.)

Episcopatus puerorum Fest. Innocentum. (*Pilgram.*)

Equites 40. vel 10000. Festa totidem MM. (*Pilgram.*)

Erbland. Ermelandus. Hr. Pilgram erklärt es Seite 166; aber er sagt nicht, an welchem Tage des Jahrs dieses Fest begangen worden. In dem Martirologio Romano Gregorii XIII. iussu edito Antverpiae ex officina Chr. Plantini 1586. fand ich am 25. März. (Octaua Kal. April.) sancti Hermelandi abbatis &c.

Erchtag, Erichtag, Eritag. Dienstag. Erchtag in dem Antlass. Dienstag nach dem Palmsonntag.

Erentag. Dienstag. (H. A.) Man s. Jaur.

Erharcztag. And sand Erharcztag, 1343. (H. A.) Erhardus. 8. Jäner.

Erhartstag. Erhardus, 8. Jäner. Hr. Pilgram führt (Seite 217.) an: „In quibusdam germanicis Calendariis, dicitur hic sanctus (Erhardus) germanice *Eberhard*, hinc & latine „*Everardus* dicendus est, vocatur et *Erthardus*, *Herhardus*, in Martirologiis." und schließt mit vieler Wahrscheinlichkeit: „adeoque diplomata, data am *Eberhartstag*, indubie ad hujus Sancti festum referenda sunt; de *Eberhardo* enim Salisburgensi cultus alicuius vestigia non invenio."

Erichstag. Dienstag. (*Haltaus.*)

Erndmonat. Augustmonat. (*Haltaus.*)

Erste vnser Frawentag. Maria Himmelfahrt. (M. s. Frauentag.)

Eschtag, Eschen, Mittwoche. Aschermittwoche. (Haltaus.)

Eselfest. Palmsonntag.

Everardus. (Man s. Erhartstag.)

Ewenreich. Soviel als Ewenweichtag, 1. Jäner.

Ewigtag, der tag des ingehenden Jahrs. 1. Jäner. Dumont in seinem Corps diplomatique führt eine Urkunde vom Jahr 1377 an, die also datirt ist: Der geben wort des Jars 1377. an dem Tag des ingenden Jars den mam nennet Ewigtag. Er hat aber den Tag nicht in Zahlen ausgesetzet, hiemit nicht bestimmen wollen.

Exurge. Vazzawe, an dem Sonntag da man sanch Exurge, 1297. (H. A.) Man s. *Dom. Exurge.*

Faremant. Aprilmonat.

Fasangtag. Dienstag nach dem Sonntag Quinquagesima. In den Analect. Vindobon. II. „— „vnd die Potschafft ist mir kommen an dem Fasangtag, der ist gebesen an den achteden Tag „nach unser Frauen der Liechtmess, vnd ist Sand Apolonie Tag an demselben Fasang Tag „gebesen. — 1440 — „In diesem Jahre war der Dienstag vor dem Aschermittwoch der 9. Februar, und auf diesen Tag fällt Apollonia.

Fasching, Faschung Dienstag vor Aschermittwoche.

Fasennacht. 1314. (H. A.) — Tenn, 1325. dez Suntages vor der Vasnaht. (H. A.) Dienstag nach Esto mihi, oder vor Aschermittwoche.

Fassnachtabend. Montag nach Esto mihi. Montags nach der Fassnacht am Abend.

Fassnacht die rechte, die junge. Dienstag nach Esto mihi. (Haltaus.)

Fastelanns Mandag. Montag nach Esto mihi. (Haltaus.)

Fasten. (Man s. auch Vasten.) Davon findet man: Viertage in der Fasten: Diese sind die vier Tage vor dem Sonntag Invocavit. — Des Suntags als man die vier Tag gevastet hat, so man singet Innocauit 1314. (H. A.) — Auff die Quatember nach den vier Tagen zu angeender Vasten. — Auch findet man zehen Tag in der Vasten, welche die zehen Tage vor dem Sonntag Reminiscere sind. — Des Freytag in den Zehen tagen in der Vasten. Freitag vor Reminiscere. — Des Mitichens in der ganzen Vastwochen. Mittwoch nach Invocavit, oder vor Reminiscere. — Suntags so man die Zehentag gewast hat in der Vasten. Sonntag Reminiscere. — Es geschah an den Montag do man zehen Tag gevastet hat. Montag nach Reminiscere. (Man s. Vier, auch Zehen.)

Fasten (angeende). Sonntag Invocavit. Auff die Quatember nach den vier Tagen zu angeender Vasten. (*Haltaus ex Datlio.*)

Fastnacht, (alte, Große) Sonntag Invocabit. Sonntag Invocavit die Groß Vast Nacht. (Man s. Vastnacht.)

Fastnacht (junge, rechte). Dienstag nach Esto mihi. Haltaus führt an: „Als An. 1384. die junge „ Fasenacht auf s. Matthias des Apostels Abend gefallen, hat Nicolaus Bischof zu Constanz „ im ganzen Bischtum erlaubet, selbigen Tag Fleisch zu essen.„ Mit dieser Jahrzahl kömmt es nicht überein — Weiter führt er aus dem Vestifius eine Zeitfolge an: „ Am Sonntag der „ Herren Faßnacht — — Montag drauf — — Zinstag die junge Fasenacht. — E contra- „ rio Dominica *Inuocauit* nominatur *die alte Fastnacht*.„

Fastnacht, Fasching, Faschung. Dienstag nach Esto mihi.

Fastnachtsonntag. Sonntag Esto mihi.

Feiste Sonntag. Sonntag Esto mihi. (*Haltaus.*) Man s. Veiste.

Feitestag. Vitus. Geben an sant Feitestag, 1365. (H. A.)

Felicen' vnd Gemerentag. Felix und Adauct.

Feligen und Gemerentag. Felix und Adauct. Koburg am S. Feligen und Gemeren Tag, 1403. Georgisch hat dieses Datum unter den unbestimmten.

Felix in pincis. (Episc. Nolanus.) XIV. Januarii. (*Haltaus.*)

Ferdintag. Vierte Tag, Mittwoche. (Man s. auch Vier Tage.)

Feria ad Angelum. Dies mercurii quatuor temporum Aduentus.

Feria caeci nati. Dies mercurii post dom. Lætare.

Feria Communes. (Man s. Gemeine Wochen. *Communis septimana.*)

Feria Magnificat. Fer. quinta tertiæ hebd. Quadragef. seu dimidia Quadragesima a Collecta. (Pilgram.)

Feria magni scrutinii. Feria quarta quartæ hebdom. Quadragef. (Pilgram.)

Feria prima. Dies dominica.

Feria septima. Sabbatum.

Feria septima maior. Sabbatum sanctum.

Feria tertia mensis Martii anno Domini, 1374. (H. A.) Es scheinet den ersten Dienstag im März welcher im Jahre 1374. der 7. März war, zu bedeuten.

Fest der Darstellung Christi. Lichtmeß, 2. Febr. (Pilgram.)

Fest des hilligen Lichnamstag. Fronleichnamstag. (Pilgram.)

Festiuum Ieiunium. Quatember nach Pfingsten. (Haltaus.)

Festorum omnium metropolis. Natiuitas domini, 25. Dec.

Festum Apostolorum Quondam ap. Latinos 1. Maii, ap Græcos 30. Junii. (Pilgram.)

Festum Architriclinii. Dom. secunda post Epiphan.

Festum armorum. „Die Veneris *post Dominicam Quasimodogeniti*, siue feria VI. post octauam Pascha- „ tos Innocentius VI. anno MCCCLIV. hortatu Caroli IV. Imp. *Festum Armorum Christi* ce- „ lebrandum instituit.„ — Germanice vocatur das Heiltum-Fest„ — „zwischen hie vnd dem „ nechsten Heiltum.„ — vnd wart ein Fest von der Lanczen Christi nach Ostern also durch „ den Pabst verordnet czuhalten. „ — Doch war der Tag an allen Orten nicht der nämliche: „ Reliquiarum diem Dns Episcopus (Halberstadt.) statuit per Diœcesin universam videlicet „ XVI. Cal. sept. annua reuolutione esse celebrem. „ — „ Erfordiæ Hebdomas Paschalis erat „ Septimana Reliquiarum. „ (*Haltaus.*) — Festum de Lancea & Clauis, ut nunc vocatur, in Germania feria VI. post dominicam Quasimodogenti. (*Pilgram.*) Man s. Drei Nägel Tag. Was bei diesem Fest aus dem Register angeführt worden, kömmt mit dem *Fest. de Clauis* des Hrn. Pilgram nicht überein. (Man s. *Festum Reliquiarum*, auch Freytag Sper und Cron.)

Festum Asinorum. In Gallia 25. Dec. & 14. Jan. (*Pilgram.*)

Festum Azimorum. Pascha.

Festum Calendarum. 1. Januar. (*Pilgram.*)

Fest. Candelarum. F. Purificationis, 2. Febr. (*Haltaus.*) — *Datum Osloe, VII. noctibus post festum Candelarum.* (Diplomatarium Arna-Magnaeanum, Tom. II, pag. 26, in Indice; und p. 119. steht: 1290. die 9. Februarii. In der Urkunde heißt es: „ VII. nattom æfter kyndils messo.„)

Festum Compassionis Mariæ, Maria Ohnmachtsfeyer Dies veneris ante dom. Palmarum.

Fest. Compassionis Mariæ, Maria Ohnmachtsfeyer. Dies veneris dom. ante Palmarum.

Festum Euangelismi, Dom. quinta post Pascha, aliquando & prima Maii dies. (*Pilgram.*)

Festum Expectationis. 18. Dec.

Festum herbarum. F. Assumtionis, (Man s. Frauentag Wurzwie.)

Festum Julense. (Man s. Juel.)

Festum Luminum. F. Purificationis. Apud Græcos vero *Epiphania*. (*Pilgram.*) In der böhmischen Sprach ist *Festum Luminum* soviel als *Epiphania domini*; Denn: den swatich trzij Kralunow a neb Swiczek, heißt: am Tage der Heiligen drei Könige, oder, der Lichter. (Aus einer Märischen Urkunde vom Jahr 1481.) — Na den Swiczek. das ist: an dem drei König Tag,

und

und zugleich, weil Swiczek Lichter heißt, am Tage der Lichter. Lichtmeß hingegen heißt in der bömischen Sprache: Hormnicze.

Festum magnæ dominæ. In Hungaria, festum Assumtionis.

Festum SS. Mariæ & Filiastri. Nach der Meinung des Haltaus wäre es XIV. Kal. Aug. Aber nach Hrn. Pilgrams XV. Kal. Aug. (Man s. Haltaus und Pilgram.)

Festum Mariæ Annorum. Fest. Natiuitatis Mariæ.

Festum S. Martini bullionis. Idem ac Martini æstiualis, nempe eius translatio, 4 Julii. (*Pilgram.*)

Festum Occursus. Hypapanti. Fest. Purificationis.

Festum omnium Sanctorum. Ap. Græcos dom. post Pentec. (*Pilgram.*)

Festum S. Petri Epularum. Cathedra Petri. (Man s. *Cara cognatio.*)

Festum præsentationis D. N. J. C. Fest. Purificationis.

Festum Reliquiarum. Datum 1363. Sabbato post fest. Reliquiarum. (H. A.) Hr. Hofrath von Rosenthal gibt folgende Erklärung: „ Hoc festum honori sacrarum Reliquiarum, quas Bohemia seruat, „ quotannis celebratur Pragæ in Ecclesia metropolitana die veneris post dominicam Quasimo- „ dogeniti. „ Aber zu Wien in Oesterreich wurde das Heiligthumfest (*Festum Reliquiarum*) am ersten Sonntag nach Ostern, oder Sonntag Quasimodogeniti gehalten. Dieses bezeiget eine gedruckte Beschreibung der Heiligthume und Procession in der Kirche bei St. Stephan vom Jahr 1502. „ In diesem Puechlein ist verzeichnet das hochwirdig Heiligthumb so man in „ der loblichen Stadt Wienn in Oesterreich alle iar an sonntag nach dem Ostertag ze zeigen „ pfligt. Anno 1502. „ (Man s. *Festum Armorum.*) — Heiltumfest.

Festum Sacramenti. Fest. Corporis christi. (*Haltaus.*)

Festum Sanctificationis b. V. 8. Dec.

Festum septem Gaudiorum Mariæ. 23. Sept. Hr. Arch. Spieß führt eine Urkund über eine Gült vom Jahr 1487. an, die auf dem Rücken folgende Note hat: die soll man geben zu presencz de septem gaudiis marie h. e. (hoc est) in festo tecle virginis. „ Auch finde ich (schreibt H. Arch. Spieß) in calendario ecclesiæ cathedralis Misnensis beim Schöttgen und Kreysig „ in Diplomatariis & Scriptoribus historiæ germanicae medii aevi Tom. II. p. 125. das Fest „ Gaudiorum Mariæ auf den 24. Sept. „

Festum 72. Discipulorum. 15. Julii. Ap. Græcos 4. Jan. (*Pilgram.*)

Festum S. Simeonis, F. Purificationis 2. Febr.

Festum S. Regis. In Hungaria festum S. Stephani, 20 Aug.

Festum Spasmi Mariæ. Dies veneris ante dominicam Palmarum. (*Haltaus.*)

Festum Stultorum. In pluribus Galliæ locis prima dies anni. (*Pilgram.*)

Festum Translationis Domini. Waser zieht es auf Transfigurationis; Hr Pilgram aber auf Relatio pueri Jesu de Ægypto, 7. Ian. (Man s. Pilgram.) — Meine Meinung wäre für das Letztere.

Festum Trinitatis. Unum & frequentissimum Dominica prima post Pentec. Alterum ultima Dominica. (*Pilgram.*)

Festum Valetorum. In Gallia dom. post fest. S. Dionisii. (*Pilgram.*)

Fidentag, Sant Fiduntag. 1258. *in festo beate Fidis V. M.* Fides, 6. October. (Pilgram.)

Filius prodigus. Sabb. hebd. secundæ Quadrages. ab Evangelio. (*Pilgram.*)

Fimtudagr. Dies quinta. (*Thorkelin.*)

Finstermetten. Pumpermetten in der Charwoche.

Florian. 4. Mai. — Das ist geschehn dacz sand Florian. an dem Churichweich tak do von Christs purt woren drewzehn hundert Jar. vnd dornach in dem vierden Jar. (H. A.) 4. Mai. 1304. Fluristag. In einer Urkunde vom Jahre 1397. findet sich folgendes Datum: Geben an Sant Fluris tag (H. A.) Vielleicht ist es sanct Florus (im Französischen *Saint Fleurs*) 3. November oder vielmehr *S. Floris M.* 31. Dec.

Foddere Tag. Vorabend. Foddere tag des heil. Creuzes Erfindunge. (Pilgram.)

Forensis. Idem quod Feria. *Forensis III. post Galli i. e.* Feria tertia post Galli.

Fostudagr. Dies Jeiunii sc. Veneris. (*Thorkelin.*)

Francißcentag tag. Geben Wienn an sand Francißcen tage in dem herbiste. 1297. (H. A.) October heißt auch der Zweite Herbst. 4. October (Man s. Augst.)

Franzißcen tag. Darunter wird nicht Francisca verstanden; denn in mehreren Urkunden steht: Kloster sant Francißcen Ordens — Antonientag ist Antonius. — Folgendes Datum einer Urkunde beim geh. H. A. ist ganz deutlich geschrieben: Geben 1320. dez nesten tages nach sand franscisken ga tagez. — Geben am Freytag sant Francißcen tag dem heiligen Peychtinger, 1476. (H. A.)

Francißi. Wienn Mittwoch vor Francißi, 1386. (H. A.) Franciscus.

Frassmontag. Montag nach Esto mihi. (Haltaus.)

Frauen abente. (Man s. Vier unser Frawen abente.)

Frauentag, Frawentag. Haltaus hält davor, es wäre, wenn kein Zusatz dabei ist, Maria Heimsuchung tag. Allein folgendes Datum streitet wider diese Meinung: Mitichen nach unser lieben Frauen tag, 1455. (H. A.) weil Marie Heimsuchung selbst an einem Mittwoche fiel. — Wasser scheint es für Maria Lichtmeß zu halten. Seine Meinung könnte dadurch bestätiget werden, daß in Schilters *Kalendario Alemannico* am 2. *Febr.* nur *Unser Fröwen dac in - -* geschrieben steht: allein es sind etliche Striche beigedruckt, die da anzeigen, daß das Mspt an diesem Orte verletzt war. — Wahrscheinlicher ist es Maria Himmelfahrt, als das Erste, Große Frauenfest. (Man s. Achtet unser Frauen.) — Georgisch setzte dergleichen Daten unter die unbestimmten: Würzburg, am Samstag nach U. L. Frauen Tag, 1375. — *Datum Braunschweig, dominica proxima post diem B. M. V.* 1432. Darunter versteht sich Maria Himmelfahrt. — Wienn, am Sambstag nach unser Frawn tag, 1421. (H. A.)

Frauen (unser Frawen) Anburtung im Tempel. Maria Opferung. Man sehe hierüber bei Hrn. Spieß, der einen richtigen Beweis anführet.

Frauentag, Visitatio Marie (Heimsuchung.) H. Archivar Spieß führt folgendes an: „In einer „pfälzischen geschriebenen Chronik, aus dem 14ten Jahrhundert findet man — — uff unser „frauen Abent der nuwe fier„ (neue Feyer) „daz man nennet Visatio Marie. Vermuthlich soll hiedurch angedeutet werden, daß dieses Marienfest das letzte, folglich das neueste sei, welches in der römischen Kirche angeordnet worden ist, wie Hottinger bereits vermuthet. „ — Daß das Marie Heimsuchungsfest nicht in allen Kalendern gestanden habe, können folgende Datums beweisen: Geben Montag vor sand Vlrichstag, 1403. In diesem Jahre fiel Ulrich am Mittwoche, folglich ist die Urkund vom 2. Juli; nun aber fällt an diesem Tage M. Heimsuchung, und doch ist nicht datirt worden: Geben an M. Heimsuchungstag. — Geben Samstag vor sand Vlrich, 1418. — Geben Freitag vor sand Ulrich, 1432. — Geben Montag vor sand Vlrich, 1436. — Alle diese Urkunden sind am Marie Heimsuchungstage 2. Jul. gefertiget, aber nicht davon datirt worden, aus Ursache, weil es in den Kalendern dieser Oerter nicht stand. So findet man schon in Schilters Kalend. Alemann. Sec. XIII. nicht Marie Heimsuchung, sondern am 2. Jul. steht: *burzi marci.* (Man s. Burci &c.)

Frauen (unser) Besuchung. Maria Heimsuchung, 2. Jul.

Frauen (unser) Dult tag, in dem ersten Herbst Manote. (Weil October der annder Herbst heißt). Maria Geburt, 8. Sept. — Geben zu der Nuwen Regensperg, an dem Suntagg nach unser Frowen tag zue Herbste, 1354. (H. A.)

Frauen (unser) der Jengerung, — der Jüngern, — als sie jung wart, — Frowentag der Junger, — Unser Frowen Meß der Jüngeren. Maria Geburt. — „Marie Geburt wurd etwann auch genennet unser Frauentag der jüngere, welches ein Beweisthum, daß er später „als andere Frauentag aufkemmen.„ Haltaus aus dem Hottinger. — In Schilters Kalendario Alemannico steht bei dem 8. Septemb. *Sankt Marie der jüngern tag.*

Frauen (unser) Dult tag in dem ersten Herbst Manode, 1290 (Pilgram.) Maria Geburt.

Frauen (unser) Laterntag, Unser liben Fruwen lateren tag. Maria Geburt. — Haltaus führt eine Zeitfolge aus einer Chronik an, — in der weken vor Pinxten, — — darnach to unser leven Fruwentage Lateren, — — in Sente Michelsdage. — Hr. Pilgram setzt hinzu: „ratio hujus est, quia hoc festum inter quatuor festa solemnia b. V. ultimum in anno.„ Hiemit schließt er M. Empfängniß aus.

Frauentag der lesten, -- Frowentag der leczern, — Unser Vrowentagh der leyster, — der leizt, — Unser lieben Frowen leczer tag, — unser lieben Frowen lecze. Maria Geburt. — Bis unser liebin Frowntage als sye geborn wart den man nennit den letzcer. — 1457. unser lieben Frauentag leczern, Nativitatis Marie virg. — „Chron. Pantal. ad an. 1107. tradit, „Henricum V. Goslariae fulmine territum fuisse *circa festum Natiuitatis S. Mariæ;* quod ver„sio vetus expressit: um unser Vrowen Dach der leyster. „ Haltaus. — Albertum Ducem Sax. obiisse Sonnabend nach unser Frauenlecze, heißt an einem andern Orte, Sonnabent nach Nativitatis Maria. (*Pilgram.*) Pettow, an unser Frawen Tag der letzten, 1332. (H. A.) — Wienn an unser vrawentage der lesten, 1316. (H. A.) — Vreytag nach unser vrawentag der lezten an dem Herwest, 1339. (H. A.)

Frauentag der hindern. Maria Geburt. Hinder ist hier eben soviel als leczte. uff unser lieben Frowen tag der hündern zu Latine Natiuitas. (Haltaus.)

Frauentag der reichen. Maria Geburt. 1394. des nasten Phinztags nach unser lieben Frawen tage der Reichen. (H. A.) — Freytag nach unser Frawen der Reychen, 1359. (H. A.) — An unser Frawentag der Reichen im Herbst, 1360. (H. A.) P. Schier ex lit. Prim. Watranger A. 1361. An unser vrawentag der reychen zu Herbst. (*Pilgram.*)

Frauentag zu der Dienstzeit. Maria Geburt. 1400, dez nächsten Suntags nach unser Frawn tag zu der Dinstzeit. (H. A.) — An unser Frawen tag zder Dienstzeit 1400. (H. A.)

Frau-

Frauentag ze Herbste. Maria Geburt. Geben zu der Nywen Regensperg an dem Suntagg nach unser Frowen tag zue Herbste, 1354. (H. A.) Wienn an unserr Frowen-abend ze Herbst alz si geborn ward, 1367. (H. A.)

Frauentag zu der Kündung — Kindung. Maria Verkündigung, 25. März. An unser Frauen tag zu der Chundung, 1340. (H. A.) — Wienn am Montag vor unnser Frawen tag ze der khindung, 1362. (H. A.) — Gräz, 1300, des nähsten mitchens vor unser Frowen tage zer Chondonge. (H. A.)

Frauentag in der Fasten. Maria Verkündigung. Tanne, Fritag vor unserre vrowentag in der Vasten, 1324. (H. A.) — Frauentag in der Vasten, 1362. (H. A.) — Am Freytag nach unser Frawentag in der Vasten, 1406. (H. A.) — In Schilters Kalendario Alemannico steht am 25. März: *Sanct Marien in der Vasten tag.* —

Frauentag in dem Merzen. 25. März, M. Verkündigung.

Frauentag der Cliben, — Frowentag irere Becleibung, — Frowintag Beclibin, — Unser Frawen Cleybentag, — Cleibeltag, — Nach Frayen Keybelltag. Maria Verkündigung. In der Mitlewochen vor unser Frawen Clibeltag den man nennet Annunciacio in der Vasten. — Nach unser Frauwentag Clibane oder Annunciacionis. — Unser Frauwentag der Cliben den man nennet zu latine Annunciacio.

Frauentag der verholnen. Maria Verkündigung. An unser Vrawn tag der verhollen, 1358. (H. A.) — In des gelehrten Schoepflin *Alsatia Diplomatica* (Parte II. pag. 46.) findet sich folgendes Datum einer Urkunde: Wir Rudolf von Gottes gnaden Romescher konnich — Dirre brief wart geschriben und gegeben ze Colmere an deme Donrestage, vor unser vrouwen tag der verholene, do man zalte von Gotes geburte tusent jar. zwei hundert jar, und ein und nunzich iar. — mit dieser Anmerkung: „ Quæritur de festo hoc b. M. Virginis. „ *Haltaus* Calend. med. aeui pag. 140. — ad diem Conceptionis b. Mariae refert, adeoque „ ad VIII. Decemb. Obstat autem vel maxime historia, quæ Rudolphum Cæs. die XV. Jul. „ huius anni expirasse docet; — Jam vero si dicendum, quod res est, festum Conceptionis „ Mariæ recentius longe est, quam diploma nostrum, seculo XV. demum institutum. Lon„ ge antiquius imo augustius illud, quod ab Annunciatione nomen habet, qua conceptio „ domini in vtero b. Virginis celebratur. Hoc si assumas, vti assumendum omnino credimus, „ plana sunt omnia, quod Rudolphum Caes. ipso anni tempore in Alsatia versatum esse, ex „ datis multis privilegiis, quae nunc nos ipsi proferimus, constat. Immo Columbariam „ venisse die Gregorii, qui incidit in XII. Martii, Annales Colmarienses ad an. 1291, diser„ te tradunt. Adducit quidem in rem suam Haltausius diploma ex *Lunigio* vbi *nac unser frauwen tag* „ *conceptio die man nomüt verhoelen*, legitur. At conceptionem Mariae hic actiuam, non Pas„ siuam indicari ex alio diplomate Roshemio, oppido Alsatiae imperiali, an. *1368. an dem er*„ *sten tag nach unser frauen tag der verholnen in der vasten* dato, addiscimus. — „ Herr Hofr. „ Lamey erkläret es ganz richtig für das Fest Mariä Verkündigung. Er setzt aber hinzu: „ Etymologiam vocis *verholene* declarandam et explicandam aliis relinquo. „ Dieses übernimt Joh. Georg Meusel im ersten Theile, Seite 34. seiner Neuesten Litteratur der Geschichtkunde folgender maßen: „ Uns dünkt hierinn gar keine Schwierigkeit zu liegen. Verholen ist soviel „ als verhalten, heimlich, geheimnißvoll. Unverholen sagen wir ja noch heut zu Tag für oh„ ne Zurückhaltung, ohne Verheimlichung; da das Fest der Verkündigung Mariä auch das „ Fest der Empfängniß Christi ist; so sieht man leicht die Ursache der Benennung. „

Frauentag der verpargen. Eben soviel als der verholnen, nämlich Maria Verkündigung, 25. März. Dieses Datum liest man in einer Urkunde des geh. H. A. Geben ze Gins. an dem. verpargen unserr. Vrawen tag. anno Septuagesimo Nono (1379.) — Auch H. Archivar Spieß führt ein solches Datum an: Geben am Pfinztag nach unser Frawentag den man nent den verborgen unser Frawentag 1449. und ist auch der Meinung, daß das Fest der Verkündigung darunter zu verstehen sei.

Frauentag der Schydung, — der Scheidunge, — unser Frauwentag als zu der Schiedung — unser Frawen verschiedung — unser lieben Frawen Abundt der Schydumb. — — nach unser Frauen tag zu der Schidung in dem Augsten. (Haltaus) als sie verschied, — als sye ze Himmel empfangen wart, — unser Frawentak als si ze Himmel gefürt wart. — Maria Himmelfahrt 15. August. 1325. — als sie zu Himmel fure Assumpcio zu latine. — (Pilgram.) — Botzen, 1311, An unser vrown tak, als si hincze Himmel empfange wart. (H. A.) — Nüremberg, 1360, Suntag nach unsir frawen tag, den man nennet zu latine Assumpcio (H. A.)

Frawentag Wurczweihe. — Wurzewye, — Wurtewie, — unser lieben Frauen Tag die man nennet Worttze Wyrch — Wortzewyech — unser lieben Frawen Tag Worzweyunge — der Tag Mariä Wurzelweih — unser lieben Frauen Abend, Werzweihn genannt — unner vrowe Worzumesse — unser leuen Vrowen Wortmissen — unser leuen Fruwen Krutwigink

— vnser Frowen Kruthwige Dag. Maria Himmelfahrt. Welche Richtung ist gemacht am Mittewoch nach vnser lieben Frawen Himmelfahrt oder Wurzweihung. — Nach vnser lieben Frawen Wurczweih oder Assumpcionis. — Vnser leven Vrouwen Bruidwyunge, zo latyn genant Assumpcio. (Haltaus.) — An dem nechsten Mentag vor vnserr lieben Frawen Würczewyhe als sie zu Hiemel füre, 1387. (H. A.)

Frauentag der eren, — der ereren, — der erren. Maria Himmelfahrt. — 1294. Mitichen nach vnserer Vrawentag der Ereren. (H. A.) — Man s. Kalendarium Alemannicum seculi XIII. ap. Schilter. Thes. Antiq. Teut. Tom. I. Parte 2. p. 70. — 74. wo *Sanft Marien der errentag*, 15. Aug. zu lesen ist. — Daß erer soviel als erster heiße, erhellet aus einem Verzichtbriefe Frauen Margarethen von Oesterreich bei Gelegenheit ihrer zweiten Vermählung mit Markgraf Johannsen zu Mähren aus diesen Worten: „ zu dem hochgebornen Fürsten Margraf Meinharten von Brandenburch, vnserm ereren Gemahel. „ das ist, als ihrem ersteren Gemahl. (Anmerkung des sel. Hofrath v. Rosenthal.) — Folgendes beweiset ferner, daß Ereren, wenn es ein Zusatz zum Frauentag ist, Maria Himmelfahrt, 15. August bedeute. In einem Quitbriefe befindet sich folgendes: Ich Hiltprand von Teiningen vergih an diesem Brief. Daz mein Herre Pischolf Emch von Frising an der Jungiten waerung, die er mir tun solt auf sand Laurenzen tag, Hundert Pfunt Regenspurger Pfenning, nach des selben Sant Laurenzen tult an dem naeunten tag, mich gebert und verrichtet hat in der Purig dacz Friesing. vierczig Pfunt Regenspurger. also dacz er mir noch sol Sechczig pfund Regenspurger derselben waerung in allem dem Recht, vnd in allem dem Sacze als iz vmb den hundert pfunt sten soldt. Dieser Prief ist gegeben der naesten Mittichen nach vnserer vrawen tag der Ereren, 1494. (18. Aug.) — Dieser Quitbrief bekräftigt es, daß der Frauentag der Ereren, den 15. August anzeige, weil der neunte Tag nach dem Laurenzfest der 18. August ist. — In einer Urkunde beim geh. H. A. kömmt folgendes vor: „ als Rudolf von Lichtenstein — — — — — „ Jerlicher Gülte, die zwischen den zweyen vnser Frawen tag der Erre vnd der Junger gefallen sollen; zu lehen gehabt haben — „ (Kopeibuch, lit. I. Blatt 135.) Das ist, zwischen Maria Himmelfahrt und Marie Geburt. (H. A.)

Frauentag der erste. Maria Himmelfahrt. Im geh. H. A. befindet sich ein Brief des röm. Königs Albrecht I. folgendermassen datirt: Nürnberg, 1305, an vnser vrawen Tag der ersten, in dem achten Jahr vnsers Riches. Von Rosenthal machte die Anmerkung: „ Daß die Haltausische „ Ausdeutung (*Haltaus* in suo Calendario &c. p. 120.) gegründet sei, ergibt sich: Erstens, „ aus dem Orte zu Nürnberg, wo die vorstehende Urkunde ausgefertiget worden, indem eben „ damals, nämlich im August 1305, König Albrecht sich zu Nürnberg aufgehalten hat, wie „ aus dessen Briefen vom 11. 18. und 20. August beim Georgisch zu sehen ist. Zweitens, „ zeigt es sich aus den Reichsjahren, wovon das achte Jahr Albrechts den 27. Julius 1305. „ angefangen hat. Es kann also kein anderes, als ein von denen nach dem 27. Julius einfallenden vier Frauenfesten seyn. Nun ward Mariä Empfängniß damals noch nicht gefeyert: Maria Opferung war gleichfalls kaum bekannt (Festum Præsentationis b. V. M. primum introductum fuit anno 1372. v. Hanthaler T. 2. Part. 1. p. 478.); Maria Geburt aber wird „ in Urkunden ganz anders ausgedrückt. Es bleibt also kein anderes als Maria Himmelfahrt „ übrig, um welche Zeit K. Albrecht eben zu Nürnberg war. „ So weit von Rosenthal. — Auch Hr. Arch. Spieß äussert seine Gedanken hierüber: „ Ob hier das Wort ersten das Fest der „ Himmelfahrt oder vielmehr der Heimsuchung, als welches letztere das erste im Sommer ist, „ bedeute, getraue ich mir nicht zu entscheiden. „ — Ich denke aber doch immer, daß hier das „ Fest der Heimsuchung Marie zu verstehen seyn werde, weil dabei stehet: der ersten im Sommer. „ — — Allein erste heißt bei diesem Feste soviel als vornehmste Frauenfest; oder wenn man erste im Sommer nach der Zahlenordnung nehmen will, so heißt es das älteste Frauenfest im Sommer. Im Sommer wird aber dazugesetzt, zum Unterschied des vornehmsten Frauenfestes im Frühjahre, welches Maria Verkündigung ist. Der H. Archivar beliebe zu bedenken, was er selbst von dem Frauentag Visitatio Marie schreibt, Seite 83: Vnser frauen Abend der nuwe fier daz man nennet Visitatio Marie, daß es eine neue Feyer sei. — Beim geh. H. A. ist noch ein solches Datum zu finden: Geben Velach an vnserr Frauen tag der Ersten 1302.

Bei Gelegenheit dieser Wortforschung und Frauenfest - Erörterung hat sich Hr. Pilgram sehr viele Mühe gegeben, Haltausen, in Ansehung dieses Artikels, zu bestreiten. Das, was er aus dem Hergott (Vol. III. p. 625. *Donnerstag nach unser Frowen der erste des Jahrs, do man zalte von Gottes Geburte, 1322.*) anführet, hätte ihn sattsam überzeugen können. Aber er macht sich selbst ein Hinderniß, indem er sich durch die Interpunktion, der man bei Lesung der Urkunden nie trauen

en

en darf, verführen ließ, also zu lesen: Frowen der erste des Jahrs; da er doch lesen sollte: Frowen der erste, denn hier ist der Ruhepunkt; darauf folgt: des Jahrs do man zalte u. s. f. — Er torquirt sich recht (wie er Seite 168. von Haltausen sagt: *Torquet se Haltaus &c.*) herauszubringen, woher erste entstanden sei: „ Ex compellatione autem in der *erne*, quæ festo „ Assumptionis tributa est, factam fuisse huic affinem *der eren*, & hic tandem *der erste*. " Die hier gemachte Abstammung ist ganz unrichtig. — Endlich gibt er doch zu, daß Frauentag der erste das Fest Marie Himmelfahrt anzeige: „ Fors vox *erste* præcipuum sonat, quod uti- „ que est festum Assumptionis. " Diese Erklärung, die wirklich die wahre ist, hätte er gleich Anfangs annehmen können; denn Haltaus deutete schon darauf: „ Festum assumpt. dicitur *der* „ *erste* ob præstantiam magnificamque solennitatem. "

Frauen Messe der ereren. Mariä Himmelfahrt. Durnstag vor vnsir Frowen Messe der ereren 1311.

Frauen Messe der Jüngeren. Marie Geburt.

Frauen Messe der lezten. Marie Geburt. „ Daz sy dye iarechelerychen solen geben an vnser vra- „ wenmes der lesten — der brief ist geben — 1309 an aller sel tach. " (H. A.)

Frawentag der ersten in der Erne. Mariä Himmelfahrt. Herr Archivar Spieß führet bei Gelegenheit dieses Festes und Ausdrucks Ern folgende Stelle an: „ vnd sullen ir die obgenante korn „ gulte reichen alle jar zwischen den zwey unser Frauwen tag die in der Ern fallen. " Diese zwei Frauenfeste sind Marie Heimsuchung und Himmelfahrt. — Hier wird der Ausdruck Ern als Erndtezeit verstanden.

Frauentag der große. Maria Himmelfahrt. An s. Maria der grossen, genant der Mutter Gottes Aufnehmung in Himmel.

Frauentag ze mitten Augst, — in den Ogsten, — ze mitten Oegsten. *Sabbatho post B. Mariæ in den Oegsten.* — Unser Frouwen Tag zu mitten Augsten. (Haltaus.) — Maria Himmelfahrt. Zürich, vff fritag Nách vnser lieben frowen tag ze mitten Oegsten, 1442. (H. A.) — Der geben ist in dem Geseiz vor Esselingen, am nehesten Fritage vor vnser vrowen tag ze mitten Augste, 1316. (H. A.)

Frauentag im Augst. Maria Himmelfahrt. Insprvck, 1319. des Mäntags nach vnser vrawn tage im Augst. (H. A.)

Frauentag der Mittelmesse. Maria Himmelfahrt. Hr. Pilgram schreibt sehr richtig: „ Haltaus „ inclinat in festum Visitationis b. V. 2. Iulii, quia non procul abest a solstitio, dicto *Mit-* „ *densommer*. — Rectius hoc nomen derivandum est a medio Augusto, quo sub nomine sæpius „ festum Assumptionis occurrit, aut a media messe, a qua festum Assumptionis quoque nomen „ habet *in der erne*. " — Beim Wenker de Uspurg. p. 39. ist folgendes Datum zu finden: Geben an der Mittwochen nach unser Frauen Meß der ersten, 1310.

Frauentag als sie begraben ward. Marie Himmelfahrt. (Archivar Spieß.)

Frauentag ze Kerzwyhi, — Kerzweihe, — der Kerseweyhe, — Unser Frawen Kerzmesse, — Lichtwy, — so man Kirz wihet. — Maria Lichtmeß, 2. Februar. Prage, Montag vor vnser lyeben frawen tage Lyechteweye, 1370. (H. A.)

Frauentag Processi. (Haltaus setzt hinzu: „ in quo corrigendo alius exerceat ingenium. " Er vermuthet also einen Schreibfehler, wo aber keiner ist.) Marie Heimsuchung, 2. Jul. Weil an diesem Tage Processus und Martinianus fällt. (Man s. Schilters Kalendarium, &c.)

Frauen Eneval. Marie Schnee, 5. August.

Frauentag vor Wihnachten. Marie Empfängniß.

Frauenabend im Winter. — Frauentag im Winter. M. Empfängniß, 7.—8. Dec. (Pilgram.)

Frauentag so man zu Tanne gat. In Schoepflins Alsatia diplomatica (Parte I. p. 484.) steht folgendes Datum: Dis gischach, do man calte na Gotes geburte zwolfhundirt jar, unde cwo jar, an dem montage vor unsir vrowen tage so man ci Tanne gat. Unter den Zeugen ist der lezte: Her Echinfint von Tanne, unde sin sun Johannes. Vermuthlich kömmt diese Benennung von einer Wallfahrt her, die in Elsaß an einem Frauentag nach dem Städtchen Tanne in Ober-Elsaß gemacht wurde. Schoepflinen scheinet diese Benennung zu bekannt gewesen zu seyn, als daß er eine Erklärung darüber gegeben hätte.

Freyæ dies. Dies Veneris, Freitag. (*Thorkelin.*)

Freydagr. Dies Freyæ seu Veneris. (*Thorkelin.*)

Freytag „ Feria VI. seu dies Veneris vel a Frea Germanorum Venere juxta du Cange in Glos- „ sario, vel a Freyen, Matrimonium inire. " (*Pilgram.*)

Freytag der gute, — der stille. Charfreitag.

Freytag Speer und Kron. Freytag nach Sonntag Quasimodogeniti. (Man s. *Festum armorum.*)

Frenentag. Haltaus schreibt: „ Dies S. Sophronii (d. 11. Martii) in *Schoreri* Chron. Memming. „ pag. 20. dicitur *S. Fronen Tag*. In *Steyereri* Hist. Alberti II. pag. 160. *S. Frenen Tag*,

„ uti ex successione dierum, quæ ibidem indicatur, apparet. “ — Fronentag und Frenentag bedeutet immer den Verenatag, 1. September.

Friczentag. Friedrich. Geben an sand Friczentag, 1359. (H. A.)

Friedtage. Freitag und Samstag. (Frisch.)

Frigetag. Freitag.

Fritag. Freitag. (Haltaus.)

Fröliche Sonntag. Sonntag Lätare. (Haltaus.)

Fron Altar. Hohe Altar, Haupt-Altar.

Fronentag. Nach dem Haltaus ist es Sophronius (11. März), und nach Pilgramen ist es Verena (1. Sept.)

Fronfasten. Quatember. *Haltaus.*

Fronica. Veronica.

Fronleichnamstag. *Fron Leichnams Tag* idem est, ac si diceres des *Herrlichen* und *köstlichen Leichnams Christi Tag*. Denn *Fron* ein alt teutsch Wort nichts anders heuttigs Tags heisst, dann „ *herrlich*, *fürnemb*, und *köstlich*. Daher man auch in den hochen Gestifften und Kirchen „ den fürnembsten Altar *Fron-Altar* nennet. “ (*Haltaus.*)

Frontag. Sonntag. (*Haltaus.*)

Frorians Tag. 1393. an Midichen nach sand Frorians Tag. (H. A.) Ich halte dafür, es bedeute den Floriansstag.

Fro Venus dag. Freitag. Wan der Fritag heisset dies Veneris, das ist fro Venus dag. (*Haltaus* ex *Kœnigshoven.*)

Frown leichnamm. Fronleichnam. Wienn an Suntag nach unsers herren frown leichnamm tag, 1363. (H. A.)

Fünf Brüder. Geben zu Mitelmitsch, am Sontage, und am Tage der heil. fünf Brüder, 1475. Dieses Datum führt Georgisch unter den unbestimmten an. — Sollte es nicht etwa Sieben Brüder heißen, am 10. Juli?

Funkentag. Sonntag Invocavit. (*Haltaus.*)

Fulmant. September. (Pilgram.)

Galle Montag. Montag nach Esto mihi. (Haltaus.)

Gallentag. Gallus. Deren sind zwei; einer Gallus Bischoff, 1. Julius und der andere Gallus Abbt, 16. October. Hr. Pilgram sagt, da von den erstern alle alten Kalender schweigen, (Seite 221.) so muß die Traunkirchische Urkund: 1469, an Freittag nach s. Gallentag des heiligen Pischolf, vom Gallus Abbt verstanden werden „ cum Episcopi & Abbates in pedo „ conveniant, qui nunc & in mitra ac ceteris pontificalibus. “ Ob diese Ursache hinlänglich ist, laße ich dahin gestellt seyn.

Gangtage. Bethtage, dies Rogationum. Die Tage als man die Crutzen tregt vor der Uffart unsers Herrn. Haltaus. (Man s. Kruczegang.)

Gangwuka, Gangwoche. Bethwoche Rogationes. (Pilgram.)

Ganze Woche, — Ganze Vastwoche. Vom Sonntage Invocavit, bis Sonntag Reminiscere. Mon. Boica ad A. 1328. Pfinczeag in der ganzen Vastwochen. (Pilgram.)

Gartag. Dies præparationis seu parasceues. (*Frisch.*)

Gaw. Goude (eine Stadt in Süd-Holland.) In der Gaw in Holandt den 21. Oktober, 1508. (H. A.)

Gebunden Zeit. Soviel als Verboten Zeit. Sonntag Circumdederunt, oder Septuagesima. (Man s. Verboten Zeit. — Meyde,)

Gedechtnusstag der Geburt Christi. 25. December. (Pilgram.)

Gedechtnuß der Sendung des heil. Geistes. Pfingsten. Freytag nach der Gedechtnuß der Senndung des heil. Geistes über die Aposteln, 1620. „ W Patek po pamatcze Seslani Ducha Swateho na Apossstoly Letha Ssestnacztisteho Dwatczateho. “ (H. A.)

Gehügnütz s. Pauls. Pauls Gedächtniß, 30. Junius (Haltaus.)

Gemeine Meß, *aurea missa*. Samstag vor dem zweiten Sonntage nach Michaelstag. (Haltaus.)

Gemeine Woche, — Gemeinde Woche, — Gemeint Woche, — Meinwochin, — Meinwecken, — *Communis Septimana*, — *Feriæ communes*. Die Woche nach Michaeli. An deme Dienstage an sente Franzisci Abend in der gemeyne Wochen. — Uf den Sonntag ausgehende der gemeinde wochen. (Haltaus.) *Datum 1306. feria quarta in communibus.*

Gengolfs tag. Am Montag nach sand Gengolfs tag, 1386. (H. A.) Gangulfus, Gaudulphus 13. Mai.

Genner. Jänermonat. (Pilgram.)

Geori. Georg. Fritag nach Geori, 1412. (H. A.)

Geo-

Georiendult, Goriendult. Georgsfest. Das Georgsfest wurde in Oestreich den 24. April gefeiert; In andern Ländern größtentheils den 23. April. Folgende Daten der Urkunden des geh. H. A. beweisen, daß man zu Wien das Georgsfest am 24. April feierte: Wienn Samstag vor sand Jörgen 1401. In diesem Jahre war Samstag der 23. April. — Wien, Freitag vor sand Jörgen, 1417, und eine eben so lautende 1434. In diesen beiden Jahren war der Freitag vor Georg der 23. April. — Geben zu Hallstadt (in Oestreich) an Mitichen Sandt Jorgenstag den vierundzwaintzigisten des monats Aprilis, 1531. — Auch zu Augspurg war das Georgenfest am 24. April: Datum Augspurg am Erichtag sand Georgen abend, 1504. Denn die Vigil fiel in diesem Jahre am 23. April. — Hingegen ist dieses Fest im Königreich Böhmen den 23. gefeiert worden; denn im geh. H. A. sind drei Urkunden in böhmischer Sprache, woraus zu ersehen ist, daß das Georgfest den 23. April gefeiert worden; sie sind von den Jahren 1330, 1545, und 1585. Doch zum besten Beweise dienet folgendes Datum eines Bestandreverses: Trautenau, geben an obbenenndten heiligen Sant Jorgentag, den drey unndtzwainczigisten tag des Monats Appprilis, Nach Cristi gepurt, 1545. (H. A.)

Georien tag. Georg. An sand Georien tag, 1315. (H. A.)

Gorii dies. Georgius. *Dat. in Castro Pruk in die b. Georii 1318.* (H. A.)

Georn tag. Georg. Mittichen nach sand Georn tag, 1373. (H. A.)

Gerduten tag. Gertraud. Geben, Luncz, Eritag nach sand Gerduten tag. (H. A.)

Gereons tag vnd seiner Gesellen, 1302. (H. A.) Gereon, 10. October.

Gergen Abend, 1341. (H. A.) Georgs Abend.

Gerientag. Georg. Vdmarnelt, am Samstag vor sand Gerientag, 1317. (H. A.)

Gerigentag. Georg. (Ex Calendario Alemanico Sec. XIII. *Schilteri*, in welchem bei dem 23. April steht: Gerigen tag.)

Gerstmaent. September. (*Haltaus.*)

Gerdrawen tag. Gertraud. Darmbach, am sand Gerdrawen tag, 1417. (H. A.)

Gertrauwten tag. Gertraud. Des freytag vor sand Gertrauwten tag in der Vasten, 1392. (H. A.) — An sand Gerdrauten tag in der Vasten, 1294. (H. A.)

Gertrud. 17. März. Der geben ist ze Lindow an den nehsten Sonnentag nach sant Gerdrud tag In Merzen, 1340. (H. A.)

Gewer (sant.) Sant Goar. Der halbe Zoll ze sand Gewer 1453. 8. Sept. (H. A.) — Gewershausen. Goarshausen.

Giling tag. Egidientag. Geben an sand Giling tag, 1468. (H. A.)

Gilgentag, Giligentag. Egidius, 1. Sept. Montag nach sand Gilgentag des heiligen Abbts, 1480. (H. A.)

Gläristag. Hilarius, 13. Jäner. (Hilaris dies.)

Glenzmonat, so viel als Lenzmonat. Märzmonat. (Pilgram.)

Gloytag. Eloginß, oder Eligius, 25. Junius. (Arch. Spieß.)

Gocz auffertag, 1454. (H. A.) Christi Himmelfahrt.

Godenstag, — Goenstag, — Gudenstag, — Gunstag, Goedestag, — Gudestag, — Gutenstag. Mittwoche. (*Haltaus.*) Man s. Wodnesdag.

Goldene Sonntag Der erste Sonntag nach jedem Quatember, oder Goldfasten.

Goldene Sonntag. Sonntag Trinitatis.

Goldfasten. Quatember. In der Quatember oder Goldfasten. — In der Goldfasten im Advent. (Haltaus.)

Gorentag. Georgius. Suntag vor sant Gorentag, 1339. (H. A.)

Gorgentag. Georg. Würzburg am Mittwochen vor sand Gorgen tag, 1384. (H. A.)

Gorigentag. Georg. Gorigen Abent, 1368. (H. A.)

Görntag, 1344. (H. A.) Georg.

Gotharztag, 1357. (H. A.) 5. Mai.

Gots Auffart tag. Christi Himmelfahrt. Sonntag nach dem heiligen Gotts Auffartstag, 1454. (H. A.)

Gotsleichnamstag, — Gotislichamstag, — Gotis Lykamistag. Fronleichnamsfest, festum Corporis Christi. — Lanczhut, an Freytag nach Gôcz Leichnam tag, 1357. (H. A.) — Wienn, des Eritages nach Goczleichnampstag, 1366. (H. A.) — Wienn des nachsten Eritags vor Gotes Leichnams tag, 1384. (H. A.)

Gottes Geburt und Christi Geburt. Dieser Unterschied verdienet hier einen Platz. Zu Hannover ist im Jahre 1764. den 2. März eine Aufgabe bekannt gemacht worden, die also lautet: „Seit welchem Jahre oder Jahrhundert findet man, nicht allein in unserer teutschen; sondern „auch andern ältern und neuern Sprachen, die ersten untrüglichen Spuren in alten Urkun„den,

„ den, Schriften, auch etwa Calendern von dem Gebrauch des Ausdrucks: im Jahr nach „ Gottes Geburt, und seit welcher Zeit hinwiederum, und aus welchem Grunde hat man „ solchen nachher aufgehoben und mit dem jezt gewöhnlichen: Nach Christi Geburt, im Jahr „ Christi, u. d. g. vertauschet? Sollte, von dieser leztern Seite, ursprünglich nicht eine geheis „ me arianische oder socinianische Triebfeder zu befinden seyn?“ Um etwas zu Auflösung dieser Angabe beizutragen, hat vermuthlich Hr. v. Rosenthal die Daten, in welchen Gottes Geburt ausgedrückt ist, aus den Urkunden in einem Aufsatze gesammelt, wovon ich hiemit einen Auszug beirücke:

Pfalzgraf Ludwig datirte von Gottes Geburt im J. 1313.
Bors von Riesenburg, 1333.
Rudolf Herzog von Sachsen 1341.
Rudolf Wenzel und Albrecht Herzoge zu Sachsen, 1369.
Friedrich Landgraf zu Thüringen und Markgraf zu Meißen 1348. Aber seine Söhne gebrauchten sich des Ausdruckes nach Christi Geburt im J. 1358. Aber im Jahr 1364 datirten sie abermal von Gottes Geburt.
Herzog Bolko zu Schweidniz, 1350.
Markgraf Ludwig zu Brandenburg, 1351 und 1360.
Herzog Ludwig zu Liegniz, 1358.
Pfalzgraf Albrecht Herzog in Baiern datirte innerhalb acht Tagen, des nämlichen Jahrs 1358 nach Gottes Geburt, und nach Christus Geburt.
Markgraf Otto zu Brandenburg, 1365.
Kaiser Karl IV. im J. 1364.
Die Herzoge Wladislas und Bolko zu Oppeln, 1366.
Johann von Ascanien, 1369.
Philipp Bischoff zu Camin, 1371.
Albrecht Graf zu Rippin, 1373; aber das Jahr darauf 1374 datirte er nach Christus Geburt.
Benesch von Dubeu, 1383.
Albrecht Herzog zu Oesterreich, 1385.

Aus diesen Urkunden erhellet, daß der Ausdruck von Gottes Geburt in Sachsen, Brandenburg und Schlesien üblich gewesen sei, obschon er auch an andern Orten gebraucht wurde, ungeachtet auch manchmal eben derselbe bald des einen bald des andern Ausdruckes sich bedient habe. Es erhellet auch, daß sich dieser Ausdruck gegen das Ende des vierzehnten Jahrhunderts gänzlich verlohren habe, und der von Christi Geburt allgemein angenommen worden sei, nachdem der von Gottes Geburt kaum über hundert Jahre gedauert hatte. Daß aber daraus eine Folge zu nehmen sei, scheinet keinen Grund zu haben.

Goychken tag. Der prieff ist geben dez Mentags nach dem Goychken tag am Newnten tag nach ostern, 1377. (H. A.) Der neunte Tag nach Ostern ist der Montag nach dem Sonntage Quasimodogeniti; folglich muß dieser Sonntag der Goychken tag genannt worden seyn. Die Ursache davon weis ich, vieles Nachsuchen ungeachtet, nicht anzugeben.

Grasmaend. Aprilmonat. (*Haltaus.*)

Gregorientag. 12. März. Eritags vor sand Gregorien tag in der Vasten, 1379. (H. A.) — Villach, Eritag vor Sand Gregori in der Vasten, 1360. (H. A.) — Gregorn tag, 1387. (H. A.) — Basel, vff Sant Gregorientag des heiligen Bapstes, 1423. (H. A.) — Freytag vor sand Gregorien Tag in der Vasten, 1491. (H. A.) — Greiörgen tag, 1455. (H. A.) — Wienn am Sonntage sant Greiorigen tage, 1497. (H. A.) — Gregurgen tag, 1414. (H. A.) — Linz, Erichtag vor sant Grigorigen tag, 1406. (H. A.)

Grone Donnerstag, — Grüne Donnersten. Donnerstag vor Ostern.

Groot Vastelavende. Sonntag Esto mihi. (Pilgram.)

Grosse — hohe Donnerstag. Donnerstag vor Ostern. (Frisch.)

Große Frauentag. Marie Himmelfahrt. (Man s. Frauentag der grosse.)

Grosse Litaney. Markus, 25. April.

Grosse Mayertag. 1. Mai.

Grosse Mittwoche. Mittwoche vor Ostern. Dreikönigtag. (*Haltaus.*)

Grosse Neujahr. Dreikönigtag. (Haltaus.)

Grosse Pferdstag. Stephanstag, 26. Dec. (*Haltaus.*)

Grosse Sonntag. Sonntag Invocavit. Den großen Sonntag als man singet Inuocauit me in der Vasten. (*Haltaus ex Lunigio.*)

Groß

Grosse Vastel Avende. Sonntag Esto mihi. Ob den Sondag zo groiß Vastavenden den man nennt Esto mihi. (Man s. Vasenacht die grosse.)

Grosse Vastnacht. Sontag Invocavit genant die Groß Vastnacht. (*Haltaus ex Wenkero.*)

*Groot *Vastelauende*, in Flandria Dom. Quinquagesima. (*Pilgram.*)

Grote Meyertag. Der erste Mai. (Haltaus.)

Grug (seut). Georg. (In Cal. Msc. P. Schier. *S. Grug ein Mart.*) Man s. Pilgram.

Grüne Donnerstag. Donnerstag vor Ostern. (Haltaus.)

Gudentags. Mittwoche. (Man s. Godenstag.)— Geben vff gutem Tag naegst nach s. Ottmarstag. Mittwoche nach Ottmar. — Guten Tag in Osterfeyren. Mittwoche nach Ostern. (*Haltaus.*)

Guldene Jahr. Jubeljahr wie z. B. 1700. (Haltaus)

Gulder Manner-Tag Aureus und Justina, 16. Junius. (Haltaus.)

Guldne Amt,— Guldne Messe. Dreifaltigkeitssonntag. (Haltaus.)

Guldne, — Guldein Samstage. Drei Samstage nach Michaeli. (Pilgram.)

Guldner Sonntag. Dreifaltigkeit-Sonntag. (Haltaus)

Gurge tag. Georg. (Pilgram.)

Gut wird oft den Heiligen beigesetzt, ohne daß es etwas besonders bedeute; Ich will einige Daten der Urkunden des geh. H. A. anführen: An des guten sand Matheis abend, 1302. — An des guten Sant Vrbanes tage, 1311. — An dem tage des guten sand Marcus, 1318. — An der guoten sand Waldpurgen tag, 1336. — An des guoten sand Vlreichs tag, 1341. — Des Sanztages an dem Tag der guten sand Augnesen, 1346. — Des nähesten Samstages nach des guten s. Michelstag, 1322. — Dez guten Herrn sant Veytez tag, 1354. — (H. A.) Marchpurg, an des guten sand Gorgen tag, 1351. (H. A.)

Gute — Gude Donnerstag. Donnerstag vor Ostern. Dén guten Dornstag vnd den stillen Fritag. — *Bona quinta feria.* (Haltaus.)

Gute Freytag. Haltaus führt aus Menken an: *Dicemannus Princeps interfectus dicitur* zu der Dinstermettin an dem Gudin Fritage, do man die Lichte noch der Gewonheit der heiligen Christinheid leschete, vnder dem Gesange Benedictus. Ex quo &c.— Am heil. Charfreytag in der Finster Metten, wenn man die Licht auslescht.

Gute Mittwoche — Gute Mittewecke. Mittwoche nach Pfingsten. (Pilgram.)

Guter Tag. Mittwoche — Datum guten Tags in Osterfeyren. (Haltaus) — Geben Haigerloch, an guten tag dem nähsten vor dem Palmtag, 1382. (H. A.)

Guthinperg, 1481. (H. A.) Kuttenberg.

Hänsel vor dem Thor. Joannes ante portam latinam, 6. Mai. (Haltaus.)

Haferweihe. Stephanstag, 26. Dec. (Haltaus.)

Hagelfeyer — Hagelfierr. Haltaus versteht hierunter die Bethtage, (dies Rogationum) — Hr. Pilgram aber das Fest Johannes und Paulus, 26. Junius, vermög eines alten geschriebenen Kalenders des P. Schier, eines gelehrten Augustiners. — Uiberhaupt geht der Ausdruck eines Datums immer nur auf einen Tag, und nicht auf mehrere, wie z. B. die Bethtage wären.

Halbfasten. Sonntag Lätare. Hr. Pilgram setzt hinzu: „ Vide Mediana. „ und dort schreibt er „ Mediana Dominica, Dom. Passionis. „

Halwardi festum. Im Diplomatario Arna-Magnæano Tom. II. p. 48. in Indice ist ein Datum: „ Die post festum Halwardi. „ und p. 239. steht: 1299. 16. Maji. Also fällt dieses Fest auf den 15. Mai.

Hanstag. Johannes. Geben an sand Hanstag ze Sunewent, 1330. (H. A.) 24. Jun.

Hartmonat. Februar nach Haltaus; nach Hrn. Pilgram December.

Harvest. Herbst. „ Messem sive Messis tempestatem vocant Celtæ *Harvest*, vero genuinoque *Autumni* nomine, quo etiamnum universa utitur Germania. „ (*Haltaus.* ex *Eccard.*)

Hauz. Hugo.

Haymbrans tag. Emeramus 22. September. Straubing, 1336. des nähsten Phinceztages vor sand Haymbrans tag. (H. A.),

Haymeranstag. Emeramus, 22. September.

Hebdomada authentica. Hebd. sancta, Hebd. ante Pascha. (Pilgram.)

Hebdomada Crucis. Hr. Pilgram versteht darunter die Charwoche. Es ist aber mehr als wahrscheinlich, daß die Creuzwoche hierunter verstanden werden müsse. Das Glossarium des du Cange schreibt bei Hebdomada Crucis: Rogationum hebdomada.

Hebdomada duplex. Hebd. post dom. Trinitatis. (Pilgram.)

Hebdomada expectationis. Hebd. post ascensionem domini.

Hebdomada ferialis. Hebd. ante Pascha. (Pilgram.)

Hebdomada Indulgentiæ. Hebd. ante Pascha. (Pilgram.)

Hebdomada magna. Septimana sancta. (Pilgram.)

Hebdomada mediana. Quadragesimæ hebdomada quarta, sagt das Glossarium des du Cange; das wäre also die Woche zwischen dem Sonntag Lätare und Judica. Ferner liest man auf der nämlichen Seite: *Media jejuniorum Paschalium septimana* — est quarta Quadragesimæ hebdomada juxta Græcos, tertio vera secundum latinos. Nämlich secundum latinos die Woche zwischen dem Sonntag Oculi und Lätare. Bei dem ersten wäre es die Woche nach dem Sonntage Lätare und bei dem zweiten die Woche vor dem Sonntage Lätare. Allein es fehlen überzeugendere Beweise. Das, was du Cange für die erstere Erklärung anführt, lautet also: „Idem igitur „Dominus Innocentius præfatum Constantinopolitanum Electum Sabbato quatuor temporum „ (Das ist Samstag vor Reminiscere) „in Diaconum ordinavit, & in Sabbato Hebdomadæ „medianæ„ (aber dieser Woche wegen ist die Frage; wahrscheinlich ist es der Samstag nach dem Pfingstage Salus populi, oder vor Lätare,) „in Sacerdotem promovit, ac sequenti dominica „ (wenn dieser Sonntag nach seinem Introitus genennet wäre, so bliebe kein Zweifel übrig,) „Romæ apud S. Petrum in Episcopum consecravit, &c. „ (Man s. in diesem Glossario den Artikel: Hebdomada mediana.) — Es ist auffallend, daß Hebdomada mediana die vierte Woche, Media septimana aber die dritte seyn solle, da doch eines soviel als das andere heißt. Das Werk L'art de verifier les dates hat unter andern auch diesen Artikel aus erwehntem Glossarium entlehnet. — Hr. Pilgram schreibt auch: „*Hebdom. Mediana Quadragesimæ*, septi„mana post Lætare, indubie ab hac Dominica, Feriam V. dictam *Salus populi*, quæ Quadra„gesimam in duas partes partitur, proxima subsequente. „ Aber warum die Woche darnach? — Aus diesem ist zu schließen, daß Hebdomada mediana und Media jejuniorum Paschalium septimana die Woche zwischen dem Sonntage Oculi und Lätare sei, als in welcher der Introitus Salus populi („*Salus populi* feria V. post Dominicam Oculi ab introitu Missæ. „Hæc Feria bipartitur Quadragesimam. „ *Pilgram.*) fällt; nur, daß man vielleicht einmal die Fasten von der Woche nach dem Sonntage Esto mihi, und ein andermal vom Sonntage Invocavit zählte, nach welchem es im ersten Falle die vierte, und in zweiten die dritte Woche seyn kann. (Man s. *Salus populi,* — und auch Mittfasten.)

Hebdomada muta. Septimana sancta. (Pilgram.)

Hebdomada Passionis, quæ dominicam Palmarum præcedit. (*Du Cange.*)

Hebdomada sacra. Septimana sancta. (Pilgram.)

Heilige Abend. Derer sind vorzüglich die drei aufeinander folgende: der Weihnachtabend; der Neuejahrsabend; und Dreikönigabend, welche Zeit die Zwölftage ausmachen. Geben an dem mittern heiligen Abend ze Weinnachten 1391. (H. A.) Der Abend vor dem Neuenjahrstag.

Heilige Kruzes tag. 3. Mai. Ita Kalendarium Alemannicum sec. XIII. ap. Schilter.

Heiligen Weichen Pfincztag. Donnerstag vor Ostern. (Pilgram.)

Heiltumfest, — Heiligtumfest. Freitag nach Quasimodogeniti. Haltaus führt an: „und ward ein „Fest von der Lanzen Christi nach Ostern aldo durch den Pabst verordnet worden. „ Nempe ab Innocentio VI. A 1354. — Prag, 1410, den nächsten Samstag nach Aussetzung der Heiligthum. (Tn Prwny Sowotu Po Wkajowanye Swatosty.) Man s. *Festum Reliquiarum.— Festum Armorum.*

Heiltumsfahrt, wegen der dabei gehaltenen Procession. Freitag nach Quasimodogeniti.

Heilugmonat. December. (Pilgram.)

Helena oder Elena. Das Martyrologium Adonis sagt am 8. Februar.: „Item depositio sanctæ Helenæ reginæ. „ — Am 22. Mai: „Autisiodori, depositio & translatio sanctæ Helenæ „Virginis. „ — Und am 18. August: „Eodem die, sanctæ Helenæ Reginæ. „ — Aber „das Martyrologium Baronii schreibt an eben dem 18. August: „Romæ sanctæ Helenæ ma„tris Constantini Magni. „ — Auf welchen Tag mag sich wohl folgendes Datum des geh. H. A. beziehen: *Datum in festo beatæ Elene regine anno M. CC. sexagesimo tertio.* — Es läßt sich nicht genau bestimmen. Gewiß ist aber, daß es wegen den Beisatz Virgo der 22. Mai nicht seyn kann. Den 18. August macht das Martyrologium Baronii zweifelhaft, weil *Regina* dabei nicht vorkömmt. Ich halte dafür es wäre beim Ausdrucke *Regina* zu bleiben, und mit dem Ado den 8. Februar anzunehmen.

Helen Tag. Helena, 22. Mai. — Sonntag nach sant Helen Tag, 1450. (H. A.)

Helmonat. December. (*Haltaus.*)

Helnatag. Helena, 22. Mai. Wienn, am Montag sant Helenatag 1497. (H. A.) (trift mit dem 22. Mai richtig ein.)

Herbstmonat. September. Hr. Pilgram schreibt: „*Herbstmonat* sine addito September; *Der erste Herbst*, „September. *Der ander Herbst*, October. *Der dritte Herbst*, November. *Frisch.* Cal. Msc. Bibl. Cæs. „A.

„ A. 1477. *Das dritte Herbstmonat.* Hergott III. A. 1329. „ — In dem geh. H. A. kömmt eine Urkunde vom Herzog Albert zu Oestreich vor, in welcher der ander Herbst ausgedrückt ist: Dis ist beschehen in der Newnstadt. Nach Kristes gepurt Tausent zway Hundert vnd ains vnd vierczig Jaren, in der sechsten Kalend des anderen Herbstmandts. — Haltaus führt (Seite 121.) aus einer Chronik folgende Stelle an: „ Dornach in dem vrsten (i. e. *proximo*) herbest manden, und versteht darunter in dem nächsten Herbst; es wird aber der erste Herbst (September) darunter verstanden, zum Unterschied des Oktobers, welcher der ander Herbst genennet wird. (Man s. Augst.)

Herevest — Heren-Vest. Herbst, Autumnus. (*Haltaus.*)

Herstmaent. September. (*Haltaus.*)

Herhardus. Man s. Erhartstag. — Geben an sant Herhartstag, 1389. (H. A.) 8. Jäner.

Heriristmonat. November in Calend. germ. medii ævi, quo Waser usus est. (*Pilgram.*)

Hermesse — Hermisse. Mauritius, 22. Sept. — In des hilgen Cruces Daghe, der da komet vor der Hermissen. (Haltaus.)

Herr ist von keiner besondern Bedeutung, wenn es einem Heiligen beigesetzet ist, wie in folgenden Beispielen: Geben zu Linz an des heyligen Herren Sand Gilgentag, 1391. (H. A.) An des heyligen herren Sant Mertten tag, 1391. (H. A.) — An dez heyligen herrn sand Johanns Abent dez Goczt awffer, 1402. (H. A.) — Des heiligen Herren sand Görgen Tag, 1389. (H. A.) — An heiligen Herren sand Niclas tag, 1391. (H. A.) — Symons tag des heiligen Herren, 1362. (H. A.) — Dez guten Herren sant Veytez tag 1354. (H. A.) — Manerberg, an dem tag des heyligen Herren sand Antony, 1411. (H. A.)

Herren Fasnacht. Sonntag Esto mihi. Suntags vor Hern Vasnacht, 1363. (H. A.) — *Promittunt quidam sub dato des nachsten Suntags vor Herren Vasnacht se in custodiam venturos vf den nachsten Weissen Suntag.* — Weisse Sonntag ist Sonntag Invocavit. (*Haltaus* ex *Strycrero.*) Man s. Weisse Sonntag.

Herrn- oder Pfaffenfaßnacht. Sonntag Esto mihi. Also reit der Kunig zu Paris vff der Pfaffen Vasnacht (Sonntag Esto mihi) in die Stat — vnd ich kam vf die rechten Vasnacht (Dienstag nach Esto mihi) auch gen Paris — also mornende vf den Schürtag (Äschermittwoche) kame ich fur sin Genade — Am Donrstag war ich den ganczen tag bey Im. — Geben zu Paris vf Fritag vor der Grossen Vastnacht. (Sonntag Invocavit) Man s. Haltausen.

Herevst — Herbeste — Herren Veste — Harvest. Herbst.

Hewet. Heumonat, Julius. An dem Samstag nach s. Vlrichs tag in hewet, 1415. (Concil. Constanc.)

Heylmonat. December.

Hiemes. Man s. *Nolles.*

Hiestag — Diestag. Dienstag. (*Haltaus.*)

Hilarientag. 13. Jäner. — Hergott *III.* 1435, Sant Hilarientag den man nempt den Zwenczigest Tag zen Wienechten. (Pilgram.)

Himblfart. Suntag vor vnser frauen Himblfart, 1569. (H. A.) Marie Himmelfahrt.

Hinder — hinter. Soviel als letzte. (Man s. Frauentag.)

Hirsmontag. Montag nach dem Sonntag Invocavit. (Pilgram.)

Hochleiches Chrewcze. 14. Sept. (Man s. Creuz.)

Hochsprengfest. Hohes fest. (Pilgram.)

Hochzeit — Hochgezit. Hohes Fest. Hochtidt des vell hilligen Lichnams. (Pilgram.)

Herremaent. (Haltaus) — Horrenmonat. (Waser.) December.

Hohe Donnerstag. Donnerstag vor Ostern (Haltaus.)

Hohe Mittche in der Pfingstwoche. Mittwoche nach Pfingsten. (Haltaus.)

Hohe Samstag. Apud Helvetos, Sabbatum sanctum. (*Haltaus,*)

Hohe Tage. Die Tage in der Charwoche.

Holligmon. Christmonat.

Horemii Vigilia. Vigilia S. Laurentii. (Rabe, Seite 181.)

Houmanot. Heumonat, Julius. (Pilgram.)

Hovwotse. Heumonat, Julius. Tuseut Zwaihundert vnde Fierzech iar. Innan Hovwotse. An sentes Jacobes tage. (1420. 25. Jul.) In Commentariis, soc. Reg. scientiar. Göttingensis. Tom. 3. ad an. 1753.

Höweten. Monat Julius. (Waser.)

Höwe Manode. Heumonat. — Daß Heumonat nicht immer den Monat Julius, sondern auch den Junius bedeute, beweiset folgendes Datum: Daz geschach ze Vlme in der Stat — 1305. jahre, an der zwelfboten Tage, sante Peters vnd sante Paules in dem Höwe Manote. (H. A.) Peters und Pauls Fest fällt im Junius den 29sten.

Hoymannet. Heumonat, Julius. (Waser.)

Hyps. — „ Abbas Monasterii Slovanensis in nova Civitate Pragensi vulgo Emaus dicti, nomine „ Joannes, vendidit Simoni Hutny pratum eiusdem monasterii inter fundos Dobrzischenses „ situm & Gezero nuncupatum, cum sequenti boemica clausula: Genz gest dan w Klásstersze „ nassen swrchu gmenowanem. Leetha ob narozenij Sina Bozijho Tisijczijho pietisteho Cztwrzyd„ czateho Sestého. w Strzedu po Swatem mistru Janu Husowi muczedlnijku paanie. id est: „ *Datum in præfato Monasterio nostro, Anno a nativitate filii Dei Millesimo quingentesimo qua*„ *dragesimo sexto, die Mercurii post sancti Magistri Joannis Hussi martyris Domini.* „ — P. „ *Gelasius Dobner* in Monum. histor. Boemiæ Tom. IV. p. 136, schreibt: „ Huss est combustus „ in Constantia in octava Petri & Pauli „ (6. Julii.) — Nun fiel im J. 1546 der 6. Jul. an einem Dienstag, folglich ist diese Urkunde am 7. Jul. gefertiget worden. — Diese Urkund liegt in der Universitäts - Bibliothek zu Prag, woher ich auch dieses Datum überkommen habe

Hypapanti, *Hypante*. Fest. Purificationis ap. Græcos.

Hys - dag. Dienstag. (*Haltaus.*)

Jacobstag. Wenn Jacob allein, und ohne Beisatz geschrieben ist, so ist es immer der 25. Julius. Geben Laybach an dem sant Jacobstag, 1399. (H. A.)

Jacobstag des merern. 25. Jul. — Jacobus maior wird genennet der merer. (Man s. Merer.) Mittichen vor sand Jacobstag des heilgen czwellifpoten des Mereren, (H. A.) — Geben an Sanndt Jacobs tag des merern, 1385. (H. A.) — Donrstag nach sand Jacobs des heiligen merern Zwölfpoten tag, 1485. (H. A.)

Jacobstag im Schnitt, — im Snitt, — in der Ernen. 25. Julius. — S. Jacobstag des heil. zweiffboten im Schnit. (Haltaus.) — Geben Montag vor sant Jacobs Tag im Snitt, 1414. (H. A.) — 1395., an sant Jacobs Abend ze der Ernde. (H. A.)

Jacobstag in dem Aren. 25. Juli. (Man s. Aren.) Jacobstag in dem Aren, 1343. (H. A.)

Jacobstag im Augst. — Geben an sand Jacobstag in dem Augst, 1340. (H. A.) Um dieses Datum zu erörtern, braucht man nur zu wissen, daß in dem Mittelalter der Monat Julius der erste Augst genennet worden sei. (Man s. Augst.)

Jacoffstag. 25. Julius. — Waczen in Vngern, an Sente Jacoffs tage des heiligen Zwelfboten, 1425. (H. A.)

Jahrstag. Erste Jäner. Geben, Metze, des nehesten freitages vor dem heiligen Jarestag, 1357. (H. A.) — An dem Jahrstag den man nent Circumcisio Domini in latine. (Pilgram.) — Geben zu Insprugg an Suntag nach dem newen Jar tag circumcisionis, 1417. (H. A.) Insprugg an Suntag Nach dem Newen Jar tag, das man nennet Circumcisio dominj 1422. (H. A.)

Jais. Jodokus. (Schem. August. pag. 360. pro Sacello S. Jodoci cum addito vulgo Jais.) (*Pilgram.*)

Jaur. Jahr. Am erentag nauch vnsser Frowen tag nattiwitatiss im Lviij Jaur. (H. A.)

Jejunium æstivum. — *Jejunium festivum.* Pfingst - Quatember. (Haltaus.)

Jejunium longum. Quadragesima. (*Thorkelin.*)

Jengerung. — Frauen Abend der Jengerung. Vorabend Marie Geburt. (Man s. Frauentag.)

Jergen Dag, 1415. (H. A.) Georg.

Jeronimentag. Hieronymus. Geben Brunnen an s. Jeronimen tag, 1372. (H. A.) — Geben an sand Jeronimus lehrer tag, 1405. (H. A.)

Ilgentag, soviel als Gilgentag. Egidius 1. Sept. An sand Illgentag, 1366. (H. A.) (Man s. Ylientag.)

Ilsbeten tag. Elisabeth. Gorencz, 1290, des nachsten tages nach sand Ilsbeten. (H. A.)

Ilse. Elisabeth. (Aber Hr. Pilgram schreibt: „ Ilse, Festum S. Egidii. „) Allein Ilse ist soviel als Else, das ist, Elisabeth.

Immer Sonntag — Ommer Sonntag. der vierte Adventsonntag. (Man s. Pilgram.)

Indiktio wurde in Mittelalter zu deutsch gegeben: Steuer Anlegung. In Schilters Glossarium findet man Seite 430. einen Brief von Kaiser Friedrich dem ersten, dessen Datum also lautet: „ Do „ da regiret her Friderich Romischer Kaiser — im 5. jar seines Reichs vnd anderm des Kai„ serthums. Geben zu Regenspurg am XVij tag des Herbstmonats, in dem vierzen jar der „ *Kaiserlichen Steuer anlegung* im jar nach der menschwerdung Christi. 1156. „ Hier ist schon die kaiserliche Indiktion, die vom 24. Sept anfängt.

Indictio hieß auch zu deutsch Zeichen: Der Prief ist geben auf Tyrol 1307. des vierzehenden Tages des November. In dem Fumften Zaichen. (H. A.)

Infirmus 38. Annorum. Feria VI. primæ hebd. Quadragesimæ. (*Pilgram.*)

Innocentii. 28. Julii. *Dat. & act. Quedlinburg 1299, in die S. Innocentii.* Georgisch hat dieses Datum unter den unbestimmten dieses Jahr.

Inter duo Carniprivia. Dies inter dominicas Esto mihi & Invocavit. (*Pilgram.*)

Introitus. Unter andern diplomatischen Zweifeln, die Herr Bandis an den Freiherrn von Senkenberg überschrieb, (Braunschweig, 14. Jäner 1763.) sind auch diese Worte: „ In Haltaus Kalendario stehen die Introitus Dominicarum, womit zuweilen in alten Urkunden datirt ist. „ Man hat aber noch andere, die sich daselbst nicht befinden, als: *Statuit.* 1277. Georgisch „ 6. n. 81. *Audiuit dominus* 1256. Idem. *Isti sunt dies.* 1227. Idem. *Gemini.* Miræus Tom. „ II. Dipl. p. 437. *Benedicta.* 1318. Schöttgen Reg. h. *Resurrexi.* 1488. Idem h. a. *Sabbato quo Cantatur sitientes,* 1372. ap. Ludew. IV. Reliq. p. 57. & alibi. *Sabbato quo cantatur Karitas dei.* 1248. ap. Guden. II. Dipl. p. 947. „ — Von diesem Briefe habe ich eine Abschrift unter den Papiern des sel. Hofr. von Rosenthal gefunden, aber ohne vorfindiger Erörterung. Ich gab mir Mühe sie aufzufinden. In einem Missale vom Jahre 1651. fand ich soviel: *Statuit* ist der Introitus Petristuhlfeyer; obschon derselbe in dem Missale das Jahr hindurch öfters vorkömmt. *Audiuit dominus*, ist der Introitus des Freitages und Samstages nach dem Aschermittwoch. *Isti sunt dies*, bedeutet den Sonntag Judica. *Gemini*, bleibt noch unerörtert. *Benedicta* ist der Dreifaltigkeitsonntag. *Resurrexi*, der Ostertag. *Sabbato quo cantatur sitientes*, steht schon in Haltausens Kalender des Mittelalters, und ist der Samstag vor Judica. *Sabbao quo cantatur Karitas dei*, ist der Samstag nach Pfingsten.

Joannes Baptista. 24 Junii. — *Acta sunt hec Anno M. CC. L. XX. V. Datum in Marchburga. Kalendas Juni sequenti die post Johannis baptiste.* (H. A.) Dieses Datum scheinet mir, ist nicht zu erörtern; oder man müßte einen Fehler in der Urschrift voraus setzen. Vielleicht soll es heißen: VII. Kalendas Julii.

Joannes albus. Johann Baptist, 24. Junius.

Joannes in captiuitate. „ Aliqui habent pro Joanne ante portam latinam, 6. Maii, alii pro decoll. „ S. Jo. Bapt. Mihi videtur potius Dom. secunda Adventus ab Euangelio. „ (*Pilgram.*)

Joannis Liebe. 27. December. „ Vinum in festo S. Joan. Evang. benedictum. „ (*Pilgram.*)

Joannis Sanctificatio. Festum Visitationis, 2. Julii.

Jobstag. Jodokus.

Johann klein. 6. Mai. (Pilgram.)

Johannis Conceptio. 24. Sept. „ passim invenitur in antiquis Calendariis. „ (*Pilgram.*)

Johannstag mit dem goldenen Mund, — Johannes der guldin Mund. Chrisostomus, 27. Jäner.

Johannstag. — Georgisch führt bei verschiedenen Jahren Urkunden an, die das Datum mit dem Johannstag anzeigen, aber ohne bestimmenden Zusatz z. B. Geben zu München am S. Johannistag, 1341. — Nürnberg, 1356, an S. Johannstag. Ich halte dafür, es müße Johann Baptist, 24. Junius verstanden werden.

Johannstag vor den wälschen Thor, — vorm gulden Tor. (Haltaus) 6. Mai. Wels am Samstag nach sand Johann vor dem golden Thor, 1384. (H. A.)

Johanns Tag Evangelisten als he wart in dem Oley gebraten, — Sunte Johannes Dagh also he in deme Olye ghesoden wart, — S. Johannis Evangelisten tagk, der nach Ostern kompt, als er zu Rohm in das sidende gesaczt ward. 6. Mai. (Haltaus.)

Johannsentag Baptisten, als er enthauptet wart. 29. August. An Fritag sand Johanns enthawpunden des Tawffer, 1432. (Pilgram.) — An s. Johanns Wende so em dat hovet wart afgeschlagen. Rabe, Seite 181. nimmt. Wende für Vigilia; darum schreibt er: „ Vigilia „ decollationis Joannis Baptistæ. „

Johannstag des Apostels nach Ostern. — Johannstag nach Ostern. 6. Mai. An den nestin Tage Sente Johannis Tage des Apostiln nach Ostirn. — S. Johannis Evangelisten Tagk, der nach Ostern komt, als er zu Rohm in das sidende gesaczt ward. (Rabe, Seite 179.)

Johannstag zu Sunegichten. 24. Junius.

Johannstag zu Sunibenden 1455. (H. A.) 24. Junius.

Johannstag ze Wungichten, — ze Winigichten, — ze Weynachten. Johann Evangelist, 27. December.

Johannstag des Evangelisten als er seinen Namen verschenkte. — 27. December. (Haltaus.)

Johanns Weyhe. — 27. December. (Pilgram.)

Johann Baptist Middensommer. — 24. Junius.

Jordansfest. Die Taufe Christi, 6. Jäner. (Arch. Spieß.)

Jören Abend, 1339. (H. A.) Georgius.

Jörgentag. Georg. — Naesten Mitchens vor sant Jörgentag, 1338. (H. A.)

Jorgetag, 1414. (H. A.) Georg.

Joryentag — Jorigentag — Joringtag. Georg. — Jorigentag des heiligen Nothhelffurs, 1393. (H. A.)

Jors Obend. Neujahrs Abend. (*Haltaus.*)

Jost. Jodokus.

Judas Samstag. Samstag vor Ostern. (Haltaus.)

Juel — Juelfest — Jueltag. Weihnachtfest. (Haltaus.) — *Actum Nidrosiæ in hieme, in secunda septimana post festum Julense seu Natalitia, elapsis a Nativ. Dni. M. hiemibus CC. & LXX. hiem. & VIII. hiem.* —Dipl. Arna-Magnæan. Tom. II. p. 18. in Indice; und p. 80. steht: 1278. die 24. Januarii. (Hier mag wohl ein Fehler seyn.) — In der Urkunde heißt es: „um vetrin i annare viku æfter Jol.“

Juel, oder Holligmon. Christmonat.

Judicium extremum. Feria secunda primæ hebd. Quadragesimæ. (*Pilgram.*)

Junge Fastnacht. Dienstag nach Esto mihi.

Jünger unser Frawentag. Maria Geburt. (Man s. Frauentag.)

Juliana 16. Febr. Eritag vor sant Juliana, 1417. (H. A.) — Wienn an Samstag nach sand Julianen tag der heiligen Junkfrawen, 1487. (H. A.)

Julianentag. Julianns, 9. Jäner, Wien Samstags vor sant Julianen, 1396. (H. A.) — Grez am Sonntag nach Sant Julianen, 1471. (H. A.) — (Man s. Franzisten tag.)

Julius wird genennet der erste Augst, (Man s. Augst.)

Junius wird genennet der ander May. (Man s. Augst.)

Juratorius dies (der Schwörtag.) Montag nach dem Dreikönigtag.

Kalendæ „plerumque prima dies mensis, sæpe tamen in medio ævo *Kalendæ* vel *prima dies Kalendarum*, dicebatur illa dies, qua Kalendæ sequentis mensis inchoabantur ita v. g. 14. Jan. erat prima dies Kalend. cum ibi Kalendæ Februarii inchoentur, & 15. Jan. erat secunda dies Kalend. Febr. Non enim numerabantur ordine inverso, ut more romano usu venit, sed directo. Quandoque, etiam apud Romanos, Kalendæ, Nonæ, Idus non dicebatur una dies, sed totum tempus, ubi numerabantur; & in medio ævo sæpe ipsa dies Kalend. Non. Iduum non comprehendebatur in illorum numero, ita ut ubi Romani numerabant 19. Kal. tunc numeratæ fuerint 18. *Art de verifier les Dates.*“

Kallentag. Geben an sant Kallentag, 1368. (H. A.) Vermuthlich Gallentag

Kanzian tag, 1440. (H. A.) Man s. Canzianstag.

Karfreytag Freitag vor Ostern. Laybach, am heiligen Karfreytag, 1360. (H. A.) — Kar heißt satisfactio. *Karfreitag*, Suntag, (Versöhnungstag,) dies satisfactionis salvatoris pro genere humano. (*Schilteri* Glossar.)

Katreintag der heiligen Nothelfferin. Katharina, 25. November.

Kedrawtten Tag, 1455. (H. A.) Gerdrut.

Kees-Sonntag. Sonntag Invocavit. (Pilgram) — Im geh. H. A. kommen in einer Urkunde folgende Worte vor: „Daz ist von dem Chäs Suntag der nu nehst vergangen ist — — Daz Griez. da man von Christes gepurt zalt dreuzehen Hundert Jar. darnach jn dem funfzehenten iar. an Sant Mathiastag in der vasten.“

Kersdag. (Kerzentag). Lichtmeß, 2. Februar.

Kerczweihtag — Kerzwihy — Kerßwihi — Kerzwitag, — Kerczmesse. (*Haltaus.*) Lichtmeß, 2. Febr. (Man s. Frauentag.)

Kettenfeyer. (Man s. Peter.)

Kindernacht. 27. December. Kindertag. 28. December.

Kindlinge. (Unser Frawen tag zu der Kindlinge.) Marie Verkündigung. (*Haltaus.*) Man s. Frauentag.

Kirchmeß. Kirchweihe.

Kirchmeßtag. Dedicatio Templi. (*Haltaus.*)

Kirchweichtag. (Man s. Prediger — Man s. Brueder—,)

Kirchweyh (die kalte) ist zu Bayreut der jährliche Martinimarkt. (Arch. Spieß.)

Kiribeitag. Kirchweihe. (Pilgram.)

Klagmannet. Jäner. (Waser.)

Kleine Frawentag. Marie Geburt. (Pilgram.)

Klybeltag unser Frawen. Marie Verkündigung. (Haltaus.) Man s. Frauentag.

Knoblauchsmittwoche. Mittwoche nach Pfingsten. (Haltaus.)

Kochmonat. August. (Pilgram.)

Kolmanstag. Kolmann, 13. Octob. 1464., am Mitichen vor sandt Kolmanstag. (Pilgram.)
Krautweihe. Peters Kettenfeyer. (Man s. Peters des Kreuters tag.)
Kreucztag. Freinstat, an des heiligen Kreucztag, 1423. (H. A.) Man s. Creucz.
Kreucztag im Mai. 3. Mai. Wienn an Suntag nach dez Heiligen Kreucz tag ze Mayen, 1387. (H. A.)
Kreuztag im Herbst, 14. September. Geben Marchburg, am Pfinztag nach dem heiligen Kreuztag im Herbst, 1299. (H. A.)
Krismtag. Lichtmeß. (Haltaus.)
Korn im Wurzland. Kronstadt in Siebenbürgen. Geben Kron im Wurzland, Donnerstag vor sand Benedict, 1427. (H. A.)
Kruidwyung — Krutwigink unser leven Vrowen. Marie Himmelfahrt. Unser leven Vrowen Kruidwyunge ze latyn gevant Assumpcio. (Man s. Frauentag.)
Krumme Mittwoche. Die krumbe Mitwuchs. Mittwoche in der Charwoche. „ Ist die Mitwoche in „ der Marterwoche vor dem grünen Donnerstag. „ (Schilter.) — Von der krumben Mittwoche uncz an den hohen Samstag. — An der krummen Mittwochen nach dem Palmsonntage. (Man s. Haltaus.)
Kreuczegang der mereste. Markustag, 25. April.
Kruczegang der minneste. Bethtage, Rogationes. An sante Marchenstage ist der mereste Kruczegang, der andere ist drige tage vor unser Herren Uffart, und heisset der minneste Kreuczegang, das heissent Rogationes. (Schilters Glossar. Teuton. aus welchem es Haltaus anführt.) — Auch das Dipl. Arna-Magnæan. hat ein solches Datum: *Elapsis a Nativit. Dni. M. kiemibus CCXC. hiem. & III. hiemibus, die Jovis ante minorem Rogationum diem;* und (Tom. II. p. 262.) setzt hinzu: 1293. die 30. April. In der Urkund heißt es: „ Torsdaghin „ næsta fyrer litla ganghdaghe. „ — Aus dem nämlichen Diplomatario scheinet folgendes Datum hieher zu gehören: *Actum Nidrosiæ M.CC. hiemibus LXXVII. hiem. in Vere in die Freyæ seu Veneris.* (Tom. II. p. 16. in Indice.) Aber warum in vere? — Bei der Urkunde p. 73. steht der ausgerechnete Tag: 1277. 30. Aprilis; und der fiel in diesem Jahr auf den Freitag vor der Kreuzwoche; die Worte des Datums sind; „ a friardagen firer krossmesso. „
Kumerniß. S. Wilgefortis. (Pilgram.)
Kündung — Khindung — Kindlinge. Unser Frawentag zu der Vindlinge. Marie Verkündigung. Unser Fruwentag der Kundung in der Vasten. (Man s. Frauentag.)
Küngolt. Kunegund. (Pilgram.)
Kunigundentag. 3. März. Wienn am Samstag sand Kunigundentag, 1470. (H. A.)
Kurin. Quirinus, Cirinus. (Pilgram.)
Kyndils messo. (Man s. *Festum Candelarum.*)

Lamparten. Lombardie.
Lambrecz tag, 1356. (H. A.) Lambertus.
Lange Frigedag. Charfreitag. (Pilgram.)
Lanze, soviel als Lenze. — 1351, Acht tag nach sand Mathyastag im Lanzen dez Zwelfif poten. (H. A.) Man s. Lenze. — An sand Peterstag Kathedra im Lanczen, 1395. (H. A.)
Largum sero. Vigilia Natiuitatis Domini. (*Pilgram.*)
Lasmond. Jäner. Der Mand der da heisset Lasemond. (*Haltaus* ex Lunigio.)
Later. Lezter. Laterntag. Samstag. Hier sei es erlaubt, ganz einzuschalten, was Hr. Pilgram davon geschrieben hat, „ Rudolphi Goth. dipl. Laterentag sancte Barholomeus Dagh. Reth- „ mayer des Latern dages S. Joan Bapt. Middensommer, & am Sonnapende des later- „ ren Dages sancti Egidii. *Haltaus* putat a lampadibus ea die B. V. accensis, ut mihi au- „ tem videtur, quia ultima dies septimanæ est, nam teste *Frisch* vox antiqua *Later* adhibe- „ tur pro *tardior, posterior*; si enim a lampadibus nomen obtinuisset, dici debuisset potius „ Lampentag. Vocatur sic quoque, ut bene probat *Haltaus*, Fest. Natiuitatis B. V. contra „ illos, qui hanc nomenclationem festo Purificationis tribuere. v. g. in Rothonis Chron. ita „ sequuntur tempora: in der weken vor Pfingsten, — — darnach tu unser leven Frawndage „ Lateren — — in Sente Michelstage. Rethmayer in Chron. Brunswic. unser leven Fru- „ wen dage Lateren exprimit natalem B. V. & generatim se observasse testatur, in monu- „ mentis Brunswicensibus unser lieben Frauentage Lateren, unde dein Laterntag enatum „ est, appellari festum Nativ. B. V. Ratio hujus est, quia hoc festum erat inter quatuor „ festa solemnia B. V. ultimum in anno, ut ex inspectione Calendariorum patet. Vide un- „ ser Frawen Tag der Lezte. Quæ eadem & ratio pro Sabbato pugnat. Quod habetur in „ Chron. Episc. Brem. apud Menken. ad A. 1431. unser leven Frauen dagh ad Luteras,

 „ *Halt-*

„ *Haltaus* legendum putat *ad lucernas*, quod mihi potius, correctione multo faciliore, *ad la-* „ *teras* legendum videtur, pro barbaro nempe illius ævi voces e germanicis effingendi more. „ Verba Petri Cluniacensis, quibus correctionem suam *Haltaus* defendere conatur, huc meo „ e sensu parum faciunt; verba sunt Petri: *inter alia cereos maximos faciunt, quos in vigilia* „ *huius festivitatis accendunt.* Quæritur enim, an de hoc festo loquatur, & dato hoc, quan- „ tæ deberent esse lucernæ, quibus cerei hi maximi imponantur; aut ipsi Cerei pro Lucer- „ nis sint per novam synonimiam? " Das Wort latkr, latern, lateren muß man so ausspre- chen, daß der Akzent auf der ersten Silbe liegen bleibt; denn later kömmt vom Angelsächsischen: *later* heißt im Englischen später, letzter, *posterior.*

Laugardagr. Dies Lavationis, seu Saturni. (*Thorkelin.*)

Laumaent. Jäner. (Haltaus.)

Lawemientag. Georgisch führt folgendes Datum an: Frankfurt, 1442, an Sand Lawenien Tag. Ich habe nichts auffinden können; es bleibt also noch unerörtert. Vielleicht soll es heißen: Laurencientag.

Lauxtag. Lukas, 18. Oktober.

Lazlab. Ladislaus. Lazlab Hering, 1394. (H. A.)

Leychams tag. Fronleichnamsfest. Olomunez, 1389, freytags nach des heiligen Leychams tag, (H. A.) — Lichnam abend unsers Herrn, 1359. (H. A.)

Lazarus. Feria VI. quartæ hebd. Quadragesimæ ab Evangelio. (*Pilgram.*)

Lechtmissen. Lichtmeßtag, 2. Februar. Das Fest unser leuen Vrowen also tu Lechtmissen. — Unsers Herrn Lichtmeß-Tag, 2. Februar. (*Haltaus.*)

Lengizinmonat. März. (Frisch.)

Lenze. In Schilters Kalendario Alemannico steht bei dem 22. Februar: *der Lenze*: allein vorher auch bei dem 22. Februar steht: *Kated. Petr.* — Soll vielleicht dieses den Unterschied ausdrücken mit der Katedra Petri vom 18. Jäner? (Man s. Lanze.)

Lenzmonat. „ Martius, sic dictus a Carolo M. *Haltaus* id a voce lenten solvere derivat. „ (*Pilgram.*) Aber wie ist Peterstag im Lennzen damit zu vergleichen?

Lichamsdag. Fronleichnamsfest.

Lichtmizz. Lichtmeß. An unser Frauen Tag zder Lichtmizz, 1352. (H. A.)

Lichtweihe — Lichtweihung — unser lieben Frauentag Lichtweyunge. Lichtmeß. Innsprugg, Sonntag nach Liechtweihung, 1488. (H. A.)

Liechtenmesse. Mäntags nach der Liechtenmesse, 1304. (H. A.) Purificatio.

Litania. Processio, Umgang.

Litania maior. Dies s. Marci, 25. April. *S. Marci festo in Litania maiore apud nos acto.* (*Haltaus.*) — *Letania maior, sive passio S. Marci.* (Man s. Kruczegang.)

Litaniæ maiores. „ Qua etiam die (25. Aprilis) Romæ Litaniæ maiores ad sanctum Petrum cele- „ brantur ex institutione sancti Gregorii Papæ. — " (*Martyrologium Roman. — Gregorii XIII. P. M. iussu editum. Antverpiæ ex officina Chr. Plantini MDLXXXVI. pag. 118.*)

Litaniæ minores. Feriæ rogationum. (Man s. Kruczegang.)

Loewertag. Samstag. (*Haltaus.*)

Lösan in Prabant. Loeven.

Lourencz tag. Laurenzius. Geben Pilchgräz an sand Lourencz tag, 1330. (H. A.)

Luce. 1473, Freitag nach Luce der heiligen Jungfrauen Tage. Dieses Datum hat Georgisch unter den noch unbestimmten. Ich halte es für Lucientag.

Lucein. Lucia, 13. Dec. Geben zu Winen in des Bischoffs von Freising Mushaus, des nächsten pfinc ztages nach seind Lucein tach, 1284. (H. A.) — An s. Lucein tag, 1318. (H. A.) — An Suntag nach sand Lucein, 1448. (H. A.)

Luchsentag. Lucas. Neustatt, am sant Luchsentag, 1464. (H. A.)

Luxtag. Lukas, 18. Oktober.

Lyenhartstag, 1352. (H. A.) Leonard.

Madius. Maius. (*Pilgram.*)

Maendag, — Manendag, — Mentag. Montag. 1293, des Maendages in den Chreuczen. (Pilgram.)

Magdaglentag, 1406. (H. A.) Magdalenentag.

Maidburg. Magdeburg.

Malus dives. Feria quinta hebd. secundæ Quadragesimæ ab Evangelio diei. (*Pilgram.*)

Manadagr. Dies Lunæ. (*Thorkelin.*)

Manait. Monat. An dem Sechsten tag des Manaitz Jenner, 1455. (H. A.)

Mand. Monat. Frankfurt, vff Dinstag nach dem Sontag Oculi, der was der achzehinde tag des Mandes Martii 1438. (H. A.)

Manen. Mond, Monat. In dem Manen Februario, 1262. (H. A.)

Mangentag. Magnus, 6. Sept. 1289 an Sant Mangen abent. (Pilgram.)

Mannfaßnacht. Sonntag Invocavit. 1416 an dem sechsten Tag in dem Merzen, das was am Freytag vor der Mannfasten. Der Sonntag Invocavit fiel in diesem Jahr am achten März.

Marchet. Markt. Geldenhoven in den Marchet 1288. (H. A.)

Marchsentag. Markus. Linz an sand Marchsentag, 1540. (H. A.) — Am sant Marchsentag des Ewangelisten, 1461. (H. A.)

Marchstag, — Marchenstag. Markus, 25. April. 1299 an s. Marchstag. — Marchkstag des heyligen Ewangelisten, 1399. (H. A.)

Marcus tag des Euangelisten nach Ostern als man die Creuze treget. 25. April. (Haltaus.)

Marcelli P. 16. Januar. *Dat. in arce Pragensi feria IIII. ante Marcelli pape*, 1519. (H. A.) — Montags vor Marcelli pape, 1358. (H. A.)

Marci festum in Litania maiore. 25. April. (*Haltaus*)

Margarethenfest. In den neuern Kalendern fällt das Margarethenfest am 13. Julius; in dem Mittelalter fiel es am 12. Julius. Dieses beweisen sowohl einige alten Kalender, als auch folgende Urkunden des geh. H. A.: Wienn, Suntag nach sand Margarethen 1376. Weil an 13. Jul. ein Sonntag war, so fiel das Margrethenfest am 12. Julius, als am Samstage. — Wienn, Phincztag nach sand Margareth, 1480. Der Phincztag kam in diesem Jahr auf den 13 Julius; also war das Fest am 12. — Geben Burgleins, 1385, Donnerstag nach sand Margarethentag. In diesem Jahre war Donnerstag der 13. Julius, also fiel das Margrethenfest am 12. — Zwo im nämlichen Jahr und dem nämlichen Orte ausgefertigte Urkunden können noch zum Beweise dienen: Innsprugg, an sand Margrethen tage, 1433. — Und: Innsprugg, am Montag nach sand Margrethen, 1433. Weil der Montag am 13. fiel, so war am 12. Margreth. — In dem Abregé de l'histoire de l'Empire par l'Abbé L. steht: *La fête de s. Marguerite tombe le 25. Maii.* — In Schilters Kalendario Alemannico steht bei dem *15. Jul: Margreden tag.*

Mariefeste. (Man s. Frauentage.)

Marie Betrübniß. Siebenschmerzenfest, Freitag vor dem Palmsonntag. (Pilgram.)

Merie lecze. Marie Geburt. (Man s. Frauentag)

Maria Cerealis. 2. Februar.

Marie Magdalenentag, do sie pechert wart. 1. April, oder vielmehr, (wie Hr. Pilgram mit Recht muthmasset) 22. Jul., weil an diesem Tage in der Kirche gesungen wird: Laudemus Deum nostrum in conuersione, wie am Paulbekehrungsfest. (Man s. Pilgram.) Marein Magdalenen tag, da sie bekehrd ward, 1383. H. A.)

Marie Ohnmachtsfeier. Siebenschmerzenfest. (Pilgram.)

Marie der ereren. Marie Himmelfahrt. (Man s. Frauentag.)

Marie in den Oegsten. (Im August.) Marie Himmelfahrt.

Mariæ salutatio. Fest. Annunciationis. (*Pilgram.*)

Marie Schneefeyer, — Marie im Schnee. 5. August. Vnser Fraven tag, den man Nivis nennet, vnd kömpt vnd gesellet vff Sanct Oßwaldi Tag, des heiligen Königes vnd Martres. — Sant Oswaldes Tag als der sne viel. (Haltaus.)

Marie Wischweihe. „Fest. Assumptionis, ab herbis, quæ in fasciculos collectæ scopas repræsentabant.“ (*Pilgram.*) (Man s. Wurzweihe.)

Mariczen tag, 1445. (H. A.) Mauritius.

Maricius. Martius. *1271. ultimo die exeunte Maricio.* (*Pilgram.*)

Mariendach, do se gebothschup ward, tein Tagen nach dem 17. Martii. „Chron. Msc. Ep. „Brem. festum Annunc. vt ex verbis patet. *Tein* habeo pro anglico *ten* decem, adeoque „deberet esse 15. Martii, alias hoc festum incideret in 27. Martii, quo die nunquam reperi „celebratum.“ (*Pilgram.*) (Man s. Frauentag.)

Marie der jüngern tag. 8. September. In Schilters Kalendario Alemannico steht beim 8. Sept.: *Sankt Marie der jüngern tag. Nat. S. Marie.* (Man s. Frauentag.)

Marientag, — Marienmesse der Ehren. Marie Himmelfahrt, 15. August.

Marteinstag, — Morteinstag. Martinus, 11. November.

Marterwoche. Die Woche vor Ostern. (Haltaus.) Geben Wienn dez Eritages in der Martirwochen, 1303. (H. A.) — Geben zu Ynnsprügk an Montag in der heiligen Marterwochen, 1487. (H. A.)

Martistag. Martinstag, 11. Nov. Geben ze Chur 1406. an nechsten Suntag vor sant Martistag. (H. A.)

Martinus calidus. Translatio s. Martini, 4. Julii. — *Martinus frigidus.* 11. Nov.
Marx tag, 1312. (H. A.) Markus. Brichsen an s. Marx tag, 1320. (H. A.)
Marzache, „ fest. Annunciationis in Gallia. Fors quia præcipuum festum fixum Martii est. “ (*Pilgram.*)
Mater nostium. Fest. Nativitatis Christi. (*Pilgram.*)
Mattheustag, — Mathiestag. Diese beiden Feste sind in den Urkunden oft schwer zu unterscheiden, indem die Namen öfters auf gleiche Art geschrieben werden. Z. B. in einem Verkaufsbriefe: Montag sant Matheusabend des heiligen zwölfboten 1417, wird die Vigilia Matthei des Evangelisten verstanden, die in diesem Jahr auf einen Montag gefallen. — An Donnerstag semnte Matheus des h. Czwölffbotenabend, 1459, wird ebenfalls die Vigilia Matthei des Evangelisten verstanden, die in diesem Jahr an einem Donnerstage gewesen.
Mathiastag vor Vasching. 24. Februar. An sant Mathias tag vor Vaschanges, 1348. (H. A.) — An sant Mathias tag vor dem Vassanch, 1351. (H. A.) — Daz Griecz, 1315, Mathias tag in der Vasten. (H. A.) — Geben, des nasten Mentag nach sant Mathyas der Zwelfpoten tag in der Vasten, 1342. (H. A.)
Matheustag im Herbst. 21. Sept. Geben Fritags vor sanndt Mathiestag Im Herbst, 1558. (H. A.)
Mathild. Mechtild.
Maximianstag. 15. December. Suntag vor sant Maximianstag, 1394. (H. A.)
May. 1. Mai. Geben in dem Mayen, 1299. (H. A.) — Das ist geschehen nach Christi gepurd, 1386, des freytags ainlef tag im Mayen. In diesem Jahre ist am 11. May ein Freytag gewesen.
Mayetag. 1. May.
Mayertag. 1. May.
Mechen. Mitchen, Mittwoche. Geben, Mechens nach Ostern, 1339. (H. A.)
Media Quadragesima. Feria quinta ante dom. Lætare. (Man s. *Salus populi.*)
Media Septimana. Dies Mercurii, Mittwoche. (*Thorkelin.*)
Mediana dominica. Dom. Lætare. Haltaus schreibt: „ A Latinis nominatur *Media* sive *Mediana* „ *Quadragesima*, ut apud *Lunig* in R. Archiv. &c., item *Dominica Mediana* vel *Mediæ Quadragesimæ Dominicus dies* a medio tempore Quadragesimæ, quæ *Hebdomas* etiam *Mediana* „ dicitur, &c. “ (Man s. Mittfasten.)
Mediana octava. Dom. Judica. (Man s. *Hebdomada mediana.*)
Mediana hebdomada. (Man s. *Hebdomada mediana.*)
Medmonat. Monat Julius. (*Haltaus.*) „ Fortassis quia medietas prima anni ineunte Julio terminatur. “ (*Pilgram.*)
Megetag, — Meyetag, — Meigentag. 1. Mai. Sambstag an dem Megetage. (Haltaus.)
Meinde, Meynde. Monat. Der Erzb. Dietrich zu Kölln datirte also: de gegeuen is zo Godisberg In den Jairen vnss herren duysent vierhondertindvunffzien des seuenden daigs in deme Meynde zo latine genannt Julius. (H. A.)
Meintag. Montag. 1269, Meintag nach der Pfingistwochen. (Pilgram.)
Meinwoche, — Meinwecken. (Man s. Gemeine Woche.)
Mened. Monat. Seng an dem vierzehenten des menedes Madij, 1392. (H. A.)
Mensis exiens, stans, astans, restans, dies exitus mensis. „ Altera mensis medietas, qua dies ordine „ retrogrado numerabantur. — Duellius in Hist. Ord. Theuton. P. II. habet in Nota: menses integri in duas sectiones dispescebantur; pars prima media (in mensibus 31. dierum a „ 1. ad 16, in iis 30 dierum a 1. ad 15.) stans seu intrans, altera exiens seu restans nuncupabatur. “ (*Pilgram.*)
Mensis fenalis. Julius.
Mensis magnus. Junius. (*Pilgram.*)
Mensis messionum. Augustus.
Mensis nouarum. Aprilis.
Mensis paschalis. Duæ hebdomadæ circa Pascha, a dominica Palmarum ad dom. Quasimodogeniti, quæ hinc *dom. mensis paschalis* dicta est. (*Pilgram.*)
Mensis purgatorius. Februarius.
Mentag. Montag. Zurich, an dem Mentag vor Mitteruasten, 1299. (H. A.)
Merer. Ueber diesen Ausdruck macht Schilter in seinem Glossarium (Seite 577.), folgende Auslegung: *Merer Stifft*, *Ecclesia cathedralis*, dadurch meint er ein grösseres Stift, Hochstift. Weiter führt er aus einem Investiturbrief an: *1403. Tumprobst der merern Stifft zu Strasburg*, und will damit sagen: Domprobst des grössern, des Hochstifts Straßburg. Ingleichen auf der

nähm

nämlichen Seite fährt er an: *Meren unde minneren*, *pusillis cum majoribus*, daß ist: größere mit den kleineren, größere und kleinere.

Merer. Der größere. — Jacob des mereren. Jacobus maior, der größere.

Mereste Kruczegang. Markustag. (M. s. Creuzwoche.)

Merltenstag. Martinstag. 11. Nov.

Merten, Mertein. Martinstag. Geben des vreytages nach s. Merten tag, 1381. (H. A.) — Wienn an Sant Mertten des heiligen Bischouen tag, 1395. (H. A.)

Messe. Markt, Nundinæ.

Metag. Mittwoche. Metag vor sant Peters vnd Paulstag, 1379. (H. A.) Am Metage nach sand Brizen tag, 1339. (H. A.)

Mete Fasten. Mittfasten. Gegeben zu Prage an dem nechsten Dornstag nach Mete Fasten nach Gottes Geburt 1356. Donnerstag nach Lätare.

Merlianstag. Maximilianus. Geben am Phincztag vor sand Merlianstag 1438. (H. A.) — Frey tag nach sand Merlianstag, 1431. (H. A.)

Meyde verbuten. Sonntag Septuagesima. — 1355. An dem Suntage Circumbederunt als man die Meyde verbutet. Hr. Pilgram schreibt: „ *Frisch* Sub hoc nomine (Meyde) Signum lætitiæ „ Alleluja intelligit „ das ist, soviel ich davon begreife: Frisch versteht unter dem Ausdruck Meyde ein Anzeichen von Freude, ein Alleluja; und darinn hat er Recht; denn Meyde heißt Mädchen, Jungfrau. Nun heißt dieser Sonntag Circumdederunt oder Septuagesima auch verboten Zeit, (Man s. Verboten Zeit) das ist, daß man im Mittelalter von diesem Sonntag an, bis Ostern nicht Hochzeit halten durfte. — Man höre Hrn. Pilgram: „ Mihi — — videtur „ sub nomine *Meyde* lætitia & Solennitas nuptiarum intelligi, verbum autem verbuten esse „ idem ac *prohibere*, verbieten. Notum enim est prohibitas fuisse nuptias a septuagesima ad „ Pascha, quod intervallum vocabatur *tempus prohibitum*, die gebunden, die verpotten Zeyt „ Hinc & in quibusdam Calendariis, ut in Cal. Msc. Cæs. P. *Schier* ad Dominicam Circumde„ derunt notatur; Sonntag, so man das Alleluja legt und Hochzeit verbeut. Hoc dein „ — A. 1524. ad Quadragesimam restrictum fuit. „ Folgsam heißt obiges Datum: an dem Sonntag, da man den Mädchen zu heurathen verbietet. (Man s. Sonntag, wenne man leget Alleluja.)

Mayetag. (Man. s. Megetag. 1. Mai. (Haltaus.)

Mayertag. 1. Mai. (Haltaus.)

Michelstag im Herbst. 29. Septemb. Vreytag nach sant Michelstag an dem Herbst 1351. (H. A.)

Michaelis Vindung. Festum Apparitionis S. Michaelis. 8. Maii. „ P. *Schier* in Interprete veteri „ reperit, die Vindung sant Michels uff dem Berg Gargano geschah zu diesen Zeiten. Repe„ ritur in pluribus Calendariis *Revelatio*, *S. Michaelis*; „ (*Pilgram.*)

Michels tag zu dem Liecht. „ — fünfczechen Wienner Phennig an sand Michels tag zu dem „ Liecht — Geben 1349. an vnser vrowen tag ze der Chundung. „ — (H. A.) Michelstag am 29. September, weil von diesem Tag an die Handwerker beim Lichte zu arbeiten anfangen. Denn Michelserscheinung, 8. Mai, kann es nicht seyn, sonst müßte es heißen, Michelstag in dem Licht, obschon der Sprachgebrauch, der sehr verschieden ist, hier in den Urkunden zu keiner Anwendung taugt; doch drückte man sich im Mittelalter mit wenig Worten ganz deutlich aus.

Michten. Mittwoch. Des nesten Michtens vor sand Agnesentag, 1354. (H. A.) — Geben des Michtens an sand Michels Abent an dem Herwest, 1351. (H. A.)

Mickte — Mitche. Mittwoche. — Mitche der höhe. Mittwoche nach Pfingsten. (Haltaus.)

Middesommer — Midsommer. 24. Junius. In dem hilgen Daghe sante Johannes Baptisten to Middensommer. (Haltaus.)

Middewinter. Weihnachtag. Middewinters Messetag. Weihnachttag. (Pilgram.)

Midvikudagr. Dies septimanæ media, (*Thorkelin.*)

Midechen. Mittwoch. An der Midechen in der Pfingstwochen, 1321. (H. A.)

Milhan. Emilianus. (Pilgram.)

Min — Minder. Weniger. — Hr. Hofr. von Rosenthal machte die Anmerkung über folgende Daten: Vnde ist der brieve gegeben nach Christgepurde Tovsent Jare, Zwei Hundert Jare, zwai min achtzech Jare. Achtzig weniger zwei ist 78. — Ein Brief von Georg Blankensteiner — der prief ist geben nach Cristes gepurt dreyczehundert iar darnach in dem ainsminvierzes chisten iar, an sand Ruprechts Tag. Vierzig weniger eins ist 39. Uiber dieses muß es auch 39. heißen, weil Friderich der Freye von Sevneck noch darinne genennet wird, auch dessen Siegel mit der Umschrift: „ S. Friderici Lib'i. D.'Sevnek. „ daran hänget, indem doch bekannt ist, daß die von Sevnek 1341. zu Grafen von Cili gemacht worden, mithin der Brief nach diesem leztern Jahre (wie sonst die Muthmassung und Ausdeutung zu machen wäre) nicht ausgegeben seyn kann. — Eine Verschreibung von Seyfried — der prief ist geben do von Cheorist gepuerde sind ergangen dreyzehenhondert Jar darnach in dem Ainsminzewainzigisten iar. — Zwainzig weniger eins nämlich 19. — Frauen Herburch Kaufbrief — des nähesten Samstages nach des guten s. Michelstag, 1322. — „ vmb ainer min dreisechk March Aglayer „ pheuing. „ Das ist 29. — Ein Vermächtnisbrief — An sand Antonien Tag, 1298. — „ ein Hofstat mit dem Akher der darin geheort, vnd ainsmindreizzich Jeuchart akhers, vnd „ drey Jeuchart wismats. — „ das ist 29. Ackers. — „ vm zwey min dreissich mark Silber „ 28. Mark. — Briefe wegen Anfall — der prief ist geben do man zalt von Cristes gepurd dreuczehenhundert iar darnach in dem zweyminfunfczikisten iar in vnser vraun tag in der vasten. (1348.) — Von Cristes purt waren Tausend iar, drei hundert iar. an zwai iar (1300. ohne 2. sind 1298.).

Mindere Zahl. So findet man sehr oft in Urkunden die Data ausgedrückt, wenn das Tausend und die Hunderte ausgelassen werden. Z. B. des R. K. Friedrichs Befehl — Freytag vor sant Bertelmes tag anno Domini ꝛc. quadragesimo tertio. (1443.) — Des R. K. Ferdinands Vollmacht — Datum in vnnser Stadt Wienn den 28. tag des Monats Decembris des eingeenden fünfundvierzigisten Jars. (1545, aber nach der heutigen Jahrsrechnung 1544.) — Eben desselben — den sechzehenden Septembris Im Drei vnd Funfftzigisten der Mindern Zahl. (1553.)

Minneste Kruezegang. Bethtage, Rogationes. (Man s. Creuzwoche.)

Mynn. Minne, Liebe, Güte, Freundschaft. — sannt Johanns mynn. — s. Johanns Liebe. (Arch. Spieß) Johann Evangelist, 27. Dec.

Missa aurea. Gemeine Meß; Samstag vor dem zweiten Sonntage Michaelis.

Missa domini alleluia. „ Dom. Quasimodogeniti in Belgio. A. 1310. in Statutis Synodalibus Ep. Ultraject. habetur. *Feria tertia post Missas Domini Aleluja, Alelua, Aleluja.* „ (*Pilgram.*)

Mitche der hohe. Mittwoche nach Pfingsten.

Mitichen. Mittwoche.

Mitlewochen. Mittwoche.

Mittach — Mittag. Mittwoche. — 1293, des mitlachen, noch send Jacobstach. (H. A.) — Gegeben 1368. des nagsten Mittags vor sandt Veytts tag. (H. A.) — Gegeben 1370, des nastin mitachs nach sand egidin tag. (H. A.)

Mittelmesse. Maria Himmelfahrt. Man s. Frauentag.

Mitten Mai. 16. Mai. Geben zu Winen an dem Vierden tage nach mittem Maien des Montages in der Chreozwochen 1281. (H. A.) Dieser Montag fiel in diesem Jahre am 19. Mai.

Mitten - Sommer. 24. Jun. Sant Johanstag Baptisten gelegen zu Mitten Sommer (Haltaus.)

Mitterfasten, — Mitifasten — Mythfasten, Mitlern vasten. Donnerstag vor dem Sonntag Lätare. Geben ze Mitter Vasten, 1373. (H. A.) — (Man s. *Salus populi.*) „ Diploma Salisburg. A. 1288. habet, des Suntags vor Mitterfasten in dem Mertzen, ut verba Sonant, (schreibt Hr. Pilgram) „ hæc est *Dominica Oculi*, quæ hoc anno in 29. Febr. incidit. Unde ultima „ verba in dem Merzen respicere debent *mediam Quadragesimam* „ (das ist: den Donnerstag Salus populi, oder nach Oculi, 4. März.) „ non autem Dominicam, quæ (videlicet Domi- „ nica Lætare) incidit in 7. Mart. „ — Der ist geben ze Stakmat 1315, an dem Sonntag vor Mitterfasten, (H. A.) Sonntag Oculi. — Aber der Sonntag nach diesem Donnerstag, d. i. der Sonntag Lätare wird auch mit dem Ausdruck Mitterfasten bezeichnet, welches soviel heißt als Sonntag nach Mitterfasten. (Man sehe *Dominica Lætare.*) — Suntag ze Mittervasten, 1353. (H. A.) Sonntag Lätare — Wienn des nesten Eritags nach Mitter Vasten, 1357. (H. A.) Dienstag nach dem Sonntag Lätare. — Lintz, Montag nach dem Suntag Letare zu Mitterfasten, 1493. (H. A.) — Hr. Pilgram führt an: Mon. Boica V, A. 1370. Suntag Lätare zu Mitterfasten. — Und Haltaus aus dem Ekkart: Zo Mythvasten als man syngt Letare Jerusalem. — Geben ze Wienn an Eritag nach dem Suntag ze mitter Vasten alz man singet letare, 1378. (H. A.) — Wienn am Sameztag vor dem Suntag, so man singet Letare ze Mittervasten, 1389. (H. A.) — Geben, Wienn, an Suntag Letare ze Mittervasten, 1497. (H. A.) — Geben, Suntags Letare als man singt zu miterfasten. 1432. (H. A.) — Der geben ist am Montag nach dem Sontag zu Mitterfasten, als man in der heiligen kirchen singet Lätare, 1470. (H. A.) — Das Diplomatarium Arna - Magnæanum hat etwelche Daten die sich auf *medium jejunii* oder Mittfasten beziehen, deren Tage aber nicht recht ausgerechnet zu seyn scheinen; denn Tom. II. p. 31. in Indice heißt es: *Actum — — M. CC. XC. hiemibus & tribus hiemibus. Die Martis ante medium Jejunii*; und p. 137. steht: 1293. 24. Februarii. Nun aber heißt der Donnerstag vor Lätare, (Man s. *Salus populi*) oder, wenn man lieber will, der Sonntag Lätare selbst „ *medium jejunium* oder Mittfasten; der aber fiel in diesem Jahre auf den 8. März, folglich ist der Dienstag vorher der 3. März. In der Urkunde steht: „ Tirsdaghen fyrer midfastu. „

— Eben

— Eben so muß das gleich darauf folgende Datum korrigirt werden: *Datum M. CC, XC. hiemibus & tribus hiemibus. Die Jovis ante medium Jejunium.* In der Urkunde heißt es: Torsdaghen firer midfastu „ — *Datum Bergis die Martis in tertia septimana Jejunii longi*; und „ p. 139. steht: 1293. inter 1. & 7. Martii. — Aber warum nicht bestimmt? *Jejunium longum* heißt soviel als *Quadragesima*; die dritte Woche ist nach dem Sonntag Oculi, der am 1. März fiel; also ist der 3. März der gewisse Tag der Urkunde. Die Worte des Datum sind: „ Tysdaginn i tridiu viku longa föstu. „ — Noch findet sich ein solches Datum: *Actum Bergis die mediæ septimanæ proxima ante medium jejunium*; und und p. 145. steht: 1294. die 17. Martii. — *Dies mediæ septimanæ* ist Mittwoch; *medium jejunium* oder Mittfasten ist, wie oben gesagt, der Sonntag Lätare. Nun aber fiel dieser Sonntag auf den 28. März; folglich muß die Urkund am 24. März gegeben worden seyn. Die Worte des Datums sind: „ midvikhu „ daghinn nestæ firer midföstu. „

Mittewecken, der gute. Mittwoch nach Pfingsten.

Mitwinder. Weinachttag. Myddewinters Mässe däg. (Haltaus.)

Mitwoch der Sybende, der achte nach heil. drey Kunig. (Man s. Sonntag.)

Mohartstag. Hermagoras, 12. Julius.

Monat heißt auch zuweilen Montag. Monat nach dem Plum Ostertag 1364. Montag nach Palmsonntag.

Monegundis, 2. Julii. „ *M. Hier.* eam nec Virginem, nec viduam vocat. „ v. *Pilgram.* p. 238.

Mond. Monat. Costencz, an dem achten tag des Mondes Mayen, 1418. (H. A.) — Basel, am letsten Tag des Mondes Meyen, 1418. (H. A.)

Moneyd. Montag. Geben zu Reinfeld des Moneydes Junij des aindlefften tag, 1283. (H. A.)

Montag der gaile, — der blaue, — Fraßmontag, — Fastelauns Mantag. Montag nach Esto mihi. (Pilgram.)

Montag der verlorne. Montag nach Dreikönigtag.

Moutag der vercorne, — der verschworne. Montag nach Dreikönigtag. (Pilgram)

Morandus, 6. Junii. „ vnd sand Morandes, der des ofstgenanten vnsers Herren (Herczog Rudolfen „ des virden, zu Osterreich) geschlechtes gewesen ist. — 1365. Suntag Lätare. „ (H. A.)

Morne — Mornende. Morgen, d. i. des andern Tages. (Pilgram.)

Mulier adultera Sabb. tertiæ septimanæ Quadragef. ab Evangelio diei. (Pilgram.)

Muta septimana. — *Actum M. CC. LXXX. & V. hiemibus. Die Lunæ in septimana muta, seu proxima ante Pascha.* (Dipl. Arn-Magnæan. Tom. II. p. 22.) in der Urkunde heißt es: „ manadaghin i dymbildagha uiku. „

Nacht, — zunacht. Nächst, zunächst. — Vff Mittwochen zunacht nach vnser lieben Frawn tag Visitacio, 1466. (H. A.)

Nägeltag. (Man s. Drey Nageltag.)

Namenjesufest wird von dem Cisterzienserorden am 8. Jäner gefeyert. (Arch. Spieß.)

Narren Kyrchwich. Dienstag nach Esto mihi. Hr. Pilgram widerlegt Haltausens Meinung, die für den Montag ist, durch desselben eigene angeführte Stelle: „ Gedruckt zu Basel uff die „ Vasnacht die man der Narren Kyrchwich nennet. Nam Vasnacht sine addito est dies Martis. „ — Beim Kluit ist es der Montag nach Esto mihi; wobei sich aber kein Beweis findet. (Man s. Archivar Spieß.)

Natale domini 25. Dec.

Natale S. Mariæ. 1. Januar. (*L'art de verifier les dates*) Nunc festum Assumptionis. (*Pilgram.*)

Natale S. Petri. Cathedra Petri.

Natalis fere semper dies obitus Martyris. Confessorum enim dies obitus plerumque dicebatur *Depositio.* „ (*Pilgram.*)

Natalis aut dedicatio S. Mariæ ad Martyres. 14. Maii. (*Pilgram.*)

Natalis Calicis. Cœna Domini. (*Pilgram.*)

Natalis infantum. Fest. Innocentium. (Pilgram.)

Natalis S. Joannis Bapt. „ In antiquissimis Martyrologiis & chronicis festum *decollationis* 29. Augusti, festum enim ejus primarium 24. Junii vocatur *Nativitas.* „ (*Pilgram*)

Natalis Reliquiarum. Fest. Reliquiarum.

Natiuitas. Wienn am Phincztag nach Natiuitatis Marie den 9. tag Septembris, 1535. (H. A.)

Neue Jahr. 1. Jäner. Am Phincztag des newen Jars, 1400. (H. A.)

Newmagen 1437. 4. Nov. (H. A.) Nimegen, *Nouiomagum.*

Nichlas tag, 1353. (H. A.) Nicolaus, 6. Dec.

Nicklastag. Geben an sand Nicklas tag vor Weihnachten, 1324. (H. A.) 6. December. — An Saut Niclas der war an einem Samztag, 1309. (H. A.) — Ertag nach saut Nyklas tag zu Weynachten, 1369. (H. A.)

Nyclos tag. – Geben des Freytages nach sand nyclos tag, 1339. (H. A.) 6. December.

Nyklaztag vor Weichnachten 1365. (H. A.) 6. December.

Nicodemus. 1. Junii. „ ita in rationario quodam expensarum manuscripto antiquo & synchrono de „ anno, 1408. cui Calendarium adscriptum erat. „ *Rosenthal.* — In einem zu Wien gedruckten Kalender vom J. 1502. steht: den 1. Junius, und den 15. September, Nicodemus martrer. In einem andern etwas spätern: den 1. Junius: Nicomedes; und den 15. September, Nicodemus. Es scheinen also die Namen Nicodemus und Nicomedes vermischt geworden, oder gar einerlei zu seyn. Eine Urkund im geh. H. A. ist datirt: 1314, Montag nach Sanct Nicomedis in der Fronleichnams Woche. Nach Answeisung dieser Urkunde fiel Nicomedes den ersten Junius; und die Urkunde ward gegeben am 3. Junius. — Noch ein solches Datum: Landeck, am Montag nach Nicomedis in des heyligen Worleychnams wochen 1499. (H. A.) Eben so.

Nieß-Sonntag. Ap. Slavos dom. secunda Quadragesimæ. (*Pilgram.*)

Minchen Mittwoche. An der Minchen nach sante Georgen tag. (Haltaus)

Noctes. Actum Bergis, VII. noctibus post Festum Pentecostis. Aus dem Diplomatario Arna - Magnæano Tom. II. p. 27. in Indice, wobei folgende Note: „ Ut Norvegi annos secundum „ *hiemes* semper fere numerabant, sic non dierum numerum, sed *noctium* computant, sic con- „ stituunt sic condicunt, ut nox diem ducere videatur. „

Nontag der heilige — der schöne Nontag — Schönnone Dag. Christi Himmelfahrt. Geschehen an dem nehsten fritage nach dem nontage, 1324. (H. A.) — Wenker: An dem ersten Zinsdage vor dem Schoenen Nontage. — Königshov: Anno *CCCCLXX.* (1470.) war gros sterbot — — do satte der byschof von Vienne sant Mamertus uf die Crucewochen, das men die drie tage vor dem Nontage solte mit Crucen gon &c. — Eben derselbe: — — In diesem paradyse blibent Adam vnd die andern, die Got vs der Vorhelle hette gefuret uncz an den Nontag, do forent sü alle mit Gotte zu Hymele. „ *Schilterus* hoc festum ap- „ pellari docet ab *hora nona,* qua in cœlum ascendisse Christus traditur &c. „ — „ *Adri-* „ *anus* — an: MXIV. Indulgentias concessit: „ quando pulsatur *Nonæ in die Ascensionis* „ ab illa *hora nona* usque ad horam nonam feriæ sextæ sequentis post diem *Ascensionis.* „ (*Haltaus*) —

November, wird auch der dritte Herbst genennet. — Hr. Pilgram führt Seite 171 an: „ das dritte Herbstmonat. Hergott III. A. 1329. „

Nox passionis. Nox præcedens diem Parasceves (*Haltaus*)

Nox sacrata. Vigilia Paschæ. (*Pilgram.*)

Nox sancta. Nativitas domini. (*Pilgram.*)

Nuwe fier. Neue Feyer. (Mans. Frauentag Visitatio Marie)

Obend. Abend. (Schilter.)

Oberste, — Oberstentag, — Oberostentag, — Obrist, — Oberigste, — Oberstag. Dreikönigtag. — 1368, An dem Acten Tage des obristen Tages. d. i. an der Dreikönig - Octav, 13. Jäner. (Man s. Haltaus und Pilgram.) — Nürnberg, Suntag nach dem Oberisten, 1339. (H. A.) — In Prage, den nechsten Mittwoch nach dem Obers Tag, 1360. — Dresden, 1349, dez Vreitages vor dem Obersten tag. (H. A.) — In einem Ladungsschreiben (beym H. A.) — steht: „ bis auf den nechsten Gerichtstag nach dem Obersten tag zu weihennechten zu latein genant Epiphania domini nechstkunftig. „ — Nürnberg, 1368, an dem achten tage des Obirsten, den man nennet zu Latin Epiphaniam domini. — Heidelberg, am Donnerstag dem Obersten Epiphania domini zu latin, 1409. (H. A.) — Ofen anno domini *MCCCCXII.* des nehsten Montags vor dem Obristen tag der Weihennachten, den man in Latin nennet Epiphania domini. (H. A.) — In einem zu Wien gedruckten Kalender vom Jahre 1570 steht: den 6. Jäner: Oberstag. und: den 13. Jäner: Oberst: Acht.

Octaua dominicæ diei. Fest. Circumcisionis. (*Pilgram.*)

Octaua Infantium, „ juxta S. Augustinum Dom. prima post Pascha. „ (*Pilgram.*)

Octaua Paschalis. Dom. Quasimodogeniti. (*Haltaus.*)

Octav. Der achte Tag. Presburg an dem Achten tag nach Epiphanie, 1392. (H. A.) — *Datum Posonii, in octavis festi passce,* 1404. (H. A.) 6. April. — *Datum Bude, decimo die octa-*

uarum

narum festi beati Martini Conf. predictarum 1346. (H. A.) Dieses Datum bezieht sich auf den Termin *ad octavas festi Martini.* Die Urkunde ist also am 28. Nov. gegeben worden.

Oetober wird auch genennt der Unnder Herbst. (Man s. Augst.)

Odinsdegr. Dies Odini, seu Mercurii. (*Thorkelin.*)

Oegst. Augustmonat. (Pilgram.)

Oethmar. Otmarus. Geben an sant Oethmars abent, 1303. (H. A.)

Offerte unsers Herrn. Christi Himmelfahrt. (Pilgram.)

Oefferlein. Onuphrius. Offerlein von Lichtenstein.

Offmia, — Offmey, — Offney, — Offmia, — Ofymey. Euphemia.

Ogest. Augustmonat.

Ohnmachtsfeyer Mariä. Freitag vor dem Palmtag. (Haltaus.)

Ohten tak. Die Octav. 1313, nach sande Merteins tak, an dem ohten tak, ze Lynnez in der Stat. (H. A.)

Oistertag. Ostertag. Fritag nach dem heilligen Oistertag, 1485. (H. A.)

Ollermann Vaschangtag. Sonntag Invocavit.

Omnium animarum dies. 2. Nov. *Acta sunt hæc in die omnium animarum, 1280.* (H. A.)

Onsdag, — Odenotag. Mittwoche. (*Haltaus.*)

Oogstmaent, — Oestmaent. Augustmonat. (Haltaus.)

Opfertäge (vier hochzeitliche Opfertäge) sind Weihnachten, Ostern, Pfingsten, und Marie Himmelfahrt. (Arch. Spieß.)

Osanna. Palmsonntag. (Pilgram.)

Osartini. (festum sancti) 11. Nov. (Rabe, Seite 181.)

Ostermonat. April. (Pilgram.)

Ostertag der plawe. Palmsonntag. (Pilgram.)

Ostertag des Peichtags. Donnerstag vor Ostern. (Pilgram.)

Osterveyger tage. Am Erchtag in dem Osterveyger tagen, 1386. (H. A.) Dienstag nach dem Ostertag.

Osterwoche. Die Woche nach dem Ostersonntag. Geben Waidhoven, Samstags in der Osterwoche 1285. (H. A.) — Waidhoven, Pfingstags nach Ostern, 1285 — Waidhofen Mittwoch in der Osterwochen, 1289. — Geben Straßburg am Montage in der Osterwochen 1315. — Montag in den Ostern, 1315. — Salzburg des nehsten mittichen nach der Osterwochen, 1314. — Diz dinch izt geschehen, vnd diser brief izt gegeben in der Stat ze Wienn. Da man raittet von Christes geburd dreuzehen hundert iar. an dem andern eritag nach Ostern, daz ist in der andern wochen nach Ostern. Dienstag nach Quasimodogeniti. Diese Daten sind alle aus dem geh. H. A.

Ostran. Ostern. (Man s. Palmostran.)

Oswaldes tag als der Sne viel. Oswaldus, 5. Aug. Oswaltstag des heiligen kunig, 1416. (H. A.)

Otto. Der achte. In Schilters Kalendario Alemannico steht bei dem *22. August: Otto Mariæ,* d. i. der achte Tag nach Marie Himmelfahrt; und bei dem *5. Septemb.: Otto Adolfi,* nämlich die Octav des Adolfstag, weil in diesem Kalender am *29. August: Adolfes tag* war.

Ouffart. Wienn, 1312, an dem Mantag nach vnsers herren Ouffart. (H. A.)

Ougsten. Augustmonat. Swangau, Freytag nach vnser Frauentag ze mittern Ougsten, 1331. (H. A.)

Ouschwald. Oswaldus, 5. Aug. (Pilgram.)

Owichentag. Wenn man die Urkunde zu Gesicht bekäme, so würde sich finden, daß man Ewichentag (d. i. Ebenweichtag) lesen müsse.

Panes. Dom. quarta Quadragesimæ. (*Pilgram.*)

Peischtag, — Der Tage Paischen. Pascha, Ostern. (Pilgram.)

Palben Tag. Palmsonntag. Geben 1391, an Fritag nach dem Palbem Tag. (H. A.) — Geben Montag vor dem Palben tag, 1378. (H. A.)

Palemtag. Palmsonntag. Montags vor dem Palemtag, 1340. (H. A.) — Des nagsten vreitag var dem Pallen tag, 1425. (H. A.)

Palm Ostertag. Palmsonntag. Die Franzosen nennen den Palmsonntag *Pâques fleuries.* — Geben zu Judenburg des nasten Mentages nach dem Palmtag zu Plumostern, 1320. (H. A.)

Palmostran. Palmsonntag. Waidhoven, Pfinztag nach Palmostran, 1334. (H. A.)

Pangrechentag. Geben Freytag nch Pangrechentag, 1378. (H. A.) Pangratius.

Pannoasten. (Man. s. Bannfasten.)

Pantleonstag. Pantaleon. Samstag nach s. Pantleonstag, 1424. (H. A.)

Paphy. Pavia. Geben zu Paphy an sant Lorenzen abend 1329. (H. A.)
Papia. Pavia. *Dat. papie, die quarta Mensis Maii 1400.* (H. A.)
Parasceue. Dies Veneris ante Pascha. (*Pilgram.*)
Pascha annotinum. Sabb. ante dom. Quasimodogeniti. (*Pilgram*)
Pascha clausum. Dom. Quasimodogeniti, quæ terminus est mensis paschalis. (*Pilgram.*)
Pascha competentium. Dom. Palmarum. (*Pilgram.*)
Pascha Epiphaniæ. Epiphania domini, 6. Januar.
Pascha floridum. Pâques fleuries. Dom. Palmarum. (*Haltaus.*)
Pascha medium. Feria quarta post Pascha. (*Pilgram.*)
Pascha nonum. Sabbatum ante Pascha. (*Pilgram.*)
Pascha Pentecostes. Fest. Pentecostes.
Pascha de Madio. Pascha Pentecostes. „ — *Infra pascha de Madio siue festum pentecostes.* (H. A.)
Pascha petitum, idem quod Pascha Competentium. (*Pilgram.*)
Pascha primum. 22. Martii. (*Pilgram.*)
Pascha Rosarum. Pentecoste. (*Pilgram.*)
Pascha ultimum. 25. April. (*Pilgram.*)
Passio domini. Dies Parasceves. (*Haltaus.*)
Passio domini. 25. Mart. *VIII. Kal. Aprilis conceptus traditur quo & passus.* S. Augustinus.
Passionis annus. „ Leguntur chartæ tres in Tabulario Conchensis Abbat. in Ruthenis, quarum „ prima, quæ est 19. sic clauditur: *Actum est hoc anno ab Incarnatione domini 1062. a Passione 1029.* Altera quæ est 20: *Ista Ecclesia dedicata est, & donus iste firmatus est 15. Kalendas* „ *Decemb. die Jouis, Luna 22. anno ab Incarnat. Dom. 1060. a Passione 1028. &c.* Tertia est „ 64: *Anno ab Incarnat. Dom. 1093. à Passione 1059. &c.* Legi nuper Chartam originalem Te- „ thaldi Palatii Comitis ex Tabulario Ecclesiæ Carnotensis, quæ sic clauditur: *Data 5. Idus* „ *Januarii, Indictione 6. anno a' Passione Domini millesimo 83 Regni autem Philippi 23 &c.* At „ hic èvidenter Passio sumitur pro Incarnatione: nam ann. 1083. fuit 23. Philippi Regis & „ Indict. 6. “ (Du Change, *Annus*, Col. 461.) — Hier seh' ich gar nicht ein, wie denn die Incarnatio später, und die Passio früher kann gesetzt werden? — Hr. Pilgram ist richtig zu verstehen, wo er schreibt: „ Addebatur quoque sæpius *Annus Passionis*, qui jam 32, jam 33, „ quin & 34 annis æra vulgari posterior assumebatur. “ (pag. III.)
Passionis dominica. Man s. *Dom. Passionis.*
Pastor bonus. Dom. secunda post Pascha ab Evangelio. (*Pilgram.*)
Paulstag. Wienn, am Freytag vor sannd Paulstag, 1406. (H. A.) Der im diplomatischen Fache sehr bewanderte P. Schier glaubt, daß alle Urkunden, die am Paulstag (aber ohne Beisatz) gegeben sind, sich auf den 25. Jäner beziehen. Auch Rabe war dieser Meinung. — Allein im folgenden Datum trifft der Wochentag nicht damit überein: Prag, 1469, am Montage am Tage S. Pauli. — Georgisch hat dieses Datum unter die unbestimmten dieses Jahrs gesetzt. — Ueberhaupt ist den gedruckten Urkunden, oder Daten derselben nicht zu trauen. — Ens, an Sant Paulstag des heiligen Czwelifſpoten 1359. (H. A.) 30. Junius.
Paulstag nach Weihnachten. 10. Jäner, oder 25. Jäner. „ Maior tamen ratio stat pro secundo, „ quia maius, & magis notum. “ (*Pilgram.*)
Paulstag vor Lichtmesse 1366. (H. A.) 25. Jäner.
Pauls des Bechernuss, — des Becherung, — Pauls bekerde. 25. Jäner. Sant Paulstag seiner Kerung, 1401. (H. A.)
Paulstag der Gedächtnuss. 30. Juni. Wienn an Eritag Nach sant Paulstag Commemoracionis, 1393. (H. A.)
Pausatio Mariæ. Assumptio. (*Pilgram.*)
Peccatrix pœnitens. Feria quinta post dom. Judica. (*Pilgram.*)
Peis. Pisa, 1409. (H. A.)
Pentecoste media. Feria quarta post fest. Pentecost. (*Pilgram.*)
Perchtag — Perchtentag — Perchtnachten — Perechtentag — Perentag — Perhttag — Perichtag — Perichtnachten — Perihtag — Prechtag — Prechemtag — Prehemtag. Dreikönigtag. 1296, dez nähsten Eritages nach dem perchtage. (H. A.) — Suntag nach dem Perchtag, 1352. (H. A.) — Wienn, Suntag, nach dem Pericht tage, 1350. (H. A.) — Geben ze Wienen an den achten tag nach dem Perichttag. 1297. (H. A.) — Perchtnacht bedeutet nicht den Vorabend des Dreikönigtages, sondern den 6. Jäner selbst, welches folgendes Datum beweiset: Sonntag nach Perchtnachten, 1343. (H. A.) — Wienn Sonntags nach dem Perchtage, 1306. (H. A.) — Passau des nächsten Sonntags nach dem Perchten tag, 1341. (H. A.) — 1297, an dem achtoden tag noch dem Perchttag. (H. A.) — An dem Perichtage, 1324. (H. A.) — Suntag nach dem Perichtage, 1253. — An den nehesten

Mit-

Mittich vor dem per ent ag, 1335. — 1337. Montags nach dem Prechentag, daz ist, nach dem Oberisten. (H. A.) — In einem alten Kalender steht: den 6. Jäner: Prechemtag; und den 13. Jäner: der acht des Prechen tag.

Perdelmestag. 24. August. An Sant Perdelmes Tag, 1391. (H. A.)

Perpetua. — Welz, an zewaier Junchvrowentag. perpetue vnd felicitatis, 1303. (H. A.) 7. März.

Pertelmetag — Pertlmestag. 24. August. Pertlmesdag 1415. (H. A.)

Peruigilium. Pridie eiusdem festi. (*Haltaus* ex *Lunigio.*) Differt vero a Prævigilia. — Aber das Diplomatarium Arna-Magnæan. nimmt es als prævigilia: *Actum Tautræ M.CC.XC & VII. kiem. in pervigilio Johannis Baptistæ;* denn T. II. p. 194. steht: 1297. die 22. Junii. Die Worte der Urkunde sind: „var tessi vtskyring gor *Jons* waku."

Petermann. Nach einem geschriebenen Kalender vom Jahre 1420, ist es Kathedra Petri, 22. Februar.

Peternel Jungfraw. Petronilla, 31. Mai.

Peters Stuhltag, 1470. (H. A.) — 22. Februar.

Peterstag. 1297, an sand Peterstach datz Hädreichstorf. (H. A.) Wir halten dafür, es müsse Peters Kettenfeyer darunter verstanden werden; denn in Schilters Kalendario Alemannico steht bei dem *1. August: S. Peters dag.* — Hr. Archivar Spieß bekräftiget dieses Dafürhalten mit folgendem: „Es ist mir in Plassenburgischen Archive eine Quittung vorgekommen, welche „an sand Peters tag (ohne allen Beisatz) 1356 gegeben war. Ich konnte diese Urkunde nicht „gleich nach ihren Monatstag ordnen, weil ich nicht wußte, ob Peters-Stuhl-oder Kettenfeyer „darunter zu verstehen sei; endlich belehrte mich der hernach vorgefundene am Mittwoch vor „Vrbani ebendesselben Jahrs gegebene Kaufbrief, daß es kein anderer Tag als Peters Ket-„tenfeyer seyn müsse." — Geben Welz, an sant Peters abende, 1296. (H. A.) — Geben ze Lok Fritag vor sand Peterstag, 1307. (H. A.) — Prespurg am fritage nach sand Peterstag, 1366. (H. A.) — Thorkelin im Dipl. Arna-Magnæan. hat folgendes Datum nicht bestimmen wollen: *Actum in Vigilia Petri;* denn er setzt Tom. II. p. 266. nur das Jahr 1294. Die Worte des Datums sind: „Tetta bref var gort i *Biorgvin*-Peters voku dag."

Peterstag als man Meerrettig weihet. Hr. Pilgram beweiset es mit gutem Grunde von Seegnung des Meerrettigs (Kreens), daß es Petristuhlsfeyer, 22. Februar, bedeute.

Peterstag im Lennczen. Petristuhlsfeyer, 22. Februar. „Dubium sustulit P. *Schier*, qui litteras „reperit *Petri Ramunger* A. 1395. datas an sand Peterstag Kathedra im Lennczen." (*Pilgram.*) — Hier widerspricht sich Hr. Pilgram. (Man s. in seinem Calendar. *Lenzmonat.*)

Peterstag in der Vasten. Der prief ist gegeben 1320 vn sant Petirz tage in der Vasten. (H. A.) Hr. v. Rosenthal machte folgende Anmerkung: „In diesem Jahre 1320, da die Fasten „vom 13. Februar, als Aschermittwoche, bis 30. März, als Ostern, gedauert, sind inzwi-„schen zwei Petri-Feste eingefallen, nämlich: *Cathedræ S. Petri*, 22. Februar, und *Petri Ab-„batis*, 14. März. Es scheint also in der angeführten Urkunde das letztere Fest verstanden „zu werden; denn das erstere wird gemeiniglich beschrieben." So weit Hr. v. Rosenthal. — Da aber das Fest *Petri Abbatis* in den Kalendern des Mittelalters nicht vorkömmt, so ist *Cathedræ Petri*, 22. Februar, darunter zu verstehen. (Man s. folgende Data.)

Peterstag vor Vaschang, 1359. (H. A.) — 1392, an sand Peterz tag vor vaschang. (H. A.) — Montag vor sant Peters Tag in der Fasten als er auf den Stuel gesatzt ward, 1407. (H. A.) — Kathedra Petri.

Peterstag ad Kathedram, 1407. (H. A.) 22. Februar. Wienn, am Montage vor sant Peterstag ad Kathedram, 1470. (H. A.) — Prag, am sant Peterstag, den man nennet ad Cathedram, 1463. (H. A.) — Geben zu Bamberg am Montag sand Peterstag Cathedra genannt, 1468. (H. A.) — An sant Peterstag. Kathedra in Lannczen, 1395. (H. A.)

Petri Stuhlfest. 22. Februar. Wienn am Samztag vor sand Peters tag, alz er Vf den Stul gesetzt warde, 1359. (H. A.) — Geben an sant Peterstag als er auf den Stuel gesatzt wart, 1394. (H. A.) — Geben am Phinc̨ztag vor sant Peters am Stuel, 1454. (H. A.) — Mitichen vor sand Petters tag am Stuel, 1452. (H. A.) — Am Sonntag Peterstag auf dem Stuhl, 1464. (H. A.) — Peterstag als er off den Stule gesetzt war, 1400. (H. A.) — Peterstag als he ob dem Stoele quam. — In Sinte Peters Tage, also he gekrönet wart. Rabe (Seite 180.) schreibt: dies s. Johannis ante portam latinam; es ist aber mehr, als wahrscheinlich, Petersstuhlfeyer.

Peterstag als her wart gesaczt vf den Stul zu Rome. (*Haltaus* ex *Schannat.*) Petersstuhlfeyer, 18. Jäner. — Geben Gretz, an sant Peters tag als er gesetzt wart auf den Stuel zu Rom, 1351. (H. A.) — 1362. als er ward gesetzt uff den Sechsel ze Rome. (Haltaus)

Peterstach nach Sunebenden, 1349. (H. A.) — Wistzritz, 1356, an sand Peters tag des Zwelfpotten nach Sunnwenden. (H. A.) — Peter und Paulstag, 29. Junius.

Peterstag in der Erne. Kettenfeier, 1. August. Am nestin Tage nach Sente Peters Tage in der Erne. (Rabe, Seite 180.)

Peterstag alze ôme de Bande entsprungen, — Sinthe Petirstag als ym dye Bytthenen entsprungen, — Der tag des heil. Herrns sande Petirs also her wart erlost von den Banden. (Haltaus.) Kettenfeier, 1. August. — Lûncz, 1336, dez nästen Mantags vor Sand Peterstag als er entbunden ward. (H. A.) — Chrainburch, an sand Peters tag als er dirledigt wart von seinen panden, 1312. (H. A.)

Peters Vaenknussetag, — Senknus. Kettenfeier. (Pilgram.)

Petri Vinkeltag. Ad vincula, 1. August. (Pilgram.) — Wienn an sand Peters tag ad Vincula, 1398. (H. A.)

Petrus in gula Augusti. Ad vincula, 1. August. (Pilgram.)

Petri festum epularum. Fest. Cathedræ Petri, 22. Febr.

Peters des Kreuters tag. Hr. Archivar Spieß führt in seinem oben berührten Werk' an, daß man in Herzogs Chronico Alsatiæ Seite 155. diesen Ausdruck finde: Martin Bogner starb uff S. Peters des Kreuterstag, 1467. Nun schreibt Hr. Spieß weiter: „Ich war lange zweifelhaft, ob ich diesen Tag für Peters Stuhl- oder Peters Kettenfeier halten sollte, weil „Haltaus eine Urkunde vom Jahre 1348. anführet, die an S. Peterstag, als man Meerrettig weihet gegeben ist, und welche er dem Tage der Stuhlfeyer s. Peters zueignet; Daß „aber unter S. Peters des Kreuters tag die Kettenfeyer S. Peters zu verstehen sey, erweiset das im Manuscript in der Schöpflinischen Bibliothek zu Straßburg vorhandene Necrologium S. Aureliæ Argentinensis, in welchem ad diem III. Kalend. Augusti geschrieben steht: „*Dominica ante Festum S. Petri* so man das Cruet wihet. Man möchte also wohl die Meerrettigweihung auf S. Peters Stuhlfeyer setzen können, die Krautweihung aber nicht, wiewohl ich geneigt wäre, die Meerrettigweihung auf S. Peters Kettenfeyer zu setzen." — Zur Bekräftigung kann man noch hinzusetzen, daß das bald darauf folgende Fest Marie Himmelfahrt die Krautweihung genennet werde. (M. s. Kruidwyung.)

Petronellen tag. Petronilla. Mårnberg am s. Petronellen tag, 1286. (H. A.)

Pfaffen Vaßnacht. An dem Suntag der Pfaffen Vaßnacht. (*Haltaus* ex Postilla veteri.) Sonntag Esto mihi. (Man s. Herren Fastnacht.)

Pfeffertag. Unschuldigen Kindleintag, 28. Dec. (Pilgram.)

Pferdstag. Stephanstag, 26. December. (Haltaus.)

Pfincztag in dem Antlezz an unsers Herren Plutez tag. Hr. Pilgram deutet es auf den Donnerstag in der Charwochen aus. — (Man s. Blutstag.) — Am Pfincztag dem heiligen Antlastag, 1478. (H. A.) Donnerstag in der Charwoche.

Pfingstag. Geben an Pfingstag, 1303. (H. A.) Pfingstsonntag, Pentecostes.

Pfingstag. Dies Jovis, Donnerstag. — Haltaus macht sich in seinem Calend. diplom. viele Mühe die Abstammung des Ausdruckes Pfingstag, Pfinztag zu finden. Seine Worte sind: Dubium vero est, quare Superioribus germanis, qui præsertim Alpibus viciniores habitant, dies hic sit Pfingsdag. *Cluver. L. 1. Antiq. germ.* & *Leibnitius T. I. Script. Brunsvic.* p. 54. in hanc sententiam explicant: „Jupiter nonnullis populis dictus *Pen* aut *Pennin* i. e. caput, el„que montium vertices, *Bovvi* seu pinnæ sacratæ fuerunt. Unde *Alpes Penninæ* Italiam a „Burgundia distinguentes, posterioribus appellantur *Mons Jovis*, cui etiam ara ibidem fuit „dedicata." (Sehr gelehrt, aber zu weit gesucht.) — „Cui derivationi contradicit aliamque a voce *fünff*, *πέντε*, quasi *der fünffte Tag in der Wochen*, defendit Dns *Scherzius* ad *Schilteri Antiq. Teut. T. II. p. 144. not. z.* sed absque fide & applausu Lectoris. Austriaci enim & Helvetii pro *fünff* nunquam dixerunt *Pfings* vel *Pfintz*. Valet itaque Leibnitiana, donec fortioribus argumentis destruatur. Scribitur enim hæc vox *Pfintztag* &c. — So weit Haltaus. Auch Wachter dräht sich in seinem Glossar um die nämliche Axe.

Scherzens Meinung ist auch die meinige, nämlich, daß Pfingstag von *πέντε* abstamme. Man erlaube mir folgende Digression. Der Buchstab P wird im Deutschen, wenn die Benennung von fremder Sprach' abstammt, wie das griechische Phi ausgesprochen. Die Beispiele, deren ich einige unten anführe, sind auffallend, mit dem einzigen Unterschiede, daß man, wegen Veränderlichkeit der Aussprache, itz nicht so sehr Ph als vielmehr Pf hört; denn im Mittelalter schrieb man emphangen, Phenning, Phalz — itz schreibt und spricht man empfangen, Pfenning, Pfalz. — Eben so wird das P in *πέντε* wie Phi oder Pf ausgesprochen, und daher kömmt, mit einer kleinen Veränderung, Phinstag, Phinstag, Pfingstag, welches so viel heißt als der fünfte Tag in der Woche. — Was für einen Grund muß man wohl haben; Pfingsten zwar von *πεντηκοστή*, als den fünfzigsten Tag nach Ostern, herzuleiten; aber Pfingstag soll seine Abstammung nicht von *πέντε* haben? Warum will man den Ausdruck Pfingstag vom Jupiter abstammen lassen, da ein Ausdruck desselben im Deutschen schon vorhanden ist, nämlich Donnerstag? — Wachter in seinem Glossar derivirt zwar wohl auch Pfingsten von Pentecoste: (Gloss. Keron. pentecosten *fimfchnstim*) und fährt fort: vox Alemannica *fimfchustim*, unde hodierna haud dubie per aliquas mutationes formam suam accepit, ita concepta est, ut pateat, eam esse a *fimf*, *fuf* quinque, & consequenter contractam ex *finfzugoste* quinquagesimus; — und doch will er die Abstammung von *wirre* nicht gelten lassen. Wenn man Pfingstag von Pen ableiten will, sollte man nicht auch Pfingsten von Pen abstammen lassen? — Endlich scheint Haltaus nicht begreifen zu können, wie aus fünf der Ausdruck pfinge oder pfinz geworden sei: aber wie hat denn aus Papa, Papst werden können, wovon es doch unstreitig abstammt? — (Man s. in Wachters Glossar den Artikel Papst.)

Nun folgen die oben versprochenen Beispiele: Pfaffe, oder Phaphe, wie es im Mittelalter geschrieben worden, stammt ab von Pape, (Priester, Sacerdos) wo insonderheit das zweite p noch itzt wie phi ausgesprochen wird. Schilter führt in seinem Glossar bei dem Wort Pfaff, Pap, folgende Stelle an: inter testes: Herr Diedrich Schiltstern, vnse *Pape* vnd Capellan. — Noch eine: jewelck Mann, he sy Ridder edder Knape, Leye edder *Pape*. — Dabei ist nur noch zu erinnern, daß, ungeachtet Pape geschrieben, doch sehr wahrscheinlich *phaphe* oder *pfaffe* ausgesprochen worden. — So kömmt auch Vater, Phater von Pater; Pfahl von Palus; Pfalz von Palatium; Pfand von Pignus; Pfarrer von Parochus; Pfau von Pavo; (im Mittelalter schrieb man Phaw, und itzt noch spricht man in einigen Provinzen Pfab.) — Pfebe (Melone) von Pepo; Pfeffer von Piper; Pfeife vom Angelsächsischen und Englischen pipe; Pfeiler von Pila; Pfenning vom Englischen Penny, und Angelsächsischen Pening. (Auch hier will ich ein paar Stellen aus Schilters Glossar bei dem Wort Pfenning entlehnen: — dat se us dat gut — na vnseme Willen vorgulden hebbet den ersten *Pennyngh* vnd den lesten. — Und die andere: Sülver *Penninge*, de se vns rede, vründtlichen vnd wol tho Danke — al betalet hebben. — Denn ob man schon penning schrieb, sprach man doch phenning oder pfenning aus.) — Pfersich, Pfersich, Pfirschen von persicum malum; Pfister von Pistor; Pflanze von Planta; Pflaster von Plasma; Pflaume von Pluma; Pforte von Porta; Pfund von Pondo; Pfründe von Præbenda; Im Mitteljahre schrieb man Wapen, ein gewappeter Mann, und nun Waffen, gewaffneter Mann. In den Edizionen einiger lateinischen Autoren liest man tropæum, und in den neueren trophæum. Auch findet man in einer Urkunde des geh. H. A. *Phasca* anstatt *Pasca* geschrieben: Actum datum Trocki feria Sexta proxima post Conductum *Phasce* Anno domini 1412.

Phedast. Vedastus, 6. Februar. (Pilgram.)

Phincztag, Phuncztag. Donnerstag. Newnstadt, am Phincztag nach dem heiligen Pfingstag, 1415. (H. A.)

Phincztag der heilige; — heiligen weichen Pfingstag. Donnerstag in der Charwoche. (Pilgram.)

Pilgreym. Piligrimus. Peregrinus, 16. Mai.

Plamtag. Palmtag. Wienn, 1316, an des nähsten Suntages vor dem Plamtag. (H. A.)

Plazmittwoch. Mittwoch nach dem Palmtag. (Pilgram.)

Plaue Ostertag. Palmsonntag. (Haltaus.)

Pluem Ostertag. Palmsonntag. Geben des nesten Samstags vor Plumostern, 1326. (H. A.) — Chevaw, an dem Plumastertag, 1358. (H. A.) — Am Plum Oster Tag in der Vasten, 1370. (H. A.) — Dez Mitichen vor dem Pluem Oster sontag, 1381. (H. A.) — Zu Plum Ostertag, 1351. (H. A.) — Des nechsten Fritags vor dem Pluemostern tag, 1377. (H. A.) — Judenburg des nasten Mentages nach dem Palmtag zu Plumostern, 1320. (H. A.) — Pluem Ostern in der Vasten, 1369. (H. A.)

Plutstag, 1347. (H. A.) Man s. Blutstag.

Poeltentag. Hypolitus, 13. August. Wienn, am sant Pölten tag, 1360. (H. A.) — Melk an sant Polten tag, 1412. (H. A.)

Poleyentag. Apollonia, 9 Febr. „Poleyentag. Hergott III. A. 1367 habet pro festo S. Apolloniæ, 9. Februar.“ (*Pilgram.*)

Policarpen tag. 26. Jäner. Geben an sand Policarpen tage daz ist gewesen an dem nähsten Pfincztage nach sand Pauls tage alz er bechert warde, 1363. (H. A.)

Porntraut, den 16. Jun. 1543. (H. A.) Brondrut, Borentru.

Potschaft. Rez, an vnser Frauentag der Potschaft, 1321. (H. A.) Marie Verkündigung.

Præsentatio d. n. I. C. Fest. Purificationis, 2. Febr. (*Pilgram.*)

Prævigilia. Dies qui vigiliam antecedit. (*Haltaus.*)

Praxentag, — Pragedellen. Praxedis, 21. Julius.

Prechtag. Dreikönigtag, 6. Jäner. (Was Haltaus von diesem Ausdruck hält, daß er den Erichtag, Dienstag bedeuten solle, zeugt von seiner Unerfahrenheit in dem österreichischen Dialekt.)

Prediger Kirchweihtag. Eine zu Wien gegebene Urkund hat folgendes Datum: Actum am Fritag vor Prediger Kirchweichtag, 1491. (H. A.) Das Kirchweihfest wird von den Dominikanern zu Wien am Sonntag Misericordia gefeyert, wie es die wienerischen Kalender, z. B. vom Jahre 1764, 1766, 1778, die ich eingesehen habe, bezeugen. (Auch die PP. Dominikaner versichern, daß es immer so war; hiemit kann ich mit Hrn Pilgram nicht einstimmig seyn.) Also ist diese Urkund am 17. April gegeben worden. — Geben Mittich nach Prediger Chirchwey, 1445. (H. A.)

Preentag. Dreikönigtag. Amstetten, 1335, an der nähsten Mitich vor dem preentage. (H. A.)

Prehemtag, — Prehentag — Prechentag. Dreikönigtag. Walsse, an dem abende des heiligen Prehemtags, 1376. (H. A.) — Wienn Vreitag vor dem hailigen Prehentag, 1366. (H A.) — Geben ze Lynncz an dem heyligen Prehentag, 1392. (H. A.) — Wienn am Pfincztag nach dem Prechentag, 1380. (H. A.) — (Man s. Haltaus.)

Preid. Brigitta 1. Febr.

Preim. Die Prim in den geistlichen Tagzeiten.

Preimzeit. Die Prim (der Tagzeiten.)

Preimstag. 9. Juni, Primus und Felicianus. — Jm 1359. iar an s. Preimstag. — Mentags vor sand Preims vnd Felicianstag, 1331. (H. A.) — Erichtag vor sant Preimstag, 1390. (H. A.) — Geben an sant Preymstag, 1337. (H. A.) — Geben Mittich vor sant Preimstag, 1320. (H. A.) — Geben am sant Preimstag, 1355. (H. A.)

Primastag. Primus. — Am Erchtag sand Primas tag, 1355. (H. A.)

Primian. 6. April. Geben zu Trebitsch am Montag vor Primian, 1502. (H. A.) Primian fiel in diesem Jahr am Mittwoche; also ward die Urkund am 4. April gefertiget.

Prischk maid mart. Prisca, 18. Jäner. (Pilgram.)

Prissentag. Prisca 18. Jäner. Daß Prissentag nicht, wie man ausdeuten könnte, Brictius, sondern Prisca bedeute, beweisen zwei in dem geh. H. A. befindliche Urkunden: Gewisse Irrungen zwischen Herzogen Albrecht und Leupold zu Oesterreich an einem — und dem Gr. Heinrich von Schawenberg am andern Theile, werden einigen Schiedmännern zu entscheiden aufgetragen, wovon jeder Theil seinen Hindergangbrief gibt. Der eine ist datirt: Geben Passaw Suntags vor s. Vabians vnd s. Sebastianstag (18. Jäner) 1383; und der andere: Geben zu Passaw an s. Prissen tag, 1383; das ist, beide Theile fertigten den Kompromißbrief am nämlichen Tage aus. Der Spruch darüber ist gegeben: — — Samztag vor dem Suntage Letare (28. Februar.) 1383.

Priczentag. Prisca, 18. Jäner.

Priuilegium Sacerdotum. Dom. Septuagesimæ. (Pilgram.)

Protusellein. In einem alten geschriebenen Kalender in der k. k. Hofbibliothek steht beim 11. Sept. Pretusellein. Vermuthlich bedeutet es Protus und Hyacintus.

Pryet. In dem nämlichen alten Kalender steht beim 15. Novemb. Pryet. Sonst fällt Briccius auf den 13. November.

Purd. Geburt. — An vnser frown Abent zder Purd, 1385. (H. A.)

Pütrich. Brigitta. — In einem Gabbrief auf ein Regelhaus zu München, heißt es: „ die erbern „ lieben andechtigen Mueter vnd Conuentt der Pütrich Regell Haus zw Münichen — den lezten Jäner 1513. „ (H. A.)

Quadragesima intrans. Dies Martis ante Cineres. (*Pilgram*)

Quadragesima media. Donnerstag vor Lätare. (Man s. *Salus populi.*)

Quarentena. Quadragesima. (*Pilgram.*)

Quartal Reministere. Quatember in der Fasten. (Pilgram.)

Quartal Trinitatis. Pfingstquartal. Quatember zu Pfingsten. (Pilgram.)

Quasimodogeniti. Der erste Sonntag nach Ostern. Suntag als man singet Quasimodo geniti nach Ostern, 1417. (H. A.) Der erste Sonntag nach Ostern wird in Urkunden nie der weisse Sonntag genannt.

Quatember nach den vier Tagen. Quatember nach dem Sonntag Invocavit. Geben zu Wienn am Samstag in den Quatember in der Vasten, 1311. (H. A.) — Wienn am Freytag in den Quatembern in der Fasten, 1365. (H. A.)

Quatember, — Somer Quatember. Quatember zu Pfingsten. — Wienn, am Samstag in den Quatembern vor Weichnachten 1304. (H. A.) — Wienn an freytag in der Quotember, nach sand Luceyn tag, 1367. (H. A.) Winter Quatember.

Quater Temper. Quatember. Weis des Sampcztags in quater temper ze Phingsten, 1352. (H. A.)

Quatuor coronati. 8. November. Friburg auf Sontag Quattuor coronatorum, 1467. (Georgisch hat es unter den unbestimmten.) Der Sonntag trift richtig mit den 8ten Nov. ein.

Quin-

Quindane, — *Quindena* — *Quinquenna Paschæ*. Septem dies ante & septem post dominicam Paschæ. (*Pilgram*) Aber warum nicht Quindecim dies post Pascha a die festo incipiendo, wie bei Quindena Pentecostes? — *Datum Budæ post Quindenas Paschæ domini.* Georgisch führt dieses Datum unter den unbestimmten an.

Quindena Nativitatis. — *Purificationis*. Quindecim dies post hæc festa, incipiendo a diebus festis.

Quindena Pentecostes. Quindecim dies post Pentecosten, incipiendo ab ipsa die. Hinc, *Dom. in Quindena Pentecostes*, Dom. secunda post Pentecosten. (*Pilgram.*)

Quindena S. Georgii. — P. Schier in Tab. Brug. reperit *A. 1330. feria quinta post quindenas S. Georgii M.* — & in lit. datis Cilejæ A. 1381, des Samztages vierzehentag vor sand Jörgentag. (*Pilgram.*)

Quindena heißt im französischen Quinze jours, und im Deutschen Vierzehntage.

Quinquagesima. Dom. Esto mihi. (*Pilgram.*)

Quintana. Dom. Invocavit. (*Pilgram.*)

Quintilis. Julius.

Radgundis. 13. Aug. Radmanstorf, an sant Radgunden tag. (H. A.) — Pfinczttag nach sant Radegunden der heiligen Junkfrawentag 1456. (H. A.)

Ramispalma. Dom. Palmarum. (*Pilgram.*)

Rebmonat. Nach dem Hergott ist es der Monat October; nach dem Waser der Februar: „ Waser testatur se reperisse in Cal. medii ævi *Rebmonat*, *Redmonat*. Februarium fuisse vocatum. „ (*Pilgram.*) Das letztere ist wahrscheinlicher, weil man im Februar die Reben abschneidet. In einer Urkunde des Herzogs Friederich zu Oestreich vom Jahre 1409. findet sich folgendes Datum: am XIII tag des Rebmanodz. (H. A.)

Reddite Cæsari quæ sunt Cæsaris. Dom. XXII. post Pentec. (*Pilgram.*)

Reliquiæ. — *Datum Nurmbergæ 1443. in ostensione Reliquiarum.* (H. A.) Man S. *Festum Reliquiarum*.

Remigentag. Remigius, 1. October. — Geben, Köln, an dem andern Tage nach sant Remigen, 1291. (H. A.)

Resurrectio domini. 27. Martii, tanquam festum immobile.

Revelatio, *Apparitio Michaelis*. 8. Maii. (Man s. Michaelis Vindung.)

Rex dominicarum. Dom. Trinitatis. (*Pilgram.*)

Rinnabend der wenige. Donnerstag vor dem Sonntag Esto mihi. (*Haltaus.*)

Rinnesonntag. Sonntag Esto mihi. „ Waser observat Rinnesonntag esse idem ac Gallica Bohordica, cum autem Bohordica fuerint duo, nempe Dominica Esto mihi, & Invocavit, putat & duo fuisse Rinnesonntage in Germania, quod mihi non constat, quin cum in diplomate, quod *Haltaus* citat, dicatur A. 1373, Dominica esto mihi, genannt der Rinne Sonnstag, videtur hæc tantum dominica sic fuisse vocata; scribi enim debuisset, der erste Rinne Sonntag. „ (*Pilgram*, *Haltaus.*)

Rittertag. — Geben Neumarcht in der Metlik, an der zehen Tausent Ritter tag, 1362. (H. A.) 22. Junius.

Rogationes. (Man s. Creuzwoche, Kreuzegang.)

Rorate & *Memento*. Dom. quarta Adventus (*Pilgram.*)

Rosensonntag. Sonntag Lätare. Der heilige Sonnentag zu Mittevasten Lätare Jerusalem, genannt der Rosen Sonnentag. (*Haltaus ex Wenkero.*)

Rumpelmetten. (Man s. Finstermetten.)

Ruprechtstag in der Fasten. 27. März. — Wienn am sand Ruprechtz tag in der Vasten, 1318. (H. A.)

Ruprechtstag im Herbst. 24. September. — Gegeben ze Wienen an sand Ruprechtstag in dem Herbest, 1279. (H. A.)

Rüst-Tag. Carfreytag. (Haltaus.)

Sabbatum duodecim lectionum. Quatuor Sabbata quatuor Temporum. (*Pilgram.*)

Sabbatum filii prodigi. Sabb. secundæ hebdomadæ Quadragesimæ. (*Pilgram.*)

Sabbatum luminum & magnum. Sabb. ante Pascha. (*Pilgram.*)

Sabbatum sanctum. Vigilia Paschatos. (*Haltaus.*)

Sabbatum sitientes. Sabb. ante dominicam Passionis vel Judica ab introitu Missæ. — Haltaus führt folgende Stellen aus Urkunden an: Sunabunde als man singet Sicientes venite ad aquas, 1335. — Und 1394, *Sabbato ante dominicam Judica, quo cantatur Sicientes.*

Sabbatum vacans. Sabb. ante dom. Palmarum. (*Pilgram.*)

Sabbethstag. Samstag. (*Haltaus.*)

Sacramentsdagh. Fronleichnamstag. (Haltaus.) Zwo gleichlautende Urkunden des geh. H. A. deren eine deutsch und die andere lateinisch ist, geben den Beweis dazu. *Dat. Frankenfort, 1376, die Sacramenti.* — Frankenforden uff den Moyen, 1376, uff unsers Herren leichnamstage.

Salax dies lunæ. Dies lunæ ante Cineres. (*Menken.*)

Salus populi. „ Feria quinta post dom. Oculi, ab introitu Missæ. Hæc feria bipartitur Quadra- „ gesimam. „ (*Pilgram.*) — Geben zu der Newnstat 1453. an Phinczttag als man singet Salus populi in der Vasten. (H. A.) — Geben nach christi puwd dreuczen hundert iar darnach in dem Segs und Sechczkisten iar ze mitlern Vasten. (H. A.) 12. März. — Phinczttages zu Mitter Vasten, 1377. (H. A.) 5. März. — Wienn, 1394, des Phinczttages ze Mitteruasten. (H. A.) 26. März. — Geben am Freytag zu Mitteruasten, 1500. (H. A.) 27. März. — Samstag nach Mitteruasten 1392. (H. A.) 23. März. — Geben Acht tag vor mitter Vasten, 1356. (H. A.) 24. März. — Des nächsten Suntags nach Mitteruasten, 1381. (H. A.) Sonntag Lätare.

Salus populi. Dom. XIX. post Pentec.

Samaritana. Sabb. Hebdomadæ tertiæ Quadragef. (*Pilgram.*)

Sambasdag Samstag. (Pilgram.)

Samestag. Samstag (Pilgram.)

Samstag der alten Fassnacht, — Samstag vor dem Sonntag Invocavit. (Pilgram.)

Samstag der hohe. Samstag vor Ostern. (Pilgram.)

Samstag der schmalzige. Samstag vor dem Sonntag Esto mihi. (Pilgram.)

Sancta dies in hebdomada Pascha. Fest. Paschatos. (*Pilgram.*)

Sapientia. In antiquis bohemicis Calendariis 17. Decemb. ab Antiphona: „ O Sapientia! quæ mi- „ hi indicat Natiuitatem domini. „ (*Rosenthal.*)

Sarcophaga festa. Carniuora festa, Carnicapium, Faschingstage. (Arch. Spieß.)

Saterdag. Samstag.

Schaff Donnerstag. Donnerstag nach Aschermittwoche. (Pilgram.)

Scheidung der h. zwölf Boten. Apostelteilung, 15. Julius.

Schiding unser Frauen. Marie Himmelfahrt. Phinczttags nach unser Vrawntag zu der Schiding, 1363. (H. A.) — An unser Frawentag der Schidung, 1322. (H. A.) — Nach unser Frawntag der Schidung des Nasten Fritags 1360. (H. A.)

Schlachmaent. November. (Pilgram.)

Schmalzige Samstag. Samstag vor dem Sonntag Esto mihi. (Pilgram.)

Schönnone tag. Christi Himmelfahrt. (Man s. Nontag.)

Schulbischoff. Sanct Niclastag. (Arch. Spieß.)

Schürtag. Aschermittwoch. (Haltaus.)

Schwarze Sonntag. — Sontag Judica. (Haltaus.) — An dem Swarzen Sunntag in der Vasten, 1406. (H. A.)

Schwörtag. — Hr. Archivar Spieß schreibt: „ Die daselbst (beim Haltaus) angegebene feyerliche Ge- „ wohnheit zu Straßburg geschiehet nicht allzeit den 4. Jenner, sondern am Donnerstag nach „ den Neuen Jahr; der Schwörtag aber fällt an dem erst darauf folgenden Dienstag. „

Seger. *Sagoria, Zagoria.*

Sel Gedech. Der Selen Gedechtniß, 2. Nov. (Pilgram.) Pillichgrez an aller Sel tach, 1309. (H. A.)

Seld und Merer. — Selig und Gemerer. Felix und Adauct.

Septimana communis. (Man s. Gemeine Woche.)

Septimana media jejuniorum paschalium. (Man s. *Hebdomada mediana.*)

Septimana mediana. (Man s. *Hebdom. mediana.*)

Septimana muta. (Man s. *Muta septimana.*)

Septimana pœnosa. Hebd. sancta. (*Pilgram.*)

Septuagesima. Dom. Circumdederunt. — Haltaus führt aus der Glossa zum Lehn-Recht an: „ und „ das Advent, und darzu die LXX. Tage von der Zeit, da man das Alleluja hinlegt bis aus „ gehent den Ostern: „ — Aus dem Gavantus: „ Deponetur in septuagesima Alleluja, „ bis eo cantato & repetito in fine primarum vesperarum Dominicæ. „ — (Man s. Sonntag wenne man leget Alleluja.)

Seromini. Georgisch hat folgendes Datum unter den unbestimmten: *Dat. Molne, 1495, in die B. Seromini Presbiteri.* Vielleicht Jeronimi, Hieronymi presbyteri.

Serff. S Servulus.

Servatius. Rabe führt folgendes Datum an, Seite 108. — an dem nesten Tage nach Sente Seruacius Tage, welches im latinischen ausgedrückt ist durch: *Pridie Nonas Junii*, und setzt hinzu; „ man-

„ mendum videtur latere in latino, cum dies Servatii semper 13. Maii celebretur, ut adeo „ legendum videatur, pridie Idus Maii. „ — Allein es ist anzumerken, daß seine Uebersetzung (Tranlatio Servatii) auf den 7. Juni fällt. (Man s. Pilgram) Seite 250. — an sand ser-uaciustage in dem Mayen, 1349. (H. A.) — Am Montage nach Servacy, 1464. (H. A.)

Seval. Mensis Julius in Gallia. (*Pilgram.*)

Severinus. „ Abbas & Apostolus Noricorum (cuius vitam scripsit Eugippius) obiit a. 482. & non „ est confundendus cum S. Severo Ep. Ravennate, qui a. 346, Concilio Sardicensi interfuit. „ hujus memoria celebratur in antiquo Martyrologio romano Calendis Februarii, illius autem „ 8. Januarii. „ vid. *Lambec.* Comment. Biblioth. Cæs. Lib. 2. Cap. I. p. 13. (*Rosenthal.*)

Severstag. Severus. Wienn an sand Severstag, 1388. (H. A.)

Severus. Balbinus in Misc. R. B. Dec. 1. Lib. 4. Part. 1. §. 22. de Severo Ep. Pragensi hæc refert: „ In veteri Ecclesiæ Pragensis Martyrologio, quod intra sacra legebatur, annotatum „ reperi: 3. Cal. Julii Ordinatio S. Severi Episcopi Pragensis Ecclesiæ. Obiit 1068. 27. „ Nov. „ (*Rosenthal.*) Ueberhaupt kömmt in den Urkunden des geh. H. A. Severus, und sehr selten, Severinus vor. — Auch Georgisch führt immer Daten vom Severus an, die er aber unter die unbestimmten setzet: Dienstag nach S. Severi Tag, 1384. — *Datum 1420, ipsa die S. Severi Episcopi.* — Dienstag nach Severi des heiligen Bischoffs, 1493.

Sexagesima. Dom. Exurge. (*Pilgram.*)

Sextilis. Augustus.

Siebende Tag. 31. Dec. von der Geburt Christi angefangen. — Schilter hält dafür, es sei so viel als der Achte Tag, welches auch das Wahre ist. — Gegeben dag Mverekte. Nach Christgeburde. Tovsent Jare. Zwai Hondert Jare. Zwai min achtzech (78.) Jare von Weinachten Sieben tage. in den Manen der genant ist der Jenner. (H. A.) Erste Jänner.

Siebenzigste. Septuagesima. (Pilgram.)

Siegmundstag. In Urkunden ist es der zweite Mai: „ Vermerkht, daz an Eritag sannt Sigmundes„ tag im (1400.) acht vnd fünfzigsten Jar. ꝛc. „ — Der Wochentag trifft richtig auf den 2. Mai.

Simplicius. Geschehen zu Fuld Montags S. Simplicii et Faustini, 1566. Dieses Datum setzet Georgisch unter die Unbestimmten. — (Hr. Pilgram schreibt: „ Simplicius, 29. Jul. — cum „ Sociis. Reperitur cum Felice & Faustino. „)

Singhiten. 24. Junii. — Geschehen 14 Tage vor Singihten. d. i. 14 *dies ante Solstitium.* — *Haltaus ex Wenkero* ad *Kœnigshov:* „ Singiten ist diese Jahrs-Zeit bey denen Alten genennet wor- „ den, ohne Zweifel auch eher sie das Christenthum angenommen. Immaßen Singiten eigent- „ licher vor Alters geschrieben worden Sungihten oder Sungichten, von der Sonn und ihrem „ Gange oder Gicht. Denn wie von jehen, bejahen, herkommt Jicht, verjicht, Bejahung, „ also haben die Alten von gehen Gicht, das ist Gang gemacht. Ist also Sungicht Sonnen- „ gang — — wird auch Sungehten, Sunigehtag, Suniechtag geschrieben. „

Singzeit. Advent. (Arch. Spieß.)

Sitientes. Sabb. ante Dom. Judica. *Haltaus.* (Man s. *Sabbath.*)

Sixtstag. Sixtus, 6. August. Wienn an sand Sixtstag, 1340. (H. A.) — Geben Sixti pape et martyris, 1369. (H. A.) — *Datum 1279, in die BB. Sxti Felic. & Agapiti Martyrum.* Georgisch. — Pilgram schreibt in seinem Tentamine de cultu præcipuorum festorum medii ævi: „ *Sixtus II.* 6. Aug. — cui Beda *Felicissimum* & *Agapitum* Socios dat. „ (Man s. auch Rabe, Seite 181.)

Schlachmaent. November. (*Haltaus.*)

Solennitas Solennitatum. Pascha. (*Pilgram.*)

Sommer-Quatember. Quatember zu Pfingsten.

Somweder. 24 Jun. — Am Tage S. Johannis Somweder. (H. A.)

Sonnabend. 24. Jun. Freytag nach s. Johanns zu Sonnabend. — Am Pfingstag nach Sanct Johanns Tag zum Sonnabenten. Ist so viel als Sonnwenden. (Haltaus.)

Sonnabend der veiste. Samstag vor Esto mihi. (Pilgram.)

Sonntag zu Mittervasten. Sonntag Lätare.

Sonntag alz Sich vnserre Herren zv Chunft an Hebt, 1356. (H. A.) Ich halte dafür, es bedeute den 18. December, als das Fest der Erwartung unsers Herrn, welches in diesem Jahr auf einen Sonntag fällt.

Sonntag circumdederunt als men dye Meyde verbutet. Septuagesima. (Man s. Meyde.)

Sonntag Domine. Palmsonntag. Phincztag vor dem Suntag Domine in der Vasten, 1511. (H. A.)

Sonntag ausgehender gemeinde Wochen. Zweite Sonntag nach Michaeli. (Pilgram.)

Sonntag der achte. Sonntag Sexagesima. „ P. Schier reperit in antiquo Plenario; an dem achten „ Sontag nach der heyligen drey Kunigtag, genant Sexagesima. „ (*Pilgram.*)

Sonntag der befreyte. Sonntag Invocavit. (*Haltaus.*)

Sonntag Esto mihi. Sonntag vor Aschermittwoche. Hornstein, 1425, am Samstag vor dem Suntag Esto mihi in der vastnacht. (H. A.) — Aber der Sonntag darauf: 1430, am Suntag als man Singt Jnuocauit in der Vasten. (H. A.) ist der Sonntag nach Aschermittwoche.

Sonntag der fröhliche. Sonntag Lätare. „ indubie a voce latina. “ (*Pilgram.*)

Sonntag der güldene. Dreifaltigkeitsonntag. (Pilgram.)

Sonntag der Schwarze. Sonntag Judica. Phincztag vor dem Schwarzen Suntag, 1393. (H. A.)

Sonntag der sybente. Sonntag Septuagesima. „ P. Schier in Plenario: an dem sybenten Son„ tag nach der heil. Drey Kunig tag genant Septuagesima. “ (*Pilgram.*)

Sonntag (der Todten Sonntag.) Sonntag Lätare.

Sonntag der weisse, — wesene, — wisse. Sonntag Invocavit. Nach dem weissen Sonntag inuocauit. (Man s. Weizze Suntag.)

Sonntag nach dem *XX*. Tag. Sonntag nach der Dreykönigs Octav. (Man s. Zwanzigste.)

Sontag in den vier Tagen. Sonntag Invocavit. (Pilgram)

Sontag in der ersten ganzen Fastwochen. Sonntag Invocavit. Geben, Chrems, am Sonnentage in der ersten Vastwuchen, 1300. (H. A.) — Geben des Sontages in der ersten Vastwochen als man singet Jnuocavit, 1343. (H. A.)

Sonntag so man zehentage gefastet hat. Sonntag Reminiscere. (Pilgram.)

Sonntag nach der ganzen Fastwochen. Sonntag Reminiscere.

Sonntag vor Fastnacht, 1393. (H. A.) Sonntag Esto mihi. (Pilgram.)

Sonntag post Jncarnationis Christi, 1547. — Sonntag nach Marie Verkündigung. (Pilgram.)

Sonntag wenne man leget Alleluja, — so man das Alleluja legt vnd Hochzeit verbeut, — da man das Alleluja hinlegt bis angehent den Ostern. — Alleluia Niederlegung. Sonntag Septuagesima. — Disiv ebenvnge ist geschehen daz Wiltonien, an Sand Eylalien tach des Samztages so man lat daz vraevden gesanch Alleluia, 1278. (H. A.) — Eulalientag fiel in diesem Jahr am Samstage vor Septuagesima.

Sonntag zu uzgan der Osterwochen. — Suntag in der Osterwochen. Sonntag Quasimodogeniti.

Sonnwende. 24. Juni. Johannistag des Tauffers, den man nennet Sonnenwend. (Haltaus.)

Sophellen. Sophia, 15. Mai.

Spasmi Mariae festum. Fest. septem dolorum.

Speltmaent. September. (*Haltaus.*)

Speerfreytag. Freytag nach dem Sonntage Quasimodogeniti.

Sporkelmaent. Februar. *Sporkelmaendt Februarius mensis. Secundum Calendarium Romanum uf den Sechzehenden Tag* (Supple: des Monats Februarii) *genant Sporkel.* (*Haltaus ex Matthiolo.*) — „ *Kilianus* in Etymologico ait: *Sporkele, Sporkelmaendt* Februarius Mensis &c. “ (*Haltaus.*)

Spurk. Februar. Pilgram.)

Statuit. Ju den Urkunden überhaupt Petersstuhlfeyer, 22. Febr. (Man s. Introitus.)

Stavel. Stablo.

Stellae festum. Epiphania. (*Pilgram.*)

Stenczlaws tag. Stanislaus, 8. Mai. Prag, 1411, des Dinstages noch sent Stenczlaws tage.

Stephanstag im Augst. (H. A.) Stephans Erfindung, 3. August. Geben an sant Stephans tag im Augst, 1390. (H. A.) — Freitag vor sant Stephans Tag im Sommer, 1410. (H. A.) — Gräz am Sonntage vor s. Stephans tag Jnvencionis, 1469. (H. A.) — Wienn des negsten Phincztags vor sant Stephans tag im Snidt, 1416. (H. A.) — Suntag vor sant Stephans Tag im Snit, 1416. (H. A.)

Steffenstag seiner Windung 3. August. — 1328, als sein Leichnam funden wart. — Schafhusen, an vritag vor sand Stephanstag, als er erfunden ward, 1337. (H. A.) — An sant Stephans tag des heiligen Martrer als er der hebt ist warden, 1401. (H. A.)

Stephanstag in den Oeren. 3. August. (Pilgram.)

Stephanstag zu Weyhnachten. Geben Innsbruck, an s. Stephans tage zu Weyhnachten, 1464. (H. A.) 26. December.

Stephans tag, ohne Beisatz. Geben am Fritag vor s. Stephans tag 1464. (H. A.) Weil an diesem Dienstage der Weihnachttag fällt, so bedeutet es den Tag seiner Erfindung, am 3 August. Folglich ist die Urkund am 31. Jul. gegeben worden. — Steier, an sant Steffans Abend, 1488. (H. A.) 2. August.

Steffansmiss. Geben Mitichen vor sand Steffansmiss, 1408. (H. A.) Ich halte dafür, es bedeute den 19. December. Sollte es aber Steffan im August seyn, so wäre es der 1. August.

Steuer-Anlegung. Indiktion. (Man s. *Indictio.*)

Stille Fritag. Freitag vor Ostern. Den guten Dornstag und den stillen Fritag. (Haltaus.) — *Stillfreytag.* Karfreitag. (Schilt. Glossar.)

Stille Woche. Charwoche. (Haltaus.)

Stratonica. Georgisch führt folgendes Datum an: *Datum Hall. 1332, in crastino B. Stratonicæ.* In dem Martyrologio Romano (Antverpiæ ex officina Plantini 1586.) findet man am 13. Jäner Stratonicus M.

Strenna. 1. Januar. *Dom. post strennas.* Prima dom. post 1. Januar. *Datum in wyssegrad duodecimo die Octauarum diei Strennarum predictarum anno domini 1339.* (H. A.)

Stuhlfest Petri. Petristuhlsfeyer, 22. Febr.

Subent — Subenttag. Sonnwende, 24. Junius. In dem k. k. g. H. A. befindet sich ein Stillstandbrief zwischen Oesterreich und Bayern: Geben ze Lanczhut An Mitwochen nach dem weizzen Suntag (5. März) 1365, in welchem folgende Worte vorkomen: „ vncz auf den Subent„ tag der schierst chumpt " (vom 5. März bis den 24. Jun. solle der Stillestand dauern); Und weiter hin: „ auch sullen die geuangen auf bayden tailen taeg haben vncz auf die obge„ nanten Subenten an widerred vnd genaerd. "

Sufigen (Sanct) tag. Sophia, 10. Mai. Ex Calend. Alemannico Sec. XIII. Schilter.

Svithuni festum. Im Dipl. Arna-Magnæan. Tom. II. p. 34. in Indice ist ein Datum: „ Actum „ Tunsbergæ a nativit. Dni M.CC. novem decad. hiemum & III. hiemibus in Vigilia Svi„ thuni " und p. 151. steht: 14. Julii. Also fällt das Fest auf den 15. Julius.

Sumenten. 24. Jun. Des nasten Vreytages nach Sumenten, 1364. (H. A.)

Sumrenden. 24. Jun. S. Johanns Tag ze Sumrenden. (Haltaus.)

Sunbenden, — Sunebent. 24. Junius. Geben an dem Sunebent tag, 1341. (H. A.) — Am Erichtag nach sanct Johanns tage gotes Taufer zue Sunnebenden, 1381. (H. A.) — Geben ze Wienn an S. Peters tach ze Sunnebenden im Jare, 1349. (H. A.) — Geben an den Sunbentage 1301. (H. A.) — Purgkhausen an dem nechsten Erichtag nach den Sunebentag, 1375. (H. A.) Georgisch führt dieses Datum unter den unbestimmten dieses Jahrs an.

Sunbentag. 24. Jun. Samztags for dem Heiligen Sunbentag 1350. (H. A.)

Suniehten. 24. Jun. An der Mitewochen vor Suniehten. (Haltaus) (Man s. Singihten.)

Sunigichten, 24. Junius. (Man s. Singihten.) — Geben ze Vilingen an dem achten tag vor sant Johans Abend ze Sunigichten, 1326. (H. A.) — Geben ze Louffenberg an dem nehsten Cinstag nach sant Johanstage ze Sunigichten, 1354. (H. A.) — Straspurch an Sand Johanstage zu Sungihten, 1398. (H. A.) — Freyburg im Breisgau an sant Johannstage zu Sungechten, 1412. (H. A.)

Sunnentach. Sonntag. (Pilgram.)

Sonnewenttag. 24. Junius. An sant Johannis tage, Sonwenden genant. (Haltaus.) — Wienn, Freytags nach Sonnewenttag 1327. (H. A.) — Linz, Eritag nach Sonnwenden, 1358. (H. A.) — Geben des Sanpztages von sant Johannistag ze Sunnwenten, 1368. (H. A.) — Wienn an den heiligen Sunewendtag, 1394. (H. A.)

Sunnudagr. Dies solis. (*Thorkelin.*)

Sunstede. Johannistag, 24. Junius. (Haltaus.)

Sunwinde. Sonnwende. Sant Johennes Tag zu Sunwinde. (Haltaus.)

Symons tag des heiligen Herren, 1362. (H. A.) 28. Oktober.

Tag der Betrachtung der Glaubigen Selen. 2. Nov. (Pilgram.)

Tag der Empfängnuss Christi vnsers Heylands. Marie Verkündigung. (Pilgram.)

Tamanstag. 21. Dec. Enns am Suntag vor sand Tamans zweliffboten tag, 1475. (H. A.)

Tanne (Frauentag so man ci Tanne gat). (Man s. Frauentag.)

Taufe Christi. Dreikönigtag. Prager Schloß, 1547, Donnerstag am Tage der Taufe Christi. (Na hradie Prazskem we cztwrtek na den bozijho krztienij 1547.) — 1406, Montag vor der Taufe Christi. (Pondyeli przyed Krztienj.) (H. A.)

Tertulenstag. Tertullinus, 31. Julius. (Pilgram.)

Terueis. Tarvis.

Teyburzentag. Tiburtius. Montags vor sant Teyburzentag 1350. (H. A.)

Thamanstag. Thomas. Geben an sand Thamanstag, 1435. (H. A.)

Theophania, idem quod Epiphania. 6. Januar. (*Pilgram.*)

Thomanstag. 21. Dec. Geben an sant Thomanstag, 1330. (H. A.) — Geben an sant Thomastag vor den Weyhnachten, 1448. (H. A.)

Thomastag von Kandelberg. 29. Dec. Innsprugg, an sant Thomas Tag von Kandelberg, 1456. (H. A.)

Thomas tag in Weyhnachten. Thomas Cantuariensis, 29. Dec. Geben an sand Thomas tag ze Weinnachten in den Veyertagen, 1354. (H. A.) — Wienn an sand Thomanstag des heiligen Bischoffs vnd Mertrers ze Weichnachten, 1395. (H. A.)

Thomas tag vor — oder zu Weihnachten bedeutet den Apostel. Thomas tag in den Weihnachtsfeyertagen hingegen den Bischoff.

Thors dag. Donnerstag. (*Haltaus.*) — *Thorsdagr.* Dies Thori, seu Jovis. (*Thorkelin.*)

Thowolfftentag, — Twelftandaeg, — Der hillige tag tho Twoelfften, — In der hilgen Twelften. Dreikönigtag. (Pilgram.)

Thys dag. Dienstag. (*Haltaus.*)

Thridiudagr. Tertia dies, Dienstag. (*Thorkelin.*)

Thvattdagr. Dies Lavationis seu Saturni. (*Thorkelin.*)

Tiburtius. Es kommen zweierlei Tiburzfeste im Jahre vor; das eine Tiburtii, Valeriani & Maximi Martyrum, 14. April; und das andere Tiburtii & Susannæ mart. 11. Augusti. Jenes im April wird gemeiniglich Tiburtius und Valerianus zusammen, dieses aber im August Tiburtius allein geschrieben. Doch ist diese Regel nicht ohne Ausnahme; und ungewiß, ob allemal, wenn Tiburtius allein genennet wird, das Fest vom 11. August verstanden werde; denn ein Brief vom Röm. König Siegmund ist datirt: 1415, Montags nach sant Tiburtien tag, aber mit dem Beisatz im Aprillen. (Rosenthal.)

Tirsdagr. Dies Tiri seu Martis. (*Thorkelin.*)

Tivestag. Dienstag. (Pilgram.)

Todten Sonntag. Sonntag Lätare. (Man s. Pilgram. Haltaus.)

Torathen tag, 1394. (H. A.) Dorothen tag.

Torkeltage. (Man s. Dorletage.)

Trabeatio. „Pro anno Passionis nonnunquam habetur *annus trabeationis*, id est, annus quo Christus trabi affixus est, ut apud Baluz. tom. 2. Capitul. col. 633. habetur.“ (Du Cange, *Annus*, Col. 461.)

Traditiones. Fer. quarta tertiæ Septim. Quadragesimæ ab Evangello diei. (*Pilgram.*)

Tricesimus Assumpt. b. M. V. 13. September. Also fand ich es in dem Breviario Augustano, eben daselbst zu Augspurg gedruckt, 1584.

Trimilchi apud Anglo-Saxones mensis Maius. (*Haltaus.*)

Triumphus Corporis Christi. Fest. Corporis Christi. (*Pilgram.*)

Tult. Jahrmarkt, Nundinæ. (Man s. Dult.)

Tunrestag. Donnerstag. (Pilgram.)

Tryn dusent Mertelern Dag. Des Dinxtages up der Tryn dusent Mertelern Dag, 1484. Georgisch führt dieses Datum an, ohne den Jahrstag zu bestimmen. Es bleibt auch meiner Seits unerörtert; denn ich halte es für einen Lese-Schreib-oder Druckfehler.

Twelfftandarg, — Twelften, — Zwölfte, — Zwolfte Tag. — Rethmeyer: in den Hilgen Twelften. Dreikönigtag. (*Pilgram.*)

V.

Valentin, Bischoff zu Passau. 7. Jäner.

Valentin, Martyrer. 14. Februar.

Hr. Pilgram (in Calendarii chronologici Tentamine, p. 256.) schreibt bei Gelegenheit des letztern Festes: „diplomata austriaca, data die S. Valentini, potius ad Martyrem referenda esse, nisi quid aliud rem limitet.“ — Allein es scheint vielmehr das Gegentheil vorzuwalten, wenn man bedenket, daß Oesterreich, bevor das Wiener Bistum errichtet worden, unter der passauischen Diöces war. Und Hr. Pilgram bekennet selbst: „Festum 7. Januarii per totam Austriam & Bavariam celebratur.“ Daß er aber sagt: „Contra Valentinum Passav. pugnat & alia ratio, quod nempe ejus festum immediate subsequatur diem Epiphaniæ, a quo potius notassent diplomata hac die data“ — ist unbedeutend, indem sich im geh. H. A. Urkunden vorfinden, in welchen der Dreikönigtag zugleich ausgedrückt ist, z. B. do man czallt von Crists gepurde 1451, an sant Valteins tag nach dem heiligen Prehen tag; Prehen tag aber ist, wie bekannt, der Dreikönigtag. Aus diesem folgt nun keineswegs, daß,

wenn

wenn der Dreikönigtag nicht mit ausgedrückt ist, man den Valentin Martyrer (14. Febr.) annehmen müße; vielmehr, alle Urkunden, die in Oesterreich, Steiermark, Kärnten, Krain, Tirol gegeben und mit dem Valentinstag datirt worden, (hier kann man sagen, nisi quid aliud rem limitet), * sind auf den 7. Jäner anzuwenden, indem in den alten Kalendern von Passau, Salzburg, Brixen, Milstat ꝛc. deren sich obgesagte Länder gewiß bedienet haben, und die Hr. Pilgram selbst anführet, dieser Valentin Bischoff befindlich ist. In dem geh. H. A. hat man auch eine Urkunde mit der Karakteristik Bischoff: Wienn an sanct Valteins tag Bischoffs, 1417. — Wienn an sant Valentinstag des heiligen Bischoffs, 1434. — Ohne Zweifel beziehet sich folgendes Datum auf den Valentin Bischoff: Das ist geschehen zu Rotenstein (in Kärnten) nach kristis gepürtt 1441 Jar, des nachsten Suntags sand Valentein. (H. A.)

* Z. B. Geben Wienn, an Pfincztag, vor sand Valteins tag in dem Harnung, 1365. (H. A.) — Wienn an sant Valenteinstage des Marterers, 1432. (H. A.) — Geben zu Lanndshut an Montag nach sant Valtein des heiligen martrer, 1468. (H. A.) — Trauthenaw, 1492, am Obent Valentini des Heiligen merterers. (H. A.) — und dergleichen.

Valeinstag — Valenteinstag — Valteinstag. Valentinus. (Pilgram.)

Valrinstag vor der tumben wuetten Vasnacht, 1359. Valentin, 14. Febr. (Pilgram.)

Valteins tag des Martrer, 1408. (H. A.) Valentin, 14. Febr.

Valtinstag, 1312. (H. A.) Valentinus.

Varleichnam. Fronleichnam.

Vaschangtag — Vaschingtag. Dienstag vor dem Aschermittwoch. An dem Vaschanch tag, 1318. (H. A.) — Brugg, 1324, dez nähsten Sunnentags vor dem Vaschangtag. (H. A.) — Geben am Suntag vor dem Vaschang tag, 1460. (H. A.)

Vassanch. Vasching. Suntags vor dem Vassanch, 1359. (H. A.) — Suntag nach der Vassanch, 1348. (H. A.) Sonntag Invocavit.

Vasenacht, — Vastnacht. Dienstag vor Aschermittwoch. Geben Fritag ze Vastnacht, 1442. (H. A.) — Tann, 1325, des Suntages vor der Vasnacht. (H. A.) — Prage, 1360, an der Vasnacht. (H. A.) — Kreutzenach, 1328, an dem nähsten Donerstag vor vahsenacht, (H. A.) — Geben zu s. Veytt in Kärnten, Suntag vor der Vasnacht, 1317. (H. A.)

Vasnacht, — Herren — Pfaffenfasnacht. Sonntag Esto mihi. (Pilgram.)

Vasnacht die alte. Sonntag Invocavit. (Pilgram.)

Vasnacht die junge. Dienstag vor Aschermittwoch. Als 1384. die junge Faßnacht auf s. Mathias des Apostels Abend gefallen. (Pilgram.)

Vasenacht die grosse. Sonntag Invocavit. (Dieses macht Hr. Pilgram (Seite 186.) zweideutig durch das, was er aus dem Lunig anführet: Op den Sondag 30 grois Vastavendt, den man nennt Esto mihi. Hieraus müßte folgen, daß die grosse Fastnacht der Sonntag Esto mihi wäre.) Die Zeitfolge kann man nach dem Wenker beim Haltaus sehen: „ alſo reit der Kunig zu Paris vff der Pfaffen Vasenacht (Sonntag Esto mihi) in die Stat — vnd ich kam „ vf die rechten Vasenacht (Dienstag nach Esto mihi) auch gen Paris — anno mornende vf „ den Schürtag (Aschermittwoche) kam ich für sin Genade — An Donerstag war ich den gan„ zen Tag bei Im — Geben zu Paris vf Fritag zu Abend vor der grossen Vastnacht.“ (Sonntag Invocavit.)

Vaßnacht die rechte. Dienstag nach Esto mihi. (Haltaus.)

Vaßnacht Sonntag. Sonntag Esto mihi. (Pilgram.)

Vastelavend — Vastolavonde. Fastnacht. Ex Chronico Bothonis: unde was in dem Vastelavende des Mandages in den Dorletagen. Montag nach Esto mihi. — Des Dingsedages im lesten Vastelavende. Dienstag nach Esto mihi. (Man s. *Haltaus.* — *Pilgram.*)

Vastelauns Mantag. Montag nach Esto mihi.

Vasten. Des nehsten Sunnetages vor Vasten, 1302. (H. A.) Sonntag Esto mihi. — Geben des nasten Mitichen in der vasten, 1345. (H. A.) Mittwoche nach dem Sonntag Invocavit. Des andern Montageß in der Vasten; 1383 ist der Montag nach Reminiscere; denn der erste war nach Invocavit; also im benannten Jahre den 16. März.

Vastwoche die ganze. Die Woche zwischen Invocavit und Reminiscere. Geben den ersten Suntag in der Vasten, 1375. (H. A.) — Am ersten Suntag in der vasten, 1462. (H. A.) — Sonntag Invocavit. — Geben des Fritages in der ersten Vast Wochen, 1324. — (H. A.) — Des Mitichens in der ganzen Vastwochen. (H. A.) — Montag in der andern Vastwochen, 1389. (H. A.) Montag nach dem Sonntag Reminiscere. — Wien des Mitichens in der andern Vastwochen, 1367. (H. A.) — Phincztag in der andern Vastwochen, 1392. (H. A.)

Vecla. Ein Flüßgen in Oestreich ob der Ens. Geben ze Bruck an der Vecla, an Sannd Matheus tag des heiligen Zwelfboten vnd Ewangelisten, 1459. (H. A.) Veclabruck.

Veichtentag — Veictentag — Veychtetag. Vitus, 15. Junius. An sand Veychte Tag, 1471. (H. A.) — Lynnz, phinztag vor sant Veichtetag, 1470. (H. A.)

Veycztag. Vitus. An sand Veycztag, 1348. (H. A.) — Dez guten Herrn sant Veytez tag, 1354. (H. A.) — Sant Veit am Phlawm, Suntag nach sant Veytis tag, 1443. (H. A.)

Veiste Sonntag. Sonntag Esto mihi. (Pilgram.)

Veiste Dienstag. „ Der Dienstag vor der Eschen Mittwochen wurde mit Faßnacht Spiel und kost„ baren Mahlzeiten zugebracht, ist daher der Feiste Dienstag genennet worden. " (Haltaus aus dem Hottinger.)

Veistetag. Vitus. Geben an sant Veistetag, 1385. (H. A.)

Veltinstag. Valentinus. Geschrieben Basilee an s. Veltins tag Anno Domini 1436. (H. A.)

Venustus mensis. Aprilis.

Verbottag. Sonntag Septuagesima. (Pilgram.)

Verboten Zeit. Sonntag Septuagesima. — In einem zu Wien gedruckten Kalender vom Jahr 1570, steht den 22. Jäner anstatt Septuagesima: verbo. Zeit, (verbotene Zeit.)

Verbuten. Verbieten. (Man s. Meyde verbuten.)

Vercooren — verswooren — geschwooren — verlooren Maendagh. Montag nach Dreikönig. (*Haltaus.*)

Verentag, Verenentag. Verena, 1. September. — In dem geh. H. A. ist ein Befehl Kais. Friedrichs vom Jahr 1475. 26. Junius: „ daß die Oesterreichischen Unterthanen nicht vor das west„ phällische Gericht gezogen werden sollen. " Ueber diese Urkunde hat der Abbt des Klosters Wiltein bei Innsbruck ein Vidimus: Innsprugg am Freytag nach sant Bartholomeus tag 1475. — und über dieses Vidimus hat der Amman und Rath zu Veltkirch ein Aftervidimus gegeben: Geben vff Samstag nach sant Verenen tag, 1475. also in dem nämlichen Jahre. Aus Zusammenhaltung dieser Urkunden folget nothwendig, daß das Verenafest nach dem Bartholmäus Tage (nicht aber vor, als den 17. August, wie Rabe in seinem Kalendario hat,) fallen müße; denn in diesem Jahre fiel der Freytag nach Bartholomeus den 25. August, und der Samstag nach Verenentag den 2. September. (Anm. des Hofr. von Rosenthal.) — Geben an mittwochen nach Sant Verenen tag, 1467. (H. A.) — Zürich an sand Verenen Abend, 1474. (H. A.)

Verlooren Maendag. Montag nach dem Dreikönigtag.

Verona. Beraun. — K. Wenzels Brief für die Stadt Leutmeritz hat folgendes Datum: *Datum Veronæ, VII. Idus Junii, 1384.* (H. A.)

Versle Tag. — Hr. Pilgram führt aus dem Monum. Boicis an: 1336, des nechsten Suntages nach der versten Tag, und schreibt: „ Justa est suspicio latere errorem librarii sub mira hac deno„ minatione. " Eine unnöthige Beschuldigung! Aber wie nahe ist er am Wahren, da er schreibt: „ Occurrit & aliud, cum dicatur etiamnum in regionibus Bavariæ vicinis pro quartus vierte „ vierste, versle. " — Er hätte also auf die damalige Benennung: Vier Tage — zu denken verleitet werden sollen. — Das Datum der angeführten Urkunde heißt also: des nechsten Suntages nach den vier Tagen, welches der Sonntag Invocavit, und der 18. Februar ist. (Man s. Vier Tage.)

Vffartstag, — Vffertag, — Vffentag, — Vpfartstag, — Vfuarttag. Christi Himmelfahrt. Geben an der Nehesten Mittewochen nach der Vfuart vnsers Herren, 1321. (H. A.)

Vicenen tag. Vincentius. Geben an sant Vicenentag, 1386. (H. A.)

Vier Tage. Die vier Tage vor dem Sonntag Invocavit. — Geben zu Montpreis, des Suntages als man die vier tag gevast hat, 1328. (H. A.) Sonntag Invocavit. Wienne Sontages nach vier tagen in der Vasten, 1324. (H. A.) — Freytag in der vier tagen in der Vasten, 1345. (H. A.) — Wienn 1351, dez Freytag in den Ersten Vier tagen in der Vasten. (H. A.) — Wienn am Pfincztag in den vier tagen in der Vasten, 1357. (H. A.) — Haltaus führt aus dem Duellius eine Zeitfolge an: „ An dem Montag vor Fasnacht — — An Pfinstag in den „ vier Tagen — — An den Freitag morgen — — am Mittichen in der ersten Vaschwochen. " — „ Ferner aus dem Dattius: „ daß das Gericht — auff die Quattember nach den vier Ta„ gen, zu angeender Vasten schierst künfftig angeen soll. " — (Man s. Fasten.)

Vier vnserr Frawen abente. In einer Urkunde des geh. H. A. vom Jahre 1338 an dem ersten Sontag in der Vasten Invocavit (15. Febr.) ist folgendes: „ Ich Pruder Janus dy zeit „ Gardian zu Stain vnd der ganz Conuent do selben geloben alle Jare fünf gesungene Selmes„ sen zu halten, vier an den vier vnserr Frawn abente vnd das fümft an aller Heiligen aben„ te. " — Diese sind: Marie Verkündigung, Heimsuchung, Himmelfahrt und Marie Geburt, weil die Kirche das Jahr vom 25. März anfieng.

Vier-

Vierte Vastwoche. Geben Freytags in der Vierden Vastwochen, 1340. (H. A.) Freitag nach Lätare.

Vierte heilige Pfingstfeyertag. Ein solches Datum soll Hrn. Spieß in einer Urkunde vom Jahr 1498 vorgekommen seyn.

Vierzehen Tag. — 1298 nach weinachten uber vierzehen tag. (H. A.) Ist soviel als Zwölftag, Dreyzehentag, aber immer Dreikönigtag.

Vierzehentag vor dem Monn der da haizzet Abril 1290. Soviel als: XIV. Calend. Aprilis, hiemit der 19. März. (Man s. Pilgram.)

Vigilia. Abend, Vorabend, dies festum præcedens. „*Vigilias* festorum per Ecclesiam institutas, „ siue etiam quemlibet diem, qui diem alicuius Sancti præcedit, illi appellant *Avend.*" (*Haltaus* ex *Gobellino.*)

Vigilia Carnisprivii. Dies Martis ante Cineres. (*Pilgram.*)

Vigilia Carnisprivii Sacerdotum. Sabb. ante Dom. Septuages. (*Pilgram*)

Vigilia domini — *Vigilia Christi.* Vigilia Natiuitatis domini, 24. Dec. (*Pilgram.*)

Vigilia Horemii. Vigilia s. Laurentii, 9. Aug. (Man s. Rabe, Seite 181.)

Vigilia Vigiliæ. Dies qui vigiliam antecedit. (*Haltaus.*) — *Datum Lubec. 1332, in vigilia vigiliæ Natiuitatis Domini.* (Georgisch) 23. Dec. und nicht der 24. Dec. wie Georgisch schreibt.

Vincencientag. Vincentius, 22. Jäner. Hergott: 1361, an dem nechsten Fritag nach sant Agnesen Tage, vff denselben Fritag gewesen ist sant Vincenzientag. (Pilgram.)

Vinicolæ. Feria sexta, septimanæ secundæ Quadragesimæ. (*Pilgram.*)

Vitalstag. Vitalis, 28. April. Wienn am Montage nach sant Vitalstag, 1431. (H. A.)

Vitestag, 1399. (H. A.) Vitus, 15. Junius.

Vlreich. Udalricus, 4. Jul. Pfinceztag nach sant Vlreichstag, 1358. (H. A.)

Vnser Vrawentag. (Man s. Frauentag.)

Vnsinnige Donstag. Donnerstag vor Esto mihi. 1526 den 8. Febr. was der vnsinnige Donstag, wie man jn in Turgow genennt hat. (Man s. Pilgram.)

Vorabend — **Vorfest.** Der Tag vor dem Fest; Vigilia. Im Vorfeste Palme. (*Haltaus.*)

Vorfirabend. Der Tag vor dem Vorabend. (Pilgram.)

Vrawentag. (Man s. Frauentag.) Vreitag nach vnser vrawen tag der leczten an dem Herwest, 1339. (H. A.) — Vrauntag Assumpcion, 1373. (H. A.)

Vrbanstag. Urbanus, 25. Mai. (Pilgram.)

Vreneutag der heiligen Magde, 1444. (H. A.) Verena, 1. Sept.

Vrenczentag. Verena. (Arch. Spieß.)

Vrydach. Freitag.

Vrowentag. An vnser vrowen tag als si geboren wart, 1309. (H. A.) Marie Geburt.

Vrsten. Ersten. Dornach in dem vrsten herbest manden. (Haltaus) der erste Herbst, d. i. September.

Vrstennd. Ostertag. Der geben ist auf Phincztag nach vnsers lieben Herrn Cristi Vrstennd vnd nach seiner heiligen Gepürt als man zellt Tausennt Vierhundert vnd In dem Zway vnd Newnzigisten Jar. (H. A.)

Vsgeende Woche. „ probe attendendum, qualisnam præpositio præfigatur. Ita Hergott A. 1326. „ Zinstag nach usgehender Osterwochen, bene determinat 9. Apr. quia Pascha erat 31. Mart. „ adeoque feria tertia post dominicam Quasimodogeniti " (*Pilgram.*) (In der Jahrzahl 1326 liegt ein Druckfehler; wenn Ostern am 31. März fallen soll, so muß es ein anders Jahr seyn, z. B. 1336.) — Samstag zu usgender Pfingstwochen, 1388. Samstag nach Pfingsten.

W

Walburgentag. 1. Mai. An Sunentag vor sant Waltburgs tag, 1393. (H. A.) — Daß der Walburgstag (in Urkunden) der erste Mai sei, beweiset ein Befehl des röm. Königs Siegmund (H. A.) an einige Lehenmänner, daß sie ihre Lehen nehmen sollten vom Datum des vorgenanten vnsers herren des Kungs Maiestatbriefe, die dann darauf zu Costencz nach Christs gebürt 1417 an sand Gregorii tag gegeben sind, vnd sant Waldburg tag der dann zu nechste darnach volgende was, — nämlich, zwischen den 12. März und 1. Mai sollen sie ihre Lehen nehmen. Auch vom Kaiser Ludwig ist im geh. H. A. eine Urkund in deutscher und lateinischer Sprache vorhanden; im Teutschen lautet das Datum also: Der geben ist ze Lyncz an dem Fritag nach Sand Walburgen tag, 1335. Und im Lateinischen: *Dat. in Lyncza in crastino beatorum Philippi & Jacobi Apostolorum 1335.* Aus diesem erhellet, daß man in Urkunden immer den 1. Mai unter Walburgentag verstehen müße.

Walstag — Walztag. Apostelthеilung. (Haltaus.)

Waltinstag. Valentinus.

Wartholomes Abend, 1380. (H. A.) — Wartolomes tag des heiligen Zwelfpoten, 1388. (H. A.) Bartholomeus, 24. August.

Wasserweihe. Am 1's August. (Arch. Spiess.)

Weichenpfingstag. Geben zu Costenz an dem heiligen Weichen Pfincztag, 1474. Grünedonnerstag. (Haltaus.)

Weichfasten — Weigfasten — Wichfasten — Wiegefasten. Quatember. „ Nic. Ep. Misnensis: „ Nacdem die Zeit Quatuor Tempora oder Weichfasten vorhanden. — Quatuor tempora „ sind die vier vierteljährigen Mittwochen, so die Quatember anfangen, in alten Schriften „ Weichfasten genant, daran man auch leidlich fasten zu halten pflegte. " — „ Urbanus „ Papst der erste verordnete, das die ebte die erste Weyhunge hetten zu geben, und Weygs „ faste bestetiget. " (*Haltaus* ex *Knauth* & *Monacho Pirnensi.*)

Weidmaent. Junius. (*Haltaus.*)

Weihenachtabend. Wienn am heiligen Abent ze Weihenachten, 1343. (H. A.) 24. Dec. An dem mittern heiligen Abent ze Weinachten, 1391. (H. A.) Neuejahrsabend. (Man s. Heilige Abend.)

Weihnacht Quatember. Lucia. Quatember.

Weisse Donnerstag. Donnerstag vor Ostern. (Haltaus.)

Weisse Suntag — Wisse Suntag — Weizze Suntag — Weseme Suntag. Sonntag Invocavit. — Mom. Boica A. 1344. an dem weizzen Suntag in der ersten ganzen Vastwochen. — A. 1388. der weisse Suntag in der Vasten. — Dipl. Niederburg. des Mitichens nach dem weysen Suntag in der Vasten. (Pilgram.) — Pazzowe, 1298, dez nähsten Pfincztages nach dem Weizzen suntag. (H. A.) — Nürnberg, am weissen Sonntag, 1335 — Lanczhut, an Mittwochen nach dem weizzen Suntag, 1365. — An dem weissen Suntag in der Vasten, 1390. — Haltaus führt aus dem Lehmann an: „ Judex profitetur: daß ich heut „ am Dienstag nach dem wisen Sonntag saß &c. addita subscriptione: feria tertia post Do„ minicam *Invocavit.* " — Aus dem Schilter: „ Freytag nach dem wissen Sontag Invo„ cavit. " Und aus dem Lunig: Vff dem nechsten Montage nach dem wissen Sontag, als man in der heiligen Kirchen singet zu latein Invocavit. — In dem geh. H. A. sind noch mehrere Urkunden, die dieses beweisen. Eine davon enthält folgendes: „ Chunrat der Fronau„ berger von dem Hage vnde Chunrat Kungspruсker — „ pede Ritter geloben dem Erzherzog „ Rudolfen zu Oestreich, sich zu Wienn zu stellen „ vf den nechsten weissen Suntag der nu „ Schirst kumt — Daz ist geschehen vnd der brief gevertigt vnd geschriben dez Sunntags vor „ Herren Vasnacht nach Kristez gepurt, 1363 Jahr. — „ In einer andern Urkunde — der geben ist czu Nürnberg am Sontag vor sand Gallen tag 1444, sind folgende Worte: „ vnd die beczalung soll beschehen auf den Weissen Sonntag in der Vasten schürst künfftig „ nach Datum des briefs. " — In einem Tausch und Auswechselungsbriefe: Datum Sambstag vor dem Auffarts Tag 1452 ist folgendes: „ vff den wißen Sonntag als man finget In„ uocauit zu Inngehender Vasten. "

Weitestag. Vitus, 15. Junius. 1287 des nechsten Erichtags nach sand Weitestage.

Wenesdag. Mittwoch. (Pilgram.)

Wenige Sinnabend. Donnerstag nach Sexagesima. (Pilgram.)

Werenhardintag. Bernardus. Am sand Werenhardin Tag, 1454. (H. A.) Hier heißt es soviel als Bernardentag, 20. August.

Werfeyer. Fest. armorum, — Reliquiarum. 1280 Donnerstag vor dem heyl. Werfeyer. (Rabe.) Auch Georgisch führt ein solches Datum unter den unbestimmten dieses Jahrs an: Neuen Muhr, Donnerstags vor dem heiligen Werfeyer, 1480. (Man s. auch Pilgram.)

Wetterfreytag. Freitag nach Christi Himmelfahrt. (Pilgram.)

Wetterherren. Johannes und Paulus. 26. Junius. — 1298, an sannd Johanns vnd Paulstag der Weterherren. — (Pilgram.) Geben an sand Johanes vnd sand Pauls der Weter Herren tage, 1361. (H. A.)

Weyden ende — Weidemonat. Junius. (Pilgram.)

Wilbirg. Walburga.

Winachten, 1314. (H. A.) Weihnachten.

Winchten. Weihnachten. An dem zwölfften Abende ze Winchten. Dreikönigsvigil.

Wihennähten, 1316. (H. A.) 25. Dec. — An sant Johans tage ze Wihennacht, 1318. (H. A.)

Winnemaend. Maimonat. (*Haltaus.*)

Wintmonet. November. (*Haltaus.*)

Wintermonat das erste. November. (Pilgram.)
Wintermonat das andere. December. (Pilgram.)
Wilfrydagh. Karfreitag.
Witte Donderdach. Weisse Donnerstag, Donnerstag vor Ostern. (Haltaus.)
Wlasy Tag. Geben am sand Wlasy Tag, 1362. (H. A.) Blasius. — Geben an Wlasen tag, 1383. (H. A.)
Wlreiches tag, 1310. (H. A.) Ulrich.
Wochensonntag. Sonntag nach Michaeli. (Man s. Gemeine Woche.)
Wodnesdag — Wohnstag — Woensdag — Wenesdag. Mittwoche. (Haltaus.)
Wolfsmonat. December. (*Haltaus.*)
Worleichnam. Fronleichnam. Landek, am Montag nach Nicomedis im des heiligen Worleichnams wochen, 1499. (H. A.)
Worzumesse. Marie Himmelfahrt. (Man s. Frauentag.)
Wrowen tach zv der schidunge, 1296. (H. A.)
Wulreichsabent, 1360, (H. A.) 3. Juli.
Wurzland. Vorzeland in Siebenbürgen. (Man s. Kron.)
Wurzwye. M. Himmelfahrt. (Man s. Frauentag.)
Wynmonat. October. (*Haltaus.*)

Ylgentag, 1350. (H. A.) — Yligentag, 1352. (H. A.) Egidientag, 1. Sept. — Vreytag nach sant Ylgen tag, 1365. (H. A.)
Ylientag. Egidientag. „ sant Ylien tag der naestchunstig ist. — Geben 1300 des nästen vreytages nach sand Lavrencen tach. “ (H. A.)
Yllgentag, 1374. (H. A.) 1. Sept.
Ypolitentag. Hypolitus, 13. August. (Pilgram.)

Zachereys. Zacharias.
Zatelorden. Cisterzienser Orden. „ Conuent brüder dez Goczhawsez ze Stamms Brichsnär bistum, des ordens von Zatal — 1388 an sand Peter und Pauls abend. “ (H. A.)
Zehentage. Vom Aschermittwoche bis Sonntag Reminiscere. — 1355, des Suntags, so man die Zehentag gewast hat in der Vasten. Sonntag Reminiscere. — Ez geschach an dem Montag, da man zehen Tag gevastet hat. Montag nach Reminiscere. — Friesach, des Freytags in den Zehen tagen in der Vasten. 1344. (H. A.) Freitag vor Reminiscere. — Geben zu Grunberch, Suntags in den zehen Tagen der Vasten, 1341. (H. A.) Sonntag Reminiscere.
Zehentausent Rittertag. 22. Junius. Neumarcht in der Metlik an der zehen Tausent Ritter tag, 1362. (H. A.)
Zeichen. Darunter wird die Indiction verstanden. (Man s. Indiction.)
Zimem vnd Judas, 1347. (H. A) Simon und Judas.
Zinstag — Zistag — Zinst. Dienstag. (Haltaus.) — Zinstag vor sante Laurentien tage, 1329. (H. A.) — Der geben ist vff Zinstag vor Sant Michels des heiligen Erczengels abent nach Cristi Geburt als man zalt 1507. Das Fest des h. Michaels fiel in diesem Jahr auf einen Mittwoch, also war der Abend vorher ein Dienstag.
Zittelorden. — Johann Abbt zu Reun Zittel Ordens im Salzburger Bistum. Cistercienser Orden. (H. A. 1518. 10. Febr.)
Zomermaent. Junius. (Haltaus.)
Zukunft vnsers Herrn — Zu Chunft. Adventzeit. (Frisch.) — Geben dez Sontag als Sich vnsers Herren zu Chunft anhebt, 1356. (H. A.) Ich halte dafür, es bedeute das Fest der Erwartung unsers Herrn, 18. December; Denn das Datum in Urkunden zielt immer nur auf einen bestimmten Tag, und nicht auf mehrere.
Zwanzigste — Zwenzigeste. Die Octav des Dreikönigtags, 13. Jäner. — Herzott, 1435 Sant Hilarientag den man nempt den zwenczigsten Tag zen Wienechten. (Pilgram.) — In einer Urkunde des geh. H. A. vom Jahre 1446. 27. Jäner stehen folgende Worte: „ nebst zu Costencz betädingt vff den zwainczigisten tag nach dem hailigen wichennacht tag das ist vff sant Hilarientage. “ — Hilarientag ist der 13. Jäner. Wenn man den Weihnachttag als den

ersten, und den Hilarientag als den letzten zählt, so sind es gerade zwanzig Tage; zählt man aber diese beide nicht dazu, so sind es achtzehn Tage; Der Zwanzigste ist hier soviel als der Achzehnte, nämlich allezeit der 13. Jäner. — In Schilters Kalendario Alemannico steht beim 13. Januar: *der zwenzegeste tag.*

Zwaier Junchvrowentag. (Man s. Perpetua.)

Zwölfbotentag — Zwölfboten Theilung. Festum diuisionis Apostolorum, 15. Julli. Der zwölff Bothen Tag, al si zusampt wurden. — Aller Apostelen Dag, alse se vorsand worden. — Aller Aposteln Dag. — Der hilge Dag der Apostelen. — Aller zwölff Boten Tag, den man nennet zu latein Dimissionem Apostolorum. — Der Tag der Scheidung der heiligen zwölff Boten. — (Haltaus.) — Geben ze Wels, an der Zwölfbotentag, 1321. (H. A.) — Samstag nach der Zwelifpoten tag zu der tailung, 1444. (H. A.) — Montag nach der heiligen Zwölfbothen Austheilung, 1415. (H. A.) —

Zwölfften — Zwölffte Tag. Dreikönigtag, 6. Jäner. Des Mitichen vor dem Zwelften, 1318. (H. A.) — Strasburg, an dem Zwelifsten tag, 1324. (H. A.) — Geben Prag am Zwölften Tag nach Weyhnachten, 1310. (H. A.) — Geben Innspruk, Samstags nach dem Zwelften tage, 1311. (H. A.) — Wienn an Mentag vor dem Zwelften tag nach Weichnacht, 1367. (H. A.) — Geben an den Zwölften Abende ze Winehten 1319. (H. A.) — Wienn Zinstag nach dem Zwelften tag, 1359. (H. A) — Die nechste Mittwoche nach dem Zwoelfften den man nennet den Obirsten. — Den zwelfteu Tage den man nennet Epiphania, 1369. — Nach der heil. Dreyer Könige Tage, vnd des Zwelften. — Nach dem heiligen Zwoelfften tag nach Weihenachten. — Zwischen hie vnd den zwelfften tage den man nennet Epiphanie. — Heidelberg am Montag nach dem Zwölften Tage Epiphania domini zu latiu genant, 1409. (H. A.) — Kaiserl. Erforderungsschreiben au die Stadt Frankfurt 1451 — „Dieselben Rechttäg auf deu nächsten Montag nach dem zwölften Tage zu Weihenachten zu latein Epiphania Domini genannt.“ (Olenschlagers Urkunden-Buch, Seite 116. —) Der Zwölfte ist eben so, wie der Dreyzehnte der Dreikönigtag, 6. Jäner. — In des Schilters Kalendario Alemannico steht beim 6. Januar: *der zwelfte tag.* — (Man lese hierüber Haltausen.) — Was aber Haltaus aus Schloepkens Chronik &c. anführt: „die sogenannte zwoelfften machen des Jahrs Ausgang vnd Anfang“ hat keinen treffenden Sinn, weil im Mittelalter das Jahr am Weihnachttag anfieng.

Von der Jahrsrechnung oder dem Jahrsanfang.

Da bei Bestimmung der Daten in Urkunden vor andern nöthig ist, die nach Ländern, Provinzen und Städten unterschiedenen Epochen des Jahranfangs zu wissen, so wollen wir dieselben, die größtentheils aus du Fresne's Glossarium übertragen, durch Stellen neuerer Schriftsteller bestättigt, und mit Urkunden des k. k. geh. Hausarchivs bewiesen sind, hier nach der Ordnung anführen.

Die Römer zu Zeiten Romulus nahmen den 1. März — unter Numa hingegen, wie wir heutiges Tags, den 1. Jäner zum Jahrsanfang. — — In der Folgezeit fiengen einige das Jahr um sieben Tage früher an, und zählten vom Weihnachtage, 25. Dezember. — Andere giengen gar bis auf den 25. März, als auf den Tag der Menschwerdung Christi zurück, und fiengen das Jahr um neun Monate und sieben Tage früher an, als wir dermal, so, daß sie z. B. das Jahr 1000 vom 25. März unsers Jahrs 999 rechneten, aus dem Grunde, weil es natürlicher sei, den Tag der Menschwerdung vor dem Tage der Geburt Christi, als den Tag seiner Geburt vor dem Tage seiner Menschwerdung zu setzen. Wieder andere nahmen den 25. März an, aber um drei Monat, weniger sieben Tagen später als wir, nämlich, weil sie das nach unsrer Rechnung vom 1. Jäner genommene Jahr 1000. erst am 25. März anfiengen, da wir es schon am ersten Jäner angefangen hätten. Andere fiengen das Jahr von Ostern, und auch um drey Monate (etwas mehr oder weniger, je nachdem Ostern fiel,) später an, als wir heut zu Tage. So viel überhaupt. — — Nun wollen wir den Gebrauch der Jahrsrechnung besagter Epochen in den Ländern, Provinzen, und Städten besonders anzeigen.

Deutschland.

In Deutschland kömmt dieser manchfältige Unterschied des Jahranfangs sehr oft vor. Vor allen ist anzumerken, daß Karl der Große sich der christlichen Zeitrechnung zu erst in Urkunden zu gebrauchen angefangen habe: „ In diplomatibus Carolus M. æram christianam adhibuit pri„ mus, & quidem in unico pro Metensi S. Arnulphi cœnobio an. 783. apud *Meurisse hist.* „ *des eveques de Metz p. 179.* alias nonnisi aliquoties in rebus rempublicam tangentibus usus. „ (*Schœpflini Alsatiæ diplomaticæ, Parte I. p. 30.*) — Olenschlager (Erläuterung der G. B. Seite 348.) schreibt folgendes: „ Unter den Carolingern waren schon zweyerley Arten von Reichsversamm„ lungen in jedem Jahre gebräuchlich. Eine, worauf die Monarchen das allgemeine Beste des Staats „ mit sämmtlichen hohen und Niedern Ständen in Berathschlagung stellten, ward beym Schlusse „ des Jahrs, so damals noch mit den 25. Merz anfieng, gehalten. „ — Der Gebrauch, das Jahr vom Weihnachttag anzufangen, hat sich in Deutschland, allwo er im X. Jahrhundert aufgekommen ist, lange erhalten. Wippo schreibt in der Lebensgeschichte Konrads II. „ Inchoante anno „ Natiuitatis Christi Rex Chunradus in ipsa regia ciuitate Natalem domini celebrauit. „ — Venericus Vercellensis schreibt in der Apologie Heinrichs IV. „ Vbi tunc dimicatum est in ipsa „ Natiuitatis domini vigilia, quæ tunc obuenerat die Dominica, quando terminum accepit annus „ ab Incarnatione domini 1088. „ — Saxo der Annalist, der seine Jahrbücher bis auf das Jahr 1139. geschrieben hat, fängt jedes Jahr mit Weihnachten an: er sagt z. B. Der Kaiser hat Weihnachten in der Stadt — hernach das Dreikönigsfest in — und nachgehends Lichtmeß in — gefeiert. Hier ist anzumerken, daß, ungeachtet man dem ersten Jäner den neuen Jahrstag hieß, man doch den Anfang des Jahrs von Weihnachten rechnete.

Doch war der Gebrauch das Jahr von Weihnachten anzufangen in Deutschland nicht allgemein: Denn zu

Köln

fieng man das Jahr von Ostern an. Zwar verordnete ein Konzilium, das in dieser Stadt im Jahr 1310. gehalten worden, daß das Jahr künftig, nach dem Gebrauch der römischen Kirche vom Weihnachttag angefangen werden sollte; aber man ließ das nur in geistlichen Sachen, unter der Benennung Stilus ecclesiasticus, gelten; das bürgerliche aber blieb wie vorhin von Ostern an, und wurde Stilus curiæ genannt. Auch die Universität zu Köln hatte ihren eigenen Jahrsanfang, nämlich vom 25. März; und Harzheim versichert, daß dieser Gebrauch noch im Jahr 1428. beobachtet wurde.

Trier.

Zu Trier war der Gebrauch das Jahr vom 25. März anzufangen. Eine Urkunde des k. k. g. H. A. kann den Beweis dazu geben: — Literæ Consensus Bœmundi Archiep. Treuirensis in incorporationem — — *Datum Treveris Anno domini 1360, secundum stilum scribendi in nostris civitate & dioecesi Treverensi die XVI. Februarii.* Weil nun diesem Willbriefe das Diploma Caroli IV. super hac incorporatione de dato *2. Non. Decemb.* (4. Dec.) *1360* ganz inserirt ist, so ergibt sich klar, daß der Triersche Willbrief nicht vom Februar des gemeinen Jahrs 1360 seyn könne, weil sonst das Insertum um etliche Monate später gegeben worden wäre, welches ein Widerspruch ist. — Allein itzt und seit langer Zeit, sagt Brower (Annal. Treuir.) fängt das Jahr am Jäner an. Doch behalten die Notarien in öffentlichen Schriften den Gebrauch bei, das Jahr von 25. März zu rechnen. — Brower im 18. Buche seiner Annalen S. 1052. schreibt: Carolum IX. Gallorum Regem more veteri sublato ad annum 1567. edixisse constat, vt Januariæ Kalendæ annum deinde aperirent, quod etsi hic & alibi passim obtineat, nescio tamen quid Notariis & scribis Treuericis antiquitatis adhæreat, ut de stylo suo & jure concedant, sed iis in publica scriptura 25. Martii dies primus in anno Treuerico maneat.

Lüttich.

Im Bistume Lüttich fieng man das Jahr am Osterabende nach der Kerzweihe an. — Joh. Hocsem, Domherr zu Lüttich, schreibt in Gestis Pontificum Leodiensium cap. I. „ attendendum, quod a tempore cuius memoria non existit, annorum Natiuitatis cumulatio, siue cuiuslibet anni succrescentis initium in cereo consecrato paschali hactenus depingi consueuit, & „ ab illa hora annus dominicus inchoabat, „ — Allein im Jahr 1333, sagt er weiters, wurde dieser Gebrauch in jenen, das Jahr von Weihnachten anzufangen, abgeändert.

Niederlande.

In den Niederlanden fiengen einige Provinzen das Jahr von Weihnachten an, als Geldern, Friesland und Utrecht; aber in Delft, Dortrecht, und in Brabant zählte man es vom Osterabende. In Holland, Flandern und Hennegau war der Ostertag der erste Tag des Jahrs, und auch der Stilus der Notarien in öffentlichen Schriften. Wenn nun die Urkunden vor Ostern ausgefertiget worden, setzten sie, um alle Verwirrung zu vermeiden, dazu: secundum stylum curiæ, oder more Gallicano. Aber seit dem Jahr 1575. fiengen die Niederländer, auf Verordnung Philipp II. Königs in Spanien, das Jahr vom ersten Jäner an. *

* Der spanische Oberstatthalter in den Niederlanden, Don Luis de Requesens, verordnete auf königl. Befehl vom 16. des Brachmonats 1575., das Jahr künftighin mit dem ersten Jäner, und nicht mehr mit dem Ostertag anzufangen. — Ferner heißt es: „ Aus dem Register „der Holländischen Rathschlüsse ist zu ersehen, daß man hier schon seit einigen Jahren das „ Jahr mit dem ersten Jäner angefangen habe. Ich finde auch, daß man bereits im Jahr „ 1532 diese Veränderung des Kalenders bey Hofe durchzutreiben gesucht habe. „ (Allgemeine Geschichte der vereinigten Niederlande, 3. Theil, Seite 264.)

Schweiz

Schweiz.

In der Schweiz rechnete man im XIV. und XV. Jahrhunderte das Jahr vom 1ten Jäner, ausgenommen in der Diözes von Lausanne und in dem Lande de Vaud, allwo man seit dem Basler Konzilium das Jahr vom 25. März anfängt.

Italien.

In Italien war zwar überhaupt der Gebrauch, das Jahr von Weihnachten anzufangen, aber nicht besonders in jedem Staat.

Rom.

Daselbst war ebenfalls Weihnachten zum Jahrsanfang genommen; allein die Päbste behielten nicht immer diesen Gebrauch, wie es in der Zeitfolge der Päbste zu ersehen ist; denn sie pflegten auch das Jahr vom 25. März an zu rechnen. Beweise sind, (die Datarie ausgenommen.) die päbstlichen Bullen überhaupt. — Hier wird folgende Stelle nicht überflüssig seyn, welche die Computationem annorum juxta morem Cancellariæ Papalis beweiset. — *Just. Fontaninus in Vind. antiquor. Diplomat. adversus Germonium &c.* (*Romæ 1705.*) *Lib. 2. Cap. 12. §. 9. pag. 247. seq.* schreibt folgendes: „ IX. In Concilio Tridentino primæ editionis Romanæ per Paulum Manutium „ anni MDLXIIII. — Sessio XXV. dicitur cœpta *die tertia*, absoluta *die quarta Decembris MDLX-* „ *III.* qua Sessione clausum fuit Concilium. Ex Bulla Pii IIII. primæ editionis cameralis per „ Antonium Bladum apparet, post reditum Legatorum e Concilio eundem Pontificem confirmavisse „ decreta Concilii: *In consistorio nostro secreto*, inquit, *illa omnia & singula auctoritate Apostolica Ho-* „ *die confirmavimus.* Et in fine: *Dat. Romæ apud sanctum Petrum anno incarnationis Dominicæ mil-* „ *lesimo quingentesimo sexagesimo tertio, septimo kalen. Februarii.* &c. Negotium facessebat Thomasio, Con- „ cilium absolutum fuisse *die quarta Decembris anni MDLXIII.* atque idem Concilium confirmatum „ fuisse die vicesima sexta Januarii eiusdem anni MDLXIII. undecim scilicet propemodum „ menses priusquam absolveretur. Sed Johannes Ciampinus omnem difficultatem Thomasio sustulit, animadvertens, in actis Concilii communem stilum annorum vulgarium servatum; in „ tabulis vero Cancellariæ Apostolicæ, ad quarum normam data est bulla Pii IIII. annos non a „ Nativitate sed *ab Incarnatione* inchoari, nempe a Martio *; & proinde Januarius anni vul- „ garis MDLXIIII. in Concilio servati, ex stilo Cancellariæ Apostolicæ in bulla Pii IIII. adhuc „ erat anni MDLXIII. qui annus proximo Martio finiebatur. In Concilio Tridentino editionis „ Coloniensis anni MDLXXXVII. bulla Pii IIII. dicitur data anno *millesimo quingentesimo sexagesimo quar-* „ *to*; scioli nempe alicuius audacia, qui stilum Romanum ignorans, ne Concilium confirmatum „ videretur aliquot menses antequam absolutum fuisset, eundem annum inepte emendare seu verius corrumpere ausus est. At verus & legitimus annus, qui eidem bullæ Pii IIII. adpositus „ fuit, ex jam dicta editione Romana camerali luculenter apparet, ubi non numeris, sed lite- „ ris exprimitur hoc pacto: *Millesimo quingentesimo sexagesimo tertio*, cui anno posteriorum edi- „ tionum curatores inhærere, & non illum temere corrigere debuissent. „

* Sollte heißen: a vigesimo quinto Martii, nämlich von der Inkarnazion. Denn die Päbste des fünfzehnten Jahrhunderts fiengen schon das Jahr vom 25. Märzen an, welches zwei beim k. k. g. Hausarchive liegende Bullen des Pabsts Niklas V. klar beweisen. Die erste ist datirt: *Datum Romæ apud Sanctum Petrum Anno Incarnationis dominicæ Millesimo quadringentesimo quinquagesimo primo. Nono Kalend. Aprilis.* (24 März.) *Pontificatus nostri anno sexto.* — Und das Datum der zweiten lautet also: *Datum Romæ apud Sanctum Petrum Anno Incarnationis dominicæ Millesimo quadringentesimo quinquagesimo secundo, octavo Kalend. Aprilis*, (25. März) *Pontificatus nostri anno sexto.* — In der ersten vom 24. März zählt er noch das Jahr 1451. und in der zweiten vom 25. März schon das Jahr 1452. Also war der erste Tag des Jahrs von der Inkarnazion, 25. März. Daß aber beide Urkunden nach heutiger Jahrsrechnung von 1452. sind, beweiset das in beiden gleichlautende sechste Pontificatsjahr, indem Pabst Niclas V. am 18. März 1447 (nach der heutigen Art) gekrönet worden.

Mailand.

Im XIII. XIIII. und XV. Jahrhunderte wurde das Jahr von Weihnachten angefangen. Dù Fresne führt eine Urkund an: Anno a Natiuitate Domini 1397. Indict. I. secundum cursum & consuetudinem ciuitatis Mediolani, 2. Decemb. &c. Die Verordnung der Stadt Mailand (P. I. cap. 109.) lautet also: More Mediolanensi annus incipere consueuit & de cetero incipiat in festo D. N. J. C. & hoc respectu Instrumentorum publicorum & Actorum judicialium, & Indictio in Kalendis Septembr.

Florenz.

Im X. Jahrhunderte fieng man zu Florenz an, das Jahr vom 25. März zu rechnen, und zwar um drei Monate weniger sieben Tagen später, als wie heutiges Tages; und dieses ist der Calculus Florentinus. — Einige Städte und Päbste folgten diesem Gebrauche in ihrem Urkunden und Bullen. Die Florentiner haben denselben bis auf das Jahr 1745. beibehalten, da Franz I. R. Kaiser, als Großherzog, eine Verordnung ergehen ließ, das Jahr 1746. und alle folgenden vom ersten Jäner anzufangen.

* Daß Florenz das Jahr vom 25. März anfieng, kann man einen Beweis aus der Storia di Giovanni Villani Cittadino Fiorentino (in Fiorenza 1587.) nehmen, der das Jahr mit dem 24. März endiget: „ alla fine del detto anno 1337. addì 24. di Marzo &c. „ (*Libro Vndicesimo, Cap. LXXIIII.*) und das folgende Jahr (*Cap. LXXV.*) auf diese Art anfängt: „ L'anno 1338. addì 26. di Marzo &c. „ weiter (*Libro Dodicesimo Cap. CXXII.*) schreibt er von einem gewesenen Erdbeben, wo er sich so Ausdrückt: „ Correndi gli anni del nostro Signore secondo il corso della chiesa MCCCXLVIII. Indi- „ tione prima, ma secondo il nostro della Annunziazione ancora nel MCCCXLVII ad- „ dì 25. di Gennaio — fù Grandissimo tremuto &c. „

Pisa.

Die Art der Pisaner das Jahr anzufangen, weicht von der Art der Florentiner weit ab. So, wie diese das Jahr vom 25. März, das ist, um drei Monate weniger sieben Tage später; so fiengen jene, zwar auch das Jahr vom 25. März, aber um 9. Monate und 7. Tage früher an, als wir heut zu Tage; folglich rechneten die Pisaner um ein ganzes Jahr weiter voraus als die Florentiner. Diese Art, das Jahr anzufangen, war nicht nur allein zu Pisa im Gebrauche, sondern die Städte Luca, Siena, Lodi, und sogar einige Päbste haben sich in ihren Urkunden und Bullen dieser Jahrsrechnung bedienet. Und dieß heißt der Calculus Pisanus. Allein vermög vorgesagter Verordnung haben auch die Pisaner diesen Gebrauch verlassen, und das Jahr vom Jäner angefangen.

Venedig.

Venedig hat seit undenklichen Zeiten das Jahr vom ersten März angefangen; und dieser Gebrauch wird in öffentlichen Schriften befolgt. Z. B. Zwischen Kaiser Ferdinand III. und der Republick Venedig ist, wegen des Postwesens, zu Wien ein Vertrag geschlossen worden; (H. A.) *Viennæ Austriæ die quarta Mensis Januarii, Anno Domini Millesimo Sexcentesimo Quinquagesimosecundo.* Das Datum der Ratification des Herzogs zu Venedig hierüber lautet also; *Date in nostro Ducali Palatio Die XVII. Februarij Indictione V. — M. DC. LI.* Die Ratifikazion geschah also nach unserer heutigen Zeitrechnung am 17. Febr. 1652. — Auch die Indikzion zeigt das Jahr 1652. an.

Spanien.

Sepulveda schreibt von Spanien folgendes: „ Hispani — temporum rationem, ut Roma- „ ni ab urbe condita, sic ipsi ab Augusti Cæsaris Principatu repetere constituerunt, mansitque „ ea consuetudo ad annum usque Christi nati millesimum trecentesimum octogesimum tertium: „ tunc enim lege cautum est a Joanne — ut deinde anni & tempora a Christi natalis die, ve-

lut

„ lut a capite deducerentur omissa AERA Cæsaris — hæc temporum ratio Æra nuncupata, Chri-
„ sti natali triginta octo annis antecedit.„ (*Joannis Genesii Sepulvedæ Operum Vol. I. de Reb. gest. Caroli V. Lib. 1. §. 20. pag. 18.*)

Arragon.

Zu Arragon wurde 1350 festgesetzt, das Jahr von Weihnachten anzufangen und die Kalendas, Nonas und Idus ganz wegzulassen. Vorher war der 25. März der erste Tag des Jahrs nach Art der Florentiner.

Engelland.

In Engelland war vom VII. Jahrhunderte bis in das XIII. der Gebrauch das Jahr von Weihnachten anzufangen. Gervas von Kantelburg, der in diesem Jahrhunderte lebte, sagt: Hac, vt æstimo, ratione inducti sunt omnes fere, qui ante me scripserunt, vt a natali Domini anni sequentis sumerent initium. Indessen scheinet es doch, daß seit dem XII. Jahrhunderte der Gebrauch der Englischen Kirche war, das Jahr vom 25. März anzufangen. Diese Art nahm auch die bürgerliche Jahrsrechnung im XIII. Jahrhundert an, und blieb bis auf die Annehmung des verbesserten Kalenders. Uebrigens muß man in Engelland drei Arten, das Jahr anzufangen, unterscheiden, nämlich das historische Jahr, welches schon seit langer Zeit vom Jäner anfängt; das bürgerliche Jahr, das in öffentlichen Schriften gebraucht wurde, und vom 25. März anfieng; und das liturgische Jahr, das vom ersten Adventsonntage zählte.

Frankreich.

Daselbst erhielt sich der Gebrauch, das Jahr von Weihnachten anzufangen, von den Zeiten Karl des Großen, bis in das X. Jahrhundert. — Bucherius (in Chronologia Regum Franc. sect. 1.) sagt, daß vor dem J. 750. die Jahrsrechnung von Christi Geburt nicht im Gebrauche war; aber nachgehends unter denn Fränkischen Könige Pipin und Karl dem Großen aufgekommen sei. Vor diesem fieng man das Jahr vom ersten März an, wie ein Statut eines im Jahre 755. (Cap. 4.) zu Vern gehaltenen Konziliums bezeiget: vt bis in anno Synodus fiat. Prima Synodus mense primo, quod est Kalend. Martiis, &c. Aber im X. Jahrhunderte war der Gebrauch, das Jahr von Weihnachten anzufangen, nicht mehr so beständig; denn unter dem dritten Geschlechte der Könige in Frankreich war der Gebrauch, das Jahr vom 25. März anzufangen; jedoch nicht um 9. Monate und 7. Tage früher, sondern um 3. Monate weniger 7 Tage später anzufangen, wie es die Worte in Histori. Episcoporum Autisiodorum cap. 76. bezeugen: anno *quinquagesimo tertio* (1353.) *more curiæ romanæ* in Natiuitate Domini, *more autem gallicano* anno *quinquagesimo secundo*. — Bei den Königen, und dem Parlamente zu Paris war es seit dem XIII. Jahrhunderte fast unveränderlich, den Jahresanfang vom Osterabende nach der Kerzweihe zu nehmen. Ueberhaupt schreibt Du Fresne: „ Galli annos Incarnationis & Natiuitatis, quin imo & Passionis promiscue
„ adhibebant seu confundebant; quod exemplis probat Mabillonius cap. 23. n. 8. & 16. „
Aber das königl. Edikt vom Jahre 1563. verordnete, das Jahr vom Jäner anzufangen. Von diesem Edikte redet Mabillon: „ Præiuerat exemplum Gallorum, qui ad vulgarem calculum reuo-
„ cati sunt edicto Caroli IX. quod Kalendis Januarii anni MDLXIII. sancitum in Senatu Pari-
„ siensi nonnisi Kal. Januarii anni MDLXVII. receptum est in morem. At in maiori Cancellaria
„ (sicut Tolosæ & Molinis) statim ab edicto regio, in minori a Kal. Januarii anni MDLXIV. „
Mabillon de re dipl. L. 2. C. 28. p. 174. — In den Provinzen Frankreichs, deren die Engelländer Meister waren, fieng man gewöhnlich das Jahr von Weihnachten an; wenn aber doch von Ostern gezählt wurde, so setzte man dazu: secundum Stylum Franciæ, oder: more gallicano. Z. B. Anno 1448 more scribendi gallicano Indictione vndecima mensis vero marcij die vicesima tertia Vigilia pasche. Pontificatus sanct. in Christo patris Domini Nicolaij pp. Quarti anno secundo. Im Jahre 1448. war der 23. März der erste Tag des Gallikanischen Jahrs. —

In dem k. k. g. H. A. befinden sich einige Urkunden, die die Gallikanische Zeitrechnung des Mittelalters beleuchten. Herzog Leopold III. zu Oesterreich verlobte seinen Sohn, gleichen Namens, mit des Herzogs Philipp in Burgund erstgebohrnen Tochter Margareth. Herzog Philipp änderte mit Einwilligung Herzogs Leopold, des Vaters, seinen Entschluß, und sagte ihm dafür seine zweitgebohrne Tochter Katharina zu. Dieser Brief ist datirt: *Datum Atrebati die XXIX. Januarii Anno domini Millesimo Trecentesimo octuagesimo quarto more Gallicano.* Zugleich verbindet sich Herzog Philipp, diese Heirath am nächsten s. Michaelsfest zu Dijon vollziehen zu lassen. (Weil nun jener Brief vor Ostern gegeben worden, so ist das Gallikanische Jahr 1384. noch nicht geendigt; aber nach der heutigen Zeitrechnung das 1385ste Jahr schon angefangen. Obige Urkund ist also am 29. Jäner 1385. gegeben worden.) — Ueber diesen Heirathsvertrag leistet König Karl in Frankreich Bürgschaft; die Urkund ist datirt: *Datum parisius secunda die februarii. Anno domini Millesimo Trecentesimo octuagesimo quarto. Et Regni nostro quinto.* (Diese Urkund ist nach der heutigen Zeitrechnung den 2. Febr. 1385. gefertiget worden, wie es auch die Regierungsjahre des K. Karls bezeugen.) — Nun konnte die Vollziehung der Heirath am Michaelstag 1385. wegen gewissen Ursachen nicht geschehen, darum bestimmte Herzog Philipp mit Einwilligung des Herzogs Leopold, des Vaters, den Sonntag Septuagesima des künftigen 1386sten Jahrs dazu. Die Urkunde davon ist datirt: *Dat. Gandavi die IIII.ta mensis Januarii Anno domini Millesimo CCC.° Octuagesimo quinto.* (Obgleich der Zusatz more Gallicano nicht beigesetzt ist, so erhellet doch ganz klar, daß die Urkunde den 4. Jäner 1386, nach der heutigen Jahrsrechnung, ausgefertiget worden.) — Aber auch am Sonntage Septuagesima 1386. wurde die Heirath noch nicht vollzogen. Dieser Brief, in welchem der weitere Termin zu Vollziehung der Heirath bestimmt worden, ist abgängig; doch muß diese Vollziehung auf das Weihnachtsfest bestimmet worden seyn, weil eine weitere Erstreckungs-Urkunde vom Herzoge Philipp vorhanden ist, die die Ursach angibt, warum die Vollziehung der Heirath auch am Weihnachtsfest nicht vor sich gehen konnte (cum circa hoc instans festum natalis domini nequeamus personaliter esse,) darum bestimmt' er den s. Johann Baptistentag des künftigen 1387sten Jahres. Die Urkund ist datirt: *Datum in villa nostra de Sclusa in Flandria die prima Novembris Anno domini millesimo CCC.° octuagesimo sexto.* In diesem Jahr 1386. ist Herzog Leopold der Vater (den 9. Jul.) gestorben, wie dessen in diesem Briefe gedacht wird: contigeritque dictum (Leopoldum Ducem Austrie) ante solennizacionem prefati matrimonii diem suam clausisse extremum. —

Noch mehr von dieser Heirath. Herzog Philipp in Burgund, und Herzog Albrecht zu Oesterreich, Oheim des jungen Leopolds, verweisen die abgeredeten 20000. Franken jährlicher Einkünfte von der Ehesteuer und dem Leibgeding der Braut Katharina auf einige Vesten und Städte; diese Urkund ist datirt: *Acta fuerunt hec Divioni decima septima die Mensis Septembris Anno domini Millesimo Trecentesimo Octuagesimo Septimo.* Aber eine andere Urkunde von eben diesem Herzoge Philipp wodurch er den noch ausständigen Termin zur Anweisung 4000 Franken Einkünfte für Leibgeding bis auf das künftige Michaelisfest erstreckt, ist datirt: *Dat. Milliaci in wastineto die nona Martii. Anno domini M° CCC.° octogesimo septimo.* (Weil sich diese leztere Urkund auf die vorhergehende vom 17. Septemb. 1387. bezieht: „in castris, villis, Castelanijs, locis & „pertinentijs, in litteris super dictis tractatibus confectis, plenius declaratis „ so ist sie *more Gallicano*, obschon sich der Ausdruck nicht dabei befindet, zu verstehen, und nach der heutigen Jahrsrechnung den 9. März 1388. gefertiget worden.) — Aus diesen Beispielen erhellet, daß man in den Urkunden, die in Frankreich, oder in denen Frankreich angränzenden Ländern, wie Burgund, datirt sind, auf die Monate Jäner, Hornung, März und April acht haben müsse, wenn gleich nicht allemal *more Gallicano* beigesetzet ist. Die übrigen Monate und Tage nach Ostern kommen mit unserer heutigen Zeitrechnung überein. —

Folgendes Notariats-Instrument (eben daselbst im H. A.) über des Königs in Frankreich, Karls VII. Erstreckung des Termins zur Vollziehung der Heirath zwischen Herzog Siegmunden zu Oesterreich ꝛc. und der Tochter des K. Jakobs in Schottland, Eleonora, ist wegen der gallikanischen Zeitrechnung sehr merkwürdig; es lautet also: — *Quod Anno — Millesimoquadringentesimoquadragesimooctavo more scribendi gallicano Indictione undecima mensis vero marcij vicesima tercia vigilia Pasche post benedictionem cerei. Pontificatus — domini Nicolay — pape Quarti Anno secundo. — — Acta fuerunt hec Turonis.* — Also hat das 144[illegible]ste Gallikanische Jahr sich am Charsamstage den 23. März nach der Kerzenweihe angefangen, und die Urkund ist an demselben Tage ausgefertiget worden. — Noch sind zwei Briefe eben allda vorhanden, die die Gallikanische Jahrsrechnung beleuchten. Der Friede zwischen Kaiser Friederich III. und dem Herzog Karl zu Burgund: *Datum in felicibus castris prefati Illustrissimi D. Ducis Burgundie &c. contra Nansium Die decima septima mensis Novembris Anno Domini Millesimo quadringentesimo septuagesimo quinto.* Und des Herzogs Karl zu Burgund Ratification: *Datum in civitate bisuntini Die ultima mensis Januarii Anno domini millesimo quadringentesimo septuagesimo quinto more Gallico.* Aus diesem erhellet, daß das 1475. gallikanische Jahr in der Ratification noch nicht geendet gewesen. Der Friede ist also vom 17 November 1475, und die Ratification vom 31. Jäner 1476.

Aquitania.

Zu Aquitanien war immer der Gebrauch, das Jahr vom 25. März anzufangen. Mabillon sagt: „ Ad hæc tempora Franci annum ducebant a Paschate, præterquam Aquitani, qui ab Annunciatione dominica, id est, a die 25. Martii anni incipiebant. „ *Mabillon, de re dipl. L. 2. C. 23. pag. 174.*

Languedok.

Vaissette beweiset, daß man in Languedok im XII. XIII. und XIIII. Jahrhunderte das Jahr von Ostern angefangen habe.

Narbonne.

Zu Narbonne fieng man das Jahr von Weihnachten an.

Delphinat.

Daselbst rechnete man bis zu Ende des XIII. Jahrhunderts fast immer das Jahr von 25. März; im XIIII. hingegen meistens von Weihnachten an; ein Brief des Erzbischofs zu Lion (Hist. Dalphin. tom. 2. p. 540.) ist datirt: Datum Romanis die vigesima nona Decembris 1347. a Natiuitate.

Provenze.

In der Provenze war im XV. Jahrhunderte der Gebrauch, das Jahr von Weihnachten anzufangen.

Besanzon.

Zu Besanzon fieng man das Jahr bei den weltlichen Gerichten vom 25. März an; bei den Geistlichen aber, wenigstens im XV. Jahrhundert, vom Jäner.

Mümpelgard.

Zu Mümpelgard fiengen einige das Jahr vom Jäner, andere erst vom 25. März an.

Lothringne.

Im Herzogthum Lothringen ist im Jahre 1580 von Herzog Karl III. verordnet worden, das Jahr von Jäner anzufangen.

Hungarn.

In Hungarn pflegte man das Jahr im eilften Jahrhunderte, das ist, von Könige Stephan, als den ersten christlichen Könige, am 25. März oder Inkarnazion anzufangen: „ *Anno* „ *Dominicæ Incarnacionis* Millesimo primo Indictione XV. Anno Stephani Primi Regis Vngarorum „ secundo. “ — Denn der römische Gebrauch, das Jahr von der Inkarnazion oder vom 25. März an zu zählen, der um diese Zeit in mehrern verschiedenen Ländern üblich war, hatte damals großen Einfluß auf Hungarn, weil die christliche Religion durch eben diesen König Stephan erst eingeführt worden. Dieser Brauch dauerte bis über die Hälfte des dritten Jahrhunderts; und auch zu Anfange desselben findet sich noch dieser Jahrsanfang: „ Hemericus d. g. Hungarie — Rex —. „ Datum *Anno ab incarnacione* domini. M. CC. II. “ — Und König Andreas bestättigte diesen Brief: „ Datum *ab incarnacione* domini. M.CC.XXI. “ (H. A.) — Dieser nämliche K. Andreas gab eine Urkunde: „ Datum *Anno ab incarnacione* domini M.CC. vndecimo. “ — Das Capitulum

lum Chasmensis ecclesie gibt ein Vidimus hierüber: „ Datum feria quarta proxima post festum pentecostes *Anno domini* M.CCC. octuagesimo quarto. " (H. A.) — Also fieng dieses Kapitel das Jahr vom 25. Dezember oder Weihnachten an. — Vom Könige Bela *IV*. der mit seinem Vater K. Andreas *II*. zugleich regierte, ist folgendes Datum: „ Bela d. g. Rex primogenitus regis Hun-„ garie — Datum per manus Mathie prepositi Zagrabiensis aule nostre cancellarii. *Anno gracie*. „ M.CC.XX.IX. " (H. A.) — Und von seinem Vater K. Andreas: „ Nos A. Hungarie Rex — „ Actum *verbi incarnati anno* M.CC.XXX. Regni autem nostri anno XX Septimo. " (H. A.) — „ Fernerhin einer vom K. Bela: — Bela — Datum *Anno ab Incarnacione* Millesimo. Ducen-„ tesimo. Quadragesimo secundo. Quintodecimo Calendas. Aprilis. Regni autem nostri Anno sep-„ timo. " (H. A.) — Aber ein Jahr später scheint er schon das Jahr von Weihnachten angenommen zu haben? „ Datum *Anno domini*. M.CC.XLIII.IX. Kal. februarii. Regni autem nostri anno „ Octavo. " (H. A.) — Und in einer andern Urkunde vom nämlichen Jahr und Tage findet sich abermal der Ausdruck: „ *Anno gracie*. M.CC.XLIII.IX. Kalend. februarii. Regni autem nostri „ anno Octavo. " (H. A.) — In diese Zeit fällt ungefähr der Gebrauch, das Jahr von Weihnachten anzufangen, indem er forthin mit dem Ausdruck *anno domini* seine Urkunden datirte. Nur sein Sohn Stephan, der mit ihm zugleich den königlichen Titel führte, datirte im J. 1259. von der Inkarnazion: „ Nos Stephanus d. g. Rex primogenitus illustris Regis vngarie — Datum *an-„ no ab incarnacione* domini Millesimo CC.L. Nono. " (H. A.) — Dieses ist vielleicht die letzte Urkunde, die in diesem Jahrhundert von der Inkarnazion datirt vorkömmt; die spätern Urkunden haben alle den Ausdruck: *Anno domini*. Und von dieser Zeit an datirte man immer, bis auf die neueren Zeiten, von Weihnachten, oder 25. Dezember.

Griechische Zeitrechnung.

Da die Konstantinopolitanische oder Griechische Zeitrechnung, die sich des Jahrs der Welt gebraucht, in der deutschen Diplomatik selten vorkömmt, so ist auch nur das wenige anzuführen, wie man das Jahr Christi erörtern soll. Das Glossarium des Du Fresne hat zwar Tabellen (Siehe, Annus.) der verschiedenen Zeitrechnung, und also auch der Griechischen, aus welchem es das Werk L'art de verifier les dates, und aus diesem Hr. Pilgram entlehnet, die aber zu meiner vorgesetzten Absicht in diesem Werk nicht stimmen, weil ich nicht gesonnen bin, mit längst bearbeiteten Sachen das Volumen zu vergrössern. Doch ist nöthig zu wissen, daß sie annehmen, bis auf das Jahr Christi wären 5508 Jahre verflossen. Will man nun das J. C. erforschen, so ziehe man die 5508 Jahre von denen in der Urkunde gegebenen Jahren der Welt ab, hiemit zeigt die entspringende Zahl das Jahr Christi. Z. B. in dem k. k. g. H. A. befindet sich ein Brief des Patriarchen zu Konstantinopel also datirt: *Datum in Constantinopoli a creatione mundi sex millesimo Nongentesimo XLIII. mense marcio*. Wenn man nun 5508 von 6943 abzieht, so bleibt 1435, als das Jahr Christi, in welchem dieser Brief gefertiget worden. Auf ähnliche Weise erhält man das Jahr der Welt (nach der Griechischen Zeitrechnung), wenn man zu dem Jahre Christi die Zahl 5508 zusetzt; Z. B. gegenwärtig schreibe man 1786; setzet man noch 5508 hinzu, so entspringt das Jahr der Welt 7294. Der Jahrsanfang der Griechischen Zeitrechnung ist der erste Tag des Septembers, und mit dem nämlichen Tage fängt auch ihre Indiction an.

Soviel von der Jahrsrechnung verschiedener Länder und Städte. Hier liefern wir noch Beispiele aus Urkunden des k. k. g. H. A. welche die Zeitrechnung in Deutschland beleuchten.

Rudolph I.

Römischer König.

Des römischen Königs Rudolf I. Urkunde, mit welcher er seine Söhne Albrecht und Rudolf mit dem Herzogthum Oesterreich ꝛc. belehnte, hat folgendes Datum: *Datum in Augusta VI. Kal. Januarii* (27. Dezember) *1282*. Und in seinem Befehle an die gesammten Vasallen ꝛc. des Herzogthums Oesterreich, daß dieselben seinen mit diesem dem Reiche heimgefallenen Herzogthume feierlich belehnten Söhne alle Treu und Gehorsam leisten sollen, lautet es also: *Datum Augustæ IV. Kal. Februarii* (29. Jäner) *1282*. Weil nun dieser Befehl, in welchem von der feierlichen Belehnung Meldung geschieht, den 29. Jäner 1282. gegeben worden, so kann das Datum der Belehnung nicht vom Jahre 1282. 27. Dezember verstanden werden, sondern es erhellet klar, daß man da-

mals

mals das Jahr vom 27. December anzufangen pflegte, und also, nach der heutigen Jahrsrechnung die Belehnung 1281. 27. Dezember geschehen, und der Befehl darauf 1282. 29. Jäner erfolget sei. — Aber nicht allemal wurde diese Art, das Jahr vom 25. Dezember anzufangen beobachtet, wie folgendes Beispiel hinlänglich beweiset. In dem Schiedspruche des röm. K. Rudolf zwischen Grafen Gebhard zu Hirschberg und Grafen Meinhard zu Tirol über ihre wegen der im Gebürge und Innthal gelegenen Güter fürgewalteten Irrungen, spricht er unter andern aus, daß Gebhard und seine Mutter auf diese Güter Verzicht thun sollen: *Datum Vlme VII. Kal. Junii* (26. Mai) *1282*. Und der Verzichtbrief auf diese Güter seiner Mutter, Sophia Gräfinn von Hirschberg, welchen sie zu Augspurg in Gegenwart des K. Rudolfs gegeben hat, ist: *Actum & datum Auguste in die sanctorum Innocentum* (28. Dezember.) *1282* In dieser Urkund also ist das Jahr nach heutiger Art angefangen worden; denn sonst hätte sie den Verzichtbrief schon im Jahre 1281. den 28. Dezember gegeben, bevor er wäre verlangt worden.

Friedrich der Schöne,

Römischer König.

Heinrich von der Lippe, Benesch von Michelsberg ꝛc. verbinden sich mit dem röm. K. Friedrich dem Schönen; das Datum davon lautet also: Der ist gegeben ze wienn 1318. an sand Johannstag ze Wihenachten (27. Dezember) — Daß diese Urkunde (nach der heutigen Jahrsrechnung) schon im J. 1317. gegeben worden sei, beweiset eine andere, mit welcher sich Rennut von Luchtenburg, Smile von Primislaw und Heinrich der junge von der Lippe mit dem röm. K. Friedrich „eben so verbinden, wie sich Heinrich von der Lyppe, Benesch von Michelsberg ꝛc. verbunden „haben.“ Diese Urkund ist gegeben: Zum Dürrenholz, Samstag nach dem Obristen Tag (7. Jäner) 1318. Da sich nun die zweite auf die erstere bezieht, so muß die erste 1317. den 27. Dezember, und die zweite 1318. den 7. Jäner gegeben worden seyn.

Albrecht,

Herzog zu Oesterreich.

Datum Wienne dominica ante Circumcisionem domini (31. Dezember.) *1358*. Weil Albrecht schon im Julius 1358. gestorben, so kann dieser Brief nicht vom Ende dieses Jahrs seyn, sondern vom vorigen 1357.

Rudolph IV.

Erzherzog zu Oesterreich.

(Diese Anmerkung ist vom sel. Hofrath von Rosenthal.)

In dem beim k. k. geh. H. A. aufbewahrten Registerbuche, worinn nach dem vormaligen löblichen Gebrauche, die vom Herzog Albrecht *II.* zu Oesterreich, und dessen erstgebohrnen Sohn Erzherzoge Rudolph *IV.* ausgefertigten Briefe vollständig eingeschrieben sind, findet sich eine von erwehnten Rudolph dem Jungfrauenkloster zu Königsfeld im Ergau ertheilte Bestättigung ihrer Freiheiten eingetragen, welche von Wienn am Tage des h. Silvester (31. Dezember.) 1360, seines Alters im 21sten vnd seines Gewalts im 2ten Jare, datirt ist. Seine Geburts- und Regierungsjahre geben klar zu erkennen, daß dieser Brief (nach der heutigen Jahrsrechnung) 1359. gefertiget worden sei, mithin das Jahr 1360 bereits den 25. Dezember 1359 angefangen habe. P. Steyerer, der gedachtes Registerbuch eingesehen, und daraus nebst vielen andern Urkunden auch diese Königsfeldische in Druck gegeben, hat schon auf diese Zeitrechnung achtgehabt, dabei aber doch den unnöthigen Zweifel angehängt, ob nicht vielleicht der Schreiber im Jahre sich geirret habe. Dieser Zweifel würde ihm niemals eingefallen seyn, wenn er wahrgenommen hätte, daß das ganze Registerbuch nicht weiter, als bis zum Ende des Jahrs 1359 reichet, und der nächst vorgehende Brief von der Vigilia Nativitatis Domini 1359 ist, der Schreiber aber die Zeitordnung, wie es P. Steyerer selbst bekennet, ziemlich beobachtet habe.

Ein anderes Beispiel giebt der Bundsbrief des Erzherzogs Rudolf, nebst seinen Brüdern Friedrich, Albrecht und Leopold, und den gesammten österreichischen Landschaften, mit den Königen zu Hungarn und Polen: *datum & actum Posonii ultima die mensis decembris 1362*, welcher nach der heutigen Jahrsrechnung nicht vom letzten Tage des 1362sten, sondern nothwendig des 1361sten Jahrs zu verstehen ist, indem Herzog Friedrich zu Oesterreich, der diesen Brief mitgefertiget hatte, schon den 10. Dezember 1362 starb. P. Steyerer, bei dem dieser Brief im Druck zu finden ist, meint zwar eben dieser Ursache wegen, daß durch Unachtsamkeit des Schreibers in dem Monate gefehlt seyn müsse, und er will daher statt des Decembers den Hornung 1362 einschieben; allein dergleichen willkührliche Aenderungen sind nicht nur überhaupt allzukeck und bedenklich, sondern es wird auch hier die Richtigkeit des angeführten Datums durch den Auszug des Grafen von Wurmbrand bekräftigt, welcher diesen Brief unter den Privilegien der Niederösterreichischen Stände zu seyn bezeuget, und denselben ohne Zweifel in ihrem Archive, wozu er den freien Zutritt hatte, selbst gesehen haben wird. P. Steyerer hätte sich also vielmehr erinnern sollen, was er nur etliche Bläter vorher bei erwehnter Urkunde vom Tage des heil. Silvester 1360 angemerket hat, daß nämlich der Jahrsanfang schon vom 25. Dezember gerechnet worden sei.

Eben diese Rechnungsart hat des Erzherzog Rudolfs Gemahlinn und hinterlassene Wittwe, Katharina, in einem Brief: **Datum Wienn am Mentag vor dem Ebenweichtag** (das ist vor dem Fest der Beschneidung Christi) 1366 beobachtet, wodurch sie alle fahrenden Habe und Kleinoden, die derselben nach dem Tode ihres Gemahls zugefallen waren, ihren Schwägern Herzogen Albrecht und Leupold zu Oesterreich, überläßt, und darauf Verzicht thut. In diesem Briefe führet sie als Wittwe noch den Titel, **Herzoginn ze Oesterreich, ze Steyer, ze Kernden, vnd ze Krain, Grefinn ze Tirol** ꝛc.; mithin kann derselbe nicht später als vom Ende des nach der heutigen Art gerechneten Jahres 1365 seyn; denn, weil sie sich bereits im Märzen 1366 mit dem Markgraf Otten von Brandeuburg wieder vermählt hat, und schon ein Brief vom Samstage vor s. Marien Magdalenen Tag 1366 vorkömmt, worinne sie **Markgrefinn zu Brandenburg** genennet wird, so hätte sie am Ende desselben Jahrs 1366 den wittiblichen Titel von Oesterreich nicht mehr führen können. — So weit Hr. von Rosenthal.

Karl IV.

Römischer Kaiser.

Lehenbrief K. Karl IV. — **Geben zu Metze nach Christus geburte 1357, des nehesten Freytags vor dem h. Jarestag, vnnserr Reiche in dem Eylfften nnd des kaisertums in dem andern Jare.** Die Regierungsjahre zeigen es, daß dieser Brief (nach unserer Jahresrechnung) 1356 den 30. Dezember gefertiget worden sei.

Karolus — Date Prage 1350. 24. Julii — Regnorum nostrorum Romani anno quinto, Boemie vero quarto. Und: *Karolus — Dat. Prage 1350. VII. Kal. Jan.* (26. Dezember.) *Regnorum nostrorum Anno quarto.* Weil er in der letzten Urkunde noch das vierte Jahr seiner Krönung zum röm. Könige nennet, und in der ersten schon das fünfte zählet, muß in der zweiten (nach der heutigen Jahrsrechnung) das Jahr 1349 verstanden werden.

Albrecht und Leopold, Brüder,

Herzoge zu Oesterreich.

Sie ersuchen den röm. Köniz Wenzel um die Bestättigung ihrer unter sich gemachten Ländertheilung. Der Brief des Herz. Albrechts ist datirt: **gegeben ze Wienn an Mitichen vor dem Prehemtag** (4 Jäner) **nach kristes geburd 1380.** Der des Herzogs Leopold: **gegeben zu Graecz an Sampcztag in der heiligen Weichnachten nach krists geburt 1380.** Und des röm. Königs Wenzel Bestättigung darüber **von sant Antoniustag** ebenfalls von 1380. Weil es aber nicht anders seyn kann, als daß die Bestättigung später, als die beiden Briefe, worinn darum gebethen wird, ausgefertiget wurde, so muß des Herzogs Leopold Brief vom Jahr 1379 zu nehmen seyn, und derselbe das 1380ste Jahr schon am 25. Dezember 1379 angefangen haben.

Albrecht,

Herzog zu Oesterreich.

In folgender Urkunde von ihm ist mit dürren Worten ausgedrückt, wann er das Jahr angefangen hat. Sie ist datirt: Geben ze Wienn an Sand Blasien tag 1412. Darinn sind folgende Worte enthalten: das ist das gegenwürttig Vierczehen Hundertist vnd zwelifft Jar das sich vecz ze Weichnachten hat angeuangen — und weiter unten, nach Auzgang des gegenwurttigen Jares, das sich zu den nechstkumftigen Weichnachten enden wirdet, —

Albrecht II.

Römischer König.

Von ihm sind vier Briefe vorhanden, die zur nämlichen Absicht dienen. K. Albrechts Befehl an die Städte Ulm, Gemünd, Lindan ꝛc.: Geben Breßlau an Johannis Evangelisten Tag, 1439. — Brief wegen eines Zuschlags vom 1000 Gulden ꝛc. Geben Breßlau, Dinstag nach Johannis Evangelisten Tag 1439. — Lehenbrief für Oswalden Mare über die Vogtei zu Pousteten: Geben Breßlau Sontag nach Johannis Evangelisten, 1439. — Comitiua &c.: *Dat. Wratislauie 29. Dec. 1439.* Da nun K. Albrecht schon am 25. October 1439 gestorben, folglich vom Dezember keine Urkunde mehr vorfindig seyn kann, so muß diese vom Jahre 1438 verstanden werden, weil man damals das Jahr vom 25. Dezember anfieng.

Ein Gebothsbrief des röm. K. Albrechts II. an einige Reichsstädte: Geben zu Preßlaw — Nach cristi gebnrt vierzehenhundert Jar vnd darnach In dem Neun vnd Dreissigisten Jaren an Sant Johanns des Heiligen Ewangelisten tage In den weihennachten vnnserr Reiche ꝛc. In dem ersten Jare. Darüber gab Bischoff Peter zu Augspurg ein Vidimus, welches also datirt ist: der geben ist am fritag vor Sant Pauls tag Conversionis zu Latin genannt Nach crist geburt vierzehenhundert vnd darnach Im Neunvnddreissigisten Jare. Aus diesem erhellet klar, daß der Gebothsbrief (nach der heutigen Jahrsrechnung) im J. 1438 den 27. Dezember gefertiget worden sei, weil im Jäner 1439 das Vidimus darüber gegeben worden. Auch das Regierungsjahr und sein Tod giebt einen Beweis davon ab.

Ladislaus,

König zu Hungarn und Böheim.

Daß er das Jahr vom 25. Dezember angefangen habe, beweiset folgendes Datum seiner Urkunde: Wir Lasslaw von gots gnaden zu Hungarn, Behem — Kunig — Geben zu Wienn an Sambstag vor dem Ebenweich tag (30. Dezember) vierzehenhundert, darnach im drewnndfunfczigisten. — Darüber gab der Abbt Stephan zum Schotten zu Wienn ein Vidimus, also datirt: an freitag nach der heiligen dreyer kunig tag (12. Jäner) vierczehundert Jar vnd darnach in dem drewvndfunffczigisten Jare. Es wäre überflüßig, etwas mehr darüber zu sagen.

Hernach ist vermerkcht, wie unser gnedigster Herr Kunig Lasslaw an Phinecztag des Newn Jarsabent mit den hungerischen herrn geredt hat, 1457 — Ungeachtet hier der New Jarsabent genennt wird, so ist doch das Jahr vom 25. Dezember angefangen worden, und diese Unterredung 1456. 30. Dezember geschehen, weil der König 1457 im November gestorben ist. — In einer Urkunde des Königs Ladislaus zu Hungarn und Böhmen steht: „ auf zwei Jahre so sich „ von den nächstvergangenen Weyhnachten des gegenwärtigen 1456sten Jahrs angefangen. " Und das Datum ist: Wien an Mitichen vor sant Antonien 1456. (H. A.)

Friedrich III.

Römischer Kaiser.

Von Kaiser Friedrich III. findet man verschiedene Urkunden, daß zu seiner Zeit das Jahr vom 25. Dezember angefangen habe. Der Gebotsbrief des röm. K. Friedrichs an die Stadt Schaffhausen ist datirt: Mittwoch nach s. Thomastag in Weyhnachten 1450. Ueber diesen Brief gab der Abbt Niclas zu S. Blasy ein Vidimus, datirt: Mittwoch nach Quasimodogeniti 1450. Das Datum also des Gebotbriefs Mittwoch nach s. Thomastag in Weyhnachten (welches S. Thomas Cantuariensis 29. Dezember ist,) kann hier nicht vom Dezember 1450, nach der gemeinen heutigen Art, das ist, vom Ende des Jahrs 1450 seyn, weil sonst wider alle Möglichkeit das Vidimus früher als das Vidimatum wäre; sondern es ist hier der noch zu Ende des Jahrs 1449, und zwar damals auf den 31. Dezember eingefallene Mittwoch nach s. Thomastag in Weyhnachten zu verstehen, als welcher schon zum Anfange des Jahrs 1450 gerechnet worden, wo sodann im April 1450 das Vidimus ausgefertiget worden. — In einer Bestättigung der Freiheiten des Markts Hofkirchen in Oesterreich: Wienn am Sambstag nach allerchindlein tag 1482, dienen die beigesetzten Regierungsjahre des Kaiserthums im 30sten, des Römischen Reiches im 42sten, und des Hungerischen im 23sten, zum hauptsächlichen Beweise, daß dieser Brief, nach der heutigen Jahrsrechnung, 1481 den 29. Dezember, welcher damals der Samstag nach Allerkindlein Tage war, gefertiget worden sei. Die römischen Reichsjahre fangen an vom 6. April, 1440; die kaiserlichen vom 19. März, 1452; und die hungarischen vom 4. März, 1459.

Ein anderes Beispiel ist der Tödtbrief einer Gegenverschreibung des Simon Oberheimer, wegen der ausgehabten Pflege von Falkenstein in Oesterreich vom Freitag sannd Stepfanstag in den heiligen Weichnachtfeiertagen 1484, des Kaisertums im 32sten, des römischen Reichs im 44sten, vnd des Hungrischen im 25sten Jare, worinn sowohl der beigesetzte Wochentag des damaligen Stephansfestes, als auch die nach vorgewiesener Richtschnur gezählten Regierungsjahre zeigen, daß dieser Brief den 25sten Dezember des nach der itzigen Art gerechneten Jahres 1483, in welchem der Stephanstag auf einem Freitag gefallen, ausgefertiget worden, mithin das Jahr 1484, der damaligen Gewohnheit nach, bereits den Tag vorher zu laufen angefangen hatte. (Ueber diese drey Urkunden hat Hr. v. Rosenthal die bereits angeführte Anmerkung gemacht.)

Das Datum des Bündnisses zwischen dem K. Friedrich und Könige Ludwig XI. in Frankreich ist ebenfalls noch anzuführen: „ In cuius rei testimonium Nos Imperator predictus has lit-„ teras sub vtriusque majestatum nostrarum Sigillorum appensione fecimus munirj In Andernaco, „ die *Vltima mensis decembris Anno domini millesimo quadringentesimo septuagesimo quinto. Regnorum* „ *nostrorum Romani tricesimo quinto, Imperii vicesimo tercio, Hungarie vero decimo sexto.* Et nos „ Ludouicus Rex francorum predictus easdem litteras pariSius sigillari fecimus die decima sep-„ tima mensis Aprilis Anno dominj millesimo quadringentesimo septuagesimo quinto. Et Regni „ nostri XIIII." Die Regierungsjahre des Kaisers beweisen, daß er das Jahr vom 25. Dezember rechnete. Also ist das Datum des Kaisers vom Jahre 1474. 31. Dezember, und des Königs in Frankreich vom Jahre 1475. 17. April, weil Ostern schon vorbei war.

Maximilian,

Römischer Kaiser.

Daß Kaiser Maximilian I. den nämlichen Gebrauch gehalten habe, erhellet aus der Privilegienbestättigung der Stadt Neustadt in Oesterreich vom Suntag in der heiligen weihnechtfeyrtegen 1491, seines Römischen Reichs im fünften, und des Hungrischen im ersten Jahre. Denn weil die röm. Reichsjahre am Donnerstag nach Juvocavit (16. Febr.) 1486, als dem Tag seiner Erwählung anfangen, und die Hungarischen nicht erst von Zeit des Presburger Vertrags mit K. Wladislaen zu Hungarn vom Montage nach Leonardi (7. Nov.) 1491, sondern von seiner hungerischen Wahl 1490 her gerechnet werden, wie man es aus verschiedenen Urkunden beweisen kann, so äussert sich ganz klar, daß gedachte Bestättigung in dem nach der heutigen Art gerechneten Jahre 1490, den 26. Dezember, als dem Sonntage in den Weihnachtfeiertagen ausgefertiget worden sei. (Anmerkung des Hrn. von Rosenthal.)

Wir

Wir Maximilian von Gottes Gnaden Erczherzog zu Oesterreich — Der geben ist zu Ache an Sannct Thomas dag Cantuariensis nach Christi unsers lieben herren geburt Dusent vierhundert achzick vnd Sechs Jare. Weil Maximilian den röm. königlichen Titel noch nicht führte, und doch schon im April 1486 als röm. Kaiser gekrönet worden, so beweist es wiederum, daß er das Jahr von Weihnachten angefangen habe.

Des Kaiser Maximillians Testament fängt also an: Am dreissigisten tag Decemb. anno ꝛc. im Neunzehendten (1519) Jar haben Wir Maximilian Erwöllter Römischer Kaiser ꝛc. vnnser Testament — Und die Fertigung ist: Mit vrkhundt geben in vnnser Stat Welß am Sechsten tag Januarj zwischen Neun vnd Zehen vor Myttag anno. ꝛc. Im Neunzehenden. Hieraus erheller abermal, daß das Jahr vom 25. Dezember angefangen worden, weil Maximilian darauf den 12. Jäner zu Wels gestorben ist.

Karl V.

Römischer Kaiser.

Den lessten tag des Monats Decembris Nach Cristi vnnsers lieben Herrn geburde im Funfftzehenhundert und eingang des dreissigisten Jares. Hier ist der Ausdruck deutlich, daß das Jahr vom 25. Dezember angefangen habe, und die Urkund im Jahr 1529. 31. Dezember (nach unserer Jahrsrechnung) gefertiget worden sei.

Ferdinand I.

Römischer Kaiser.

Geben in vnnser Stat Wien am Neunundzwainzigisten tag Decembris im eingang des Funffunddreissigisten Jars Vnnser Reiche des Romischen im vierten vnd der andern im Neunten. (1534. 29. Dezember.)

Datum in vnnser Stat Wienn den 28sten tag des Monats Decembris des eingehenden fünfundvierzigisten Jars. Ebenfalls klar ausgedrückt, daß das Jahr vom 25. December angefangen, und die Urkund im J. 1544. 28. Dezember gegeben worden sei.

Ueber die Epochen

von Annehmung des

Gregorianischen

und

Verbesserten Kalenders.

Der Gregorianische Kalender hat seinen Anfang im Jahre 1582. den 4. October genommen. Damals wurden 10. Tag ausgelassen, und statt des 5. sogleich der 15. gezählet.

Dieser Einrichtung des Kalenders folgten zur nämlichen Zeit die Königreiche Spanien, Portugal und der größte Theil von Italien, die zu gleicher Zeit diese 10 Tage übersprangen. In Frankreich wurde dieser Uebersprung von 10. Tagen etwas später, nämlich den 10 Dezember, gemacht, so, daß man (nach der Verordnung Heinrich des Dritten vom 3. November) statt des 10. alsogleich den 20. Dezember zählte.

Im nämlichen Jahre hat der Herzog von Alenzon, ein Bruder des Königs in Frankreich, dem einige Niederländische Provinzen die oberste Gewalt angetragen haben, den Ständen von Brabant, Geldern, Flandern, Mecheln und Frießland gebothen, den Gregorianischen Kalender anzunehmen, so daß sie den 15. Dezember Weihnachten feyern sollten. Braband, Flandern, Hennegau und Holland unterwarfen sich dem Gebothe; aber Geldern, Zütphen, Utrecht, Frießland, Gröningen und Ober-Yssel nahmen es nicht an. Das Jahr darauf 1583, nach dem Abzug des Herzogs, verordnete Philipp II. K. in Spanien den 17 Provinzen, daß sie, um den Uebersprung von 10 Tagen zu machen, statt des 12. Februar, sogleich den 22. zählen sollten, dadurch wäre der 22. Februar der Aschermittwoch nach dem Gregorianischen Kalender. Allein die Verordnung des Königs wurde eben so wenig befolgt, als jene des Herzogs. — Lange Zeit darnach, nämlich im Jahre 1700. kamen die Stände zu Utrecht zusammen, und beschlossen, den 24. Julius den Verbesserten Kalender der Protestanten in Deutschland anzunehmen, so, daß sie statt des ersten Dezembers durch Auslassung 11 Tagen sogleich den 12. Dezember zählten. Diesem Beispiele folgten die übrigen Provinzen; und seit diesem ist die Zeitrechnung der beweglichen und unbeweglichen Feste in Niederlanden mit den übrigen übereinstimmend.

In Deutschland stellte Rudolph II. den gesammten Ständen auf dem Reichstag zu Augsburg 1582. den 27. Junius vor, den Gebrauch des Gregorianischen Kalenders anzunehmen; allein die Stände kamen nicht überein. Doch fügten sich die katholischen Stände im folgenden Jahre 1583; die übrigen blieben noch bey dem Alten, ausgenommen die Stadt Strasburg, welche auf Befehl des Königs in Frankreich den Gregorianischen Kalender im Jahre 1682. den 5. Februar annahm. Endlich tratten die protestantischen Stände im Jahre 1698. zusammen, um zu berathschlagen, wie der Sache abzuhelfen wäre; und fiengen alsogleich an, wegen einen neuen Kalender Vorkehrungen zu treffen. Auf solche Weise ward allen protestantischen Ständen in Deutschland im J. 1699 den 13. Sept. aufgetragen: im künftigen Jahre 1700 die letzten 11 Tage im Februar zu übergehen; diese wurden nach dem 18. Febr. übersprungen, so, daß man statt des 19. sogleich den ersten März zählte. Das Fest Mathias wurde den 18 Febr. gefeyert. Kraft dieses Entschlusses erschien im Jahre 1700. der neue Verbesserte Kalender, welchen Weigel, Mathematikus zu Nürnberg, für richtiger hält als den Gregorianischen. Da diese beiden Kalender in der Art, das Osterfest zu bestimmen, von einander unterschieden sind, indem man sich bey dem Gregorianischen der ziklischen Rechnung, und bei dem Verbesserten der astronomischen bedienet, um den Ostervollmond eines jeden Jahrs zu finden, so sind sie in Ansehung des Osterfestes schon zweimal in diesem Jahrhunderte von einander abgewichen, das einemal im Jahre 1724, und das anderemal 1744. In diesen beiden Jahren feyerten die Katholischen das Osterfest acht Tage später als die Protestanten. Der nämliche Unterschied würde sich 1778. gezeigt haben, und 1798. noch zeigen; allein, da alsdann das Osterfest nach der astronomischen Rechnung mit den Juden müßte gefeyert werden, welches der Nicäni,

schen

schen Kirchenversammlung zuwider wäre; so haben die Protestantischen Stände durch einen Schluß vom 30. Jäner 1735 festgesetzet, in beiden Jahren das Osterfest acht Tage nach der Juden Ostern zu halten, nämlich im Jahre 1778 den 19. April statt des 12. und im Jahre 1798 den 8. April statt des ersten. Und da nach der ziklischen Rechnung in diesen beiden Jahren das Osterfest, auf eben diese Tage fällt, so kommen die Katholiken und Protestanten in Feyerung desselben mit einander überein. Doch haben die Protestanten diesen ihren Verbesserten Kalender nicht auf immer, sondern nur auf die Zeit, bis der Gregorianische von seinen Mängeln gereiniget seyn wird, angenommen.

In der Schweiz wurde der Gregorianische Kalender von den katholischen Kantonen und Städten, nach und nach angenommen. Lucern, Uri, Schweiß Freyburg und Soloturn nahm ihn schon im Jahre 1583 an. Unterwalden aber erst im J. 1584. — Aber Zürch, Bern, Glarus, Basel, Schafhausen, S. Gallen, Graubündten, Bienne, Mülhausen, Genf, und die Grafschaft Neuschatel behielten noch den Julianischen. In Appenzell wurde der Gregorianische im Jahre 1584 eingeführt; allein, als darüber ein Aufruhr entstund, übernahm der protestantische Theil im Jahre 1590. wiederum den Julianischen. Die protestantischen Stände in Deutschland luden endlich die Schweizer ein, mit ihnen wegen des Kalenders gemeine Sache zu machen. Darüber kamen sie im Jahre 1700 zu Regenspurg zusammen, und beschlossen den Verbesserten anzunehmen. Diese waren Zürch, Bern, Basel und Schafhausen. Der Anfang geschah den 12. Jäner 1701, indem sie die ersten 11 Tage übersprungen hatten: und von dieser Zeit an kommen sie, was den Kalender betrift, mit den Katholischen überein. Die Städte, als Genf, Bienne, Mülhausen, Neufchatel, Turgau, Sargans und Rheinthal nahmen ihn auch an; aber Glarus, und der protestantische Theil von Appenzell behält noch immer den Julianischen. S. Gallen hat erst im Jahr 1724 den Verbesserten angenommen. Graubündten bedient sich auch noch immer des Julianischen, die Katholischen ausgenommen. In Toggenburg, im Bezirk von S. Gallen, gebrauchen sich die Katholiken des Gregorianischen, die Protestanten des Julianischen.

In Hungarn haben sich die Stände 1587, 1. November gegen Kaiser Rudolphen als König von Hungarn erklärt, den Gebrauch des Gregorianischen Kalenders nicht anders als in Ansehen Seiner anzunehmen: Volentes tamen se pie & clementi suæ Maiestatis admonitioni accommodare, non refragantur quidem, ut deinceps noui & reformati Calendarii usus sit, hoc tamen per expressum declaratum esse volunt, se illud nullius alterius, quam sola & unica Regia suæ Maiestatis authoritate, in productum admittere &c. (*Articuli statuum & Ordinum Regni Hungariæ iuxta reformatum Calendarium 1. Nov. veteris vero Calendarii ad vigesimum secundum Octobris 1587. Posonii conclusi.*)

In Böhmen wurde der Gregorianische Kalender zwar alsogleich eingeführt: allein in den Memoires du Maréchal de Bassompierres &c. Tom. I. p. 92. lieset man folgendes: „Dans la ville „ de Prague le nouveau Calendrier se pratique, mais dans la campagne, parmi les Hussites, il „ ne s'observe point; de sorte que le Carême-prenant etant passé à Prague, (1604.) il dura „ encore dix jours de plus à la campagne, — „

In Polen wollte der König Stephan Bathory im Jahre 1586. den Gregorianischen Kalender einführen; dagegen setzte sich Riga und machte einen Aufstand, welcher bald gedämpft wurde, worauf ihn das ganze Königreich annahm.

In Schweden wurde der Verbesserte Kalender 1753, 1. May eingeführt, nach vorhergegangener Berathschlagung 1752, 24. Februar.

In Dännemark wurde der Gregorianische Kalender gleich im Jahre 1582 angenommen — Allein im Jahre 1699 vereinigte sich dieses Reich mit den protestantischen Ständen in Deutschland, und nahm durch eine königl. Verordnung vom 20. December den Verbesserten Kalender an.

In Engelland wurde im Jahre 1751 zu Westmünster durch ein Edikt bekannt gemacht, daß künftigen Jahrs statt des dritten Septembers der 14. gezählt werden solle. Daher hatte das Jahr 1753 einen gleichen Anfang mit dem unserigen; und von diesem Jahr an kömmt die Zeitrechnung in Engelland mit der in Deutschland überein.

Zur gänzlichen Gleichförmigkeit, in Ansehung des Kalenders, ist nichts mehr zu wünschen übrig, als daß das Russische Reich und der übrige kleine Theil der Schweiz, den neuen Kalender noch annähme. Nach dem Alten, den sie bis jetzt gebrauchen, sind die unbeweglichen Feste von dem unsrigen in diesem Jahrhundert um eilf Tage unterschieden, und in den folgenden werden sie es um zwölf Tage seyn. Die beweglichen Feste fallen zuweilen auf einen Tag mit den unserigen; zuweilen entfernen sie sich aber auf fünf Wochen von denselben.

Zur Bequemlichkeit und leichtern Auffindung, wann die verschiedenen Reiche, Provinzen 2c. den neuen Kalender angenommen haben, liefern wir hier ein alphabetisches Verzeichniß davon:

Appenzell. Die Katholiken nahmen den Gregorianischen Kalender im Jahre 1584 an; die Protestanten bedienen sich noch immer des Julianischen oder Alten.
Artois nahm den Gregorianischen 1582 den 15. Dezember an.
Baden in der Schweiz nahm den Verbesserten 1701 den 12. Jäner an.
Bern den Verbesserten 1701 den 12. Jäner.
Bienne in eben demselben Jahr und Tage.
Brabant den Gregorianischen 1582 den 15. Dezember.
Britannien den Verbesserten 1752 3. September.
Dänemark den Gregorianischen 1582. — gebrauchte sich dessen bis auf das Jahr 1699, da es beschlosse, den Verbesserten anzunehmen.
Deutschland. Die Katholischen nahmen den Gregorianischen 1583 an; die Protestanten den Verbesserten 1700, 1. März.
Engelland. — S. Britannien.
Flandern nahm den Gregorianischen 1582, den 15. Dezember an.
Frankreich den Gregorianischen 1582, den 10. Dezember.
Freyburg in der Schweiz den Gregorianischen 1583.
Friesland den Verbesserten 1700, 23. Dezember.
Geldern nahm den Verbesserten 1700, 12. Dezember an.
Genf den Verbesserten 1701, 12. Jäner.
Glarus bedient sich noch immer des Alten.
Graubündten behält noch immer den Alten; die Katholischen ausgenommen.
Gröningen nahm den Verbesserten 1700, 12. Dezember an.
Hennegau den Gregorianischen 1582, 15. Dezember.
Holland den Gregorianischen 1582. 15. Dezember.
Hungarn den Gregorianischen 1587, 1. November.
Lucern den Gregorianischen 1583.
Mecheln den Gregorianischen 1582, 15. Dezember.
Mühlhausen nahm den Verbesserten 1701, 12. Jäner an.
Neufchatel den Verbesserten 1701, 12. Jäner.
Niederlanden. Ein Theil nahm den Gregorianischen 1582, den 14. Dezember, und der andere den Verbesserten 1700, 12. Dezember an.
Ober-Yssel nahm den Verbesserten 1700, 12. Dezember an.
Polen den Gregorianischen 1586.
Portugal nahm den Gregorianischen 1582, 4. October an.
Rheinthal den Verbesserten 1701, 12. Jäner.
Rußland bedient sich noch immer des Julianischen.
S. Gallen nahm den Verbesserten 1724. an.
Sarganz den Verbesserten 1701, 12. Jäner.
Schafhausen den Verbesserten 1701, 12. Jäner.
Schweden den Verbesserten 1753, 1. März.
Schweiz der Kanton, den Gregorianischen 1583.
Spanien den Gregorianischen 1582, 4. October.
Straßburg den Gregorianischen 1682, 5. Febr.
Toggenburg. Der katholische Theil bedient sich des Gregorianischen, der protestantische des Alten.
Turgau nahm den Verbesserten 1701, 12. Jäner an.
Unterwalden nahm den Gregorianischen 1584 an.
Uri den Gregorianischen 1583.
Utrecht den Verbesserten 1700, 12. Dezember.
Zürch den Verbesserten 1701, 12. Jäner.
Zütphen den Verbesserten 1700, 12. Dezember.

Ver-

Verzeichniß
der
Feste und Tage
der
Heiligen.

Hier ist anzumerken, daß, da mehrere Feste der Heiligen unter einem Namen in diesem Verzeichniße vorkommen, derjenige Heilige, in Absicht auf die Urkunden, den übrigen am meisten vorzuziehen sei, der mit einem Sternchen * bezeichnet ist, wenn nicht ein Zusatz oder Ausdruck bei dem Namen des Heiligen, oder einige Umstände in der Urkunde selbst, es anders verlangen.

A.

Aronus, 16. April.
Aaron primus Sacerdos ordinis Leuitici, 1. Julii.
Abachum M. 19. Jan.
Abacuc, 19. Jäner.
Abagarus, 5. Novemb.
Abda Ep. M. 31. Martii.
Abdias propheta, 14. Junii. — 19. Nouemb.
Abdella, M. 21 April.
Abdenago, 24. Apr.
Abdiesus Diac. M. 22. Apr.
Abdon und Senuen (Abdon & Sennen MM.) 30. Jul.
Abedechalas & Ananias, presbyteri, 21. Apr.
Abel, 2. Jäner.
Abercius Ep. Hier. 22. Octob.
Abibonis inuentio, 3. Aug.
Abibus vel Abibo diacon. M. 15. Novemb.
Abigail, 5. Dezember.
Abilius Ep. Alex. 12. Febr.
Abraham eremita, 15. Mart.
Abrahamitæ monachi, 8. Julii.
Abraham C. 15. Julii.
Abraham, Patriarch, 9. Octobr.
* Abraham, Isaac und Jacob, 6. Octob.
Abraham, 19. Dec.
Absalon M. 2. Mart.
Absolon, 2. Septemb.
Abudemius M. 15. Julii.
Abundantius M. 1. Mart.
Abundantius diac. M. 16. Sept.
Abundius diac. M. 10. Dec.
Abundius Ep. Comensis, 3. April.
Abundius presb. Abundantius Diacon. Marcianus & Joannes MM. 16. Sept.
Abundius & Petrus presbyteri MM. 8. Junii.
Abundus M. 26. August.
Acacius Ep. 9. Apr. — Acacius presb. M. 27. Nou.
Acathius centurio M. 8. Maii.
Acætius M. 28. Julii.
Accursius M. 16. Januar.
Acepsimas Ep. M. 12. Apr.
Achatius M. 17. Mai.
* Achatius cum Sociis, 22. Junii. — In Hung. 6. Novemb.
Achillas Ep. Alexandr. 7. Nouemb.
Achilleus diac. M. 24. April.
* Achilleus M. 12. Mai.
Acht und achtzig Martyrer, 11. Febr.
Acisclus & Victoria MM. 17. Nouemb.
Acrontius, 27. Julii.
Acindynus M. 20. Apr.
Acyndinus, Pegasius, Aphtonius, Elpidephorus; Anempodistus, & Soc. MM. 2. Nov.
Acisclus & Victoria MM. 17. Nov.
Acisolenus, 18. Nou,
Acutius M. 19. Sept.
Acydias M. 29. Maii.
Acyllinus M. 17. Julii.
* Adalbertus Archiep. Prag. 23. Apr. Eiusdem Translatio Pragam, 23. Aug. In Hung. celebratur 6. Nov.
Adalbertus Archiep. Magdeb. 20. Junii.
Adalbertus M. 13. Febr.
Adam formatus, 23. Mart.
Adam primus homo, 1. Sept.
* Adam und Eva, 24. Dezemb.
Adamnanus Conf. 14. Mart.
Adauctus M. 30. Aug.

Adaucus M. 7. Febr.
Adelardus, Abb. 2. Jan.
Adelbertus Conf. 25. Junii.
• Adelgunda, 30. Jäner.
Adelgundis V. 30. Jan.
Adelheid, 16. Dec.
Adelmus Beicht. 27. Jän.
Adelphus Ep. Met. Conf. 29. Aug.
Aderitus Ep. Rauenn. Conf. 27. Sept.
Adiutor M. 18. Dec.
Adiutus M. 6. Jan.
Ado Ep. Viennens. 16. Dec. — In Treuir. 14. Novemb.
Adolarius, 21. April.
Adolphus, 17. Junii.
• Adolphus, 29. Aug.
Adria M. 2. Dec.
• Adrianus M. 4. Mart.
Adrianus Ep. Lindisfarn. 31. Aug.
Adrianus M. 8. Sept.
Adrio, Victor & Basilla, MM. 17. Maii.
Aduentor, 20. Nou.
Aduentius Ep. 4. Febr.
Aduentus S. Michaelis, 8. Maii.
Aduentus Sancti Spiritus, 15. Maii.
Adulphus & Joannes fratres MM. 27. Sept.
Aedesius M. 8. April.
Aegydius, 1. Sept.
Aeithala & Jacobus Presbyteri, MM. 10. April.
Aemilia, 5. April.
Aemiliana V. 5. Jan.
Aemiliana M. 30. Junii.
Aemilianus M. 8. Febr.
Aemilianus miles, Tertulla & Antonia VV. MM. 29. April.
Aemilianus Miles M. 29. April.
Aemilianus M. 18. Julii.
Aemilianus Ep. Vercell. 11. Sept.
Aemilianus Conf. 11. Octob.
Aemilianus presb. 12. Nouemb.
Aemilianus M. 6. Dec.
Aemilius, Felix, Priamus & Lucianus, MM. 28. Maii.
Aemilius & Castus, 22. Maii.
Aemilius M. 6. Octob.
Aetherius Ep. Vienn. Conf. 14. Junii.
Aetherius M. 18. Junii.
Aetherius Ep. Autisiod. Conf. 27. Julii.
Aetius miles M. 11. Mart.
Afra M. Brixiens. 24. Maii.
Afra M. 5. Aug. — Conversio S. Afrae, 26. Octob.
• Afra M. Augustana, 7. Aug.
Africanus M. 10. April.
Affrodius Conf. 22. Mart.
Afrodoxius, 23. Mart.
Agabius Ep. & C. 4. Aug.
Agabus propheta, 13. Febr.

Aagape V. & M. 15. Febr.
Agape & Chionia VV. MM. 3. Mart.
Agape, Chionia & Irenes VV. MM. 1. Apr.
Agapitus Papa, 22 April.
Agapitus Papa, 20. Sept.
Agapetus diac. & Sixtus, 6. Aug.
• Agapitus M. 18. Aug.
Agapitus Ep. Rauenn. Conf. 16. Mart.
Agapitus Ep. Synnadae 24. Mart.
Agapitus M. 1. April.
Agapius & Secundinus Epp. 29. Apr.
Agapius Conf. 10. Sept.
Agapius M. 20. Nou.
Aggaeus M. 4. Jan.
Agatha J. und M. 5. Febr.
Agathangelus M. 23. Jan.
Agatho Papa, 10. Jan.
Agatho exorcista, 14. Febr.
Agatho & Triphina MM. 5. Julii.
• Agatho M. 7. Dec.
Agathoclia ancilla, M. 17. Sept.
Agathodorus Ep. M. 4. Mart.
Agathonica, 23. Junii.
Agathonica ancilla M. 17. Sept.
Agathonicus, Zoticus, & Soc. MM. 22. Aug.
Agathopodes diac. & Theodulus lector, 4. Apr.
Agathopus M. 23. Dec.
Agericus Ep. Verdun, & Conf. 1. Dec.
Aggaeus M. 4. Jan.
Aggaeus Propheta, 4. Julii.
Agilbertus M. 25. Jun.
Agileus M. 16. Maii.
Agileus M. 15. Octob.
Agilolphus Archiep. Colon. M. 9. Julii.
Aglahe matrona 5. Junii.
Aglibertus M. 24. Junii.
Agnellus Abb. 14. Dec.
• Agnes J. und M. 21. Jäner. — Der Acht f. Agnesen, 28. Jäner.
Agnes Secundo, 28. Jan.
Agnes V. Politianen. 20. Apr.
Agnes de monte Politiano, 16. Sept.
Agnes, 10. März.
Agoardus & Aglibertus MM. 24. Junii.
Agobartus Ep. Lugd. 6. Junii.
Agratus Ep. Vienn. 14. Octob.
Agricola Ep. Conf. 17. Mart.
• Agricola & Vitalis, 4. Nou.
Agricola M. 30. Nou.
Agricola M. 3. Dec.
Agrippina V. & M. 23. Junii.
Agrippinus Ep. Neapol. 9. Nou.
Agritius Ep. Treuir. 13. Jan.
Aibertus monach. 7. April.
Aichardus Abb 15. Sept.
Aidanus Ep. 31. Aug.
Aiena M. 11. Nou.

Algulphus Abb. & Socii MM. 3. Sept.
Aithalas presb. M. 22. April.
Alaudia V. M. 22. Octob.
Albanus, 1. Mart.
* Albanus M. 21. Junii.
Albanus Ep. 6. Sept.
Albanus M. 1. Dec.
Albericus. Ep. 22. Octob.
Albertina V. 23. Julii.
Albertus Conf. 7. April. Item 7. Maii.
Albertus Ep. 24. Apr.
Albertus Carmelita, Conf. 7. Aug.
Albertus Ep. Leodiens. M. 21. Nou.
* Albertus Magnus, 15. Nou.
Albertus Ep. & Card. 24. Nou.
Albina V. &. M. 15. Dec.
Albina vidua, 31. Dec.
Albinus M. in Anglia, 22. Junii.
* Albinus Ep. Andegau. 1. Mart. — Translatio prima, 30. Junii, secunda 25. Octobris, tertia 1. Mart.
Albinus in Anglia, 23. Mart.
Albinus Ep. Lugdun. & M. 15 Sept.
Albuinus Ep. Brix. 5. Febr.
Alcibiades, M. 2. Junii.
Alcuinus Abb. 19. Maii.
Aldebrandus Ep. Fossembron. 1. Maii.
Aldegundis A. 30. Jan.
Aldelmus Ep. 25. Maii.
Aletranus M. 31. Jan.
Alexander & alii 38. coronati 9. Febr.
* Alexander Ep. Hierosol. 18. Mart.
Alexander Ep. Alexandr. 26. Febr.
Alexander & Felix cum Soc. 26. Febr.
Alexander Ep. Firm. & M. 11. Jan.
Alexander M. 27. M.
Alexander P. Euentius & Theodulus presbyteri, MM. 3. Maii.
Alexander miles & Antonina V. 3. Maii.
Alexander Ep. Veron. 4. Junii.
Alexander Ep. Fesulan. M. 6. Junii.
Alexander & Caius, MM. 10. Mart.
Alexander miles M. 13. Mart.
Alexander & Theodorus, MM. 17. Mart.
Alexander & Secundus, MM. 26. Aug.
Alexander ex leg. Thebæor. M. 26. Aug.
Alexander Ep. Constantinop. 28. Aug.
Alexander Ep. & M. 26. Nou.
Alexander & Fratres eius, 10. Julii.
Alexander & Epimachus, 12. Dec.
Alexander & Sisinius MM. 29. Maii.
Alexander, Abundius, Antigonus & Fortunatus MM. 27. Febr.
Alexander & Attalus MM. 24. Apr.
Alexander & Antonina MM. 8. Junii.
Alexander cognom. Carbonarius, MM. 11. Aug.
Alexandra, Claudia, Euphrasia, Materona, Euphemia, Theodosia, Derphuta, & eius Soror, MM. 20. Mart.
Alexandra V. M. 18. Maii.
Alexandri duo MM. 24. Mart.
* Alexius Conf. 17. Julii.
Alexius, 17. Febr.
Alfericus Abb. 12. April.
Alfferus, 12. April.
Aliben vnd Sonien, 30. Julii.
Alipius Ep. 12. Aug.
Allart, Abb. 2. Jan.
Almachias M. 1. Jan.
Allerheiligentag, 1. Nouemb.
Aller Seelentag, 2. Nouemb.
Alphæus & Zachæus MM. 17. Nou.
Alphius, Philadelphus & Cyrinus MM. 10. Maii.
Alphius M. 28. Sept.
Alpinianus & Austriclinianus Presbyteri, 30. Junii.
Alto Abb. 9. Febr.
Amalberga vidua, 10. Julii.
Amadeus, 26. Octob.
Amaley oder Amalia, 8. October.
* Amandus Ep. 26. Octob.
Amandus vel Amantius Ep. 4. Nou.
Amandus Ep. Burdigal. 18. Junii.
Amandus Ep. Traiect. 6. Febr.
Amantius diac. 19. Mart.
Amantius & Alexander, MM. 6. Junii.
Amantius Presb 27 Sept.
Amantius Ep. Ruthenorum, 4 Nou.
Amantus Ep. 4. Nou.
Amanus Conf. 19. Nou.
Amaranthus M. 7. Nou.
Amator Petrus & Ludouicus, MM. 30. Apr.
Amator Ep. Autisiod. 1. Maii.
Amator Ep. Augustod. 26. Nou.
Amatus, 28. Apr.
Amatus Ep. & Conf. 31. Aug.
Amatus Presb. & Abb. 13. Sept.
Ambicus, Victor & Julius MM. 3. Dec.
Ambrosius Ord. Prædic. 20. Mart.
* Ambrosius Ep. & Eccl. D. 4. April. — Ordinatio eius, 7. Dec.
Ambrosius Centurio, M. 16. Aug.
Ambrosius Ep. Caturcen. 16. Octob.
Ambrosius Abb. 2. Nou.
Amelberga V. 10. Julii. — Amelberga maghet, 10. Jul.
Ammia, 31. Aug.
Ammianus M. 4. Sept.
Amygdius Ep. & M. 5. Aug.
Ammona, 12. Sept.
* Ammon diacon. & quadraginta Virgines MM. 1. Sept.
Ammon, Theophilus & Neotherius MM. 8. Sept.

Ammonaria V. Mercuria, Dionyſia & altera Ammonaria mulieres MM. 12. Dec.
Ammon, Zenon, Ptolomeus, Ingenes, & Theophilus milites MM. 20. Dec.
Ammonius miles M. 18. Jan.
Ammonius & Alexander MM. 9. Febr.
Ammonius Lector M. 26. Mart.
Ammonius, 20. Dec.
Amnas, 2. Junii.
Amon Ep. Tullens. 23. Octob.
Amor Conf. 5. Dec.
Amos Propheta, 31. Mart.
Ampelius M. 11. Febr.
Ampelius Ep. Mediol. 8. Julii.
Ampelius & Caius MM. 20. Nou.
Amphelicus, 21. Apr.
Amphianus M. 2. Apr.
Amphilochius dux & Chronida MM. 27. Mart.
Amphilochius Ep. Iconii 23. Nou.
Amphion in Cilicia, Conf 12. Jun.
Ampliatus, Vrbanus & Narciſſus MM. 31. Octob.
Anacetes M. 16. April.
Anacharius Ep. Antiſiodor. & Conf. 25. Sept.
Anacletus P. & M. 26. April.
* Anacletus P. & M. 13. Julii.
Ananias E. & M. 25. Jan.
Ananias Presb. 27. Mart.
Ananias M. 1. Dec.
* Ananias, Azaria & Miſael pueri, 16. Dec.
Anaſtaſia V. 12. Febr.
Anaſtaſia Senior V. & Cyrilus MM. 28. Octob.
* Anaſtaſia M. cum CCLXX. 25. Dec.
Anaſtaſii duo MM. 13. Auguſt.
Anaſtaſius monach. 11. Jan.
Anaſtaſius Sinaita Ep. Antioch. 21. April.
* Anaſtaſius Papa 27. April.
Anaſtaſius M. 21. Aug.
Anaſtaſius Ep. Brixienſis, 20. Maii.
Anaſtaſius Ep. Papiens. 30. Maii.
Anaſtaſius, Porphyrius & Socii MM. 11. Maii.
Anaſtaſius Presb. Felix monach. & Digna V. 14. Junii.
Anaſtaſius Ep. Iteramn. 17. Aug.
Anaſtaſius presb., Placidus, Geneſius & Soc. MM. 11. Octob.
Anaſtaſius Ep. Antioch. M. 21. Dec.
Anaſtaſius & Vincentius MM. 22. Jan.
Anathalon Ep. Mediol. 25. Sept.
Anatholia V. & Audax MM. 9. Julii.
Anatolianus M. 6. Febr.
Anatolius Ep. Laodiceæ 3. Julii.
Andeolus Presb. & M. 1. Maii.
Andeolus Subdiacon. & M. 1. Maii.
Andochius Conf. 26. Febr.
Andochius, Thyrſus & Felix, MM. 24. Sept.
Andreas Corſinus Ep. Feſulan. 6. Jan.
* Andreas Apoſtolus, 30. Nou.
Cathedra eius 5. Febr.
Vocatio Andreæ & Petri; 28. Febr.
Eius Translatio Conſtantinopolim, 30. Martii.
— — — Amalphim 9. Maii.
Andreas Auellin. 10. Nou.
Andreas Ep. Florentin. & C. 26. Febr.
Andreas & Socii, milites MM. 19. Aug.
Andreas, Joannes, Petrus & Antonius MM. 23. Sept.
Andreas & Benedictus MM. 27. Julii.
Andreas M. 3. Junii.
Andronicus, 5. April.
Andronicus & Anaſtaſia eius Coniux, 9. Octob.
Andronicus M. 11. Octob.
Anectus M. 27. Junii.
Anempodiſtus M. 2. Nou.
Anemundus, Ep. Lugdun. 28. Sept.
Aneſius M. 31. Mart.
* Angeli cuſtodes, 2. Octob.
Angelus M. 13. Octob.
Anianus Ep. Aurelian. 17. Nou.
Eiusdem Translatio, 14. Junii, & 16. Octob.
Anicetus Papa, M. 17. April.
Anicetus, Photinus & alii M. 12. Aug.
Animonius M. 31. Jan.
Aniſia, M. 30. Dec.
Anianus Ep. Alexand. 25. Apr.
Anna Propheti...a, 1. Sept.
* Anna, 26. Jul.
Annon E. Colon. & Conf. 4. Dec.
* Annunciatio B. V. M. * 25. Mart. — & 18. Dec.
Anſadus M. 1. Dec.
Anſanus, 2. Sept.
Anſanus M. 1. Dec.
Ansbertus Ep. Rothomag. 9. Febr.
Anſcharius Ep. Hamburg. 3. Febr.
Ansgarius Ep. Bremens. 3. Febr.
* Anſelmus Ep. Lucenſis, 18. Mart.
Anſhelmus Ep. Mantuan. 18. Mart.
Anſelmus Ep. Cantuar. 21. April.
Anſelmus Ep. Bellicen. 26. Junii.
Anſouinus Ep. Camerini 13. Mart.
Anterius Papa M. 3. Jan.
Anthelmus Ep. Bellicens. 26. Junii.
Antheros Papa, 3. Jan.
Anthimus, Leontinus & Eupreplus MM. 27. Sept.
* Anthimus Ep. Nicomed. & M. 27. April.
Anthimus Presb. & M. 11. Maii.
Anthimus M. 27. Sept.
Antholianus M. 6. Febr.
* Anthoninus M. 3. Sept.
Anthuſa V. 27. Julii.
Anthuſa ſenior nobilis femina M. 22. Aug.

Anthuſa

Anthusa iunior M. 27. Aug.
Antidus Ep. Bisunt. M. 25. Junii.
Antigonus M. 17. Febr.
Antinogenes M. 24. Julii.
Antiochus Medicus M. 14. Julii.
Antiochus & Cyriacus, MM. 25. Julii.
Antiochus Ep. Lugdun. 15. Octob.
Antiochus M. 13. Dec.
Antipas M. 11. Apr.
Antolinus, 3. Sept.
Antonia, V. M. 19. Apr.
Antonia M. 4. Maii.
Antonina M. 1. Mart.
Antonina V. M. 3. Maii.
Antonina M. 12. Junii.
Antoninus ex legione Thebæor. M. 30. Sept.
Antoninus & Celsus, 9. Jan.
Antoninus Abb. Cassin. 14. Febr.
Antoninus Ep. Florentin. 2. Maii.
Antoninus Archiep. 10. Maii.
• Antoninus M. 3. Sept.
Antoninus, Seuerinus, Diodorus & Dion MM. 6. Julii.
Antoninus Ep. Mediolan. 31. Octob.
Antoninus, Zebina, Germanus & Ennatha V. MM. 13. Nou.
• Antonius Eremita, 17. Jan.
Antonius Abbas. 17. Jan.
Antonius Conf. 10. Mart.
Antonius Martyr, 10. Apr.
Antonius, Merulus, & Joannes, 17. Jan.
Antonius Patauinus, 13. Junii.
Antonius presb. 9. Jan.
Antonius Ep. Constantinop. 12. Febr.
Antonius Ep. & Conf. 15. Maii.
Antonius monach. 28. Dec.
Anysia M. 30. Dec.
Anysius Ep. 30. Dec.
Apelius, Lucas & Clemens MM. 10. Sept.
Apelles & Lucius discipuli, 22. Apr.
Aphraates anachoreta, 7. Apr.
Aphrodisius, 22. Mart.
Aphrodisius, Catilippus, Agapius & Eusebius MM. 28. Apr.
Aphradisius presb. & alii triginta MM. 30. Apr.
Aphryx, 21. Octob.
Aphtonius M. 2. Nou.
Apodemius, M. 16. Apr.
Apollinaris Virgo, 5. Jan.
Apollinaris Ep. Hierapolitan. 8. Jan.
• Apollinaris Ep. Rauenn. M. 23. Julii.
Apollinaris Conf. 7. Febr.
Apollinaris Ep. & M. 23. Aug.
Apolinaris Ep Valentiæ, 5. Octob.
Apollio M 29. Apr.
Apollo, Isacius & Crotates MM. 1. Apr.
Apollonia V. & M. 9. Febr.
• Apollonius & Leontius Episcopi, 19. Mart.
Apollonius, 8. Apr.
Apollonius Presb. Alexandr. 10. Apr.
Apollonius Senator, M. 18. Apr.
Apollonius, Leonides, Arius, Gorgius, Hipparchus, Irenes & Pambo MM. 5. Junii.
Apollonius, Brixiæ Ep. 7. Julii.
Apollonius M. 10. Julii.
Apollonius & Eugenius MM. 23. Julii.
Apostelstheilung, 15. Julius.
Apparitio s. Michaelis, 8. Maii.
Appianus M. 30. Dec.
Aprilis, peregrinus, M. 22. Aug.
Aproniamus M. 2. Febr.
Aprus Ep. Tullensis, 15. Sept.
Apuleius M. 7. Octob.
Aquila V. 29. Mart.
Aquila M. 20. Maii.
Aquila & Priscilla MM. 8. Julii.
Aquilianus M. 2. Maii.
Aquilina V. & M. 13. Iunii.
Aquilinus, Geminus, Eugenius, Marcianus, Quinctus, Theodorus & Tryphon, MM. 4. Jan.
Aquilinus presb. M. 29. Jan.
Aquilinus, Geminianus, Gelasius, Magnus & Donatus MM. 4. Febr.
Aquilinus Ep. Eborac. 39. Octob.
Aquilinus & Victorianus MM. 16. Maii.
Aquilus Conf. 27. Mai.
Arabia, M. 13. Mart.
Arason, 29. Nou.
Arator presb. Fortunatus, Felix, Siluius & Vitalis MM. 21. Apr.
Arbogastus, 21. Jul. (Arbogastus Ep. Argent. 21. Julii.)
• Arcadius M. 12. Jan.
Arcadius Ep. 4. Mart.
Arcadius, Paschasius, Probus & Eutychianus MN, 12. Nou.
Archademus M. 12. Jan.
• Archadius Ep. 12. Jan.
Archelaus, Cirilus & Photius MM. 4. Mart.
Archelaus Ep. in Mesopot. 26. Dec.
Archillaus, 23. Aug.
Archinimus, Conf. 29. Mart.
Archippus b. Pauli commilito, 20. Mart.
Arcontius M. 4. Sept.
Ardalio vel Ardolion, mimus, M. 14. Apr.
Aredius 15. Aug.
Aregius Ep. 16. Aug.
Aresius & Rogatus MM. 10. Junii.
Arestes M. 9. Nou.
Areta M. 1. Octob.
Areta & socii CCCXL. MM. 24. Octob.
Aretius & Dacianus Diaconi MM. 4. Junii.
Argeus, Narcissus & Marcellinus fratres MM. 2. Jan.

Argimirus monach. 28. Junii.
Argulius Ep. 7. Febr.
Ariadna M. 17. Sept.
Arialdus, Diac. 28. Junii.
Arianus, Theoticus & alii tres MM. 8. Mart.
Aridius, 25. Aug.
Aridus Ep. 16. Aug.
Aristæus M. 2. Junii.
Aristarchus Ep. Thessalonic. & M. 4. Aug.
Aristeus Ep. Capuan. & Antoninus MM. 3. Sept.
Aristides Atheniensis 31. Aug.
Aristion disc. de LXXII. 21. Febr.
Aristobulus Apostolorum discipulus & M. 15. Mart.
Ariston, Crescentianus, Eutychianus, Vrbanus, Vitalis, Justus, Felicissimus, Felix, Marcia & Symphorosa MM. 2. Julii.
Aristonicus M. 19. Apr.
Armentarius Ep. 30. Jan.
Armogastes, Mascula & Saturus MM. (Armogastus) 29. Mart.
Arnoldus, 18. Julii.
Arnoldus, 1. Dec.
Arnulphus Ep. Metens. 18. Julii.
* Arnulphus Ep. Suession. 15. Aug.
Arnulphus Ep. 19. Sept.
Arsacius, 16. Julii.
Arsacius Conf. 16. Aug.
Arsaphus Ep. & Walburga V. in Anglia, 5. Maii.
Arsarius Conf. 12. Nou.
* Arsenius diacon. Conf. 19. Julii.
Arthemius cum vxore Candida & filia Paulina MM. 6. Junii.
Arthemius dux Augustalis, M. 20. Octob.
Artemon presb. M. 8. Octob.
Ascensio domini, 5. Maii.
Ascisclus, M. 17. Nou.
Asclas, M. 23. Jan.
Ascla, Leonides, Philemon, Apollonius & socii MM. 28. Jan.
Asclepiades Ep. Antioch. 18. Octob.
Asclepiodorus M. 16. Sept.
Ascolus Ep. 30. Dec.
Asella V. 6. Dec.
Asianus & Andreas Presbyteri MM. 21. Sept.
Aspren Ep. Neap. 3. Aug.
Assumptio b. M. V. 15. Aug.
Asteria V. M. 10. Aug.
Asterius Senator M. 3. Mart.
Asterius Ep. 10. Junii.
Asterius Presb. & M. 21. Octob.
Asterius M. 29. Octob.
Astroberta V. 10. Febr.
Athala V. & M. 3. Dec.
Athanasia V. 27. Febr.
Athanasia Vidua, 14. Aug.
* Athanasius Ep. Alexandr. 2. Maii.
Athanasius Diacon. 5. Julii.
Athanasius Ep. Neapol. 15. Julii.
Athanasius Ep. Tarsens. & Anthusa, MM. 22. Aug.
Athanasius Ep. 14. Octob.
Athenodorus Ep. M. 18. Octob.
Athenodorus M. 7. Dec.
Athenogenes M. 18. Jan.
Athenogenes Ep. cum decem discip. 17. Julii.
* Attalas Abbas, 10. Mart.
Attalus M. 31. Dec.
Atticus in Phrygia, 6. Nou.
Attilianus Ep. Zamorensis, 5. Octob.
Attius M. 1. Aug.
Aubertus Conf. 27. Febr.
Auctus, Taurio, & Thessalonica MM. 7. Nou.
Audactus Presb. M. 24. Octob.
Audax. Ep. 16. Maii.
Audeberta V. 8. April.
Audebertus vel Autbertus Ep. Camerac. & Conf. 13. Dec.
Audes Ep. M. 16. Maii.
Audifax & Abachum fratres M. 19. Jan.
Audoënus Ep. Rhotomag. & Conf. 24. Aug.
Audomarus Ep. & Conf. 9. Sept.
Auentinus Conf. 4. Febr.
Augulius vel Augulus Ep. 7. Febr.
Augurius Diacon. M. 21. Jan.
Augustalis Ep. in Gallia & Conf. 7. Sept.
* Augustinus Ep. Hip. D. Eccl. 28. Aug.
Eiusdem Conuersio, 5. Maii.
Eiusdem Translatio, 11. Octob.
Agustinus Ep. Cantuar. 26. Maii.
Augustus, 3. Aug.
Augustus Presb. & Conf. 7. Octob.
Auitus M. 27. Jan.
Auitus Ep. 5. Febr.
Auitus Abb. Aurelian. 17. Junii.
Auitus Presb. 17. Junii.
Auponus, 3. Octob.
Aurea V. & M. 19. Julii.
Aurea V. M. 24. Aug.
Aurea V. 4. Octob.
Aurelia & Neomisia Virgines, 25. Sept.
* Aurelia magd, 10. Octob.
Aurelia V. 15. Octob.
Aurelianus Ep. Arelat. 16. Junii.
Aurelius Ep. Carthag. 20. Julii.
Aurelius M. 20. Octob.
Aurelius & Publius Ep. in Asia, 12. Nov.
* Aureus & Justina MM. (Ep. Mogunt. & soror eius), 16. Junii.
Ausonius Ep. 22. Maii. — 11. Iunii.
Auspicius Ep. Treuir. 8. Julii.

Au-

Austreberta V. 10. Febr.
Austregillus Ep. 23. Maii.
Austregesilus Ep. Bituric. 20. Maii.
Austremonius Ep. Aruern. 1. Nou.
Austriclinianus presb. 30. Junii.
Austrudis, Abbatissa. 17. Octob.
Autonomus Ep. & M. 12. Sept.
Autpertus Ep. 15. Dec.
Auxentius Abb. 14. Febr.
Auxentius Ep. 18. Dec.
Auxibius Ep. 19. Febr.
Aya, 15. Apr.
Aygulfus Ep. Bituric. 22. Maii.
Aza & socii centum quinquaginta milites MM. 19. Nou.
Azadanes & Abdiesus diaconi MM. 10. Apr.
Azades M. 4. Apr.
Azarias puer, 16. Dec.
Azas & 150 milites MM. 19. Nou.

Babinus, 19. Febr.
Babolenus Abb. 26. Junii.
Babylas Ep. Antioch. 24. Jan.
Babylas M. 4. Sept.
Bachomius Abb. 14. Maii.
* Bachus M. 7. Octob.
Baiulus M. 20. Dec.
* Balbina V. 31. Mart.
Balbina V. 6. Octob.
Baldomerus Conf. 27. Febr.
Baldricus Ep. 19. Apr.
Balduinus M. 8. Jan.
Balduinus M. 12. April.
Barachisius M. 26. Mart.
Barbatianus Presb. 2. Jan.
Barbatianus Ep. Rauenn. Conf. 31. Dec.
Barbatus Ep. 19. Febr.
Barbea M. 29. Jan.
* Barbara, 4. Dec.
Eiusdem Translatio, 2. Sept.
Bardo Ep. 11. Junii.
Bardomianus, Eucarpus & alii MM. 25. Sept.
Barlaam M. 27. Jan.
Barlaam M. 19. Nou.
Barlaam & Josaphat. 27. Nou.
* Barnabas Ap. 11. Junii.
Barnimus, 9. Junii
Barontius & Desiderius Conf. 25. Mart.
Barontus M. 25. Mart.
Barsabas M. 11. Dec.
Barsanuphius anacherita, 11. Apr.
Barsem Ep. Edessæ, 10. Jan.
Barsimeus Ep. 30. Jan.
* Bartholomæus Apost. 24. Aug.
Bartholomæus Abb. 11. Nou.
Barula M. 18. Nou.

Basileus Ep. & M. 26. Apr.
Basileus Ep. Antioch. Auxilius & Saturninus MM. 27. Nou.
Basilianus M. 18. Dec.
Basilica V. 9. Jan.
Basilides, Tripos & Mandalis MM. 10. Junii.
* Basilides, Cirinus, Nabor, Nazarius MM. 12. Junii.
Basilides M. 30. Junii.
* Basilla, V. 20. Maii.
Basilla, 29. Aug.
Basilisca, V. M. 9. Jan.
Basiliscus, M. 22. Maii.
Basilissa & Anastasia MM. 15. Apr.
Basilissa V. M. 3. Sept.
Basilius Ep. Cæsariens. 1. Jan.
Basilius, Presb. & M. 1. Jan.
Basilius Ep. Bononien. 6. Mart.
* Basilius Magnus Ep. Cæsar. 14. Junii.
Basilius, Eugenius, Agathodorus, Elpidius, Etherius, Capido, Ephraem, Nestor, & Arcadius Episcopi, 4. Mart.
Basilius & Emmelia coniux, 30. Maii.
Basolus Conf. 26. Nou.
Bassa, Paula, & Agathonica VV. MM. 18. Aug.
Bassa cum filiis Theogonio, Agapio & Fideli MM. 21. Aug.
Bassianus Ep. & Conf. 19. Jan.
Bassianus M. 14. Febr.
Bassus, Antonius, & Protolicus MM. 14. Febr.
Bassus, Dionysius, Agapitus & alii 40 MM. 20. Nou.
Bassus Ep. M. 5. Dec.
Bathildes, Regina, 26. Jan.
Batildes V. 30. Jan.
Eius Translatio, 26. Febr.
Baudelius M. 20. Maii.
Bauo, Conf. 1. Octob.
Beanus Ep. Abderonen. 16. Dec.
Beata, 22. Dec.
Beati Innocentes, 28. Dec.
Beatrix M. 29. Julii.
* Beatrix V. 11. Maii.
Beatus Conf. 9. Maii.
Beda Presb. 27. Maii.
Begga vidua, soror f. Gertrudis, 17. Dec.
Begga en bisch. 17. Dec.
Bellinus Ep. Patau. & M. 26. Nou.
* Benedicta M. 4. Jan.
* Benedicta V. 6. Maii.
Benedictus Abb. in Anglia, 12. Jan.
Benedictus Ep. Mediol. 11. Mart.
* Benedictus, 21. Mart.
Eiusdem Translatio, 11. Julii.
Benedictus Papa, 7. Maii.
Benedictus & Andreas MM. 17. Julii.

Benedictus monachus, 23. Mart.
Beneuolus, 6. Junii.
• Beniamin diac. 31. Mart.
Beniaminus M. 31. Mart.
Beniamin, 30. Aug.
Benigna, 13. Febr.
Benignus M. 3. Mart.
Benignus M. 13. Febr.
Benignus, 6. Junii.
Benignus Ep. Traiect. 26. Junii.
Benignus Ep. Mediol. C. 20. Nou.
• Benignus Presbiter M. 1. Nou.
Benildis M. 15. Junii.
Benno Ep. Misnens. 16. Junii.
Benuenutus Ep. 22. Mart.
Berardus, Petrus, Accursius, Adiutus & Otho MM. 16. Jan.
Bercharius Abb. & M. 16. Octob.
Berengarius monach. Benedict. 16. Maii.
Bererus Abb. 16. Octob.
Berinus Ep. Dorcestriensis, 3. Dec.
Bernardinus, 20. Maii.
Bernardus Ep. Capuan. 12. Mart.
• Bernardus Abb. Claraval. 20. Aug.
Eiusdem Translatio, 17. Maii.
Bernardus Accursius, 16. Jan.
Bernardus Ep. Hildesh. 20. Nou.
Bernardus Conf. 14. Octob.
Bernardus Ep. Parmens. 4. Dec.
Beronicus & Pelagia V. MM. 19. Octob.
Berta, Abbatissa. 4. Julii.
Bertila V. 5. Nou.
• Bertinus Abb. 5. Sept.
Bertinus Conf. 23. Dec.
Bertholdus Conf. 16. Junii.
Bertoldus, 27. Julii.
Bertramus, 17. Aug.
Bertrandus Ep. 3. Julii. — 15. Octob.
Bertulfus Abbas. 5. Febr.
Besa vel Beza miles M. 27. Febr.
Bessarion anachoreta, 17. Junii.
Bethurius M. 17. Julii.
Bianor & Siluanus MM. 10. Julii.
• Bibiana V. M. 2. Dec.
Bibiana V. & Melchiades Papa & M. 10. Dec.
Bilhilis M. 2. Junii.
Bigor Ep. M. 22. Apr.
Bidardus & Medardus E. 8. Junii.
Biliwaldus, 17. Aug.
Bilibrordus Ep. 7. Nou.
Birillus Ep. Catanens. 21. Mart.
Birinus Ep. Dorcestrens. 3. Dec.
Blada M. 10. Maii.
Blandina, V. M. 2. Junii.
Blandina, 5. Nou.
• Blasius Ep. M. 3. Febr.
Blasius Archiep. 14. Junii.
Blasius & Demetrius MM. 29. Nou.
Bobo. 2. Jan.

Boetius, 23. Octob.
Bogislaus, 9. April.
Bona, 12. Sept.
Bona & Doda Virgines, 24. Apr.
Bonauentura, 22. Mart.
Bonauentura Card. 14. Julii.
• Bonifacius Ep. Mogunt. & Apost. Germaniae, 5. Junii.
Bonifacius Papa IV. 25. Maii.
Bonifacius & Thecla, 30. Aug.
Bonifacius M. 19. Junii.
Bonifacius M. Tarsens. 14. Maii.
Bonifacius Ep. Ferentin. 14. Maii.
Bonifacius primus Papa, 25. Octob.
Bonitus Ep. Conf. 15. Jan.
Bononius Abb. 30. Aug.
Bonosa Conf. 7. Julii.
Bonosus & Maximianus MM. 21. Aug.
Bonus, Conf. 22. Maii.
Bonus Presb. Faustus & Maurus MM. 1. Aug.
Botulphus Abbas. Zwischen den 13. und 21. Junius.
Bovus, 22. Maii.
Brandanus Abb. 16. Maii.
Braulius Ep. Caesaraugustanus, 26. Mart.
Braxedis V. 21. Julii. (Braxentag, 21. Julius.)
Brendanus Abb. 16. Maii.
Bretannion Ep. 25. Jan.
Brictia, V. 11. Jan.
• Brictius Ep. 13. Nou.
Brictius Ep. Martule & Conf. 9. Julii. (Brixtius Bisschop, 9. Jul.)
Bricton Conf. 9. Julii.
Brictula V. M. 21. Octob.
• Brigida J. 1. Febr.
Brigida Wittib, 8. Octob.
Brigitta Vidua, 23. Julii.
Britius Ep. Turon. & Conf. 13. Nou.
Britta (Brigitta) 13. Julii.
Bruno Ep. Herbipol. 17. Maii.
Bruno Ep. Sign. 18. Julii.
• Bruno Ord. Carthus. Institutor, 6. Octob.
Bruno Archiep. Colon. 12. Octob.
Bruno Ep. Ruthenor. M. 15. Octob.
Bulthildis, Regina, 26. Jan.
• Burchardus Ep. Herbipol. 14. Octob.
Burckhardus, proximo die Jouis post Dionysii festum: vulgo, 11. Octobris. (Rabe.)
Burgundofora Abbatissa, 3. April.
Burgundofora V. 2. April.
Busiris, Conf. 21. Jan.
Busso, 27. Nou.

Caecilia V. 22. Nou.
Caecilius presb. 3. Junii.

* Cæleſtinus Papa, 6. April.
Cæleſtinus Ep. M. 7. April.
Cælianus M. 15. Dec.
Cæleſtus M. 7. Junii.
Cærealis, Pupulus, Caius & Serapion MM. 28. Febr.
Cærealis miles & Saluſtia eius vxor. MM. 14. Sept.
Cærealis M. 22. Nou.
Cæſarius frater ſ. Greg. de Naz. 25. Febr.
Cæſarius Ep. Arelat. 27. Aug.
Cæſarius, Darius, & alii 5 MM. 1. Nou.
Cæſarius Diacon. M. 2. Nou.
Cæſidius Presb. & M. 31. Aug.
Caietanus Thienæus Conf. 7. Aug.
Caius Palatinus, 4. Mart.
Caius & Alexander MM. 10. Mart.
Caius & Crementius MM. 16. April.
* Caius Papa M. 22. Apr.
Caius Ep. Mediol. diſcip. Barnabæ Ap. 27. Sept.
Caius, Fauſtus, Euſebius, Chæremon, Liſcius & ſocii MM. 4. Octob.
Cala Vidua, 5. Octob.
Calanicus M. 17. Dec.
Calemerus Ep. Mediol. 9. Dec.
Calepodius & Palmatius MM. 10. Maii.
Calimerus Ep. Mediol. 31. Julii.
Calinicus M. 28. Jan.
Calixtus, 14. Octob.
Calleta V. 6. Mart.
Callinica & Baſiliſſa MM. 22. Mart.
Callinicus M. 29. Julii.
Calliopa M. 8. Junii.
Calliopius M. 7. Apr.
Calliſta M. 2. Sept.
Calliſtratus & alii quadraginta nouem milites, MM. 27. Sept.
Calliſtus & Chariſius MM. 16. April.
Calliſtus Ep. M. 14. Aug.
* Calliſtus ſeu Calixtus Papa M. 14. Octob.
Calliſtus, Felix & Bonifacius MM. 19. Dec.
Calocerus Ep. Rauennæ Conf 11. Febr.
Calocerus & Parthenius MM. 19. Maii.
Camor M. 14. Maii.
* Candida, 2. Dec
Candida V. & M. 20. Sept.
* Candidus M. 3. Octob.
Candius, Piperion & alii 20 MM. 11. Mart.
Canicus Abb. 11. Octob.
Cantidius, Cantidianus & Sobeles MM. 5. Aug.
Cantius, Cantianus, Cantianilla & Protus MM. 31. Maii.
Canutus, 19. Jan.
Canutus junior, 7. Jan.
Canutus Rex & M. 7. Jan.
* Canutus Martyr. 25. Junii.
Capitolina & Erothois eius ancilla, 27. Octob.
Capraſius Abb. 1. Junii.
* Capraſius M. 20. Octob.
Capretes, 8. Febr.
Capſius & Fides M. 6. Octob.
Caraunus M. 28. Maii.
Carilefus Conf. 8. Junii.
Carilippus M. 28. Apr.
Carina M. 7. Nou.
Cariſius, 17. April.
Cariſſimus M. 6. Julii.
Carolina, 8. Julii.
* Carolus Magnus, 28. Jan.
Eiusdem Translatio, 27. Julii.
Carolus Borromæus, 4. Nou.
Carpaſius, 4. Junii.
Carponius, Euariſtus, & Priſcianus fratres, & Fortunata Soror, MM. 14. Octob.
Carpophorus, Exanthus, Caſſius, Seuerinus, Secundus, & Licinius MM. 7. Aug.
Carpophorus presb. & Abundius diac. MM. 9. Dec.
Carpus Ep. Thyatirenſis, Papilus diac. & Agathonica ſoror eius, Agathodorus famulus & alii, 13. Apr.
Carpus diſcip. ſ. Pauli Apoſt. 13. Octob.
Carterius, Styriacus, Tobias, Eudoxus & ſocii MM. 2. Nou.
Caſimirus Conf. 22. Mart.
Caſimirus, 16. Apr.
Caſſianus M. 14. Julii.
* Caſſianus Ep. Auguſtodun. 5. Aug.
Caſſianus Ep. & Hypolitus MM. 13. Aug.
Caſſianus M. 3. Dec.
Caſſianus Presb. 23. Julii.
Caſſius, Victorinus, Maximus, & ſocii MM. 15. Maii.
Caſſius Ep. Narnien. 19. Junii.
Caſſius & Florentius MM. 10. Octob.
Caſtinitus Regis Lituaniæ filius, 4. Mart.
Caſtor & Dorotheus MM. 28. Mart.
Caſtor & Stephanus MM. 27. Apr.
Caſtorius M. 8. Nou.
Caſtorus, 13. Febr.
Caſtrenſis Ep. Capuan. 11. Febr.
Caſtritianus mediolan. Ep. 1. Dec.
Caſtulus M. 12. Jan.
* Caſtulus M. 26. Mart.
Caſtulus & Euprepis MM. 30. Nou.
* Caſtus & Æmilius MM. 22. Maii.
Caſtus & Secundinus Epp. 1. Julii.
Cataldus Ep. Tarentin. & Conf. 10. Maii.
* Catharina V. & M. 25. Nou.
Catharina de Bologna, 9. Mart.
Catharina filia ſ. Brigittæ, 22. Mart.
Catharina Sueca, V. 22. Mart.
Catharina Senenſis, 29. Apr.
* Cathedra ſ. Petri Antioch. 22. Febr.
Cathedra ſ. Petri Rom. 18. Jan.
Catulinus, 23 Apr.

Catulinus diac. Januarius, Florentius, Julia & Justa, MM. 15. Julii.
Catullinus M. 2. Dec.
Catus M. 19. Jan.
Caurinus M. 28. Maii.
Ceadda vel Čeaddus Ep. in Anglia 2. Mart.
Celerina M. 3. Febr.
Celerinus Conf. 3. Febr.
Celestinus Papa, 7. Junii.
Celsus Conf. 18. Junii.
Celsus puer, 9. Jan.
Celsus Ep. 6. Apr.
Celsus & Clemens MM. 21. Nou.
Celsus M. 23. Febr.
Censurius Ep. Autisiod. 10. Junii.
Centolla & Helena MM. 13. Aug.
Centum sexaginta quinque milites MM. 10. Aug.
Centum viginti MM. 6. Apr.
Ceraunus Ep. Parisiens. 27. Sept.
Cerbonius Ep. & Conf. 10. Octob.
Cerealis, Pupulus, Caius & Serapion, MM. 28. Febr.
Cesarius M. 23. Mart.
Chæremon & Socii MM. 4. Octob.
Chæremon Ep. M. 22. Dec.
Chanemundus Ep. Lugd. 28. Sept.
Charisius M. 16. April.
Charitas, 6. Octob.
Charitina V. & M. 5. Octob.
Chelidonia V. 13. Octob.
Chelidonius M. 3. Mart.
Chionia M. 3. Apr.
Chilianus Ep. Herbipol. M. 8. Julii.
Chlodoaldus, Presb. 7. Sept.
Cholomanus, 13. Octob.
Chrandingus, Abb. 17. Sept.
Chrisantus M. Maurus & Daria V. 29. Nou.
* Chrisogonus M. 24. Nou.
Chrysotelus Presb. M. 22. Apr.
* Chrisostomus Ep. 27. Jan.
Eiusdem Natalis, 14. Sept.
Chrispina M. 5. Dec.
Christeta M. 27. Octob.
Christiana, 14. Maii.
Christiana ancilla, 15. Dec.
Christianus, 16. Mart.
Christiernus, 14. Maii.
Christina M. 13. Mart.
Christina V. & M. 10. Maii.
* Christina V. 24. Julii.
Christina ancilla, 15. Dec.
Christophorus, 15. Mart.
* Christophorus M. 25. Julii.
Christorus M. 7. Jan.
Chrodeshildis, vel Chrotildis Regina Franciæ 3. Junii.
Chrodobertus i. e. Rupertus, 27. Mart. 24. Sept.
Chrodegandus, Ep. Met. 6. Mart.
Chromatius Ep. Aquileg. & Conf. 2. Dec.
Chrondincus Abb. 17. Sept.
Chrysanthus & Daria MM. 25. Octob.
* Chrysogonus M. 24. Nou.
* Chrysostomus, 27. Jan.
Chudion, miles, 11. Mart.
Chunradus Ep. Constantiens, 26. Nou.
Chumaldus & Gilaris, 25. Sept.
* Chunegundis V. 3. Mart.
Eius Translatio, 9. Sept.
Chunibertus Ep. 12. Nou.
Chutbertus Conf. 20. Mart.
Chylianus Ep. Herbipol. 8. Julii.
Chyman Diac. 19. Apr.
Cilinia mater b. Remigii Ep. Rhemens. 21. Octob.
Cindeus presb. M. 11. Julii.
Ciprianus & Socii MM. 18. Octob. v. Cyprianus.
Circumcisio domini, 1. Jan.
Cirenia & Juliana MM. 1. Nou.
Ciriacus, Secundus & soc. 8. Aug.
Ciriacus, v. Cyriacus.
Cirinus, Basilides & Nabor, 12. Junii.
Cirus & Joannes, 31. Jan.
Cistina, 29. Maii.
Clamanus Ep. 5. Octob.
Clara V. 12. Aug.
Clarentius Ep. Vien. 26. Apr.
Clarus Abb. 4. Jan.
Clarus Ep. M. 4. Nou.
Clarus Presb. 8. Nou.
Claudius, Diodorus, Victor, Victorinus, Papius, Nicephorus & Serapion MM. 5. Apr.
Claudius, Nicostratus, Castorius, Victorinus & Symphorianus MM. 7. Julii.
Claudius, Justus, Jocundinus & Soc. MM. 21. Julii.
Claudius, Asterius & Neon, fratres, MM. 29. Octob.
Claudius & Simplicius MM. 8. Nou.
Claudius Ep. Vesontinus Conf. 6. Junii.
* Claudius & alii MM. 23. Aug.
Claudius, Hubertus & Victor, 30. Octob.
Claudius tribunus, & uxor eius Hilaria & filii Jason & Maurus cum aliis septuaginta militibus, MM. 3. Dec.
* Clemens P. M. 23. Nou.
* Clementinus, Theodotus & Philomenus MM. 14. Nou.
Cleomenes M. 23. Dec.
Cleonicus, Eutropius & Basiliscus milites MM. 3. Mart.
* Cleophas, Christi discip. 25. Sept.
Clerus diac. M. 7. Jan.
Cletus & Marcellinus P. & M. 26. Apr.
Climacus Abb. 30. Mart.
Clinicus Conf. 30. Mart.

Clodoaldus Presb. & Conf. 7. Sept.
Clodulphus Ep. & Conf. 8. Junii.
Clotildis Regina Gall. 3. Junii.
Codratus, Dionysius, Ciprianus, Anectus, Paulus & Crescens MM. 10. Mart.
Coengenius Conf. 7. Junii.
Cointa M. 8. Febr.
Colinducis, femina, 11. Julii.
Colleta V. 6. Mart.
Colocerius Ep. 28. Febr.
* Colomannus, 13. Octob.
Colomannus Presb. & Jornanus diac. MM. 8. Julii.
Colomannus Abb. 21. Nou.
Colonatus, 8. Julii.
Columba V. & M. 17. Sept.
Columba Presb. 9. Junii.
* Columba, V. M. 31. Dec.
Columbanus Monach. 24. Octob.
* Columbanus Abb. 21. Nou.
Columbanus Presb. 19. Octob.
Columbinus, 31. Julii.
Columbus Presb. Conf. 9. Junii.
Commemoratio Latronis, qui in cruce Christum confessus est, 25. Mart.
Commemoratio decem militum MM. 18. Mart.
Commemoratio S. Pauli Ap. 30. Juni
Commemoratio Stigmatum B. Francisci, 17. Octob.
Commemoratio S. Mariæ de Victoria, 7. Octob.
Commemoratio omnium fidelium, 2. Nou.
Commemoratio omnium Sanctorum, 1. Nou.
Conaldus Abb. 15. Junii.
Conceptio b. M. V. 25. Mart. — 8. Dec.
Concessa M. 8. Apr.
Concordia, 18. Febr.
Concordia M. 13. Aug.
Concordius Presb. & M. 1. Jan.
Conon M. 6. Mart.
Conon M. cum filio Iconio 29. Maii.
Conradus Eques Placent. 19. Febr.
* Conradus Ep. 26. Nou.
Consortia V. 22. Junii.
Constantia, 17. Febr.
Constantinus, Ep. Perusinus, 29. Jan.
Constantinus Ep. 12. Apr.
Constantinus Magnus Imp. 22. Maii.
Constantius, vel Constantinus Ep. Aquinas, 1. Sept.
Constantius ecclesiæ mansionarius, 1. Sept.
Constantius Conf. 30. Nou.
Constantius Ep. Perus. 29. Jan.
Eiusdem Translatio, 29. Junii.
Conuersio s. Pauli, 25. Jan.
Conuersio s. Benedicti, 21. Mart.
Conuersio s. Augustini, 5. Maii.
Copres, Conf. 8. Febr.
* Corbinianus Ep. Trising. 8. Sept.
Translatio eius, 20. Nou.
Cordula V. & M. 22. Octob.
Cornelia M. 31. Mart.
Cornelius, 15. Jan.
Cornelius miles & Ep. 2. Febr.
* Cornelius & Cyprianus Papa & M. 14. Sept.
Corona XXX. militum, MM. 1. Jan.
Corona M. 14. Maii.
Coronion & alii MM. 30. Octob.
Corficus Presb. & Leo Subdiac. 30. Junii.
Cortherus, 19. Nou.
* Cosmas & Damianus, Anthymus, Leontius & Euprepius, MM. 27. Sept.
Eiusdem Translatio, 10. Maii.
Cosmas Ep. 14. Octob.
Cottidus Diac. Eugenius & socii, MM. 6. Sept.
Craton M. 15. Febr.
Crementius M. 16. Apr.
Crescens M. 15. Apr.
Crescens, Dioscorides, Paulus & Helladius MM. 28. Maii.
Crescens discip. b. Pauli Apost. 27 Junii.
Crescens Conf. 19. Apr.
Crescentia M. 15. Junii.
Crescentianus M. 31. Maii.
Crescentianus, Victor, Rosula & Generalis MM. 14. Sept.
Crescentianus M. 24. Nou.
Crescentius Conf. 19. Apr.
Crescentius M. 27. Junii.
Crescentius Ep. Vien. 29. Dec.
Creuz-Erfindung, 3. Mai.
Creuz-Erhöhung, 14. Sept.
Crisantus & Daria, 25. Octob.
Crispina V. M. 5. Dec.
Crispinus Ep. Papiens. 7. Jan.
* Crispinus & Crispinianus nobiles Romani MM. 25. Octob.
Crispinus Ep. Astiagen. M. 19. Nou.
Crispulus & Restitutus MM. 10. Junii.
* Crispus & Caius, discip. s. Pauli, 4. Octob.
Crotildes Regina, 3. Junii.
Crucis inuentio, 3. Maii.
Crucis exaltatio, 14. Sept.
Crucifixio domini, 25. Mart.
Cucuphas M. 25. Julii.
Cunegunda V. 9. Sept.
Cunibertus Ep. Colon. 12. Nou.
* Cunigunda, 3. Mart.
Cuno, 29. Maii.
Curcodomus diac. 4. Maii.
Curonotus Ep. M. 12. Sept.
Cuthbertus Ep. Lindisfarnensis 20. Mart.
Cuthbertus monach. 31. Aug.
Cutias, 18. Febr.
Cyconia, Hirenis, & Agapa MM. 5. Apr.
Cyprianus & Justina MM. 26. Sept.
Cyprianus Ep. & M. 19. Mart.

* Cyprianus Ep. Carthag. Crescentianus, Victor, Rosula, Generalis, MM. 14. Sept.
Translatio eius, 1. Junii.
Cyprianus Abb. 9. Dec.
Cyprianus & Julitta V. 26. Sept.
Cyprianus & Justina V. M. 26. Sept.
Cyprianus & Cornelius M. 24. Sept.
Cyrenia & Juliana MM. 1. Nou.
Cyriaca & aliæ quinque VV. MM. 19. Maii.
Cyriaca M. 21. Aug.
Cyriacus, Apronianus & Soc. 29. Jan.
Cyriacus & alii decem MM. 7. Apr.
Cyriacus Ep. Hierfol. & M. 4. Maii.
Cyriacus diac. cum Largo & Smaragdo & aliis 20. MM. 16. Mart.
* Cyriacus & Apollinaris MM. 21. Junii.
Cyriacus cum sociis MM. 8. Aug.
Translatio eius 16. Mart.
Cyriacus & Paula V. MM. 18. Junii.
Cyriacus Ep. 4. Maii.
Cyriacus, Paulillus, Secundus, Anastasius, Syndimius & Soc. MM. 19. Dec.
Cyricus & Julitta, 16. Junii.
Cyrilla M. 5. Julii.
Cyrilla V. M. 28. Octob.
* Cyrillus & Methodius Ep. 9. Julii.
Cyrillus Ep. 18. Mart.
Cyrillus Ep. Antioch. 22. Julii.
Cyrillus, Rogatus, Felix, Beata, Hosenia, Felicitas, Vrbanus, Syluanus & Mamillus, MM. 8. Mart.
Cyrillus diac. M. 29. Mart.
Cyrillus, Aquila, Petrus, Domitianus, Rufus & Menandes, MM. 1. Aug.
Cyrinus M. 4. Maii.
Cyrinus, Primus & Theognes MM. 3. Jan.
Cyrion presb. Bassianus lector, Agatho exorcista & Moyses MM. 14. Febr.
Cyrion & Candidus milites MM. 9. Mart.
Cyrus & Joannes MM. 31. Jan.
Cyrus Ep. Carthag. 14. Julii.

Dadas, Casdoa vxor, & Gabdela filius 29. Sept.
Dado Ep. 24. Aug.
Dafrosa M. vxor Fabiani M. 4. Jan.
Dagobertus, 23 Dec.
Dalmatius Ep. Papien. M. 5. Dec.
Dalphinus, vel Dalvinus, Ep. Lugd. 28. Sept.
Damasus Papa, 11. Dec.
Damianus miles & M. 12. Febr.
Damianus Papiens. Ep. C. 12. April.
Damianus M. 27. Dec.
Daniel M. 3. Jan.
* Daniel Propheta, 21. Julii.
Daniel, Samuel, Angelus, Domnus, Leo, Nicolaus & Hugolinus MM. 13. Octob.
Daniel Stilita, 11. Dec.
* Darius, 3 April.
Darius, Zosimus, Paulus & Secundus MM. 19. Dec.
Dasius Ep. M. 20. Nou.
Dasius, Zoticus & Caius & alii duodecim milites, MM. 21. Octob.
Dathus Ep. Rauenn. 11. Julii.
Datianus M. 16. Mart.
* Datius Ep. Mediol. 14. Jan.
Datius, Reatrius & Socii, 27. Jan.
Dationus, Julianus, Vincentius & alii MM. 27. Jan.
Datleuertus Ep. 27. Maii.
Dauid Eremita, 26. Junii.
* Dauid Rex, & Propheta, 30. Dec.
Dauinus Conf. 3. Junii.
Decem millia MM. 21. Febr.
Decem millia MM. 18. Mart.
Decem & octo MM. 16. April.
Decem millia CCIII, MM. 9 Julii.
Decem & Septem millia MM. 26. April.
Decem milites MM. 10. Febr.
* Decem millia MM. crucifixorum 22. Junii.
Decem MM. 6. Nou.
Decem Theophili, MM. 6. Nou.
Decorosus Ep. Capuan. 15. Febr.
Decollatio S. Joannis bapt. 29. Aug.
Dedicatio S. M. ad Niues, 9. Aug.
Dedicatio Basil. Saluatoris, 9. Nou.
Dedicatio Basil. Petri & Pauli, 18. Nou.
Deicola Abb. 18. Jan.
Deicolus Abb. 18 Jan.
Delphinus Ep. Burdigalæ, 24. Dec.
Demetria V. & M. 21. Junii.
Demetrius, 5. Julii.
* Demetrius M. 26. Octob.
Demetrius & Honorius MM. 21. Nou.
Demetrius Ep. Antioch. Annianus diaconus, Eustosius & alii MM. 10. Nou.
Demetrius, Honoratus & Florus MM. 22. Dec.
Demetrius, Concessus, Hilarius & Socii MM. 9. April.
Democritus, Secundus & Dionysius MM. 31. Julii.
Deodatus Ep. 19. Junii.
Deogratias Ep. Carthag. 22. Mart.
Depositio S. Henrici Conf. 2. Sept.
Depositio S. Sulpicii Pii, 17. Jan.
Depositio S. Juliani Ep. 27. Jan.
Depositio S. Joannis presbyteri, 28. Jan.
Depositio S. Aaron primi Sacerdotis ord. leuitici, 1. Julii.
Derphuta M. 20. Mart.
Desibodus Ep. 8. Julii.
* Desiderius Ep. Vien. 23. Maii.

Trans-

Translatio eius, 11. Febr.
Desponsatio B. M. V. 22. Jan.
Deusdedit Conf. 10. Aug.
Deusdedit Abb. ap. Cassinum, 9. Octob.
Deusdedit Papa, 8. Nou.
Deusdedit Ep. Brixien. 10. Dec.
Deatherius, puer, 21. Junii.
Diceus, 21. Octob.
Didacus Conf. 13. Nou.
Didymus, M. 28. April.
Dietricus, 6. Maii.
Digna V. 11. Aug.
Dignissimus, Gordianus & Socii MM. 9. Julii.
Dimpna, 15. Maii.
Diocles, 14. Maii.
Diodorus M. 26. Febr.
Diodorus presb. Marianus diac. & Socii. 17. Jan.
Diodorus & Rodopianus MM. 2. Maii.
Diodorus, Diomedes & Didymus MM. 11. Sept.
Diogenes M. 6. April.
Diomedes M. 8. Junii.
Diomedes Medicus M. 16. Aug.
Diomedes, Julianus, Philippus, Eutychianus, Hesychius, Leonides, Philadelphus, Menalippus & Pantagapes, MM. 2. Sept.
Dionysia, Datina, Leontia, MM. 6. Dec.
* Dionysius Areopag. Ep. 9 Octob.
Translatio eius, 4. Dec.
Dionysius Ep. Alexandr. 8. Febr.
Dionysius, Aemilianus & Sebastianus MM. 8. Febr.
Dionysius & Ammonius MM. 14. Febr.
Dionysius Ep. Mediol. 25. Maii.
Dionysius & Priuatus MM. 20. Sept.
Dionysius Papa, 26. Dec.
Dionysius Corinth Ep. 8. April.
Dionysius Ep. Vien. 8. Maii.
Diophilus, 12. Sept.
Dioscorides M. 10. Maii.
Dioscurus M. 8. Maii.
Diuisio Apostolorum, 15. Julii.
Dius, 12. Julii.
Dodardus Abb. 10. Sept.
Dometius monach. 7. Aug.
Domicianus Dux Carinthiae cum Maria Coniuge, 5. Febr.
Domicilla, 20. April.
Domicius, 5. Julii.
Dominanda, 31. Dec.
Dominator Ep. Brixiens. 5. Nou.
Dominica V. & M. 6. Julii.
Dominicus Abb. 22. Jan.
* Dominicus Fundator Ord. Praed. 4. Aug.
Eiusdem Tranlatio, 24. Maii.
Dominicus loricatus, 14. Octob.
Dominicus Ep. Brixiae, & Conf. 20. Dec.
Dominicus, Victor, Primianus, Lybosus, Saturninus, Crescentius, Secundus & Honoratus MM. 29. Dec.
Dominus M. 13. Octob.
Domitianus Abb. 1. Julii.
Domitianus Ep. & Conf. 9. Aug.
Domitila V. 7. Maii.
Domitius M. 5. Julii.
Domitius, Pelagia, Aquila, Eparchius, Theodosia MM. 23. Mart.
Domitius Presb. & Conf. 23. Octob.
Domna V. M. 26. Dec.
Domnalis Ep. 16. Maii.
Domnina & Sociae V. M. 14. Apr.
Domnina M. 12. Octob.
* Domninus M. 9. Octob.
Domninus, Victor & Socii MM. 30. Mart.
Domninus, Theotrinus, Philotheus, Siluanus & Socii MM. 5. Nou.
Domnio M. 5. Jan.
Domnio Ep & alii MM. 11 Apr.
Domnio M. 16. Julii.
Domnolus Ep. 16. Maii.
Domnus Ep. Vien. 3. Nou.
Donata, Paulina, Rustica, Nominanda, Serotina, Hilaria, & Sociae MM. 31. Dec.
* Donatianus & Rogatianus MM. 24. Maii.
Donatianus Ep. Catalaunen. C. 7. Aug.
Donatianus Ep. M. 6. Sept.
Donatianus Ep. Rhemens. Conf. 14. Octob.
Donatus Ep. Aretin. & Afra, 7. Aug.
* Donatus M. 1. Mart.
Donatus, Sabinus & Agape MM. 25. Jan.
Donatus, Secundinus & Romulus cum aliis 86. MM. 17. Febr.
Donatus, Justus, Herena & Socii MM. 25. Febr.
Donatus Ep. 5. Maii.
Donatus Ep. Faesulan. 22. Octob.
Dormientes septem, 27. Julii.
* Dorothea V. & M. 6. Febr.
Dorothea, 19. Sept.
Dorotheus & Gorgonius MM. 9. Sept.
Dorotheus Ep & M. 9. Octob.
Dorotheus Tyrius presb. Antioch. 5. Junii.
Drausius Ep. Suession. 5. Mart.
Dreyßig Martyrer, 22. Dec.
Droctoneus. Abb. 10. Mart.
Drogo Conf. 16. Apr.
Drusus & Zosimus MM. 14. Dec.
Ducenti MM. 7. April.
Ducenti sexaginta MM. 1. Mart.
Ducenti sexaginta duo MM. 25. Mart.
Ducenti & viginti MM. 30. Octob.
Ducenti septuaginta duo MM. 17. Junii.
Dula ancilla M 25. Mart.
Dulas M. 15. Junii.
Dulcissimus & Carissimus MM. 6. Julii.
Dunstanus Ep. Cantuar. 19. Maii.

Duodecim Fratres, MM. 1. Sept.
Duodecim Confessores, 1. Sept.
(Man. s. Priscus &c.)
Duodecim millia MM. 15. Febr. (Ado p. 97.)
Duo Monachi MM. 14. Mart.
Duo MM. 6. Apr.
Duo Fratres Ewaldi Presbyteri MM. 3. Octob.
Dympna, V. M. 15. Maii.

Eadbertus Ep. 6. Maii.
Eadmundus Rex Angliæ, M. 20. Nou.
Eberhardus, 23. Mart.
Eberhardus Ep. 1. Julii.
Ebremundus, Abb. 10. Junii.
Ebrulphus, Abb. 29. Dec.
Edalberga, Abbatissa. 7. Julii.
Edesius M. 8. Apr.
Edilbertus R. Cantiorum 24. Febr.
Edilburga V. Angl. Regis filia, 7. Julii.
Ediltrudes Reg. V. 23. Junii.
Edistius M. 12. Octob.
Editha V. Edgari Anglor. Regis filia, 16. Sept.
* Edmundus Archiep. Cantuar. 16. Nou.
* Edmundus Rex Angliæ, M. 20. Nou.
Eduardus R. Anglia 5. Jan.
Eduardus Rex Britaniæ, 18. Mart.
* Eduardus Rex Angliæ, 13. Octob.
Eductio Domini de Egypto, 11. Jan.
Egbertus Presb. Conf. 24. April.
Egdunius Presb. & alii Septem MM. 12. Mart.
Egermanus Ep. 3. Nou.
Egesippus, 7. Apr.
Egydius. 1. Sept.
Ehrenfridus, 12. October.
Eilf tausend Jungfern, 21. Octob.
Eleazarus, 27. Sept.
Elena Regina, 16. Apr.
Eleonora, 21. Febr.
Elesbaan Rex Aethiop. 27. Octob.
Eleuatio S. Crucis, 14. Sept.
Eeleuatio S. Ladislai R. 27. Junii.
Eleuatio Henrici ducis & Conf. 5. Nou.
Eleuchadius Ep. Rauen. 14. Febr.
Eleusippus M. 17. Jan.
Eleutherius Ep. Tornacen. 20. Febr.
Eleutherius Ep. Constantinop. 20. Febr.
* Eleutherius Ep. M. 17. April.
Eleutherius & Anthia mater eius, 18. Apr.
Eleutherius M. 4. Aug.
Eleutherius Ep. Autissiod. Conf. 16. Aug.
Eleutherius Papa M. 26. Maii.
" Translatio eius 6. Sept.
Eleutherius & Leonides MM. 8. Aug.
Eleutherius Conf. 29. Maii.
Eleutherius Abb. 6. Sept.
Eleutherius miles & alii MM. 2. Octob.
Eleutherius diac. M. 9. Octob.
Elias, Hieremias., Esaias, Samuel & Daniel MM. 16. Febr.
Elias Presb. Paulus & Isidorus monachi MM. 17. Apr.
Elias Ep. Hierosolym. 4. Julii.
* Elias Thesbita Propheta, 20. Julii.
* Eligius Ep. Nouiomag. 1. Dec.
Eligius Ep. 19. Sept.
Eliphius M. 16. Octob.
Elisa, 2. Sept.
* Elisabeth Vidua, Andreæ regis Hungar. filia, 19. Nou.
Eiusdem Translatio, 2. Maii. *
Elisabeth V. Sconaugiæ, 18. Junii.
Elisabeth vidua R. Portug. 4. Julii.
Elisabeth mater b. Joannis Bapt. 5. Nou.
Elisæus Proph. 14. Junii.
Elogius Conf. 25. Junii.
Elphegus Ep. Cantuarien. M. 19. Apr.
Elpidephorus M. 2. Nou.
Elpidius Ep. Lugdun. & Conf. 2. Sept.
Elpidius Abb. etiam 2. Sept.
Elpidius M. 16. Nou.
Elzearius, 27 Sept.
Emanuel, 26. Mart.
Emeramus Ep. Ratispon. M. 22. Sept.
Emerentiana, vel Emerentia, V. M. 23. Jan.
Emericus, 24 Octob.
Emerici Ducis Depositio, 2. Sept.
* Eiusdem Translatio, 4. Nou.
Emeritus, 27. Julii.
Emilas & Hieremias MM. 15. Sept.
Emilia, 5. April.
Emilianus heremita, 20. Febr.
Emilianus, 11. Octob.
Emmeranus Ep. Ratispon. & M. 22. Sept.
Emma M. 22. Sept.
Enciatis V. & M. 16. April.
Engelhardus, 29. Octob.
Engelbertus Abbt 18. Febr.
Engelbertus Ep. Colon. M. 7. Nou.
Ennatha V. M. 12. Nou.
Ennodius Ep. Papiens. 17. Julii.
Ennemundus Ep. Lugd. 28. Sept.
Enoch, 3. Jäner.
Eobanus Ep. M. 5. Junii.
Epaphras Ep. Colossens. & M. 10. Julii.
Epaphras, S. Pauli concaptiuus, 19. Julii.
Epaphroditus Apostolorum disc. & Ep. Tarracinæ, 22. Mart.
Eparchius Abb. 1 Julii.
Ephebus vel Ephybus M. 14. Febr.
Ephycatius, 28. Maii.
Ephisus M. 15. Jan.
Ephræm diac. 1. Febr.
Ephraim, 8. Octob.
Epicharides mulier Senatoria M. 27. Sept.

Epi-

Epictetus, Jucundus, Secundus, Vitalis & Felix MM. 9. Jan.
Epigmenius Presb. & M. 24. Mart.
Epimachus & Alexander, 12. Dec.
• Epimachus & Gordianus MM. 10. Maii.
Epiphana M. 12. Julii.
Epiphania, 6. Jan.
Epidhanius Ep. Conf. 21. Jan.
Epiphanius Ep. Donatus, Ruffinus & alii XIII. MM. 7. April.
Epiphanius Ep. Salaminæ 12. Maii.
Epipodius M. 22. April.
Episcopi & Presbyteri Confessores, 21. Maii.
Episcopi VII. 10. Sept.
Epitachius Ep. & Basileus, 23. Maii.
Epolonius M. 24. Jan.
Epulus M. 12. Aug.
Equitius Abb. 7. Mart.
Equitius Ep. Conf. 18. Maii.
Eraclius Ep. Conf. 14. Nou.
Erasma V. 19. Sept.
Erasmus, 3. Junii.
Erastus, 30. Apr.
Erastus Ep. Philippens. M. 26. Julii.
Erastus Apostolor. discip. 10. Nou.
Erconualdus Ep. Londoniens. Conf. 30. Apr.
Erculianus & Willehaldus Conf. 7. Nou.
Erdmannus, 7. Nou.
Erhardus Bisch. 8. Jäner.
Ericus Rex, Sueciæ & M. 18. Maii.
Ericus, 5. Nou.
Erklärung Christi, 6. Aug.
Ermagoras Conf. 12. Julii
Ermelandus Abb. 25. Mart.
Ermelinda, 29. Octob.
Ermina V. 24. Dec.
Ermion, Conf. 15. April.
Ermengildes Beicht. 28. Apr.
Ermilanus Conf. 7. Nou.
Erminus Ep. & Conf. 25. Mart.
Ermogenes, 12. Dec.
Erndrudis, 30. Junii.
Ernestina, 22. Nou.
Ernestus, 12. Jäner.
Ernestus Ep. 12. Jan.
Erotis, femina, M. 6. Octob.
Erscheinung s. Michel, 8. Mai.
Esaias propheta, 5. Julii.
Esdras propheta, 13 Julii.
Estius Conf. 15. Maii.
Estius miles M. 27. Maii.
Esther, 22. Mai.
Ethbinus Abb. 19. Octob.
Ethelwoldus Ep. & Conf. 1. Aug.
Etheludoldus p. 1. Aug.
Etherius, Ep. Vienn. 14. Junii.
Eua prima femina, 8. Sept.
Eva, 24. Dec.

Euagrius Ep. 6. Mart.
Euagrius & Benignus MM. 3. April.
Euagrius Conf. 13. Junii.
Euagrius, 2. Aug.
Euagrius & Priscianus MM. 12. Octob.
• Euaristus Papa M. 26. Octob.
Euaristus M. 23. Dec.
Euasius Ep. & Conf. 1. Dec.
Eubolus M. 7. Mart.
Eucharius, Ep. Treuir. 8. Dec.
Eucharius vel Eucherius Ep. Aurelian. 20. Febr.
Eucharistus, 12. Octobr.
Eucherius Ep. Lugdun. & Conf. 16. Nou.
Eucherius, Valerius, Maternus Ep. 12. Dec.
Eucratides V. & M. 18. Apr.
Eudocia M. 1. Mart.
Eudoxius M. 5. Sept.
Eudoxius, Zeno, Macarius & socii mille centum & quatuor, milites, MM. 5. Sept.
Euentius Ep. Conf. 8. Febr.
Euentius & Theodulus presbyteri MM. 3. Maii.
Euerardus Archiep. Salisb. 22. Jan.
Euergissus vel Euergistus Ep. Colon. & M. 24. Octob.
Euermundus, Abb. 10. Junii.
Eufrasia M. 13. Mart.
Eufraxia V. 11. Febr.
Eugendus Abb. 1. Jan.
Eugenia V. & M. 11. Sept.
• Eugenia V. M. 23. Dec.
Eugenianus M. 8. Jan.
Eugenius Papa, 2. Junii.
Eugenius & Vindemialis Ep. 1. Apr.
• Eugenius Ep. & M. 15. Nou.
Eugenius Ep. Carthag. 13. Julii.
Eugenius Conf. 6. Sept.
Eugenius M. 6. Sept.
Eugenius Ep. Mediol. & Conf. 30. Dec.
Eugraphus M. 10. Dec.
Eulalia V. 4. Febr.
• Eulalia 12. Febr.
Eiusdem Translat. Barcinonem, 23. Octob.
Eulalia V. M. 10. Dec.
Eulalia, 30. Mart.
Eulalius Conf. 30. Octob.
Eulampius & Eulampia V. eius soror, MM. 10. Octob.
• Eulogius Presb. M. 11. Mart.
Eulogius Ep. Edeff. 5. Maii.
Eulogius Scholasticus Conf. 17. Octob.
Eulogius M. 3. Julii.
Eumenes Ep. & Conf. 18. Sept.
Euniclanus M. 23. Dec.
Eunoicus miles M. 11. Mart.

Enous M. 7. Dec.
Euodius, Hermogenes & Callifta, MM. 2. Sept.
Euodius Ep. Rhotom. Conf. 8. Octob.
Euodius Ep. & Conf. Papiæ, 17. Julii.
Euodius Ep. Antioch. M. 6. Maii.
Euodius, Hermogenes & Callistus MM. 25. Apr.
Euortius Ep. Conf. 7. Sept.
Euotus M. 15. Apr.
Euphebius Ep. Neap. Conf. 23. Maii.
• Euphemia, Lucia, Geminianus MM. 16. Sept.
Eiusdem Translatio, 2. Julii.
Euphemia (apud Græcos) 11. Julii.
Euphemia, Dorothea, Thecla & Erasma MM. 3. Sept.
Euphemia 13. Apr.
Euphrasia, 10. Febr.
Euphrasia V. 13. Mart.
Euphronius Ep. & Conf. 3. Aug.
Euphrosius, 14. Jan.
Euphrosyna, V. 1. Jan.
Euphrosyna, V. 11. Febr.
Euplius vel Euplus Diacon. 12. Aug.
Euporus M. 23. Dec.
Euprepius Ep. Veron. & Conf. 21. Aug.
Eupschius M. 9. Apr.
Eupsychius M. 7. Sept.
Euras M. 5. Nou.
Eurocius Ep. 7. Sept.
Eurtius Ep. 7. Sept.
Eusebia V. & M. 29. Octob.
Eusebius Ep. Mediol. & Conf. 12. Aug.
• Eusebius Presb. Rom. 14. Aug.
Eusebius Ep. Samosat. M. 21. Junii.
Eusebius Palatinus, & alii nouem MM. 5. Mart.
Eusebius Ep. Vercell. 1. Aug.
Eusebius Papa Conf. 26. Sept.
Eusebius Ep. Bonon. Conf. 26. Sept.
Eusebius, Neon, Leontius, Longinus MM. 24. Apr.
Eusebius, Nestabus & Zenon fratres MM. 8. Sept.
Eusebius M. 21. Sept.
Eusebius, Pudentianus, Vincentius, Peregrinus, Julius & Pontius MM. 24. Sept.
Eusebius Presbyter, Marcellus diac. Hippolytus, Maximus, Andria, Paulina, Maria, Martana & Aurelia MM. 2. Dec.
Eusignius miles M. 5. Aug.
Eustachius Abb. 29. Mart.
Eustachius Ep. & Conf. 16. Julii.
• Eustachius & Theopistes vxor eius cum filiis Agapio & Theopisto MM. 20. Sept.
Eustachius, Thespesius & Anatolius MM. 20. Nou.
Eustachius Ep. in Africa, 28. Nou.
Eustasia V. 12. Febr.
Eustasius, 20. Maii.
Eustasius M. 20. Sept.
• Eustasius Abb. 29. Mart.
Eustathius M. 28. Julii.
Eusterius Ep. Salernit. 19. Octob.
Eustochia V. M. 28. Sept.
Eustochium V. & M. 2. Nou.
Eustochius Ep. Turon. 19. Sept.
Eustochius M. 16. Nou.
Eustolia & Soprata Virgines filiæ Mauritii Imp. 9. Nou.
Eustorgius Presb. 11. Apr.
Eustorgius secundus, Mediol. Ep. 6. Junii.
Eustorgius Ep. Mediol. Conf. 18. Sept.
Eustosius M. 10. Nou.
Eustratius, Auxentius, Eugenius, Mardarius & Orestes MM. 13. Dec.
Euthalia V. M. 27. Aug.
Euthymius Abb. 20. Jan.
Euthymius Ep. 11. Mart.
Euthymius diac. 5. Maii.
Euthymius M. 24. Dec.
Euticetes, Maron, & Victorinus MM. 15. April.
Euticius, 4. Junii.
Euticus, 5. Octob.
Eutropes Ep. M. 30. Apr.
Evtropia Vidua, 15. Sept.
Eutropia M. 30. Octob.
Eutropius Ep. & M. 30. April.
Eutropius Lector. M. 12. Jan.
Eutropius Ep. Santonen. M. 30. Apr.
Eutropius Ep. Arausican. 27. Maii.
Eutropius, Zosima & Bonosa sorores, 15. Julii.
Eutychianus Papa, M. 8. Dec.
Eutychius M. 4. Febr.
Eutychius M. 14. Mart.
Eutychius & alii M. 26. Mart.
Eutychius M. 15. Apr.
Eutychius discip. f. Joannis, 24. Aug.
Eutychius, Plautus & Heraclea MM. 29. Sept.
Eutychius Conf. 11. Dec.
Ewaldi duo fratres Presb. MM. 3. Octob.
Exaltatio f. Crucis, 14. Sept.
Exuperantia V. 26. April.
Exuperantius Ep. Rauen. 30. Maii.
Exuperantius & Marcellus MM. 30. Dec.
Exuperius & Zoe vxor eius, Cyriacus & Theodulus filii MM. 2. Maii.
Exuperus, 14. Junii.
Exuperius Ep. Tholos. & Conf. 28. Sept.
Ezechiel Proph. 10. Apr.

Fab.

Fabianus, 20. Jan.
Fabius M. 31. Julii.
Fabricianus & Philibertus MM. 22. Aug.
Facundus & Primitius MM. 10. Mart.
Facundus & Primitiuus MM. 27. Nou.
Fandila Presb. M. 13. Junii.
Fantinus monach. Conf. 30. Aug.
Faro Conf. 29. Octob.
Faro Ep. Meld. C. 28. Octob.
• Fausta V. & Euilasius MM. 20. Sept.
Fausta mater f. Anastasiæ, 19. Dec.
Faustina V. 20. Sept.
Faustinianus Ep. Bonon. 26. Febr.
• Faustinus & Jouitta MM. 15. Febr.
Faustinus, Ep. Brixiensis, 16. Febr.
Faustinus, Timotheus & Venustus MM. 22. Maii.
Faustinus Conf. 29. Julii.
Faustinus & Martialis, 13. Octob.
Faustinus & Victorinus MM. 11. Dec.
Faustinus, Lucius, Candidus, Cælianus, Marcus, Januarius & Fortunatus MM. 15. Dec.
Faustus M. 16. Julii.
Faustus miles, 7. Aug.
Faustus & Soc. 28. Sept.
Faustus Presb. Didius & Ammonius MM. 26. Nou.
Faustus Martelaer, 6. Sept.
Faustus monachus M. 5. Octob.
Faustus, Januarius & Martialis MM. 13. Octob.
Faustus diacon. M. 19. Nou.
Febronia V. M. 25. Junii.
Felices duo Episcopi & MM. 10. Sept.
Felicianus Ep. Fulginat. M. 24. Jan.
Felicianus & Primus, 9. Junii.
Felicianus M. 21. Julii.
Felicianus, Philappianus & alii 124 MM. 30. Jan.
Felicianus Ep. M. 20. Octob.
Felicissimus & Agapitus MM. 18. Maii.
Felicissimus, Heraclius & Paulinus MM. 26. Maii.
Felicissimus, M. 6. Aug.
Felicissimus M. 24. Nou.
Felicissimus Conf. 24. Nou.
Felicitas, 11. Jan.
• Felicitas mater septem filiorum MM. 23. Nou.
• Felicitas V. 23. Nou.
Felicitas & Perpetua, 7. Mart.
Felicula V. & M. 13. Junii.
Felinus & Gratianus MM. 1. Junii.
Felix & Januarius MM. 7. Jan.
Felix, Symphronius, Hippolytus & Soc. 3. Febr.
Felix Ep. 21. Febr.
Felix cum Sociis 26. Febr.
Felix, Luciolus, Fortunatus, Marcia & Socii, 3. Mart.
Felix & alii viginti MM. 23. Mart.
Felix Presb. Fortunatus & Achilleus diaconi MM. 23. Apr.
Felix Papa M. 30. Maii.
Felix & Gennadius MM. 16. Maii.
• Felix Presb. 14. Jan.
Felix Presb. M. 23. Junii.
Felix Ep. Treuir. 26. Mart.
Felix diac. M. 2. Maii.
• Felix & Adauctus 30. Aug.
Felix & Eusebius MM. 5. Nou.
• Felix M. in Pincis 14. Jan.
Felix, Irenæus & Mustiola MM. 3. Julii.
Felix Ep. Nouocomen. 14. Julii.
Felix Ep. Papiæ, 15. Julii.
Felix Ep. Veronen. 19. Julii.
Felix & Nabor MM. 21. Julii.
Felix & Regula MM. 11. Sept.
Felix & Constantia MM. 19. Sept.
Felix II. Papa, M. Simplicius & Faustinus, 29. Julii.
Felix, Fortunatus & Achilleus MM. 11. Junii.
Felix, Julia & Jucunda MM. 27. Julii.
Felix, & Cyprianus Ep. MM. 2. Octob.
Felix Ep. Aptungitanus M. 24. Octob.
Felix cum XXX Sociis MM. 15. Nou.
Felix Ep. Bononiens. 4. Dec.
• Ferdinandus R. Hisp. 30. Maii.
Ferdinandus Princ. Portug. 5. Junii.
Ferdinandus, 19. Octob.
Ferena, 28. Febr.
Fereolus Conf. 21. Febr.
Fereolus Presb. & Ferrutio diac. 16. Junii.
Ferreolus M. 18. Sept.
Ferrutio diac. M. 16. Junii.
Ferrutius M. 28. Octob.
Festus M. 21. Octob.
Fiacer vel Fiacrius Conf. 30. Aug.
Fiannanus Ep. Conf. 18. Dec.
Fibitius Ep. Treuir. 5. Nou.
Fidelis M. 23. Mart.
Fidelis M. 28. Octob.
Fidentianus M. 15. Nou.
Fidentius Ep. Patau. Conf. 16. Nou.
• Fides V. M. 6. Octob.
Fides, Spes & Charitas VV. cum matre earum Sapientia, 1. Aug.
Fidolus Ep. 16. Maii.
Filastrius vel Philastrius Ep. Brixiæ, 18. Julii.
Eius Translatio, 9. Apr.
Filea Ep. 4. Febr.
Filiminus M. 14. Nou.
Fintanus Presb. 17. Febr.

M a Fir-

Firmatus diac. & Flauiana V. 5. Octob.
Firmina V. M. 24. Nou.
Firminus Abb. 11. Mart.
* Firminus Ep. Ambian. M. 25. Sept.
Eiusdem Translatio 13. Jan. & Ordinatio 18. Aug.
Firminus Ep. Met. Conf. 18. Aug.
Firminus, 11. Octob.
Firminus Ep. Ambianens. 25. Sept.
Firminus Ep. Vcetiæ, 11. Octob.
Firmus M. 1. Junii.
Firmus & Rusticus, 9. Aug.
Flauia Domitilla, Euphrosina & Theodora VV. MM. 7. Maii.
Flauiana V. M. 5. Octob.
Flauianus M. 28. Jan.
Flauianus Ep. Constantin. 18. Febr.
Flauianus secundus Ep. Antioch. & Elias Ep. Hierosol. Confessores, 4. Julii.
Flauianus Ep. Augustodun. 23. Aug.
Flauianus M. 22. Dec.
Flauius, Augustus & Augustinus MM. 7. Maii.
Flocellus puer M. 17. Sept.
Flondulphus Ep. Met. 8. Junii.
Flora & Maria VV. MM. 24. Nou.
Florentia V. 20. Junii.
Florentinus, 1. April.
Florentinus M. 18. Sept.
Florentinus & Hilarius MM. 27. Sept.
Florentinus Ep. Treuir. 16. Octob.
Florentinus Ep. Arausicanus, 1. Octob.
Florentius Ep. Vien. M. 3. Jan.
* Florentius Ep. Argentorat. 7. Nou.
Florentius & Vindemialis, 2. Maii.
Florentius & Felix MM. 25. Julii.
Florentius Presb. & Conf. 22. Sept.
Florentius M. 17. Octob.
Florianus M. 4. Maii.
Florianus, Calanicus & alii MM. 17. Dec.
Florinus M. 17. Nou.
Floris M. 31. Dec.
Florius M. 26. Octob.
Florus, Laurus, Proculus & Maximus MM. 18. Aug.
* Florus Ep. 3. Nou.
Florus M. 22. Dec.
Flosculus Ep. Aurelian. 2. Febr.
Foca & Adranus, 4. Mart.
* Foca Ep. M. 14. Julii.
Formosus, 15. Febr.
Fortunata V. M. 14. Octob.
Fortunatianus lector M. 24. Octob.
* Fortunatus M. 21. Febr.
Fortunatus, Felicianus, Firmus & Candidus MM. 2. Febr.
Fortunatus Ep. 27. Febr.
Fortunatus & Marcianus MM. 17. Apr.
* Fortunatus, Caius & Anthes MM. 27. Aug.
Fortunatus Presb. 1. Junii.
Fortunatus & Felix MM. 11. Junii.
Fortunatus & Arnulfus M. 12. Julii.
Fortunatus, 24. Octob.
Frambaldus, 16. Aug.
Francha V. 25. Mart.
Francisca Vidua, 9. Mart.
* Franciscus Seraph. 4. Octob.
Eiusdem Translatio, 25. Maii.
Franciscus de Paula, 2. Apr.
Franciscus Salesius Ep. 29. Jan.
Franciscus Xaverius Conf. 3. Dec.
Fraternus Ep. Autisiod. & Conf. 29. Sept.
Fredeswida V. 19. Octob.
Friardus reclusus, 18. Febr.
Frideria, 20. Sept.
Fridericus, 5. Mart.
Fridericus Ep. Traiect. & M. 18. Julii.
Fridolinus, 6. Mart.
Frigdianus Ep. Luc. 18. Mart. (Festiuitas eius potissimum agitur XIV. Kal. Dec.)
Frina V. 5. Maii.
Frodobertus Abb. 8. Jan.
Frontinus Conf. 15. Apr.
Fronto Abb. 14. Apr.
Fronton Ep. 25. Octob.
Fructuosus Ep. Augurius & Eulogius diaconi MM. 21. Jan.
Fructuosus M. 23. Jan.
Fructuosus Ep. 9. Apr.
Frumentius M. 23. Mart.
Frumentius Ep. 27. Octob.
Fulbertus Ep. Carnut. 10. Apr.
Fulcus Conf. 22. Maii.
Fulcus Ep. Papiæ, 26. Octob.
Fulchramus, Ep. 13. Apr.
Fulcrannus, 13. Febr.
Fulgentius Ep. Ruspensis, 1. Jan.
Furseus, Conf. 16. Jan.
Fusca V. & Maura nutrix, 13. Febr.
Fuscianus M. 11. Dec.
Fusculus Ep. M. 6. Sept.

Gabinius vel Gabinus Presb. M. 19. Febr.
Gabinus & Crispulus MM. 30. Maii.
Gabriel 24. Mart.
Gaiana M. 26. Sept.
Gairinus M. 2. Octob.
Galus Ep. 20. Febr.
Gaius, 10. Mart.
* Gaius Papa, 22. Apr.
Gaius mediolan. Ep. 28. Nou.
Galatas M. 19. Apr.
Galatea, 17. Maii.
Galation & Epistemis coniux, MM. 5. Nou.
Galdinus Ep. Mediol. 18. Apr.
Galericus M. 18. Jan.

Gal-

Galganus eremita, 3. Dec.
Galla Vidua, 6. Apr.
Galla Vidua, 5. Octob.
Gallicanus M. 25. Junii.
Gallienus M. 31. Jan.
Gallus Ep. Auern. 1. Julii.
* Gallus Abb. 16. Octob.
Gamaliel, Nicodemus & Abibon, 3. Aug.
Gamulbertus, Conf. 27. Jan.
Gandulphus seu Gangulphus M. 11. Maii.
Gastulus M. 28. Mart.
Gatianus Ep. Turon. 18. Dec.
Gaudentia V. & M. 30. Aug.
Gaudentius Ep. 22. Jan.
Gaudentius Ep. Veron. 12. Febr.
Gaudentius Ep. 29. Octob.
Gaudentius Ep. Arim. M. 14. Octob.
Gaudentius Ep. Brixiae, 25. Octob.
Gaudentius Ep. & Culmatius diac. 19. Junii.
Gaudentius Ep. Conf. 4. Aug.
Gaudiosus Ep. Brixiens. 7. Mart.
Gaudiosus Ep. Salernidan. 26. Octob.
Gaudiosus Ep. African. 28. Octob.
Gaugericus Ep. Camerac. 11. Aug.
Gebhardus Bisch. 27. Aug.
Geburt Christi, 25. Dezemb.
Geburt Johannis des Taufers, 24. Jun.
Geburt Marie, 8. Sept.
Gedeon in Palestina, 1. Sept
Gelasius Papa, 8. Sept.
Gelasius, 18. Nou.
Gelasius Papa, 21. Nou.
Gemellus M. 10. Dec.
Geminianus Ep. Mutinens. Conf. 31. Jan.
Geminianus & Lucia M. 16. Sept.
Geminus M. 4. Jan.
Geminus, & Albinus Eppi. 5. Febr.
Genebaldus Ep. 5. Sept.
Generalis M. 4. Sept.
Generosus M. 17. Julii.
Genesius M. 25. Aug.
Gengulfus, 11. Maii.
* Genouefa V. 3. Jan.
Genouefa V. 28. Octob.
Genuinus & Albinus Epp. Brixinenses, 5. Febr.
Georgia, V. 15. Febr.
* Georgius, 23, — 24. April.
Translatio eius 9. Sept. — 11. Dec.
Georgius Ep. 19. Apr.
Georgius, Aurelius, Felix, Natalia & Lilliosa, MM. 27. Aug.
Georgius Ep. Vien. 2. Nou.
Geraldus Conf. 13. Octob.
Gerardus Ep. Tullensis 23. Apr.
* Gerardus Ep. & M. 24. Sept.
Eiusdem Translatio, 23. Febr.
Gerardus Abb. 3. Octob.
Gerardus Ep. Potentiae, 30. Octob.

Gerasimus anachoreta, 5. Mart.
Geremarus Abb. 24. Sept.
Gereon & Socii MM. 10. Octobr.
Geretrudes V. 17. Mart.
* Gerhardus Ep. 8. Jan.
* Gerhardus, 24. Sept.
Gerhardus Abb. 3. Octob.
Gerinus M. 2. Octob.
Gerlacus Abb. 7. Maii.
Germana M. 19. Jan.
Germanicus M. 19. Jan.
Germanus Ep. Constantinop. 12. Maii.
Germanus Ep. Paris. 28. Maii.
Germanus Abb. 24. Sept.
Germanus & Randoaldus MM. 21. Febr.
Germanus Ep. Capuae & Conf. 30. Octob.
* Germanus Ep. Autisiodor. Conf. 31. Julii.
Translatio eius, 1. Octob.
Germanus, Theophilus, Cesarius & Vitalis MM. 3. Nou.
Germanus Ep. Bisunt. M. 11. Octob.
Geroldus Eremita, 19. April.
Gerontius M. 19. Jan.
* Gertraud, Gertrudis, Jungfrau, 17. März.
Eiusdem Eleuatio, 10. Febr. — Translatio, 4. Sept. — Consecratio, 2. Dec.
Geruasius & Protasius, 19. Junii.
Geruntius Ep. 25. Aug.
Getulius, Cerealis, Amantius & Primitiuus MM. 10. Junii.
Gideon, 28. Mart.
Gilarius vel Gilaris, 25. Sept.
Gilbertus Presb. 4. Febr.
Gildardus & Medardus, 8. Junii.
Gildardus Ep. Rothomag. 8. Junii.
Gilgentag, 1. Sept. (Man s. Gilig.)
Gisilbertus monach. Cisterc. 17. Maii.
Gislenus monach. s. Basilii 9. Octob.
Gislenus Ep. in Hannonia & Conf. 9. Octob.
Glaphyra V. 13. Jan.
Gloderindis V. 22. Mart.
Glodesindes V. 25. Julii.
Glyceria M. 13. Maii.
Glycerius Presb. M. 21. Dec.
Glycerius Ep. 7. Aug.
Goar Presb. & Conf. 6. Julii.
Gocla V. 8. Octob.
Godeberta, V. 11. April.
Godefridus Ep. Ambianensis, 8. Nou.
Godefridus Comes, 13. Jan.
Godeleua, M. 6. Julii.
Godhardus Ep. Hildesh. 5. Maii.
Gondulfus Ep. 26. Julii.
Gontramus R. Franc. 28. Mart.
Gordianus & Epimachus MM. 10. Maii.
Gordius Centurio M. 3. Jan.
Gorgonia, 9. Dec.

* Gorgonius M. 9. Sept.
Gorgonius & Firmus MM. 11. Mart.
Gottfried, 7. Mai.
Gotthard Bisch. M. 5. Mai.
Gottlieb, 3. Nov.
Gottschalk, 18. Nov.
Gracilianus & Felicissima V. MM. 12. Aug.
Grata Vidua 1. Maii.
Grata V. 21. Octob.
Gratianus Ep. Turon. 18. Dec.
Gratus M. 5. Dec.
Gregoria V. 21. Octob.
Gregorius Ep. Conf. 24. Apr.
Ordinatio eius, 3. Sept.
Gregorius M. 11. Jan.
Gregorius Abb. 16. Apr.
* Gregorius Papa Eccl. D. 12. Mart.
Gregorius Nazianz. 9. Maii.
Translatio eius 11. Junii.
Gregorius Ep. Turonens. 27. Nou.
Gregorius Thaumaturgus, 17. Nou.
Gregorius Neoces Ep. 15. Nou.
Gregorius Decapolita, 20. Nou.
Gregorius Papa III. 28. Nou.
Gregorius Ep. Agrigentin. 25. Nou.
Gregorius Ep. Autissiod. 19. Dec.
Gregorius Presb. M. 24. Dec.
Grimbaldus Presb. & Conf. 29. Sept.
Grisogonus M. 24. Nou.
Gualaricus Abb. 12. Dec.
Gualbertus Abb. 12. Julii.
Gualterus Conf. 4. Junii.
Guarinus Card. Ep. Prænest. 6. Febr.
Guddenis V. & M. 18. Julii.
Gudelia M. 29. Sept.
Gudila V. 8. Jan.
Guennailus Abb. 3. Nou.
Guenebaldus Abb. 18. Dec.
Guido, 30. Mart.
Guido Conf. 12. Sept.
Guidobaldus, 7. Julii.
Guilielmus eremita, 10. Febr.
* Guilielmus Ep. 8. Apr.
Guillelmus Abb. 25. Junii.
Guillelmus Ep. Ebroicens. Conf. 29. Julii.
Guillelmus, Firmatus Presb. & Erem. 24. April.
Guinailus Abb. 3. Nou.
Gumbertus, 15. Julii.
Dies emortualis, 11. Mart.
* Gumbertus Ep. Colon. Conf. 20. Mart.
Gumesindus presb. & Seruusdeus monachus, 13. Jan.
Gummarus Conf. 11. Octob.
Gundenes V. & M. 18. Julii.
Gundolfus & Monulphus MM. 16. Julii.
Gundulphus Ep. 17. Junii.
Gunibertus, 28. Nou.
Gunifortus M. 22. Aug.
Gunstramus Ep. 28. Mart.
Guntherus, 28. Nou.
Gunthramus vel Gundrammus vel Guntramnus, 28. Mart.
Gurias & Samonas MM. 15. Nou.
Gustauus, 2. Aug.
Gutlag, 11. April.
Gutpertus, 20. März.

Habacuc Proph. 15. Jan.
Habacuc M. 19. Jäner.
Habetdeum Ep. M. 28. Nou.
Hadelinus Abb. 3. Febr.
Hadrianus & Hermes MM. 1. Mart.
Hadrianus & alii 23 MM. 4. Mart.
Hadrianus, Theoticus & alii MM. 8. Mart.
Hadrianus filius Probi Cæsaris, M. 26. Aug.
Hadrianus M. 8. Sept.
Halwardus 15. Maii.
Hanno Ep. Colon. 4. Dec.
Harduinus Ep. 20. Aug.
Harmelindis maghet, 29. October.
Hartmannus, 30. October.
Hartwig, 21. Aug.
Hartvicus Ep. 27. Nou.
Hauctus, Taution & Thessalonica MM. 7. Nou.
Hecditius miles M. 11. Mart.
Hedda Ep. 7. Julii.
Hedistius, 12. Octob.
* Hedwig, 17. October.
Erhebung, 25. Aug.
Hedwigis ducissa Poloniæ, 15. Octob.
Hegesippus Presb. M. 7. Apr.
Heimerammus Ep. Pictav. 22. Sept.
Heimsuchung Marie, 2. July.
Heilmannus, 8. April.
Helanus M. 16. Mart.
Helanus Presb. Conf. 7. Octob.
Helconides M. 28. Maii.
Helena V. 15. Apr.
Helena mater Constant. Magni, 18. Aug.
* Helena V. 22. Maii.
Helena Regina, 8. Febr.
Helianus miles M. 11. Mart.
Helias Proph. 13. Junii.
Helimenas Presb. M. 22. Apr.
* Helias, 20. Julii.
Heliodorus & Venustus MM. 6. Maii.
Heliodorus Ep. Altini 3. Julii.
Heliodorus M. 19. Nou.
Helisæus Proph. 14. Junii.
Helius miles M. 11. Mart.
Helladius M. 8. Jan.
Helladius Ep. Toletan. 17. Febr.
Helladius Ep. Autissiod. 8. Maii.
Helpes, 2. Junii.

Helpidius Ep. Lugdun. 2. Sept.
Hemiterius & Cheledonius MM. 3. Mart.
Henedina M. 14. Maii.
Henricus Imp. 12. Julii.
Henrietta, 10. Mart.
Hera, M. 28 Junii.
Heracleas Antistes Alexandr. 14. Julii.
Heraclides catechumen. M. 28. Junii.
Heraclius & Zosimus MM. 11. Mart.
Heraclius Ep. Senonen. Conf. 8. Junii.
Heradius, Paulus & Aquilinus MM. 17. Maii.
Herais M. 4. Mart.
Herastus Ep. M. 26. Julii.
Herculanus Ep. Brixiæ, Conf. 12. Aug.
Herculanus M. 5. Sept.
Herculanus miles M. 25. Sept.
* Herculanus Ep. Perusin. & M. 7. Nou.
Eiusdem Translatio Perusiæ, 1. Mart.
Hercules, 5. Sept.
Herculianus Ep. 1. Mart.
Herculianus miles, M. 25. Sept.
* Horculianus Ep. 7. Nou.
Herena M. 25. Febr.
Herenia M. 8. Mart.
Heribertus Archiep. Colon. 16. Mart.
Translatio eius, 30. Aug.
Herlinda V. 22. Mart.
Herma, Serapion & Polyænus MM. 18. Aug.
Hermagoras, 12. Julii.
Hermagoras Ep. Aquil. & Fortnnatus diacon. 12. Julii.
Hermannus, 11. Aug.
Hermas discip. b. Pauli, 9. Maii.
Hermas, Serapion, & Polyænus MM. 18. Aug.
Hermelandus Abb. 25. Mart.
Hermellus M. 3. Aug.
Hermenegildus M. 13. April.
Hermengaudius Ep. Vrgellen. 3. Nou.
Hermergildis, 13. April.
Herminigildis Rex in Hispania, M. 13. Apr.
Hermes, Aggæus & Caius. MM. 4. Jan.
* Hermes M. 28. Aug.
Hermes, 9. Maii.
Hermias M. 31. Maii.
Hermylus & Stratonicus MM. 13. Jan.
Hermippus & Hermocrates MM. 27. Julii.
Hermocrates M. 27. Julii.
Hermogenes, Caius, Expeditus, Aristonicus, Rufus, & Galatas MM. 19. April.
* Hermogenes, Donatus & alii viginti duo MM. 12. Dec.
Hermolaus Presb. Hermippus & Hermocrates MM. 27. Julii.
Hero Bischof, 17. October.
Hero Ep. Antioch. M. 17. Octob.
Herodion, Rufus, Asincritus & Phlegon Apostolor. discipuli. 8. April.
Heron Ep. Antiochenus M. 17. Octob.
Heron, Arsenius, Isidorus & Dioscorus MM. 14. Dec.
Hesychius M. 15. Junii.
* Hesychius conf. 3. Octob.
Hesychius miles M. 18. Nou.
Hewaldi duo fratres Presbyteri MM. 3. Octob.
Hiacinthus M. 3. Julii.
* Hiacinthus M. 11. Sept.
Hidulfus Abb. 11. Julii.
Hieremias Propheta, 1. Maii.
Hierenarchus & Acacius Presb. MM. 27. Nou.
Hierius Presb. 4. Nou.
Hieron, Nicander, Hesychius & alii XXX MM. 7. Nou.
Hieronides, Leontius, Serapion, Selesius, Valerianus & Straton MM. 12. Dec.
* Hyeronimus Presb. 30. Sept.
Eiusdnm Translatio 9. Maii.
Hierotheus discip. S. Pauli Ap. 4. Octob.
Hilaria, mater S. Afræ, M. cum ancillis suis Digna, Euprepia, & Eunomia, 12. Aug.
Hilarina, 31. Dec.
Hilarinus monach. 16. Julii.
* Hilarion M. 21. Octob.
Hilarion Abb. 21. Octob.
Hilarius Papa, 7. Jan.
Hilarius Ep. 21. Febr.
Hilarius Ep. Arelatens. 5. Maii.
* Hilarius Ep. Pictauiens M. 13. Jan.
Hilarius Ep. Aquileg. Tatianus diac. Felix, Largus, & Dionysius, MM. 16. Mart.
Hilarius Papa, 10. Sept.
Hilarius Ep. Gaualitan. 25. Octob.
Hilarius M. 16. Julii.
Hildebertus, 13. Aug.
Hildebrandus & Socii. 5. Julii.
Hildebrandus 13. Aug.
Hildeman, Ep. 8. Dec.
Hildegardis V. 17. Sept.
Hildubrandus monach. 19. Junii.
Hildulphus, Ep. Treuir. 11. Junii.
Hiltrudis V. 27. Sept.
Himerius Ep. & Conf. 17. Junii.
Hiob, 9. Maii.
Hippolitus & Cassianus MM. 13. Aug.
Hippolitus Presb. & M. 30. Jan.
* Hippolytus, Concordia & alii XIX. MM. 13. Aug.
Hierenarchus, Acacius, & septem mulieres MM. 27. Nou.
Hiodulphus Ep. Met. 8. Junii.
Homobonus Conf. 13. Nou.
Honesta, V. 12. Octob.
Honestus, Presb. 12. Julii.
Honorata V. 11. Jan.
Honoratus Ep. Arelat. 16. Jan.
Honoratus Abb. 16. Jan.

Honoratus Ep. Mediol, 8. Febr.
Honoratus Conf. 28. Mart.
Honoratus Ep. Ambianen. 16. Maii.
Honoratus Ep. Vercell. & Conf. 28. Octob.
Honorius Ep. Brixiens. 24. Apr.
Honorius Ep. Cantuar. & Conf. 30. Sept.
Hormisda Conf. 31. Mart.
Hormisda, Papa, 6. Aug.
Hormisda M. 8. Aug.
Hortolanus Ep. 28. Nou.
Hospicius, Conf. 29. Apr.
Hospicius Conf. 21. Maii.
Hrupertus, i. e. Rupertus.
Hubertus, 20. Mart.
• Hubertus Ep. Tungren. 3. Nou.
Hugo Ep. Gratianop. 1. Apr.
Hugo Ep. Rhotomag. 9. Apr.
Hugo Abb. Cluniac. 29. Apr.
Hugo Carthusianus, Ep. Lincoln. 17. Nou.
Hugolinus M. 13. Octob.
Humbertus, Abb. 25. Mart.
Hunegunda, 25. Aug.
Hunebertus Ep. Colon.. 12. Nou.
Hyacinthus, Alexander & Tiburtius MM. 9. Sept.
Hyacinthus M. 25. Julii.
Hyacinthus, Alexander & Tiburtius MM. 9. Sept.
Hyacinthus, Quinctus, Felicianus & Lucius MM. 29. Octobr.
Hyesippus Conf. 7. Apr.
Hyginus seu Hyginius Papa M. 11. Jan.
Hylariuus seu Hylarius M. 16. Julii.
Hypatius Ep. Conf. 31. Mart.
Hypatius Conf. 17. Junii.
Hypatius Ep. Gangresis M. 14. Nou.
Hyppatius Ep. Asianus & Andreas Presb. MM. 21. Sept.
Hyppolitus M. & Socii, 13. Aug.
Hyrenes V. 5. Apr.
Hyreneus & Abundus M. 26. Aug.

Ja & Sociæ cum nouem millibus christianis MM. 4. Aug.
Jacinctus M. 26. Julii.
Jacinthus M. 11. Sept.
Jacobina, 21. Junii.
Jacobus Eremita, 28. Jan.
Jacobus Presb. M. 22. Apr.
Jacobus Alphæus, 22. Junii.
Jacobus Ep. M. 21. Mart.
Jacobus Ep. Nisibi, Conf. 15. Julii.
• Jacobus Maior Apost. 25. Julii.
Jacobus Eremita, 6. Aug.
Jacobus & Philippus Apostoli, 1. Maii.
Jacobus Alemannus Ep. M. 11. Octob.
Jacobus Intercisus M. 27. Nou.

Jader Ep. & M. 10. Sept.
Jairus, 3. Octob.
Jamnica, M. 2. Junii.
Januarius M. 19. Jan.
Januarius, Maxima, & Macaria MM. 8. Apr.
Januarius & Pelagia, MM. 11. Julii.
Januarius, Marinus, Nabor & Felix, MM. 10. Iulii.
• Januarius Ep. Beneuent. Desiderius Lector, Sosius, Proculus diaconi, Eutyches & Acatius MM. 19. Sept. (apud Græcos, 21. April.)
Januarius Ep. Beneuent. cum Sociis MM. 19. Octob.
Jason Christi discip. 12. Julii.
Jeremias, 26. Junii.
Jeronimus presb. Conf. 30. Sept.
Jesus Naue, Propheta, 1. Sept.
• Ignatius Ep. Antioch. M. 1. Febr. Translatio eius 17. Dec.
Ignatius Loyola, 31. Julii.
Ignatius Ep. Constantinop. 23. Octob.
Ignatius, 15. Dec.
Ildefonsus Ep. 23. Jan.
Ildevertus Ep. 27. Maii.
Illidius, Conf. 16. Mart.
Illidius, Ep. Auernen. 7. Julii.
Illuminata, V. M. 29. Nou.
Illuminatus Conf. 11. Maii.
Indaletius Conf. 15. Maii.
Indes eunuchus, Domna, Agabes & Theophyla Virgines MM. 26. Dec.
Infernus factus est, 13. Febr.
Ingenes M. 20. Dec.
Ingenuinus & Albuinus Eppi. 5. Febr.
Innocentius P. 14. Mart.
Innocentius Ep. Terdonens. Conf. 17. Apr.
Innocentius & Sebastia MM. 4. Julii.
• Innocentius Papa, 28. Julii.
Innumerabiles MM. 20. Febr. — 6. Octob. — 3. Nou.
Inuentio S. Crucis, 3. Maii.
Inuentio Corporis S. Stephani Regis, 11. Octob.
Inuentio Stephani prothomart. Gamiliels Nicodemi & Abibonis, 3. Aug.
Joachimus pater S. Mariæ, 20. Mart.
Joachimus, 9. Dec.
Joanna vxor Chuzæ 24. Maii.
Joannes Ep. Rauennæ, 10. Jan.
Joannes Calibita, 15. Jan.
Joannes Elemosynarius Ep. 23. Jan.
• Joannes Chrysostomus, 27. Jan. Eiusdem Natalis, 14. Sept.
Johannes der Guldein mund, 27. Jänner.
Joannes Presb. 28. Jan.
Joannes Collobita, 27. Febr.
Joannes Penariensis, Conf. 18. Mart.
Joannes Ep. Pinnensis, 19. Mart.

Joannes

Joannes eremita, 27. Mart.
Joannes Climacus Abb. 30.
• Joannes Abb. 19. Mart.
Joannes Abbas M. 27. Apr.
Joannes ante portam latinam, 6. Maii.
Joannes Ep. Eborac. 7. Maii.
Joannes Silentiarius, 13. Maii.
Joannes Nepomuc. 16. Maii.
Joannes P. M. 27. Maii.
Joannes Ep. Veron. Conf. 6. Junii.
Joannes Ep. Neapolit. 22. Junii.
Joannes Presb. M. 23. Junii.
Joannes. Batista, 24. Junii.
Eiusdem depositio, 28. Jan.
Inuentio Capitis 24. Freb.
Eiusdem Conceptio, 24. Sept.
Joannes & Paulus M. 26. Junii.
Joannes Gualbertus Abb. 12. Julii.
Joannes Columbinus, institutor ord. Jesuatarum, 31. Julii.
Joannis & Crispus Presbiteri, 18. Aug.
Joannes Ep. Papiens. 27. Aug.
Joannes M. 7. Sept.
Joannes Ep. Augustodunens. 29. Octob.
Joannes Ep. & Jacobus Presb MM. 1. Nov.
Joannes Patriarch. 11. Nou.
Joannes Damascenus, 29. Nou.
Joannes Ep. 14. Nou. — 23. Dec.
Joannes Ep. cognomento Thaumaturgus, 5. Dec.
Joannes Apost. & Euangel. 27. Dec.
Johannis Enthauptung, 29. August.
Joannicius Abb. 4. Nou.
Job Propheta, 10. Maii.
Jodocus, 13. Dec.
Joel & Esdra Prophetæ, 13. Julii.
Joel, 23. Sept.
Jonas monachus, 11. Febr.
Jonas & Barachisius MM. 29. Mart.
Jonas Propheta, 21. Sept.
Jonas Presb. & MM. 22. Sept.
Jonas, 12. Nou.
Jonathan, 29. Dec.
Jordanus, 13. Febr.
Josaphat, 27. Nou.
Joseph Diaconus, 15. Febr.
Joseph ab Arimathia, 17. Mart.
Joseph Conf. 19. Mart.
Joseph Presb. M. 22. Apr.
Joseph justus, 20. Julii.
Joseph comes Scythopoli, 22. Julii.
Josephus Hermannus Conf. 4. Apr.
Josius, 24. Nou.
Josua, 30. April.
Josue & Gedeon. 1. Sept.
Jouilla, M. 17. Jan.
Jouinianus lector M. 5. Maii.
Jouinianus, [illegible] Dec.
Jouinus & Basileus MM. 2. Mart.

Iphigenia V. in æthiopia 21. Sept.
Ipolitus M. 30. Jan.
Iraides V. M. 22. Sept.
Irenæus Ep. Sirmii M. 25. Mart.
Irenæus, 6. April.
Ireneus, Peregrinus. & Irene MM. 5. Mai.
Irenæus Ep. Lugdunens. M. 28. Junii.
Irenæus diacon. & Mustiola MM. 3. Julii.
Irenæus, Antonius, Theodorus, Saturninus, Victor & alii XVII. MM. 15. Dec.
Irene V. M. 5. Apr.
Irene V. M. 20. Octob.
Irenion Ep. Gazæ 16. Dec.
Irenius & Abundus MM. 26. Aug.
Irmengardis V. 4. Sept.
Irmina. V 24. Dec.
Isaac immolatio, 25. Mart.
Isaac monach. 11. April.
Isaac, 10. Sept.
Isac, 10. Nou.
Isacius Ep. & M. 21. Sept.
Isabella, 4. Jan.
Isaurus, Innocentius, Felix, Hieremias & Peregrinus MM. 17. Junii.
Ischirion ductor militum & alii quinque milites, MM. 1. Junii.
Ischyrion M. 22. Dec.
Isicius, Ep. Vienn. 16. Mart.
Isidorus Ep. Antioch. 2. Jan.
Isidorus Conf. 15. Jan.
Isidorus Ep. Hispalens. 14. April.
Isidorus monachus, 17. Apr.
• Isidorus M. 15. Maii.
Isidorus M. 4. Febr.
Israel, 14. Dec.
Ita, V. 8. Mart.
Itisberga J. 21. Mai.
Jucunda V. 25. Nou.
Jucundianus M. 4. Julii.
• Jucundus, Quintinus, Saturninus, MM. 9 Jan.
Jucundus Ep. Bonon. Conf. 14. Nou.
Judas Apost. 28. Octob.
Judith, 10. Dec.
Judocus, Conf. 13. Dec.
Julia, V. M. 22. Maii.
Julia, V. M. socia Eulaliæ. 10. Dec.
• Juliana, V. M. 16. Febr.
Juliana Vidua, 7. Febr.
Juliana Falcon. 19. Julii.
Julianus M. 7. Jan.
Julianus Ep. Cenomanens. 27. Jan.
Julianus & Eunus MM. 27. Febr.
Julianus Conf. 25. Mart.
Julianus M. cum quinque millibus, 16. Febr.
• Julianus Basilissa, Antonius, Anastasius, Celsus, Marcionilla & alii 9. Jan.
Julianus Saba senior, 14. Jan.
Julianus monachus, 8. Junii.

Julianus Marcianus & alii octo MM. 9. Aug.
Juliana eremita, 18. Octob.
Julianus Ep. Apemæea, 9. Dec.
Julitta M. 30. Julii.
Julius M. 19. Jan.
Julius Presb. 31. Jan.
Julius Ep. 8. Febr.
* Julius M. 27. Maii.
Julius & Aaron, MM. 1. Julii.
Julius Papa, 12. Apr.
Julius Senator, M. 19. Aug.
Julius, Potamia, Crispinus, Felix, Gratus & alii VII. MM. 5. Dec.
Juo Presb. 19. Maii.
Ivo Advocatus Pauper. 27. Octob.
Justa, Justina & Henedina MM. 14. Maii.
Justa & Rufina VV. MM. 19. Julii.
Justina, 16. Junii.
* Justina V. & M. 7. Octob.
Justina V. M. 30. Nou.
Justina & Rufina, 19. Julii.
* Justinus Presb. 4. Aug.
Justinus Ep. 6. Apr.
Justinus Philosophus M. 13. April.
Justinus M. 1. Aug.
Justus, 25. Febr.
Justus Ep. Vrgell. 28. Maii.
* Justus Ep. Tergest. 2. Nou.
Justus miles M. 14. Julii.
Justus & Pastor, MM. 6. Aug.
Justus Presb. 17. Sept.
Justus Ep. Lugdun. 2. Sept.
Justus M. 4. Nou.
Justus Ep. in Anglia, 10. Nou.
Justus & Abundius MM. 14. Dec.
Ita, V. 8. Mart.
* Juuenalis Ep. Narnien. Conf. 3. Maii.
* Juuenalis M. 7. Maii.
Juuentinus & Maximus MM. 25. Jan.
Juuencius M. 1. Junii.
Juuenicus Ep. Papiens. 12. Sept.

Kalemerus Ep. Mediol. 9. Dec.
Kasilda, 15. Apr.
Kastulus, M. 26. Mart.
Kilianus, Colonatus & Totnatus, 8. Julii.
Kunigunda, 3. Mart.

* Ladislaus Rex Hungariæ 27. Junii.
Eiusdem Depositio, 29. Julii.
Lætus Ep. M. 6. Sept.
Lætus Presb. Conf. 5. Nou.
Lambertus Ep. Lugdun. Conf. 14. Apr.
Lambertus M. 16. April.
* Lambertus Ep. Tungrens.. M. 17. Sept.

Landebertus Ep. 17. Sept.
Landelinus Abb. 15. Junii.
Landericus Ep. Paris. 10. Junii.
Landoaldus Presb. & Amantius diac. 19. Mart.
Lanogisilus Abb. 2. Apr.
Lanthertus Ep. 17. Sept.
Landrada V. 8. Julii.
Lanfrancus, Abb. 24. Maii.
Largus, Smaragdus & alii viginti MM. 8. Aug.
Latinus Ep. Brix. 24. Mart.
Latro cum Christo crucifixus 25. Mart.
Latrones Septem, MM. 29. April.
Laudo vel Laudus Ep. Constanciens. 22. Sept.
Launomarus Abb. 19. Jan.
Laurentinus, Ignatius & Celerina MM. 3. Febr.
Laurentinus M. 3. Junii.
* Laurentius M. 10. Aug.
Laurentius Ep. Cantuar. 2 Febr.
Laurentius Presb. & M. 30. Apr.
Laurentius Ep. Dublinens. Conf. 14. Nou.
Laurianus Ep. Hispalens. M. 4. Julii.
Lauto Ep. 22. Sept.
Lazarus Monach. 23. Febr.
* Lazarus Christi discip. Ep. Massiliens. 17. Dec.
Lea Vidua, 22. Mart.
Leander & Fortunatus Ep. 28. Febr.
Lebrecht, 24. Nov.
Lebuinus Conf. 25. Junii.
Lebwinus, 12. Nou.
Leo Ep. Cataneus. 20. Febr.
Leo, Donatus, Abundantius, Nicephorus & alii MM. 1. Mart.
Leo Papa, 14. Mart.
* Leo I. Papa, 11. April.
Eiusdem Translatio, 28. Junii.
Leo IX. Papa, 19. Apr.
Leo Ep. Senonens. 22. Apr.
Leo II. Papa, 28. Junii.
Leo IV. Papa, 17. Julii.
Leo Conf. 25. Maii.
Leo & Juliana MM. 18. Aug.
Leobardus, 18. Jan.
Leobatius, vel Leubatius, Abb. 28. Julii.
Leobinus, 17. Febr.
Leobinus Ep. Carnotens. Conf. 15. Sept. Romæ; 14. Mart. Parisiis.
Leocadia V. M. 9. Dec.
Leodegarius Ep. Augustodun. M. 2. Octob.
Leonardus Conf. 16. Aug.
Leonardus Conf. 15. Octob.
* Leonardus, 16. Nou.
Leonegilus, vel Leonegisilus Abb. 2. Apr. & 13. Jan.
Leonides & Socii MM. 28. Jan.
Leonides M. 22. Apr.

Leonora

Leonora, 21. Febr.
Leontius Ep. Cæsariens. Conf. 13. Jan.
Leontius, Hypatius & Theodolus MM. 18. Junii.
Leontius, Mauritius & Daniel MM. 10. Julii.
Leontius, Attius, Alexander & alii sex agricolæ, MM. 1. Aug.
Leopardus M. 30. Sept.
Leopatius & Vrsius Abb. 27. Octob.
* Leopoldus, 15. Nou.
Eiusdem Translatio, 15. Febr.
Leouigildus & Christophorus monachi, 20. Aug.
Lethatius M. 17. Julii.
Leucius vel Leucus Ep. Brundusinus 11. Jan.
Leutfredus, seu Leutfridus, Abb. 21. Junii.
Leuinus, 14. Nou.
Libardus, 18. Jan.
Liberalis miles, 27. Febr.
Liberata V. 18. Jan.
Liberatus Abb. Bonifacius diac. Seruus & Rusticus subdiac. Rogatus & Septimus monachus & Maximus, MM. 17. Aug.
Liberatus & Baiulus MM. 20. Dec.
Liberia V. M. 12. Octob.
Liberius Papa, 24. Sept.
Liberius vel Oliuerius, 27. Maii.
Liberius Ep. Veron. Conf. 15. Nou.
Liberius Ep. Rauenn. 30. Dec.
Libya & Leonides sorores & Eutropia puella MM. 25. Junii.
Liborius, 18. Maii.
Liborius Ep. Cenoman. 23. Julii.
Translatio eius, 28. Maii.
Libosus M. M. 29. Dec.
Licerius, 15. Jan.
Licerius Ep. 7. Aug.
Lidia purpuraria, 3. Aug.
Lidorius Ep. Turon. 13. Sept.
Liebwinus, 12. Nou.
Lietphardus Presb. 3. Junii.
Ligorius eremita & M. 13. Sept.
Liutrudis V. 22. Sept.
* Linus Papa M. 26. Nou.
Linus Papa, & Thecla M. 23. Sept.
Liobe V. 28. Sept.
Liphardus Presb. 3. Junii.
Lisimachus miles M. 11. Mart.
Liteus M. 10. Sept.
Litorius Ep. Turon. 13. Sept.
Liudgerius Ep. Conf. 13. Apr.
Liuinus Ep. M. 12. Nou.
Liutfridus Abb. 30. Apr.
Liuthgerius, 26. Mart.
Liuttrudis V. 22. Sept.
Liwinus Ep. Hiberniæ 12. Nou.
Liutolphus M. 2. Febr.
* Longinus M. 25. Mart.
Longinus miles M. 2. Dec.
Loth, 4. Jan.
Lubulus, 15. Octob.
Lucanus M. 30. Octob.
* Lucas Euangelista, 18. Octob.
Eiusdem Translatio, 9. Maii.
Lucas & Mutius diac. 22. Apr.
* Lucia V. M. 13. Dec.
Lucia, Rixius, Antonius, Seuerinus, Diodorus, Dion, & alii XVII. MM. 6. Julii.
Lucia & Geminianus MM. 16. Sept.
Lucianus Presb. Maximianus & Julianus MM. 8. Jan.
Lucianus, 27. Maii.
* Lucianus M. 7. Junii.
Lucianus Florius & alii MM. 26. Octob.
Lucidus Ep. Veron. 16. Apr.
Lucilla & Flora Virgines, Eugenius, Antoninus, Theodorus & alii XVIII. MM. 29. Julii.
Lucillianus, Claudius, Hyppatius, Paulus & Dionysius MM. 3. Junii.
Lucina, Apostolorum discipula, 30. Junii.
Lucina, 17. Octob.
Lucinius Ep. Andegauen. 13. Febr.
Lucinus M. 12. Nou.
Lucius Ep. & socii MM. 11. Febr.
* Lucius Papa, 4. Mart.
Eiusdem Translatio, 25. Aug.
Lucius Episcopus, Absalon & Lorgius MM. 2. Mart.
Lucius Ep. Nicomed. 15. Mart.
Lucius Ep. Cyrenens. 6. Maii.
Lucius, Siluanus, Rutulus, Classicus, Secundinus, Fructulus & Maximus MM. 18. Febr.
Lucius Senator & M. 20. Aug.
Lucius, Rogatus, Cassianus & Candida MM. 1. Dec.
Lucius Rex Angliæ, 3. Dec.
* Lucretia, 7. Apr.
Lucretia V. M. 23. Nou.
Lucus & Sola, 3. Dec.
Ludgerus Ep. Monaster. 26. Mart.
Ludmilla, 16. Sept.
Eius Translatio, 10. Nou.
Ludolphus, 27. Maii.
* Ludouicus R. Gall. 25. Aug.
Ludouicus Ep. Tolosan. Conf. 19. Aug.
Lullius vel Lullus Archiep. Magunt. Conf. 16. Octob.
Lunus Ep. 21. Sept.
Lupercus M. 15. Apr.
Luperius Ep. Veron. Conf. 16. Dec.
Lupertius Presb. 13. Octob.
Lupicinus & Romanus CC. 28. Febr.
Lupicinus Ep. Lugdun. & Felix, 3. Febr.
Lupicinus Abb. 21. Mart.

Lupicinus Ep. Véron. 31. Maii.
Lupus Ep. Senon. 1. Sept.
Lupus Ep. Lugdunens. 25. Sept.
Lupus Ep. Trecens. Conf. 29. Julii.
Lupus Ep. Veron. Conf. 2. Dec.
Luppus M. 23. Aug.
Lutgardis maghet, 16. Juny.
Lutgardis V. 16. Junii.
Lutgerus Ep. 26. Mart.
Lutrudis V. 22. Sept.
Luxurius, Cisellus & Camerinus MM. 21. Aug.
Luxurius, 26. Sept.
Lycarion M. 7. Junii.
Lydia purpuraria, 3. Aug.

Macarius Alexandrinus, Abb. in Thebaide 2. Jan.
Macarius Abb. in Ægypto, 15. Jan.
Macarius E. Hierosol. 10. Mart.
Macarius, Rufinus, Justus & Theophilus MM. 28. Febr.
Macarius Conf. 1. Apr.
Macarius Ep. Antioch. 10. Apr.
Macarius Ep. Petræ & Conf. 20. Junii.
Macarius & Julianus MM. 12. Aug.
Macarius M. 8. Dec.
Macarius Presb. 20. Dec.
Macedonius, Patricia vxor eius & Modesta filia MM. 13. Mart.
* Macedonius Presb. 13. Mart.
Macedonius, Theodulus & Tatianus MM. 12. Sept.
Machabæi fratres, 1. Aug.
Machutus bissch. 15. Nov.
Maclisvus, vel
Maclovius Ep. 15. Nou.
Macra V. M. 6. Jan.
Macrina, 14. Jan.
Macrina V. soror s. Basilii M. 19. Julii.
Macrobius & Julianus MM. 13. Sept.
Madelberta Abdisse end maghet, 7. Sept.
Madelgarius, 14. Julii.
Magdalena V. ord. Carmelit. 25. Maii.
* Magdalena, 22. July.
Magdalenæ Conuersio, 10. Mart.
Magenhildis, 14. Octob.
Magina M. 3. Dec.
Maginus M. 25. Aug.
Magiorius Ep. 24. Octob.
Magnericus Ep. Treuir. 25. Julii.
Magnobodus Ep. 16. Octob.
Magnus M. 1. Jan.
Magnus Ep. Anag. M. 19. Aug.
Magnus, Castus & Maximus MM. 4. Sept.
Magnus Ep. Opiterg. 6. Octob.
* Magnus Conf. 6. Sept.
Magnus Ep. Mediol. 1. Nou.
Mainus Abb. 21. Junii.
Maiolsus diac. 4. Octob.
Maiolus Abb. Clun. 11. Maii.
Maioricus M. 6. Dec.
Malachias Ep. Connerth. 3. Nou.
Malchus Conf. 19. Febr.
Malchus, 28. Mart.
Malchus monachus, 18. Octob.
Mallosus M. 10. Octob.
Mammas M. 17. Aug.
Mamelta M. 5. Octob.
Mamelta M. 17. Octob.
Mamertes M. 17. Aug.
* Mamertus, 11. Maii.
Mammas, 16. Julii.
Mammes M. 17. Aug.
Mamilianus M. 12. Mart.
Mammarins M. 14. Junii.
Manahem Herodis tetrarcha, 24. Maii.
Manasses, 19. Dec.
Manasses, 3. Nou.
Manatus Ep. Vienn. 17. Nou.
Mancius M. 15. Maii.
Mandalis M. 17. Junii.
Mandelgisilus, 30. Maii.
Manechildis, 14. Octob.
Manegundis V. 24. Octob.
Manilius, 29. Maii.
Mannea M. 17. Aug.
Mansuetus Ep. Mediol. 17. Febr.
Mansuetus Ep. Tullens. Conf. 3. Sept.
Mansuetus Ep. M. 6. Sept.
Mansuetus, Seuerus, Appianus, Donatus, & Honorius MM. 30. Dec.
Manuel, Sabel & Ismael MM. 17. Junii.
Manvæus Ep. 28. Maii.
Mappalicus M. 17. Apr.
Marana & Cyra mulieres, 3. Aug.
Marcella Vidua, 11. Jan.
Marcella, 31. Jan.
Marcellianus M. 18. Junii.
Marcellina V. 16. Julii.
* Marcellinus presbyter & Petrus exorcista MM. 2. Junii.
Marcellinus Ep. Anconitan. 9. Jan.
Marcellinus M. 7. Octob.
Marcellinus Conf. 20. April.
Marcellinus tribunus & eius vxor Mannea, MM. 27. Aug.
Marcellinus Ep. Rauenn. Conf. 5. Octob.
Marcellinus Papa, Claudius, Cyrinus, Antonius & XVII. millia MM. 26. Apr.
Marcellinus Presb. Conf. 13. Julii.
* Marcellus Papa M. 16. Jan.
Marcellus Ep. Diensis 9. Apr.
Marcellus Ep. Ebredun. 20. April.
Marcellus & Anastasius MM. 29. Junii.
Marcellus Ep. Apameæ M. 14. Aug.

Mar-

Marcellus, Castus, Æmilius, & Saturninus MM. 6. Octob.
Marcellus & Apuleus MM. 7. Octob.
Marcellus Ep. Treuir. M. 4. Sept.
Marcellus M. 4. Sept.
Marcellus Ep. Parisiens. 1. Nou.
Marcellus Abb. 29. Dec.
Marciana V. & M. 9. Jan.
Marciana V. M. 12. Julii.
Marcianus Presb. 10. Jan.
* Marcianus, Nicanor & Apollonius MM. 5. Apr.
Marcianus Presb. 20. Apr.
Marcianus Ep. Rauenn. Conf. 29. Maii.
Marcianus Ep. Syracus M. 14. Junii.
Marcianus, Nicanor, Apollonius & alii MM. 5. Junii.
Marcianus M. 11. Julii.
* Marcianus Conf. 2. Nou.
Marcionilla, mulier, M. 9. Jan.
Marcus, Marcianus & focii MM. 4. Octob.
Marcus & Linus, 3. Octob.
* Marcus Euang. 25. Apr.
Eiusdem Translatio, 31. Jan.
Marcus & Timotheus MM. 24. Mart.
Marcus Ep. Atinæ, M. 28. Apr.
Marcus & Marcellianus MM. 18. Junii.
Marcus, Mucianus & Paulus MM. 3. Julii.
Marcus Ep. Bibli, 27. Sept.
Marcus, Alphius, Alexander, Zosimus, Nicon, Neon, Heliodorus XXX milites MM. 18. Sept.
Marcus Papa Conf. 7. Octob.
Marcus & Stephanus MM. 22. Nou.
Marcus Ep. Jerosol. M. 22. Octob.
Mardarius M. 13. Dec.
Mardonius, Musonius, Eugenius & Metellus MM. 24. Jan.
Mardonius M. 23. Dec.
Mareas & Bicor Eppi cum aliis viginti Episcopis & Clericis fere ducentis quinquaginta, MM. 21. Apr.
Marellendis maghet en Mart. 13. Nov.
Margaretta peccatrix, 28. Febr.
* Margaretha, 12. Julii.
Margaretha, 25. Maii.
Margaretha de Cortona, 23. Febr.
Margarita Regina, 10. Junii.
Margarita V. M. 5. Julii.
Margarita V. M. quæ & Marina dicitur, 20. Julii.
* Margarita Ægyptiaca, 2. Apr.
Maria V. M. 18. Junii.
* Maria Ægypt. 28. Febr.
* Maria Ægypt. 2. Apr.
Maria Ægyptiaca, 9. April.
Maria Cleophas, 9. Apr.
Maria ad Martyres, 13. Maii.
Maria Jacobi, 25. Maii.
Maria ad niues, 5. Aug.
Maria Magdalena, 22. Julii.
Maria & Martha, 19. Jan.
Maria Tertulli, ancila M. 1. Nou.
Marie Empfängniß, 8. Dec.
Marie Geburt, 8. Sept.
Marie Heimsuchung, 2. July.
Marie Himmelfahrt, 15. Aug.
Marie Opferung, 21. Nov.
Marie Reinigung, 2. Febr.
Marie Schnee, 5. Aug.
Marie Verkündigung, 25. März.
Marie Vermählung, 23. Jäner.
Marianus Diac. 27. Jan.
Marianus M. 9. Febr.
Marianus lector & Jacobus diac. MM. 30. April.
Marianus Conf. 19. Aug.
* Marina V. M. 17. Julii.
Marinus M. 25. Jan.
Marinus miles & Asterius Senator MM. 3. Mart.
Marinus, Theodotus & Sedopha MM. 5. Julii.
Marinus Diac. 3. Sept.
Marinus M. 26. Dec.
Marius, Martha, Audifax & Abacus MM. 19. Jan.
Maro Eutichetes & Victorinus MM. 15. April.
Marolus Ep. Mediol. 23. April.
Marseus, 15. Julii.
Marsus presb. 4. Octob.
Martha, 19. Jan.
Martha soror Lazari, 17. Dec.
* Martha hospita Christi, 29. Julii.
Translatio eius, 17. Octob.
Martialis M. 4. Jan.
* Martialis Ep. Lemouic. cum Alpiniano & Austricliniano presbyteris, 30. Junii.
Martialis, Saturninus, Epictetus, Maprilis & Felix MM. 22. Aug.
Martialis, Laurentius & alii XX. MM. 28. Sept.
Martialis martelaer, 13. Octob.
Martiana V. M. 5. April.
Martianus, 6. Mart.
Martianus M. 27. Mart.
Martianus Ep. 14. Junii.
Martina V. M. 5. Apr.
Martinianus Ep. Mediol. 2. Jan.
Martinianus Erem. 13. Febr.
Martinianus, Saturianus & alii MM. 8. Apr.
* Martinianus & Processus, 2. Julii.
Martinianus & Saturianus cum duobus fratribus MM. & Maximina V. 16. Octob.
Martirius subdiac. M. 25. Octob.
* Martinus Ep. Turon. 11. Nou.
Eiusdem Translatio, 4. Julii.

Martinus Papa, 12. Nou.
Martinus Ep. Tungrens. Conf. 21. Junii.
Martinus Ep. Vienn. 1. Julii.
Martinus Ep. Treuir. M. 19. Julii.
Martinus & Austerius, 3. Mart.
Martinus Abb. 7. Dec.
Martinus Conf. 15. Nou.
Martionilla, 9. Jan.
Martius, 19. Jan.
Martyres XLII. 10. Mart.
Martyres XXIII. 5. Aug.
Martyrius monach. 23. Jan.
Martyrius M. 29. Maii.
Martyrius subdiac & Martianus cantor MM. 25. Octob.
Marutha Ep. 4. Dec.
Mascula archimimus, 29. Mart.
Massa candida CCC. MM. 24. Aug.
Massilitani Martyres, 9. Apr.
Maternus Ep. Mediol. 18. Julii.
Maternus Ep. Treuir. 14. Sept.
Mathildis Regina, mater Othonis primi, Imperatoris, 14. Mart.
Mathildis Regina, 22. Dec.
Mathusalah, 4. Jan.
Mathurinus Conf. 9. Nou.
* Matthæus Ap. & Euang. 21. Sept.
Eiusdem Translatio, 6. Maii.
* Mathias Apostolus, 24. Febr. anno bissextili 25. Febr.
Mathias Ep. Hierosol. 30. Jan.
Matrona V. 15. Mart.
Matronianus eremita, 14. Dec.
Maturinus Conf. 1. Nou.
Manilus M. 4. Jan.
Maura M. 13. Febr.
Maura V. & M. 30. Nou.
Maura & Britta (Brigitta) 13. Julii.
Maurilius Ep. Andegau. 13. Sept.
Maurinus Abbas & M. 10. Junii.
Maurinus, 26. Dec.
Mauritius Conf. 21. Maii.
* Mauritius, Exuperius, Candidus, Victor, Innocentius, Vitalis, & socii legionis Thebæorum, MM. 22. Sept.
Mauritius Ep. 13. Aug.
Maurus Ep. Pantaleemon & Sergius, MM. 27. Julii.
Maurus Ep. Veron. Conf. 21. Nou.
* Maurus Abb. 15. Jan.
Maurus Eq. Wirodunens. 8. Nou.
Maurus Ep. Veronens. 21. Nou.
Maurus M. 8. Maii.
* Maxentius Presb. Conf. 26. Junii.
Maxentius, Constantius, Crescentius, Justinus, & socii MM. 12. Dec.
Maxima Marteleresse, 2. Sept.
Maxima V. 16. Maii.
Maxima, Donatilla & Secunda, MM. 30. Julii.
Maxima M. 2. Sept.
Maximianus Ep. Rauennæ, 21. Febr.
Maximianus & Lucianus MM. 8. Jan.
Maximianus M. 14. Apr.
Maximianus Ep. Syracus. 9. Junii.
* Maximianus Conf. 15. Dec.
Maximianus Ep. Bagaiens. 3. Octob.
* Maximilianus Ep. Laureacensis, 12. Octob.
Maximilianus Ep. M. 29. Octob.
* Maximinus Ep. Treuir. Conf. 29. Maii.
Maximinus Ep. Aquensis, 8. Junii.
Maximinus Presb. M. 19. Nou.
Maximinus Conf. 11. Dec.
Maximus Ep. Papiens. 8. Jan.
Maximus Ep. Nolanus, 15. Jan.
Maximus, Claudius & Præpedigna vxor Claudii, cum duobus filiis Alexandro & Cutia MM. 18. Febr.
Maximus, 5. Apr.
Maximus, Quinctilianus & Dadas, MM. 13. Apr.
Maximus Ep. Hierosol. 5. Maii.
Maximus, Bassus & Fabius MM. 11. Maii.
Maximus Ep. Veron. 26. Maii.
Maximus & Olympiades MM. 15. Apr.
Maximus Ep. Taurin. Conf. 25. Junii.
Maximus Ep. Patau. 2. Aug.
Maximus, Theodorus, & Asclepiodorus. MM. 25. Sept.
Maximus diac. M. 19. Octob.
Maximus leuita M. 20. Octob.
Maximus Ep. Moguntin. 18. Nou.
Maximus presb. M. 19. Nou.
Maximus Ep. Rhegiens. 26. Nou.
Maximus Ep. Alexandrin. 27. Dec.
Maximus, 29. Mart.
Maximus marteler, 20. October.
* Medardus & Bidardus, 8. Junii.
Medardus Ep. Nouiocomens. 8. Junii.
Medericus Presb. Conf. 29. Aug.
Medericus Abb. 2. Sept.
Megengorus, 19. Dec.
Meinardus eremita M. 21. Jan.
Melania Junior, & Pinianus, 31. Dec.
Melianus Ep. 6. Jan.
Melanius Ep. Rothomag. 22. Octob.
Melas Ep. 16. Jan.
Melasippus, Antonius & Carina MM. 7. Nou.
Melchiades Papa M. 10. Dec.
Meletius Ep. Antiochen. 12. Febr.
Meletius Dux exercitus, & 252 milites MM. 24. Maii.
Meletius Ep. in Cypro. 21. Sept.
Meletius Ep. in Ponto, Conf. 4. Dec.
Melisius Ep. M. 22. Apr.

Me-

Melitina M. 16. Sept.
Meliton, miles M. 11. Mart.
Mellitus Ep. in Anglia 24. Apr.
Mellonius Archiep. 22. Octob.
Memmius Ep. Catalaunens. 5. Aug.
Memnon Centurio M. 20. Aug.
Memoria f. Michaelis, 29. Sept.
Mena Ep. Constant. 25. Aug.
Menander M. 28. Apr.
Menas, Hermogenes & Eugraphus MM. 10. Dec.
Menardus Ep. 8. Junii.
Menedemus M. 5. Sept.
Menelaus Abb. 22. Julii.
Menevennus vel Mevennius Abb. 21. Junii.
Meneus & Capito MM. 24. Julii.
Menignus M. 15. Mart.
Mennas Ep. Constantinop. 25. Aug.
• Mennas miles M. 11. Nou.
Menna solitarius Conf. 11. Nou.
Menodora, Metrodora & Nymphodora VV. sorores MM. 10. Sept.
Mercurialis Ep. 23. Maii.
Mercurius M. 14. Nou.
Mercurius miles M. 25. Nou.
Mercurius & socii milites MM. 10. Dec.
Merops M. 3. Dec.
Merulus monachus, 17. Jan.
Messianus, 8. Jan.
Metellus M. 24. Jan.
Methodius Ep. in Morauia, 9. Mart.
Methodius Ep. Constantinop. 14. Junii.
• Methodius Ep. Tyrii M. 18. Sept.
Metra M. 31. Jan.
Metranus M. 31. Jan.
Metrobius M. 24. Dec.
Metrophanes Ep. Constantinop. 4. Junii.
Meuris & Thea, MM. 19. Dec.
Micallius miles M. 11. Mart.
Michæas, , 10. Mart.
Michæas Propheta, 15. Jan.
Michael Ep. Synnadæ 23. Maii.
• Michael Archang. 29. Sept.
Michaelis apparitio, 8. Maii. — Victoria S. Michaelis, 8. Maii.
Micleta, 19. Sept.
Migdonius & Mardonius MM. 23. Dec.
Milburgis V. 23. Febr.
Mille quingenti & viginti quinque MM. 29. Maii.
Milles Ep. M. 22. Apr.
Miltiades Papa, 10. Dec.
Mineruinus M. 31. Dec.
Mineruus & Eleazarus MM. 23. Aug.
Minia miles M. 25. Octob.
Mirocles Ep. Mediol. & C. 3. Dec.
Miron Ep. 8. Aug.
Misael, 16. Dec.
Mitrius vel Mitrias M. 13. Nou.
Mochius M. 10. Maii.
Moderamnus seu Moderandus Ep. 16. Mart. — 22. Octob.
Modesta V. 4. Nou.
Modestus M. 12. Jan.
Modestus & Julianus MM. 12. Febr.
Modestus Leuita, M. 12. Febr.
Modestus & Ammonius infantes, 12. Febr.
Modestus Ep. Treuir. 24. Febr.
• Modestus M. 15. Junii.
Modoaldus Ep. Treuir. 12. Maii.
Monacha, 4. Maii. (Monica.)
Monas Ep. Mediol. 12. Octob.
Monegundis V. 2. Julii.
Monica, 4. Maii.
Eiusdem Translatio, 9. Apr.
Monitor Ep. Aurelian. 10. Nou.
Montanus, Lucius, Julianus, Victoricus, Flauianus & alii MM. 24. Febr.
Montanus & Maxima MM. 26. Mart.
Montanus miles 17. Junii.
Monulphus Ep. Conf. & Gundulphus, 16. Julii.
Morandus 6. Junii.
Mosæus miles M. 18. Jan.
• Moses seruus dei, 4. Sept.
Mosetes Ep. 7. Febr.
Mosetes M. 18. Dec.
Moyses & Ammonius milites MM. 18. Jan.
Moyses Ep. 7. Febr.
Moyses æthiops monach. 28. Aug.
Moyses Presb. M. 25. Nou.
Moyses M. 18. Dec.
Muchullus Ep. 11. Jan.
Mummolinus Abb. 16. Octob.
Muritta, 13. Julii.
Musonius M. 24. Jan.
Musonius M. 24. Jan.
Mutius diacon. M. 22. Apr.
Mutius Presb. M. 13. Maii.
Myrenis, 5. Apr.
Myron Ep. in Creta, 8. Aug.
Myron Presb. M. 17. Aug.
Myrops M. 13. Junii.

Nabor & Felix MM. 12. Junii.
Nahum, Propheta, 1. Dec.
Namphanion & socii MM. 4. Julii.
Nanscentus, 3. Sept.
Narcissus & Crescentio MM. 17. Sept.
• Narcissus Ep. Hierosol. M. 29. Octob.
Narnus Ep. Bergomensis 27. Aug.
Narthalus M. 17. Julii.

Nason discip. Christi, 12. Julii.
Natalia vxor s. Hadriani, 1. Dec.
Natalis s. Agnetis, 28. Jan.
Natalis s. Joannis Bapt. 24. Junii.
Natalis Mariæ, 8. Sept.
Natalis s. Andreæ Ap. 30. Nou.
Natalis s. Thomæ Ap. 21. Dec.
Natalis Domini, 25. Dec.
Natalis s. Pauli primi eremitæ, 10. Jan.
Natalis s. Laurentii Ep. Cantuar. 2. Febr.
Natalis s. Dorotheæ V. M. 5. Febr.
Natalis s. Agabi prophetæ, 13. Febr.
Natalis s. Hadriani M. 5. Mart.
Natalis sanctorum Innocentium, 28. Dec.
Nathanael, 5. Sept.
• Nazarius & Celsus MM. 28. Julii.
Eorum inventio, 12. Junii.
Nazarus, 12. Junii.
Neapolus, 19. Octob.
Nemesianus, Felix, Lucius, Litteus, Polyanus, Victor, Jaderis & Datiuus MM. 10. Sept.
Nemesius diac. Romæ & Lucilla V. filia eius, MM. 31. Octob.
Nemesius Conf. 1. Aug.
Nemesius diac. & Lucilla V. MM. 31. Octob.
Nemesius Ep. 19. Dec.
• Nemesius M. 19. Dec.
Nemorius diac. M. 7. Sept.
Neon M. 28. Sept.
Neophitus M. 20. Jan.
Neopolis, 2. Maii.
• Nereus & Archilleus MM. 12. Maii.
Nereus & Abundius M. 26. Aug.
Nereus, 4. Nou.
Nericius, 2. Apr.
Nero Conf. 17. Octob.
Nersa Ep. M. 20. Nou.
Nestor vel Nestorius, Ep. 26. Febr. anno vero bissextili, 27. Febr.
Nestor M. 8. Sept.
Nicœas & Paulus MM. 29. Aug.
Nicœas Ep. 22. Junii.
Nicander M. 15. Mart.
Nicander & Marcianus MM. 17. Junii.
Nicander & Marcianus MM. 4. Junii.
Nicander Ep. & Hermas presb. MM. 4. Nou.
• Nicanor Diaconus de septem primis, M. 10. Jan.
Nicanor, 5. Apr.
Nicasius Ep. Rothomag. Quirinus presb. Scubiculus diac. & Patientia V. MM. 11. Octob.
Nicasius presb. 11. Octob.
Nicasius Ep. M. 27. Nou.
Nicasius Ep. Rhemens & Eutropia V. soror eius, MM. 14. Dec.
Niceratis V. 27. Dec.
Nicehasius M. 16. Julii.
Nicephorus M. 9. Febr.
Nicephorus Ep. Constantinop. 13. Mart.
Niceta Abb. 3. Apr.
Niceta Ep. in Dacia 7. Jan.
Niceta M. 15. Sept.
Niceta & Aquilina MM. 24. Julii.
Niceta V. 27. Dec.
Nicetius Ep. Lugdun. 2. Apr.
Nicetius Ep. & Conf. Viennæ, 5. Maii.
• Nicetius Ep. Treuir. 5. Dec.
• Nicetius Ep. Lugdun. Conf. 2. Apr.
Nicodemus martrer, 1. Jun.
Nicodemus. 15. Sept.
Nicodemi inuentio, 3. Aug.
• Nicolaus Tolentinas, 10. Sept.
Nicolaus Papa 13. Nou.
• Nicolaus Ep. 6. Dec.
Eiusdem Translatio, 9. Maii.
Eiusden Ordinatio, 14. Junii.
Nicomedes, 1. Junii.
Nicomedes presb. M. 15. Sept.
Nicon & nonaginta nouem MM. 23. Mart.
Nicon M. 28. Sept.
Nicon monach. 26. Nou.
Nicostratus & Antiochus tribuni milites MM. 21. Maii.
• Nicostratus M. 7. Julii.
Nilammon reclusus, 6. Jan.
Nilus Abb. 12. Nou.
Nimpha V. 10. Nou.
Ninianus Ep. in Scotia Conf. 16. Sept.
Nominanda M. 31. Dec.
Nongenti MM. 4. Mart.
Nonna, mater s. Gregorii Naz. 5. Aug.
Nonnosus, 30. Mart.
Nonnosus M. 19. Aug.
• Nonnosus Abb. 2. Sept.
Nonnus Ep. Edess. 2. Dec.
Norbertus Ep. Magdeburg. Fundator ord. Præmonstr. 6. Junii.
Nouatus Conf. 20. Junii.
Numerianus Ep. Treuir. 5. Julii.
Numidius presb. M. 9. Aug.
Nunilo & Alodia sorores VV. & MM. 22. Octob.

Obadias, 15. Apr.
Obdulla V. 5. Sept.
Oceanus Centurio M. 4. Sept.
Octaua Natiuitatis domini, 1. Jan.

Octaua SS. Innocentium, 4. Jan.
— S. Stephani Protom. 2. Jan.
— S. Joannis Euang. 3. Jan.
— Epiphaniæ, 13. Jan.
— S. Joannis Bapt. 1. Julii.
— SS. Petri & Pauli Ap. 6. Julii.
— S. Laurentii, 17. Aug.
— Assumptionis Mariæ, 22. Aug.
— Natiuitatis Mariæ, 15. Sept.
— Omnium Sanctorum, 8. Nou.
— Conceptionis Mariæ, 15. Dec.
Octaginta & octo MM. 11. Febr.
Octauianus Archidiac. & multa millia MM. 22. Mart.
Octauius, Solutor & Aduentor Thebanæ legionis milites MM. 20. Nou
Octoginta MM. 2. Mart.
Octoginta tres milites MM. 24. Julii.
Octuber M. 2. Junii.
Oda magdet, 27. Nov.
Odilo Abb. Cluniac. 2. Jan.
Translatio prima, 13. Nou. Secunda, 21. Junii.
Odo Archiep. Canterb. 4 Julii.
Odo Abb. Cluniac. 19. Nou.
Odomarus Abb. 16. Nou.
Offenbarung Christi, 6. Jäner.
Ogendus Abb. 1. Jan.
Olaus, vel Olauus Rex Norueg. M. 29. Julii.
Oliverius de Sombreffe, Ord. Cister. 10. Jan.
Oliverius Ep. Gaetanus, 22. Febr.
Oliverius vel Liberius, 27. Maii.
Olympiades M. 15. Apr.
Olympiades vir consularis M. 1. Dec.
Olympias Vidua, 17. Dec.
Olympius, 15. Apr.
Olympius Ep. & Conf. 12. Junii.
Omnes Sancti, 1. Nou.
Onesimus Ep. Ephes. M. 16. Febr.
Onesus Ep. Ephes M. 16. Febr.
Onesiphorus, disc. s. Pauli Ap. 6. Sept.
Onesiphorus & Porphyrius MM. 6. Sept.
Onuphrius anachoreta, 10. Junii.
Oportuna V. 22. Apr.
Optatianus Ep. Brixiæ, 14. Julii.
Optatus, Lupercus, Successus, Martialis, Vrbanus, Julius, Quinctilianus, Publius, Fronto, Felix, Cæcilianus, Euentius, Primitiuus, Apodemus & alii quatuor MM. 16. Apr.
Optatus Ep. 4. Junii.
Optatus Ep. Autisiodor. 31. Aug.
Ordinatio s. Basilii Ep. Cæsar. 14. Junii.
— — Gregorii Papæ, 3. Sept.
— — Ambrosii Ep. Mediol. 7. Dec.
— — Zenonis Ep. Veron. 8. Dec.
Orentius & Patientia MM. 1. Maii.
Orentius, Herois, Pharnacius, Firminus, Cyriacus & Longinus MM. 24. Junii.
Orestes M. 12. Dec.
Oriculus M. 18. Nou.
Orientius Ep. 1. Maii.
Origenis planctus, 27. Maii.
Orontius M. 22. Jan.
Osartinus, 11. Nou.
Oseas & Aggæus Prophetæ, 4. Julii.
Osmundus Ep. in Anglia Conf. 4. Dec.
Ostianus presb. Conf. 30. Junii.
Oswaldus, 5. Aug.
Othardus M. 12. Jan.
* Otho Ep. Bamberg. 2. Julii.
Translatio eius, 30. Sept.
* Othmarus, 16. Nou.
Translatio eius, 25. Octob.
Othilia V. 13. Dec.
Otto Conf. 2. Octob.
Otwinus (Otwein) Comes de Goritia. 7. Jan.
Ozeas, 10. Apr.

Pabutugwaldus Ep. 30. Nou.
Pachomius Abb. 14. Maii.
Pacianus Ep. Barcinon. 9. Mart.
Pafnutius, 21. Febr.
Palæmon Abb. 11. Jan.
Palatias V. & Laurentia, 7. Octob.
Palestrinus, 10. Mart.
Palladia M. cum Susanna, 24. Maii.
Palladius Ep. 7. Octob.
Palmatius M. 9. Maii. — 5. Octob.
Pammachius Presb. 30. Aug.
Pamphilus Ep. Valuensis, 28. Apr.
Pamphilus presb. M. 1. Junii.
Pamphilus Ep. Capuæ, 7. Sept.
Pamphilus M. 21. Sept.
Pancharius M. 19. Mart.
Pancratius M. 17. Mart.
Pancratius Ep. Taurom. Siciliæ Apost. M. 3. Apr.
* Pancratius, Nereus & Achilleus, 12. Maii.
Pancratius & Faustinus, 8. Julii.
Pantænus, 7. Julii.
Pantagathus Ep. 17. Apr.
Pantalenes M. 21. Apr.
Pantaleon, 18. Febr.
Pantaleon medicus M. 27. Julii.
* Pantaleon M. 28. Julii.
Papas M. 16. Mart.
* Paphnutius, 24. Mart.
Paphnutius M. 19. Apr.
Paphnutius & 546 MM. 28. Apr.
Paphnutius Ep. 11. Sept.
Paphnutius & socii MM. 24. Sept.

Papias & Maurus milites M. 29. Jan.
Papias Ep. 22. Febr.
Papias, Diodorus, Conon, & Claudianus MM. 26. Febr.
Papinianus & Mansuetus Ep. MM. 28. Nou.
Papius M. 28. Junii.
Papulus presb. M. 3. Nou.
Paramon & focii CCCLXXV. MM. 29. Nou.
Pardulfus Waraftenfis Abb. 6. Octob.
Pargentinus & Laurentinus MM. 3. Junii.
Paris Ep. Theani, 5. Aug.
Parisius monachus, 11. Junii.
Parmenas unus de septem diaconis, 23. Jan.
Parmenius, Helimenas & Chrysotelus presbyteri MM. 22. Apr.
Parthenius M. 11. Febr.
Paschalis, Papa, 14. Maii.
Paschasius Ep. Vienn. 22. Febr.
Paschasius diacon. 31. Maii.
Passicrates & Valentio MM. 25. Maii.
Passio Domini, 25. Mart. (VIII. Kal. Aprilis conceptus traditur quo & passus. S. Augustinus.)
Passio s. Gerardi, 24. Sept.
Passiomonus M. 29. Maii.
Pastor & Victorinus MM. 29. Mart.
Pastor Ep. Aurelian. 30. Mart.
Pastor presb. 26. Julii.
Patapius solitarius, 8. Dec.
Paterius Ep. Brixiens, 21. Febr.
Patermuthius, Copres & Alexander MM. 9. Julii.
Paternianus, 10. Julii.
Paternianus Ep. Bonon. 12. Julii.
Paternianus Ep. Conf. 12. Nou.
Paternus Ep. Abricens. 16. Apr.
Paternus Conf. 7. Julii.
Paternus Martelaer, 21. Aug.
Paternus Ep. Constantiens. Conf. 23. Sept.
Paternus M. Senonens. 12. Nou.
Paternus M. 12. Sept.
Patiens Ep. Metens. 8. Jan.
Patiens Ep. Lugdun. Conf. 11. Sept.
Patricia V. 25. Aug.
Patricius Ep. Aruernens. 16. Mart.
Patricius Ep. in Hibernia, 17. Mart.
Patricius Ep., Acacius, Menander & Polyenus MM. 28. Apr.
Patricius Abb. 24. Aug.
Patroclus M. 21. Jan.
Patroclus heremita, 26. Febr.
Paula Vidua 26. Jan.
Eiusdem dormitio, 27. Jan.
Paula V. & M. 3. Junii.
* Paula, 17. Junii.
Pauli commemoratio, (Pauls Gedächtniß) 30. Junii.
Pauli conuersio, 25. Jan.
Paulillus M. 19. Dec.
Paulinus Ep. Brixiens. 19. Apr.
Paulinus Ep. M. 7. Junii.
Paulinus Ep. Lucens. & socii MM. 12. Julii.
* Paulinus Ep. Nolanus & Conf. 22. Junii.
Paulinus Ep. Treuir. 31. Aug.
Paulinus Ep. Eborac. Conf. 10. Octob.
Paulinus Ep. Capuan. 10. Octob.
Paulus primus eremita, 10. Jan.
Paulus, Gerontius, Januarius, Saturninus, Successus, Julius, Catus, Pia & Germana MM. 19. Jan.
Paulus Ep. Tricastinorum, 1. Febr.
Paulus, Lucius & Cyriacus MM. 8. Febr.
Paulus Ep. Verodun. 8. Febr.
Paulus, Heraclius, Secundilla & Januaria MM. 2. Mart.
Paulus Ep. Pelusii, 7. Mart.
Paulus cognom. simplex, 7. Mart.
Paulus M. 17. Mart.
Paulus, Cyrillus, Eugenius & alii quatuor MM. 20. Mart.
Paulus Ep. Narbon. 22. Mart.
Paulus Ep. Constantinop. 7. Junii.
Paulus & Cyriacus MM. 20. Junii.
Paulus Papa, 28. Junii.
Paulus Apostolus, 29. Junii.
Eiusdem Conuersio, 25. Jan.
Eiusdem commemoratio, 3. Junii.
Paulus Diaconus, 20. Julii.
Paulus & Juliana MM. 17. Aug.
Paulus & Tatta eius coniux, Sabinianus, Maximus, Ruffus & Eugenius filii; MM. 25. Sept.
Paxentius M. 23. Sept.
Pelagia V. & M. 4. Maii.
Pelagia & Januarius MM. 11. Julii.
Pelagia quondam peccatrix, 8. Octob.
* Pelagia V. 19. Octob.
Pelagius Ep. Laodicens. 25. Mart.
* Pelagius M. 28. Aug.
Peleus, Nilus & Elias Eppi Ægyptii & MM. 19. Sept.
Peleusius presb. & M. 7. Apr.
Pelinus Ep. Brundisinus, M. 5. Dec.
* Peregrinus Ep. Autissiodor. 16. Maii.
Peregrinus Ep. in Pelignis, M. 13. Junii.
Peregrinus, Lucianus, Pompeius, Hesychius, Papius, Saturninus, Germanus & Attius Ep. MM. 7. Julii.
Peregrinus presb. Conf. 28. Julii.
Perfectus presb. M. 18. Apr.
Pergentinus & Laurentinus MM. 3. Junii.
Perpetinus Ep. 8. Apr.
* Perpetua & Felicitas MM. 7. Mart.

Perpetua b. Petri discipula, 4. Aug.
Perpetuus Ep. Turon. 8. Apr.
Perseueranda V. 26. Junii.
Peter Evangelier, 17. April.
Petri Cathedra Rom. 18. Jan.
* Petri Cathedra Antioch. 22. Febr.
Petri Vincula, 1. Aug.
Petronilla V. filia beati Petri Apostoli, 31. Maii.
Petronius Ep. Veron. C. 6. Sept.
Petronius Ep. Bonon. & C. 4. Octob.
Petrus Ep, Sebaste frater f. Basilii, 9. Jan.
Petrus, Seuerus & Leucius MM. 11. Jan.
Petrus Nolascus, 31. Jan.
Petrus Maulmenus M. 21. Febr.
Petrus Damianus Ep. & Card. 22. Febr.
Petrus Conf. 12. Mart.
Petrus Abb. 14. Mart.
Petrus M. 14. Mart.
Petrus & Aphrodisius MM. 14. Mart.
Petrus, Marcianus, Jouinus, Thecla, Cassianus & alii MM. 26. Mart.
Petrus diac. & Hermogenes MM. 17. Apr.
Petrus Ep. Bracarensis, M. 26. Apr.
Petrus Martyr, ord. Prædicator. 29. Apr.
Petrus Ep. Papiens. 7. Maii.
Petrus Ep. Tarent. 8. Maii.
Petrus Reg. 13. Maii.
Petrus, Andreas, Paulus & Dionysia MM. 15. Maii.
Petrus de Morono, 19. Maii.
Petrus Celestinus Papa, 19. Maii.
Petrus Exorcista, & Marcellinus, 2. Junii.
Petrus presb. Walabonsus diac., Sabinianus, Wistremundus, Habentius & Hieremias monachi MM. 7. Junii.
Petrus, Albertus, & Nieremias MM. 7. Junii.
* Petrus & Paulus Apostoli, 29. Junii.
Petrus Ep. Anagnius, 3. Aug.
Petrus & Julianus cum aliis decem & octo MM. 7. Aug.
Petrus Ep. Compostellæ, 10. Sept.
Petrus Ep. Damascenus, M. 4. Octob.
Petrus Aufelamus, M. 14. Octob.
Petrus de Alcantara, 19. Octob.
Petrus Martyr, Ep. Alexandr. 26. Nou.
Petrus Ep. Rauenn. cognom. Chrysologus, 2. Dec.
Petrus, Succeffus, Bassianus, Primitiuus & alii XX MM. 9. Dec.
Phara V. 7. Dec.
Phebadius Ep. 25. Apr.
Phidolus presb. 16. Maii.
Philappianus M. 30. Jan.
Philastrius Ep. Brixiæ, 18. Julii.
Phileas Ep. & Philoromus tribunus MM. 4. Febr.
Phileas, Hesychius, Pachomius & Theodorus Eppi. Ægyptii, MM. 26. Nou.
Philemon M. 28. Jan.
Philemon & Apollonius Diaconi, 8. Mart.
* Philemon & Domninus MM. 21. Mart.
Philemon, Archippus & Appia f. Pauli discipuli MM. 22. Nou.
Philetus Senator, Lydia vxor & filii Macedo, Theoprepides & Amphilochius dux & Cronidas, MM. 27. Mart.
Philibertus Abb. 20. Aug.
Philippina, 31. Mart.
Philippus Ep. Gortynæ, 11. Apr.
* Philippus & Jacobus Apostoli, 1. Maii.
Philippus diac. 6. Junii.
Philippus, Zenon, Narseus & decem infantes 15. Julii.
Philippus Ep. M. 13. Sept.
Philippus Benitius, 23. Aug.
Philippus vnus de Septem primis Diaconis, 6. Junii.
Philippus Nerius, 26. Maii.
Philippus Ep. Seuerus presb. Eusebius & Hermes MM. 22. Octob.
Philista M. 20. Sept.
Philo & Agathopodes Diaconi, 25. Apr.
Philoctimon miles M. 11. Mart.
Philogonius Ep. Antioch. 20. Dec.
Philologus & Patrobas, f. Pauli discipuli, 5. Nou.
Philomenus M. 14. Nou.
Philoromus tribunus M. 4. Febr.
Philoterus M 19. Maii.
Philumena V. 5. Julii.
Philumena V. 17. Julii.
Phocas M. 5. Mart.
Phocas Ep. Sinope M. 14. Julii.
Phoebes femina, 3. Sept.
Photina, Samaritana, Joseph, Victor, Anatolius, Photius, Photides Parasceues & Cyriaca, MM. 20. Mart.
Photinus Ep. Lugdun. Sanctus diacon. Vetius, Epagathus, Maturus, Ponticus, Biblides, Attalus, Alexander, Blandina & alii, MM. 2. Junii.
Photius & Anicetus MM. 12. Aug.
Pia M. 19. Jan.
Piatus seu Piatonus presb. M. 1. & 29. Octob.
Pierius presb. 4. Nou.
Pigmenius Ep. 18. Mart.
* Pigmenius presb. 24. Mart.
Pimianus * & Lucina MM. 6. Apr. (Pilgram pag. 51.)

* Soll heißen Primianus &c.

Pinianus, 31. Dec.
Pinytus Ep. Cret. 10, Octob.
Pionius cum aliis 15. MM. 1. Febr.
Pior Abb. Ægyptii, 17. Junii.
Piperion M. 11. Febr.
Pipinus & Mansuetus MM. 28. Nou.
Pirmenius, Helimena & Cristotellus presb. 22. Apr.
* Pirminius Abb. 3. Nou.
Pirminus Ep. Meldens. C. 3. Nou.
Pius I. Papa, 11. Julii.
Placidia V. 11. Octob.
Placidus monachus, Eutychius, Victorinus, Flauia Virgo, Donatus, Firmatus diaconus Faustus & alii XXX monachi MM. 5. Octob.
Planctus Originis, 27. Maii.
Plato monach. 4. Apr.
Plato M. 22. Julii.
Plato, 18. Nou.
Platonides & alii duo MM. 6. Apr.
Plautilla femina consularis, 20. Maii.
Plautus M. 29. Sept.
Plutarchus, Serenus, Heraclides, Heron & Rhais Potamicena & Marcella MM. 28. Junii.
Podius Ep. Florentin. C. 28. Maii.
Poemon anachoreta, 27. Aug.
Polianus M. 10. Sept.
Polius diacon. M. 21. Maii.
Pollio M. 28. Apr.
* Polycarpus Ep. M. 26. Jan.
Polycarpus presb. 23. Febr.
Polycarpus & Theodorus MM. 7. Dec.
* Polychronius Ep. Babylon. M. 17. Febr.
Polychronius presb. M. 6. Dec.
Polyeuctus M. 10. Jan.
Polyeuctus M. 13. Febr.
Polyeuctus M. 16. Mart.
Polyeuctus, Victorius & Donatus MM. 21. Maii.
Polyxena, 16. Mart.
* Polyxena, 23. Sept.
Pompeius Ep. Papiæ, C. 14. Dec.
* Pomposa V. M. 19. Sept.
Poncianus M. 25. Aug.
Pontamion Ep. M. 18. Maii.
Pontamius & Nemesius MM. 20. Febr.
Pontanus Papa, M. 19. Nou.
Pontianus M. 14. Jan.
* Pontianus Papa & Hippolytus MM. 19. Nou.
Pontianus M. 25. Aug.
* Pontius diac. Carthag. 8. Mart.
Pontius M. 14. Maii.
Poppo Abb. stabulensis. 25. Jan.
Porcarius Abb. & quingenti monachi MM. 12. Aug.
Porphyrius & Seleucus MM. 16. Febr.
Porphyrius Ep. Gazæ. 26. Febr.
Porphyrius M. 4. Maii.
Porphyrius mimus M. 15. Sept.
Potamia M. 5. Dec.
Potamiana V. M. 1[illegible] Febr.
Potamiæna & Marcella MM. 28. Junii.
Potamion Ep. M. 18. Maii.
Potamius & Nemesius MM. 20. Febr.
* Potentiana V. 19. Maii.
Potentianus Ep. 20. Nou.
Pothinus, Blandina MM. 2. Junii.
Potitus M. 12. Jan.
Praclus, 24. Octob.
Præpedigna M. 18. Febr.
Præsentatio Mariæ, 21. Nou.
Præsidius Ep. M. 6. Sept.
Prætextatus Ep. Rhotom. M. 24. Febr.
Pragmatius Ep. Augustodun. C. 22. Nou.
Praxedes V. 21. Julii.
Prarentag, 21. July.
Priamus M. 28. Maii.
Prilidianus M. 24. Jan.
* Primianus, 6. Apr.
Primianus M. 29. Dec.
Priminius Abb. 3. Nou.
Primitiua M. 24. Febr.
Primitiua V. M. 23. Julii.
Primum Pascha, 22. Mart.
Primum Pentecoste, 10. Maii.
Primus terminus Ascensionis, 30. Apr.
Primus & Donatus MM. 9. Febr.
Primus, Cyrillus & Secundarius MM. 2. Octob.
* Primus & Felicianus, 9. Junii.
Principius Ep. Suessionensis, 25. Sept.
* Prisca V. M. 18. Jan.
Priscianus M. 12. Octob.
Priscilla M. 16. Jan.
Priscilla, 8. Julii.
Priscilla Ep. 21. Aug.
Priscus & Priscillianus MM. 4. Jan.
Priscus, Malchus & Alexander MM. 28. Mart.
Priscus M. 26. Maii.
* Priscus Christi discip. M. 1. Sept.
Priscus Ep. Capuanus, Castrensis, Tammarus, Rosius, Heraclius, Secundinus, Adiutor, Marcus, Augustus, Elpidius, Calon & Vindonius, Confessores, (Duodecim Confessores) 1. Sept.
Priscus, Crescens & Euagrius MM. 1. Octob.
Priuatus M. 12. Julii.
* Priuatus Ep. Miniat. 21. Aug.
Probus Ep. Veronens. 12. Jan.
Probus Ep. Reatinus, 15. Mart.
* Probus Ep. Rauenn. 10. Nou.
* Processus & Martinianus, 2. Julii.
Prochorus diac. M. 9. Apr.

Proclus Ep. Constantinop. 24. Octob.
Procullus, 2. Julii.
• Procopius, 4. Julii.
Procopius M. 8. Julii.
Proculus M. 4. Nou.
Proculus, Ephebus & Apollonius MM. 14. Febr.
Proculus M. 14. Apr.
Proculus & Hilarius MM. 12. Julii.
Proculus diaconus Puteolanus, Eutyches & Acatius MM. 19. Sept.
Proculus Ep. Narnien. & M. 1. Dec.
Proculus Ep. Veron. 9. Dec.
Proiectus Ep. Aruern. M. 25. Jan.
Prophetus Ep. 18. Apr.
Prosdocimus Ep. Paduan. 7. Nou.
Prosper Ep. Aquitan. 25. Junii.
Prosper Ep. Aurelian. 29. Julii.
Prosper, 24. Nou.
• Protasius M. 19. Junii.
Protasius M. 4. Aug.
Protasius Ep. Mediol. 24. Nou.
Protogenes Ep. Carrhis C. 6. Maii.
Protolicus M. 14. Febr.
• Protus & Hiacinthus, 11. Sept.
Protus presb. & Januarius diac. MM. 25. Octob.
Prudens, 21. Maii.
Prudentius, 9. Mart.
Prudentius Ep. 28. Apr.
Ptolemeus & Lucius MM. 19. Octob.
Publia Abbatissa, 7. Junii.
Publius Ep. Athenien. 21. Jan.
Publius, Julianus, Marubius, Marcellus, Tullus, Lampasius & Anaulus MM. 20. Febr.
Publius, Victor, Hermes, Justus & Papia, MM. 2. Nou.
• Pudentiana V. 19. Maii.
• Pulcheria, 7. July.
Pulcheria (Ælia) Augusta. 10. Sept.
Purchardus Ep. C. 10. Octob.
Purificatio Mariæ, 2. Febr.
Pusinna V. 23. Apr.
Pusitius M. 21. Apr.
Pynitus Ep. 10. Octob.
Pyrminus Abb. 3. Nou.

Quadragesimus, subdiac. M. 26. Octob.
Quadraginta milites Martyres, 9. Mart.
Quadraginta MM. 4. Maii.
Quadraginta Virgines MM. 1. Sept.
Quadraginta septem MM. 14. Mart.
Quadraginta duo MM. 6. Mart.
Quadraginta tres monachi MM. 14. Jan.
Quadratus, Theodosius, Emanuel & alii quadraginta MM. 26. Mart.
Quadratus M. 7. Maii.
Quadratus Apostolorum discipulus, 26. Maii.
Quadratus Ep. 21. Aug.
Quatuor millia nongenti sexaginta sex Martyr. 12. Octob.
Quartilla, 19. Mart.
Quatuor coronati: Seuerus, Seuerianus, Carpophorus & Victorinus, MM. 8. Nou.
Quartus & Quinctus MM. 10. Maii.
Quartus Apostolor. discip. 3. Nou.
Queranus Abb. 9. Sept.
Quida, 31. Mart.
Quido Conf. 12. Sept.
Quinctianus & Irenæus MM. 1. Apr.
Quinctianus Ep. Ruthenor. 14. Junii.
Quinctianus, Lucius & Julianus MM. 23. Maii.
Quinctianus Ep. Aruernens. C. 13. Nou.
Quinctilis Ep. Nicomed. M. 8. Mart.
• Quinctinus M. 31. Octob.
Quinctus M. 4. Jan.
Quinctus, Quinctilla, Quartilla & Marcus, 19. Mart.
Quinctus, Lucius & Julianus MM. 23. Maii.
Quinctus Arcontius & Donatus, 5. Sept.
Quinctus, Simplicius & alii. MM. 18. Dec.
Quindecim MM. 9. Mart.
Quinidius Ep. 15. Febr.
Quinquaginta milites MM. 8. Julii.
Quinquaginta MM. 16. Sept.
Quinque MM. 5. Apr.
Quiutinus, 19. Mart.
Quintinus M. 29. Mart.
Quintinus Ep. 30. Apr.
Quintinus Conf. 13. Octob.
• Quintinus M. 31. Octob.
• Quiriacus M. 5. Mart.
Quiriacus M. 4. Maii.
Quiriacus, Largio, Crescentianus, Nimmia & Juliana MM. 12. Aug.
Quiriacus Ep. Ostiens. & Archelaus diacon. MM. 24. Aug.
Quiriacus Anachoreta, 29. Sept.
Quiricus vel Quiricius & Julitta MM. 16. Junii.
• Quirinus tribunus M. 30. Mart.
Translatio eius, 30. Apr.
Quirinus Ep. Siscienfis M. 4. Junii.
Quirinus M. 20. Octob.
Quiteria V. M. 22. Maii.
Quoduultdeus Ep. Carthag. C. 26. Octob.

Rabanus Maurus Magnentius Archiep. Mogunt. 4. Febr.
Rabatia V. M. 21. Octob.
Radbodus Ep. Ultraject. 29. Nou.
Rabbogus, 29. Nov.
• Radegundis J. 11. Aug.
Radegundis Regina, 13. Aug.
Radegundis, 23. October.
Ragnobertus Ep. 16. Maii.
Rahel, 2. October.
Raimarus, 26. April.
Raimbertus Ep. 16. Maii.
Raineldis V. M. 16. Julii.
Raingardis V. 24. Junii.
Raynerius Conf. 17. Junii.
Raynerius Ep. Aquilan. 30. Dec.
Ranulfus M. 27. Maii.
Raphael, 5. Nov.
Ratho vel Raffo, comes de Andechs, 19. Junii.
Raymundus Nonnatus Conf. 31. Aug.
Raymundus de Pennafort Conf. 23. Jan.
Reatrius M. 27. Jan.
Rebecca, 30. Aug.
Redempta V. 7. Mart.
Redemptus Ep. C. 8. Apr.
Regenfledis V. 20. Nou.
Regina V. 20. Junii.
• Regina V. M. 7. Sept.
Reginfuinda vel Reginflundis V. 15. Julii.
Regnifridus M. 17. Sept.
Regnobertus Ep. 16. Maii.
Regula V. 11. Sept.
• Regulus Ep. C. 30. Mart.
Regulus M. 1. Sept.
Reichardus, 7. Febr.
Reinhardus, 23. Febr.
Reinholdus, 12. Jan.
Relatio pueri Jesu de Ægypto, 7. Jan.
Relinda V. 22. Mart.
Remaclus Ep. 3. Sept.
Rembertus Ep. Premens. & Hamburg. 4. Febr.
Remedius Ep. 3. Sept.
Remigius, Germanus, Vedastus, 13. Jan.
• Eiusdem Translatio, 1. Octob.
Renata, 28. Febr.
Renatus, 23. Febr.
Reneldis maghet ende martelersse, 16. July.
Renobertus Ep. 16. Maii.
Reparata V. 3. Sept.
Reparata V. M. 8. Octob.
Repræsentatio S. Mariæ, 21. Nou.
Respicius & Tryphon, 10. Nou.
Restituta V. M. 17. Maii.
• Restitutus M. 29. Maii.
Restitutus, Donatus, Valerianus & Fructuosa MM. 23. Aug.
Restitutus Ep. Carthag. 9. Dec.
Resurrectio Domini, 27. Mart.
Reuelatio s. Michaelis, 8. Maii.
Reuerianus Ep. Augustodun. & Paulus presb. 1. Junii.
Reuocata, Saturninus & Secundolus MM. 7. Mart.
Reuocatus M. 9. Jan.
Rhais catechumena, 28. Junii.
• Richardus Rex Angliæ, 7. Febr.
Richardus Ep. Liceftriens. 3. Apr.
Richardus Ep. Andriæ, 9. Junii.
• Richarius Ep. M. 26. Apr.
Richarius Abb. 26. Apr. — 9. Octob.
Richarius presb. & Conf. 26. Apr.
Rictrudis Abbatissa, 12. Maii.
Rigobertus Ep. Rhemens. 4. Jan.
Rimachus M. 3. Sept.
Ripsimis & Sociæ triginta sex MM. 26. Sept.
Robertus Ep. Rhemens. 4. Jan.
Robert d'Abriffel. 25. Febr.
Robertus Ep. 10. Mart.
• Robertus primus Abb. Cistercii, 29. Apr.
Robertus Abb. ord. Cisterc. 7. Junii.
Robertus i. e. Rupertus.
Robustianus M. 24. Maii.
Robustianus & Marcus MM. 31. Aug.
Rochus Conf. 16. Aug.
Rodericus presb. 13. Mart.
Rodingus Abb. 17. Sept.
Rodoma M. 2. Junii.
Rodopianus M. 30. Maii.
Rogatianus M. 24. Maii.
Rogatianus presb. & Felicissimus MM. 26. Octob.
Rogationum Dominica. Dom. quinta post Pascha.
Rogatus M. 12. Jan.
Rogatus, Beata, Herennia, Felicitas, Vrbanus, Siluanus & Mamillus MM. 8. Mart.
Rogatus & Successus, & alii 16. MM. 28. Mart.
Rogatus M. 1. Dec.
Rogelius & Seruusdeus MM. 16. Sept.
• Rogerius, 15. Sept.
Rogerius Ep. 30. Dec.
Rogobertus Ep. C. 4. Jan.
Rolandus monach. Cister. 16. Jan.
Rolandus, 31. Maii.
Rolendis V. 13. Maii.
Romana V. 23. Febr.
Romanus Abb. 28. Febr.
Romanus Abb. 22. Maii.
• Romanus miles M. 9. Aug.
Romanus Ep. Autissiod. C. 6. Octob.
Romanus Ep. Rhotomag. 23. Octob.
Romanus M. Antioch. 18. Nou.

Ro-

Romanus presb. 24. Nou.
Romaricus Abb. 18. Dec.
Rombaldus Ep. Dublin. 1. Julii.
Rombert Abb. 8. Dec.
* Romualdus Abb. 7. Febr.
Romualdus anachorata, Conf. 19. Junii.
Romula, Redempta & Herunda Virgines 4. Julii.
Romulus M. 30. Mart.
Romulus M. & focii, 17. Apr.
Romulus & Secundus MM. 24. Mart.
Romulus Ep. Fesulanus M. discip. s. Petri Ap. 6. Julii.
Romulus M. 5. Sept.
Rosa de Viterbo, V. 4. Sept.
* Rosalia V. 4. Sept.
Inuentio Corporis, 15. Julii.
Rosina V. 11. Mart.
* Rosina, 19. Octob.
Rosula M. 14. Sept.
Roxa V. 4. Sept.
Rudbertus i. e. Rupertus.
Rudericus presb. & Salomon MM. 13. Mart.
* Rudolphus, 17. Apr.
Ruffina V. 12. Apr.
* Ruffina & Secunda, 10. Julii.
Ruffinus & Martia, 11. Junii.
* Ruffinus, 14. Junii.
Ruffinus M. 21. Junii.
Ruffinus M. 30. Julii.
Ruffinus Ep. Maisorum M. & Soc. 11. Aug.
Ruffinus Conf. 19. Aug.
Ruffinus Ep. Capuan. 26. Aug.
Ruffinus, Siluanus & Vitalicus MM. 4. Sept.
Ruffinus & Ruffinianus fratres MM. 9. Sept.
Ruffinus, Marcus & Valerius MM. 16. Nou.
* Ruffus Ep. Capuan. M. 27. Aug.
Ruffus & Carpophorus MM.
Ruffus Ep. Metens. C. 7. Nou.
Ruffus primus Ep. Aulnion. 12. Nou.
Ruffus Ep. 14. Nou.
Ruffus Apostolor. discip. 21. Nou.
Ruffus M. cum sua familia, 28. Nou.
Ruffus & Zozimus MM. 18. Dec.
Rumoldus M. Scotor. Regis filius, & Ep. Dublin. 1. Julii.
Rumoldus Ep. M. 3. Julii.
Runanus Ep. 9. Mart.
Rupertus Ep. Salisburg. 27. Mart.
Ruprecht im Herbst, (Erhebung sant Ruprecht.) 24. Sept.
Rupti sunt fontes abyssi, 12. Apr.
Rustica M. 31. Dec.
Rusticus M. 11. Mart.
Rusticus & Firmus MM. 9. Aug.
Rusticus Ep. Aruern. C. 24. Sept.
Rusticus Ep. Treuir. C. 14. Octob.
Rusticus Ep. Narbonæ, C. 26. Octob.
* Rusticus & Eleutherius MM. 9. Octob.
* Ruth, 16. Julii.
Ruthbertus Conf. 24. Sept.
Rutilius M. 2. Aug.
Rutilus M. 18. Febr.
Rutilus & Soc. MM. 4. Junii.

Sabbas senior, 14. Jan.
Sabbas Gothus M. 12. Apr.
Sabbas & LXX milites MM. 24. Apr.
* Sabbas Abb. 5. Dec.
Sabbatia M. 4. Julii.
Sabbus Rex, 29. Aug.
Sabina V. 24. Jan.
Sabina V. 31. Mart.
* Sabina V. & M. 29. Aug.
Sabina, 27. Octob.
Sabinianus M. 29. Jan.
Sabinianus Ep. Senonens. & Potentianus MM. 31. Dec.
Sabinus Ep. Canusii M. 19. Febr.
Sabinus M. 23. Mart.
Sabinus Conf. 11. Julii.
Sabinus, Julianus, Maximus, Macrobius, Cassia & Paula, MM. 20. Julii.
* Sabinus Ep. Spoleti, Exuperantius & Marcellus diac. MM. 7. Dec.
Translatio eius, 30. Dec.
Sabinus Ep. Placent. 11. Dec.
Sacerdon miles M. 11. Mart.
Sacerdos Ep. Petragoric. 4. Maii.
Sacerdos Ep. Sagontinus, 5. Maii.
Sacerdos Ep. Lugdun. 12. Sept.
Sadoch vel Sadoth vel Saduth Ep. & alii 128 MM. 20. Febr.
Sadoth & alii MM. 19. Octob.
Sagar Ep. Laodiceæ M. 6. Octob.
Salaberga Abbatissa, 22. Sept.
Salesius Ep. 29. Jan.
Sallustianus Conf. 8. Junii.
Salome, 24. Octob.
* Salomon M. 8. Febr.
Salomon Ep. Genuens. & C. 28. Sept.
Salomon, 4. Nou.
Saluinus Ep. Veronens. 12. Octob.
Saluius M. 11. Jan.
Saluius Ep. Ambianens. & M. 11. Jan.
Saluius Ep. Engolismens. & Superius MM. 26. Junii.
* Saluius Ep. Albigens. 10. Sept.

Salutaris Archidiac. & Muritta MM. 13. Julii.
Samonas M. 15. Nou.
* Samson presb. 27. Junii.
Sampson Ep. in Britannia, & C. 28. Julii.
* Samuel Proph. 20. Aug.
Sanclus M. 5. Junii.
Sanctinus Ep. Meldens. 22. Sept.
Sanctorum innocentium, 28. Dec.
Sapientiæ festum, oder Gedächtniß der Weisheit Gottes, 17. Dec.
Sara, 19. Jan.
Sarbelius & Barbea soror MM. 29. Jan.
Sarmata M. 11. Octob.
Saturnina V. M. 4. Junii.
Saturninus M. 19. Jan.
Saturninus, Tyrsus & Victor MM. 31. Jan.
Saturninus, Theophilus & Reuocata MM. 6. Febr.
Saturninus, Presbyter, Datiuus, Felix, Ampelius & socii MM. 12. Febr.
Saturninus, Castulus, Magnus & Lucius MM. 15. Febr.
Saturninus Ep. Veronens. 7. Apr.
Saturninus, Neapolus, Germanus & Cœlestinus MM. 2. Maii.
Saturninus & Lupus MM. 14. Octob.
Saturninus, Nereus & alii MM. 16. Octob.
* Saturninus & Crisantius, 29. Nou.
Saturninus senex & Sisinius Diacon. 29. Nou.
Saturninus Ep. Tolosan. 29. Nou.
Saturnus, Saturus & Reuocatus, 7. Mart.
Saturnus Ep. 30. Octob.
Saturus Abb, 12. Jan.
Saturus vel Satyrius M. 12. Jan.
* Satyrus M. 12. Jan.
Satyrus C. frater S. Ambrosii Ep. 17. Sept.
Sauina matrona Mediolani, 30. Jan.
Sauinianus & Potentiana, 19. Octob.
Sauinus & Cyprianus MM. 11. Julii.
Sauinus M. 7. Dec.
Saula V. M. 20. Octob.
Schyrion M. 22. Dec.
* Scholastica, 10. Febr.
Scillitani MM. duodecim, 17. Julii. (Man s. Speratus.)
Sebaldus C. 18. Aug.
* Sebastia M. 4. Julii.
Sebastiana M. 16. Sept.
* Sebastianus, 20. Jan.
Sebastianus, 8. Febr.
Sebastianus dux, Anatolius, Photius, Photis, Parasceues & Curiaca MM. 20. Mart.
Sciahdudus Ep. Ctesiphon. M. 20. Febr.
Sebbus Rex Angliæ, 29. Aug.
Secunda vel Secundina V. & M. 15. Jan.
Secundianus, Marcellianus & Verianus MM. 9. Aug.
Secundina V. M. 15. Jan.
* Secundinus Ep. 30. Apr.
Secundinus M. 21. Maii.
Secundus M. 30. Mart.
Secundus Ep. 29. Apr.
Secundus Ep. Abulensis, 2. Maii.
Secundus presb. & alii MM. 21. Maii.
Secundus, Fidentianus, & Varicus MM. 15. Nou.
Sedopha M. 5. Julii.
Securus M. 2. Dec.
Segonus Abb. 19. Sept.
Seld und Merer, 30. Aug.
Selesius M. 12. Sept.
Seleucus M. 16. Febr.
Seleucus C. 24. Mart.
Senator Ep. Mediolan. 28. Maii.
Senator, 26. Sept.
Senech, 2. Mart.
Senesius & Theopontes MM. 22. Maii.
Senserus, 30. Julii.
Sennes M. 30. Julii.
Sennes diacon. M. 29. Nou.
Sentia V. M. 21. Octob.
Senoch Abb. 24. Dec.
Septem Virgines MM. 9. Apr.
Septem dormientes: Maximianus, Malchus, Martinianus, Dionysius, Joannes, Serapion & Constantinus, 27. Junii.
* Septem fratres MM. filii Felicitatis: Januarius, Felix, Philippus, Siluanus, Alexander, Vitalis & Martialis, 10. Julii.
Septem fratres Machabæi & mater eorum MM. 1. Aug.
Septem Latrones MM. 29. Apr.
Septem mulieres, Alexandra, Claudia, Euphrasia, Matrona, Juliana, Euphemia, & Theodosia, MM. 19. Mart.
Septem fratres ordinis minorum, Daniel, Samuel, Angelus, Dominus, Leo, Nicolaus & Hugolinus, MM. 13. Octob.
Septimus monachus M. 17. Aug.
Septimus, Lector M. 24. Octob.
Septuaginta octo MM. 20. Febr.
Septuaginta nouem MM. 21. Febr.
Septuaginta duo MM. 23. Febr.
Sequanus presb. C. 19. Sept.
Serafides M. 14. Nou.
* Seraphia, 5. Dec.
Seraphina, 29. Sept.
Serapia V. M. 3. Sept.
Serapion Ep. 21. Mart.
Serapion M. 13. Julii.
Serapion Ep. M. 12. Sept.
* Serapion Ep. Antioch. & Saturninus, 30. Octob.

Se-

Serapion M. 14. Nou.
Serena V. 30. Jan.
Serena Diocletiani vxor, 16. Aug.
* Serenus, 23. Febr.
Sergius M. 24. Febr.
Sergius Papa, 9. Sept.
* Sergius & Bachius MM. 7. Octob.
Serotina M. 31. Dec.
Seruandus & Germanus MM. 23. Octob.
* Seruatius Ep. Tungrensis, 13. Maii.
Translatio eius, 7. Junii.
Seuardus Abb. 1. Mart.
Seruilianus, 23. Maii.
Seruilianus M. 8. Sept.
Seruulus M. 24. Maii.
Seruulus Conf. 23. Dec.
Seruus M. 7. Dec.
Seruusdeus monachus M. 13. Jan.
Seruusdeus M. 16. Sept.
Seth, 2. Jäner.
Seuera V. 20. Julii.
Seuerianus & Aquila MM. 23. Jan.
Seuerianus Ep. Scytopolis M. 23. Febr.
Seuerianus M. 9. Sept.
Seuerianus Ep. Neapol. 8. Jan.
* Seuerinus Abbas Noricorum Apost. 8. Jan.
Seuerinus Abb. Agonensis, 11. Febr.
Seuerinus Ep. Septempedanus, 8. Junii.
* Seuerinus Archiep. Colon. 23. Octob.
Seuerinus monachus, 1. Nou.
Seuerinus, Exuperius & Felicianus MM. 9. Nou.
Seuerinus Ep. Treuir. C. 21. Dec.
Seuerus Ep. Rauenn. 1. Febr.
Seuerus presb. 15. Febr.
Seuerus Ep. Neap. 30. Apr.
Seuerus & Memnon MM. 20. Aug.
Seuerus Ep. Treuir. 15. Octob.
* Seuerus Ep. Conf. 22. Octob.
Seuerus Ep. Barcinon. M. 6. Nou.
Seuerus, Secorus, Januarius & Victorinus MM. 2. Dec.
Sex Virgines MM. 19. Maii.
Sexaginta MM. 30. Aug.
* Sextus M. 31. Dec.
Sibilla, 29. Apr.
Sibilla V. 18. Aug.
Sicharia V. 2. Febr.
Sidonius Ep. Aruernens. 23. Aug.
Sidonius Abb. 14. Nou.
Sidrac, Misac & Abdenago, 24. Apr.
Sidronius M. 11. Julii.
* Sieben brüder sün Felicitatis, 10. July.
* Sieben Schläfer, 27. Juny.
Sieben Jungfrauen, 9. April.
Sigebertus Rex, 1. Febr.
Siegfridus, 18. Sept.
* Sigismundus R. Burg. 2. Maii.
Sigismundus R. & Conf. 16. Octob.

Sigirannus Abb. 4. Dec.
Sigon presb. 19. Sept.
Silas vel Sileas Apostolorum discip. 13. Julii.
Siluanus Ep. Emissenus & alii MM. 6. Febr.
Siluanus, 9. Mart.
Siluanus Ep. Gazæ, 4. Maii.
Siuanus Conf. 22. Sept.
Siluanus Ep. Troad. 2. Dec.
* Siluerius Papa M. 20. Junii.
Siluester Ep. Cabilon. 20. Nou.
Siluester Abb. 26. Nou.
Siluester Papa, 31. Dec.
Siluianus Ep. in Campania, 10. Febr.
Siluinus Ep. Tolos. 17. Febr.
Siluinus Ep. Veron. C. 12. Sept.
Siluinus Ep. Brixiens. 28. Sept.
Siluius M. 21. Apr.
Simeon Stylita, 5. Jan.
Simeon M. 5. Jan.
* Simeon Ep. Hierosol. 18. Febr.
Simeon Ep. Seleuc. 21. Apr.
Simeon Diac. 1. Junii.
Simeon inclusus, 1. Junii.
Similianus vel Similinus Ep. Nannotens. C. 16. Junii.
Simitrius presb. M. 26. Maii.
Simon Ep. 19. Febr.
* Simon & Juda, 28. Octob.
Simon innocens puellus, M. 24. Mart.
* Simphorianus M. 4. Febr.
Simphorianus & Timotheus, 22. Aug.
Simphoriosa, 18. Julii. (*Rabt.*) (Man s. Symphorosa.)
Symphorius, 21. Aug.
Simphorosa V. 27. Maii.
Simphronius, Olympius, Exuperia & Theodulus MM. 31. Octob.
Simplicianus Ep. Mediol. 14. Aug.
* Simplicius Papa, 2. Mart.
Simplicius Ep. M. 15. Maii.
Simplicius Ep. Augustod. 24. Junii.
Simplicius & Felix, 29. Julii.
Simplicius, Faustinus & Beatrix MM. 29. Julii.
Simplicius Ep. Veron. 20. Nou.
Sindulfus presb. 20. Octob.
Sindulphus Ep. Vien. C. 10. Dec.
Sinesius M. 12. Dec.
Sinodius bisschop, 23. Aug.
Sirene V. 30. Jan.
Sireneus M. 26. Aug.
Sirenus monach. 23. Febr.
Siricius M. 21. Febr.
Siridon Ep. 2. Jan.
Sirus Ep. 9. Dec.
Sisenandus Leuit. M. 16. Julii.
* Sisinius, Alexander & Martyrius MM. 29. Maii.
Sisinius M. 23. Nou.

Sisinnius diac. Diocletius & Florentius MM. 11. Maii.
Sita V. 27. Apr.
Siuiardus vel Siwardus Abb. 1. Mart.
Sixtus siue Xistus Papa, 6. Apr.
• Sixtus II. Papa, 6. Aug.
Sixtus Papa, Felicissimus & Agapetus, 6. Aug.
Socrates & Dionysius MM. 19. Apr.
Socrates & Stephanus MM. 17. Sept.
Sodalius M. 2. Sept.
Sola presb. 3. Dec.
Solemnius Ep. Carnutensis, 25. Sept.
Solochanus & socii milites MM. 17. Maii.
Solochoris M. 17. Maii.
Solutor M. 13. Nou.
Sophia V. M. 30. Apr.
• Sophia V. 15. Maii.
Sophia & Irenes MM. 18. Sept.
Sophia Vidua, 30. Sept.
• Sophonias Propheta, 3. Dec.
• Sophronius Ep. in Cypro. 8. Dec.
Sophronius Ep. Hierosol. 11. Mart.
Sosimus, 18. Dec.
Sosipater vel Sosipatrus discip. s. Pauli Ap. 25. Junii.
• Sosthenes & Victor, MM. 10. Sept.
Sosthenes discip. s. Pauli, 28. Nou.
Sother vel Soteres, Virgo & M. 10. Febr.
Sother Conf. 11. Febr.
• Sother & Caius PP. MM. 22. Apr.
Sozom vel Sozontes M. 7. Sept.
Speciosa V. 15. Octob.
Speciosus monach. 15. Mart.
Speratus, Narzalus, Cythinus, Veturius, Felix, Acyllinus, Letantius, Januarius, Generosa, Bessia, Donata & Secunda MM. Scillitani, 17. Julii.
Spes, 7. Octob.
Speus Abb. 28. Mart.
Speusippus, Eleusippus, Meleusippus MM. 17. Jan.
Spyridion Ep. in Cypro 14. Dec.
Stachys Ep. Constantinop. 31. Octob.
Stacteus M. 28. Sept.
Stanislaus Ep. Cracou. M. 11. Apr.
• Stanislaus Ep. Cracou, M. 8. Maii.
Translatio eius, 27. Sept.
Stanislaus Ep. Cracou. M. 6. Octob.
Stephanus Ep. Lugdun. 13. Febr.
Stephanus Abb. 24. Mart.
Stephanus Abb. Cisterc. 17. Apr.
Stephanus Ep. Antioch. M. 25. Apr.
• Stephanus Papa M. 2. Aug.
Stephanus Rex Hung. 2. Sept.
• Eiusdem Eleuatio, 20. Aug.
Eiusdem Dextrae inuentio, 30. Maii.
Stephanus Junior, Basilius, Petrus, Andreas & socii CCCXXXIX monachi MM. 28. Nou.
• Stephanus Protom. 26. Dec.
Eiusdem Corporis inuentio, 3. Aug.
Eiusdem Translatio, 7. Maii.
Stephanus, Pontinus, Attalus, Fabianus, Cornelius, Flos, Quinctinianus, Mineruinus & Simplicianus MM. 31. Dec.
Stigmata s. Francisci, 17. Sept.
Straton, Philippus & Eutychianus MM. 17. Aug.
Straton M. 9. Sept.
Stratonicus M. 13. Jan.
Stremonius vel Strimonius Ep. Bitur. 1. Nou.
Eius Translatio, 1. Febr. — 23. Maii.
Stylianus anachoreta, 26. Nou.
Successus M. 19. Jan.
Suitbertus Ep. Verdens. 1. Mart.
Suithunus, 15. Julii.
• Sulpitius Pius, Ep. Bituricens. 17. Jan.
Sulpitius Seuerus Ep. Bituricensis, 25. Jan.
Sulpitius Seuerus Ep. 29. Jan.
• Sulpitius & Seruilianus MM. 20. Apr.
Sulpitius, 23. Maii.
Sulpitius Ep. C. 3. Octob.
Suranus Abbas 24. Jan.
Susanna, 16. Maii.
Susanna, Martiana & Palladia MM. 24. Maii.
• Susanna & Tiburtius MM. 11. Aug.
Susanna & Martha MM. 20. Sept.
Swibertus Ep. Winton. 1. Julii.
• Swidbertus Ep. 1. Mart.
Swithunus Ep. Wintoniens. 2. Julii.
Syagrius Ep. Augustodun. 27. Aug.
Sicus & Palatinus MM. 30. Maii.
Syluester Papa, 20. Junii.
Syluester Ep. 20. Nou.
• Syluester Papa, 31. Dec.
• Sybilla, 10. Sept.
Syluia mater s. Gregorii Magni, 3. Nou.
Symeon Stylites monach. 5. Jan.
Symeon Ep. Hierosol. M. 18. Febr.
Symeon Ep. Seleuciae, centum Episcopi & alii clerici, Vsthazenes, Abdecalas & Ananias presbyteri, Pusicius & filia eius Virgo, MM. 2. Apr.
Symeon monach. 1. Junii.
Symeon cognomento Salum, 1. Junii.
Symeon monachus & eremita, 26. Julii.
Symeon stylites junior, 3. Sept.
Symmachus Papa, 19. Julii.
Symmetrius presb. M. 26. Maii.
Symphorianus M. 22. Aug.
Symphorosa V. 18. Junii.
• Symphorosa cum septem filiis Crescente, Juliano, Nemesio, Primitiuo, Justino, Stactaeo & Eugenio MM. 18. Julii.

Sym-

Symphronius, Olympius, Theodulus & Exuperia MM. 26. Julii.
Symphronius M. 4. Dec.
Syncletica, 5. Jan.
Syndimius M. 19. Dec.
Syndulphus Ep. C. 10. Dec.
Synesius & Theopompus MM. 21. Maii.
Synesius lector M. rom. 12. Dec.
Syntiches, femina, 22. Julii.
Syrenus monach. M. 23. Febr.
Syrus Papa, 6. Apr.
Syrus & Juuentius Ep. Papiens CC. 12. Sept.
* Syrus Ep. Papiæ, 9. Dec.
Eiusdem Translatio, 17. Maii.

Tammarus Conf. 1. Sept.
Tarasius Ep. 25. Febr.
Tarbua vel Tarbula M. soror Symeonis Ep. 22. Apr.
Tatiana M. 12. Jan.
Tation M. 24. Aug.
Taurinus Ep. Ebroic. 11. Aug.
Telesphorus Papa, M. 5. Jan.
Tentianus vel Terentianus Ep. Tudertinus M. 1. Sept.
Terentianus Ep. M. 29. Aug.
Terentius, Africanus, Pompeius & soc. MM. 10. Apr.
Terentius Ep. Iconii M. 21. Junii.
Tertius, Æmilianus & Bonifacius MM. 6. Dec.
Tertulla & Antonia, Virgines, 29. Apr.
Tertullianus Ep. Bonon. C. 27. Apr.
* Tertullinus M. 31. Julii.
Tertullinus vel Tertullianus presb. M. 4. Aug.
Thaispœnitentiaria in Ægypto, 8. Octob.
Thalaleus, Asterius & Alexander, 20. Maii.
Thamel M. 4. Sept.
Tharacus presb. 11. Octob.
Tharacus, Probus & Andronicus MM. 18. Octob.
Tharasius Ep. Constantinop. 25. Febr.
Tharatus M. 11. Octob.
Tharbe, V. M. 22. Apr.
Tharsicius, Zoticus, Cyriacus, Gallicnus & soc. MM. 31. Jan.
Thasicius acolythus M. 15. Aug.
Tharsilla V. 24. Dec.
Thasis peccatrix, 18. Mart.
Thebæi martyres, 22. Sept.
Thecla & Agapius MM. 19. Aug.
* Thecla V. M. 23. Sept.
Thecla Abbatissa, 15. Octob.
Themistocles M. 21. Dec.
* Theobaldus, 1. Julii.

Theoctenus Ep. Cæsariens. 5. Mart.
Theoctistes V. 10. Nou.
Theodardus Ep. Narbon. 1. Maii.
Theodardus Ep. Leod. 10. Sept.
Theodarius Abb. 29. Octob.
Theodatus Ep. 19. Junii.
Theodemirus monach. 25. Julii.
Theodericus M. 23. Mart.
* Theodolus, 23. Mart.
Theodolus M. 3. Maii.
* Theodora V. soror Martyris Hermetis, 1. Apr.
Theodora V. 28. Apr.
Theodora M. 17. Julii.
Theodora pœnitens, 11. Sept.
Theodora matrona, 17. Sept.
Theodora cum Euodio & aliis duobus filiis, MM. 2. Aug.
Theodorus monach. 7. Jan.
Theodorus M 7. Febr.
Theodoretus presb. M. 23. Octob.
Theodoricus, 6. Jan.
Theodoricus presb. 1. Julii.
Theodorus presb. 20. Mart.
Theodorus M. 19. Mart.
Theodorus Ep. Irenæus Dia. Serapion & Ammonius lectores, 26. Mart.
Theodorus & Pausilippus MM. 15. Apr.
Theodorus & Philippa mater eius, 19. Apr.
Theodorus Trichinas, 20. Apr.
Theodorus Ep. Bononiens. 5. Maii.
— — Ep. Papiens. 20. Maii.
Theodorus, Oceanus, Ammianus & Julianus MM. 4. Sept.
Theodorus Conf. 20. Apr.
Theodorus Ep. Bononiæ, 5. Maii.
Theodorus Papa, 14. Maii.
Theodorus Ep. Cantuar. 19. Sept.
* Theodorus miles M. 9. Nou.
Theodorus monachus, 28. Dec.
Theodosia M. 23. Mart.
* Theodosia V. M. 2. Apr.
Theodosia & aliæ XII. MM. 29. Maii.
Theodosia V. 22. Dec.
Theodosius cœnobiarcha, 11. Jan.
Theodosius Ep. Autisiod. 17. Julii.
Theodosius M. 18. Julii.
Theodosius, Lucius, Marcus & Petrus milites MM. 25. Octob.
Theodota M. 17. Julii.
Theodotus, 19. Jan.
Theodotus, 3. Mart.
Theodotus Ep. Cyreniæ, 6. Maii.
Theodotus, Thecusa, Alexandra, Claudia, Faina, Euphrasia & Julitta MM. 18. Maii.
Theodotus, Ruffina & Ammia, 31. Aug.
Theodotus Ep. Laodiceæ, 2. Nou.

Theodulphus Ep. Laubienfis, 24. Junii.
Theodulfus Abb. 1. Maii.
* Theodulus presb. 23. Mart.
Theodulus, Anefius, Felix, Cornelia & Soc. MM. 31. Mart.
Theodulus, Saturninus, Euporius, Gelafius, Eunicianus, Zeticus, Cleomenes, Agathopus, Bafilides & Euariftus MM. 23. Dec.
Theofredus Abb. 19. Octob.
Theogenes M. 3. Jan.
Theogenes Ep. & alii 36 MM. 26. Jan.
Theogonius M. 21. Aug.
Theonas Ep. Alexandr. 23. Aug.
Theoneftus Ep. Alfini M. 30. Octob.
Theonilla M. 23. Aug.
Theopentus & Theona MM. 3. Jan.
Theophanes M. 12. Mart.
Theophanes & focii, 4. Dec.
Theophanes Conf. 27. Dec.
* Theophania, 6. Jan.
Theophila V. M. 26. Dec.
Theophilus & Helladius MM. 8. Jan.
* Theophilus, 5. Mart.
Theophilus Ep. Cæfariens. 6. Mart.
Theophilus Ep. Nicomediens. 7. Mart.
Theophilus Ep. Brixiens. 27. Apr.
Theophilus Ep. Antioch. 13. Octob.
Theophilus M. 15. Dec.
Theoprepides M. 27. Mart.
Theofterictus Conf. 17. Mart.
Theoticus M. 8. Mart.
Theotimus Ep. Tomis, 20. Apr.
Theotimus, Theodulus, Amianus & Julianus MM. 4. Sept.
Theotimus M. 24. Dec.
Theotimus & Bafilianus M. 18. Dec.
Theuderius Abb. 29. Octob.
Theugenius, 3. Octob.
Thefpefius M. 1. Junii.
Theufeta & Horres filius eius, Theodora, Nymphodora, Marcus & Arabia MM. 13. Mart.
Thillo, 7. Jan.
* Thimotheus Zwelfpot, 24. Jäner.
Thimotheus & Symphorianus, 22. Aug. (Man f. Timotheus.)
Thomais M. 14. Apr.
* Thomas Ap. 21. Dec.
Eiusdem Translatio, 3. Julii.
Thomas aquinas, 7. Mart.
Thomas a Villanoua Ep. 18. Sept.
Thomas Ep. Herford. C. 2. Octob.
Thomas Cantuariens. 29. Dec.
Thrafeas Ep. Smyrn. M. 27. Mart.
Threfeas Ep. Eumeniæ M. 5. Octob.
Thrafon, Pontianus & Prætextatus MM. 11. Dec.
Thrafibulus, 21. Julii.
Thuodarius Abb. 29. Octob.
Thurianaus vel Thuriavus Ep. 13. Julii.
Thyrfus & Proiectus MM. 24. Jan.
Thyrfus, Leucius & Callinicus MM. 28. Jan. Græci autem 14. Dec.
Tiberius, Modeftus & Florentina MM. 10. Nou.
* Tiburtius, Valerianus & Maximus MM. 14. April.
* Tiburtius & Sufanna, 11. Aug.
Tietfredus Abb. 19. Octob.
Tigides & Remedius Eppi, 3. Febr.
Tigrius presb. & Eutropius Lector, MM. 12. Jan.
Tillemannus vel Tillonius 7. Jan.
Timolaus, duo Dionyfii, Paufides, Romulus, duo Alexandri & Agapius MM. 24. Mart.
Timon diac. 19. Apr.
* Timotheus difcip. b. Pauli, Ep. Ephef. M 24. Jan.
Eiusdem Translatio, 9. Maii.
Timotheus & Diogenes MM. 6. Apr.
Timotheus & Maura coniux, 3. Maii.
Timotheus, Polius & Eutychius diaconi, 21. Maii.
Timotheus Ep. Prufiadis M. 10. Junii.
Timotheus, Tecla & Agapius MM. 19. Aug.
Timotheus, Hypolitus, Symphorianus, 22. Aug.
Timotheus & Apollinaris MM. 23. Aug.
Timotheus & Fauftus MM. 8. Sept.
Titianus Ep. Opitergii, 16. Jan.
Titianus Ep. Brixiens. 5. Mart.
Titus Ep. difcip. f. Pauli, 4. Jan.
Titus diac. 16. Aug.
Titus, 18. Sept.
* Titus difcip. f. Pauli, 25. Aug.
Tobias, 13. Junii.
Torellus, 16. Mart.
Torpes vel Torpetus M. 17. Maii.
Torquatus Ep. 31. Jan.
* Torquatus, Ctefiphon, Secundus, Indaletius, Cæcilius, Hefychius, & Euphrafius. Eppi in Hifpania, 15. Maii.
Totnanus diac. M. 8. Julii.
Totnatus, 8. Julii.
Tranquillinus M. 6. Julii.
Transfiguratio Domini, 17. Mart.
* Transfiguratio Domini, 6. Aug.
Tranfitus f. Stephani, 15. Aug.
Translatio dexteræ f. Stephani Regis, 30. Maii.
Translatio f. Martini Ep. 4. Julii.
— — f. Thomæ Ap. 3. Julii.
— — f. Benedicti, 11. Julii.
— — f. Stephani Regis, 20. Aug.
— — f. Gerardi, 24. Febr.
— — f. Voloda..., 31. Maji Trans-

Translatio f. Elifabeth, 2. Maii.
— — f. Andreæ Ap. 9. Maii.
— — f. Augustini Ep. Papiæ, 20. Febr.
— — Dominici ord. Prædic. 24. Maii.
— — Francifci C. Affifi, 25. Maii.
— — Frigdiani Ep. Lucens. 18. Nou.
— — Gregorii Naz. 11. Junii.
— — Herculani Ep. M. 1. Mart.
— — Hieronymi Presb. 9. Maii.
— — Ignatii Ep. M. 17. Dec.
— — Joannis Chryfoft. 27. Jan.
— — Julianæ V. 16. Febr.
— — Lucæ Euang. 9. Maii.
— — Marci Euang. 31. Jan.
— — Mariæ Jacobi, 25. Maii.
— — Marinæ V. 17. Julii.
— — Mathæi Ap. 6. Maii.
— — Monicæ, 9. Apr.
— — Nicolaii Ep. 9. Maii.
— — Stephani protom. 7. Maii.
Trecenti MM. 24. Aug.
Tres milites MM. 2. Julii.
Trecenti quinquaginta monachi MM. 31. Julii.
Tres pueri, Anania, Azaria & Mifael, 16. Dec.
Tria millia, fexcenti viginti octo MM. 4. Sept.
Triginta milites MM. 1. Jan.
Triginta octo monachi MM. 14. Jan.
Triginta nouem MM. 4. Febr.
Triginta tres MM. 16. Aug.
Triginta & octo MM. 23. Aug.
Triginta MM. 22. Dec.
Triphenes M. 31. Jan.
Triphillus Ep. 13. Junii.
Triphon, 10. Nou.
Tripodes vel Tripus Bafilides, 10. Junii.
Troianus Ep. Santonens. 30 Nou.
Troadius M. 28. Dec.
Tropefius M. 17. Maii.
Trophima M. 2. Junii.
Trophimus & Thalus MM. 11. Mart.
Trophimus & Eucarpius MM. 18. Mart.
Trophimus & Theophilus MM. 23 Julii.
Trophimus, Sabbatius & Dorimedon MM. 19. Sept.
Trophimus difcip. b. Pauli & Ep. Arelatens. 29. Dec.
Trudbertus M. 26. Apr.
Trudo Presb. C. 23. Nou.
Tryphena & Tryphofa mulieres, 10. Nou.
Tryphilus Ep. in Cypro, 13. Junii.
Trypho M. 4. Jan.
Trypho M. 3. Julii.
Tryphon, Refpiciens & Nympha V. MM. 10. Nou.
Tryphonia vxor Decii, 18. Octob.
Tuberius M. 10. Nou.
Tugdwaldus Ep. 30. Nou.
Turianus Ep. in Britannia C. 13. Julii.
Turibius Ep. Afturic. 16. Apr.
Tybergus M. 10. Nou.
Tychicus difc. f. Pauli Ap. 29. Apr.
Tychon Ep. in Cypro 16 Junii.
Tyrannio Ep. 12. Febr.
Tyrannio, Siluanus, Peleus & Nilus Epifcopi & Zenobius Presb. MM. 20. Febr.
Tyrfus, Leucius & Callinicus MM. 28. Jan.
Tyrfus & Victor, MM. 31. Jan.

Valaricus Abb. 12. Dec.
Valbertus Abb. 2. Maii.
Valdus Ep. 31. Jan.
* Valens Ep. M. 21. Maii.
Valens diacon. & Paulus MM. 1. Junii.
Valens Ep. Veronens. 26. Julii.
Valentina V. & M. cum focia, 25. Julii.
* Valentinus Ep. Paffau. 7. Jan.
Eiusdem Translatio, 4. Aug.
Valentinus Presb. 14. Febr.
* Valentinus M. 14. Febr.
Valentinus Ep. Interam. & M. 14. Febr.
Valentinus, Felicianus & Victorinus MM. 11. Nou.
Valentinus Ep. Treuir. 16. Julii.
Valentinus Ep. 29. Octob.
Valentinus Presb. & Hilarius diac. MM. 3. Nou.
Valentinus, Felicianus & Victorinus MM. 12. Nou.
Valentinus, Solutor & Victor MM. 13. Nou.
Valentinus magifter militum, Concordius eius filius, Nauallis & Agricola MM. 16. Dec.
Valentius M. 15. Maii.
Valeria M. 28. Apr.
Valeria V. M. 9. Dec.
Valeriana M. 31. Mart.
Valerianus, 18. Apr.
Valerianus M. 15. Sept.
Valerianus, Macrinus & Gordianus MM. 17. Sept.
Valerianus Ep. Aquileg. 27. Nou.
Valerianus, Vrbanus, Crefcens, Euftachius, Crofconius, Crefcentianus, Felix, Hortulanus & Florentianus Eppi & CC 28. Nou.
* Valerianus & Maximianus, 15. Dec.
Valerianus Ep. in Africa, 15. Dec.
Valericus, 1. Apr.
Valerius Ep. Cæfaraugust. 28. Jan.
* Valerius difcip. b. Petri Ep. Treuir. 29. Jan.
Valerius & Ruffinus MM. 14. Junii.

Valerius, 12. Dec.
Valis Presb. C. 21. Maii.
Valpurga V. 25. Febr.
* Valpurga V. 1. Maii.
Varicus M. 15. Nou.
Varus miles & septem monachi MM. 15. Nou.
Vbaldus Ep. C. 13. Febr.
Vbaldus Ep. Eugubinus, 16. Maii.
* Vdalricus Ep. August. 4. Julii.
Vectius Epagatus, Aduoc. Christ. M. 2. Junii.
Vedastus Ep. Atrebatens. & Amandus MM. 6. Febr.
* Vedastus Ep. 1. Octob.
Vedastus M. 26. Octob.
Veit, 15. Juny.
Venantius Ep. & M. 1. Apr.
* Venantius M. 18. Maii.
Venantius Abb. 13. Octob.
Veneranda V. M. 14. Nou.
Venerandus M. 14. Nou.
Venerius Ep. Mediolan. C. 4. Maii.
Venerius eremita Conf. 13. Sept.
Venustianus M. 30. Dec.
Verannius Ep. 9. Sept.
Veranus Ep. Aurelian. 19. Octob.
Veranus Ep. Lugd. 11. Nou.
Verecundus Ep. Veron. 22. Octob.
* Verena, 1. Sept.
Verissimus, Maxima & Julia sorores MM. 1. Octob.
Verklärung Christi, 6. Aug.
* Veronica, 4. Febr.
Verulus, Secundinus, Siricius, Felix, Seruulus, Saturninus, Fortunatus & alii 16. MM. 21. Febr.
Verus Ep. 24. Mart.
Verus Ep. Viennens. 1. Aug.
Verus Ep. Salernitan. 23. Octob.
Viator minister b. Justi, 21. Octob.
Viator Ep. Bergom. 14. Dec.
Victerpus, 8. Apr.
Victo Ep. Verdun. 9. Nou.
Victor M. cum Saturnino & Thyrso, 31. Jan.
Victor M. 25. Febr.
Victor C. 26. Febr.
Victor M. 30. Mart.
Victor & Stephanus MM. 1. Apr.
* Victor & Victorinus MM. 6. Mart.
Victor, Zoticus, Zenon, Acindinus, Caesarius, Seuerianus, Chrysophorus, Theona & Antoninus MM. 20. Apr.
Victor & Corona MM. 14. Maii.
Victor, Alexander, Felicianus & Longinus milites MM. 21. Julii.
Victor Papa M. 28. Julii.
Victor cum fratr. Stercatio & Antinogene MM. 24. Julii.
Victor Ep. Vticens. 23. Aug.
Victor & Vrsus MM. 30. Sept.
Victor, Alexander & Marianus MM. 17. Octob.
Victor Ep. Capuan. 17. Octob.
Victoria V. M. 23 Dec.
Victorianus M. 23. Mart.
Victoricus & Fuscianus MM. 11. Dec.
Victorinus, Victor, Nicephorus, Claudianus, Dioscorus, Serapion & Papias, MM. 25. Febr.
Victorinus M. 5. Mart.
Victorinus Conf. 8. Junii.
* Victorinus Ep. Amitern. M. 5. Sept.
Victorius Ep. 1. Sept.
Victricius Ep. & C. 7. Aug.
Victrix, Conf. 6. Dec.
Victuria M. 28. Maii.
Victurus, Victor, Victorianus, Adiutor & Quartus MM. 18. Dec.
Videnus Ep. Verdun. 9. Nou.
Vier Gekrönte, 8. Nov.
Vierzig Martyrer, 9. März.
Vigilia, 30. Apr.
* Vigilius Ep. Trident. 31. Jan.
Eiusdem Translatio, 26. Sept.
Vigilius Ep. Tridentin. 26. Junii.
Vigilius Ep. Brixiens. 26. Sept.
Viginti tres MM. 5. Aug.
Vigor Ep. Baiocis, 3. Nou.
Villibrordus Ep. 7. Nou.
Vincentia & Margareta VV. MM. 10. Apr.
* Vincentius & Anastasius MM. 22. Jan.
Vincentius, Orontius & Victor MM. 22. Jan.
Vincentius Ferrer. 5. Apr.
Vincentius M. 24. Maii.
Vincentius Presb. 24. Maii.
Vincentius & Benignus MM. 6. Junii.
Vincentius Leuita M. 8. Junii.
Vincentius Abb. 11. Sept.
Vincentius Conf. 12. Sept.
Vincentius, Sabina & Christeta MM. 27. Octob.
Vincentius & Laetus MM. 1. Sept.
Vincent Grave von Hennegouwe, 7. July.
Vincula Petri. 1. Aug.
Vindemialis Eugenius & Longinus Eppi & MM. 2. Maii.
Vindemialis, 1. Junii.
Vinebaldus Abb. 6. Apr.
Virgilius, 31. Jan.
Virgilius Ep. 27. Nou.
Virgilii Erhebung, 26. Sept.
Virgines septem MM. 9. Apr.
Virgines sexaginta MM. 1. Sept.
Virgines sex MM. 19. Maii.
Virgines plurimae MM. 16. Dec.
Virianus M. 1. Junii.
Visitatio Mariae, 2. Julii.

Vir-

Viſſia V. M. 12. Apr.
Vitalianus Papa, 27. Jan.
Vitalianus Ep. Capuan. 16. Julii.
Vitalicus M. 4. Sept.
• Vitalis M. 28. Apr.
Vitalis, Reuocatus & Fortunatus MM. 9. Jan.
Vitalis, Felicula & Zeno MM. 14. Febr.
Vitalis & Agricola MM. 4. Nou.
Vitonus Ep. Verdun. 9. Nou.
• Vitus, Modeſtus & Creſcentia, 15. Junii.
Viuentiolus Ep. Lugdun. 12. Julii.
Viuentius Conf. 13. Jan.
Viuentius M. 1. Junii.
Viuiana M. 2. Dec.
Viuiana V. 17. Dec.
Viuianus Ep. Santonens. 28. Aug.
Vdalricus Ep. Auguſt. 4. Julii.
Vlpianus M. 3. Apr.
Vlrica, 4 Junii.
Vlricus, 4. Julii.
Vltanus Abb. 1. Maii.
Vltimum Paſcha, 25. Apr.
Vltimum Pentecoſten, 13. Junii.
Vltimus terminus Aſcenſionis, 3. Junii.
Vndecim mille Virgines MM. 21. Octob.
Vocatus M. 14. Julii.
Vodoalus, Vodalus vel Vodoaldus, 5. Febr.
Volkmarus, 17 Junii.
Vollradus, 2. Octob.
Voluſianus Ep. Turon. 18. Jan.
Vranius Ep. 19. Octob.
Vrbanus, Prilidianus & Epolonius MM. 24. Jan.
Vrbanus Ep. Lingoniens. 2. Apr.
• Vrbanus Papa, 25. Maii.
Vrbanus, Theodorus, Menedemus & ſocii LXXVII. MM. 5. Sept.
Vrbanus Ep. Theani, 7. Dec.
Vrſacius Conf. 16. Aug.
Vrſiſcenus Ep. Papiens. 21. Junii.
Vrſicinus M. 19. Junii.
Vrſicinus Ep. Senonens. C. 24. Julii.
Vrſicinus Conf. 9. Nou.
Vrſicinus Ep. Brixiens. C. 1. Dec.
Vrſicius M. 14. Aug.
Vrſinus Ep. Bituric. 9. Nou.
Vrſinus Conf. 30. Dec.
Vrſius & Leopatius Abb. 27. Octob.
Vrſmarus Ep. C. 18. Apr.
Vrſmarus Abb. 18. Apr.
• Vrſula & ſociæ eius MM. 21. Octob.
Vrſus Ep. Rauenn. C. 13. Apr.
Vrſus Ep. Autiſiodor. C. 30. Julii.
Vſtazades eunuchus M. 21. Apr.
Vulfilaicus diac. 21. Octob.
Vulframus M. 7. Sept.
Vulfrannus Ep. Senonens. 20. Mart.
Vulmarus Abb. 20. Julii.
Eius Translatio, 17. Junii.

Waldemarus, 11. Dec.
Waldebertus Abb. 2. Maii.
Waldetrudis, 9. Apr.
Waldimer, 27. Febr.
Walericus Abb. 1. Apr.
Walericus presb. C. 12. Dec.
Walfridus Ep. Eborac. C. 12. Octob.
Walpurgis V. 25. Febr.
• Walpurgis ſiue Walburga V. 1. Maii.
Walther, 16. July.
Wandregiſilus Abb. 22. Julii.
Wandula, 20. Junii.
Weighardus, 18. Nou.
• Wenceslaus Dux & M. 28. Sept.
Eiusdem Translatio, 4. Mart.
Wendelinus, 20. Octob.
Wenefrida V. M. 3. Nou.
Wenialus Abb. 3. Nou.
Wernerus, 19. Apr.
Wicbertus Conf. 13. Aug.
Wigbertus Abbas Fritzlar. 13. Aug.
Wigand, 30. Maii.
Wilgefortis V. M. 20. Julii.
Willehadus Ep. Bremens. 8. Nou.
Willebaldus Ep. Eiſtetens. 7. Julii.
• Willibaldus Ep. Bremens. 7. Julii.
Willibaldus Abb. Conf. 18. Dec.
Willibrordus Ep. Traiect. 7. Nou.
Willifridus Ep. C. 15. Maii.
Wilhemina, 14. Octob.
Wilhelmus, 28. Maii.
Winocius, 6. Nov.
Winwaloeus Abb. 3. Mart.
Winocus Abb. 6. Nou.
Wiro Ep. in Scotia, 8. Maii.
• Wolfgangus Ep. Ratisbon. 31. Octob.
Wolfkangus Ep. 7. Octob.
Wolgangus, 11. Maii.
Wiuiana V. 17. Dec.
Wulframus, 7. Sept.
Wulmarus Abb. 20. Julii.
Wunibaldus Abb. 18. Dec.

Xantippa & Polixena mulieres, Apoſtolorum diſcipulæ, 23. Sept.
Xantius miles M. 11. Mart.
Xynoridis M. 24. Jan.
Xyſtus primus papa, M. 9. Apr.
Xyſtus II. Papa, Feliciſſimus & Agapitus diaconi, Januarius, Magnus, Innocentius & Stephanus, ſubdiaconi & Quartus MM. 6. Aug.

Xystus III. Papa, 28. Mart.
Xystus Ep. Rhemens. M. 1. Sept.
• Xystus Papa & M. 6. Apr.

Ypolitus und sein Gesellen, 13. Aug.
Ysidorus M. 7. Jan.
Ysicius miles M. 11. Mart.

Zachæus Ep. Hierosolym. 23. Aug.
Zacharias Papa, 15. Mart.
Zacharias Ep. Vienn. M. 26. Maii.
Zacharias Ep. Nicomediæ M. 10. Junii.
• Zacharias Proph. 6. Sept.
Zacharias Proph. 5. Nou.
Zacharias pater s. Joan. Bapt. 5. Nou.
Zamas Ep. Bononiens. 24. Jan.
Zambdas Ep. Hierosol. 19. Febr.
Zanitas, Lazarus, Marotas, Narses & alii MM. 27. Mart.
Zebina M. 13. Nou.
Zehentausend Martyrer, 22. Juny.
Zelus, 1. Julii.
Zenaides, Cyria, Valeria & Marcia MM. 5. Junii.
Zenaides & Philonilla sorores b. Pauli discipulæ, 11. Octob.
Zeno M. 5. Apr.
Zeno Ep. Veron. 12. Apr.
Translatio eius, 21. Maii.
Ordinatio eius, 8. Dec.
Zeno & Zenas MM. 23. Junii.
Zeno & alii decem millia ducenta tres MM. 9. Julii.
Zeno, Concordius & Theodorus MM. 2. Sept.
Zeno & Charito MM. 3. Sept.
Zenobia M. 30. Octob.
• Zeno Ep. 8. Dec.
Zeno miles M. 22. Dec.
Zeno Ep. Maiumæ, 26. Dec.
Zenobius Ep. Florent. 25. Maii.
Zenobius Presb. M. 29. Octob.
• Zenobius Ep. & Zenobia soror MM. 30. Octob.
Zenobia Mart. 30. Oktober.
Zenon M. 22. Dec.
Zephyrinus Papa, 26. Aug.
Zoa vel Zoe M. vxor s. Nicostrati, 5. Julii.
Zoellus, 24. Maii.
Zoilus, Seruilius, Felix, Siluanus & Diocles MM. 24. Maii.
Zoilus M. 27. Junii.
Zosimus M. 3. Jan.
Zosimus Ep. Syracusan. 30. Mart.
Zosimus anachoreta, 4. Apr.
Zosimus M. 19. Junii.
Zosimus Conf. 30. Nou.
Zosimus Papa, 26. Dec.
Zotha M. 21. Apr.
Zoticus, Rogatus, Modestus, Castulus & XL milites MM. 12. Jan.
Zoticus, Irenæus, Hyacinthus & Amantius MM. 10. Febr.
• Zoticus, 12. Febr.
Zoticus & Euticus, 4. Junii.
Zoticus Ep. Comanæ, 21. Julii.
Zoticus Presb. 31. Dec.
Zozimus, 18. Dec.
Zwen und siebenzig Martyrer, 23. Febr.
Zwen und vierzig Martyrer, 17. Juny.
Zwölf Brüder, 1. Sept.

Von dem Gebrauche der Indikzion.

In diesen wenigen Zeilen wollen wir nicht untersuchen, was die Indikzion eigentlich sey? woher sie ihren Ursprung habe? zu welcher Zeit sie ihren Anfang genommen? wie vielerley Indikzionen es gebe? u. d. g.; denn dieses alles ist bereits in so vielen Büchern zu finden, daß es ganz überflüssig wäre, hier abermal davon zu schreiben. Man findet nämlich sehr leicht, daß die Indikzion eine Zeit von 15. Jahren ausmacht; und daß es verschiedene Epochen ihres Anfangs gibt. Unser Zweck ist hier zu untersuchen, welche, und wie lange die Indikzion in Deutschland, und wie die Indikzion bey andern, die einen Einfluß in unsere deutsche Diplomatik haben, gebraucht worden. Dieses, so viel als möglich zu erreichen, wollen wir das Glossarium des du Cange benützen, und daraus den Gebrauch der drei gewöhnlichsten anführen, nämlich der Konstantinopolitanischen, die vom 1. September; der Römischen oder Päbstlichen, die vom 1. Jäner; und der Konstantinischen oder Kaiserlichen (Cæsareæ), die vom 24. Sept. anfängt.

Die Konstantinopolitanische.

(am 1. Sept.)

Diese war überhaupt bey den Griechen im Gebrauche. — Daß aber dieser Gebrauch auch in Italien Statt hatte, bezeugen zween Briefe beym Franciskus Maria in der Gräfinn Mathild 3. B. 105. und 108. S. der erste: anno ab Incarnatione 1079. 15. Kal. Octob. Indict. 3; die Römische wäre 2. — Der anderte: anno 1078. 6. Kal. Octobr. Indict. 2; die Römische wäre 1. — weil beide Urkunden nach dem ersten September gefertiget worden. — Beym Puricellus pag. 430. heißt es: 1053. quinto die Septembris ingrediente Indictione VII. — Und Sirmondus in Notis ad Ennodium lib. 8. Ep. 9. sagt, er habe zu Rom ein altes Monument gesehen, worauf geschrieben war: Sub diem III. Id. Augustarum, Symmacho & Boetio VV. CC. Consulibus, in fine Ind. XV. — S. Ambrosius de Noe & Arca schreibt: Etsi a Septembri mense annus videatur incipere, sicut Indictionum presentium usus ostendit &c. — Georgisch führet in seinen Regestis diplomaticis eine Urkunde vom Pabst Gregor VII. an: Dat. Capuae Kalend. Sept. Indictione incipiente XII. (a. 1073.)

In Mayland war diese Indikzion ebenfalls gewöhnlich, wie in den Statutis Mediolanensibus p. 1. c. 109. zu sehen ist. — In einer Verhandlung zu einem Bündniß des Philipp Maria Herzogs zu Mailand mit dem R. K. Siegmund liest man folgendes Datum: Anno a nativitate domini — Millesimo quadringentesimo trigesimoprimo die merchurij primo mensis Augusti *Indiction, nona* secundum stilum & consuetudinem Mediolanensem. — Und in dem Bündnisse selbst vom nämlichen Jahre: anno a nativitate domini Millesimo quadringentesimo trigesimoprimo die merchurij decimonono mensis Septembris, *Indictione decima* secundum stilum & consuetudinem Mediolanensem. (k. k. g. Hausarchiv.)

Zu den Zeiten Königs Robert von Sizilien war diese Indikzion auch zu Neapel im Gebrauche, wie aus einem seiner Briefe erhellet: anno 1332. die 11. Nouembris primæ Indictionis; denn in diesem Jahre wäre die Römische Indikzion 15. Hist. Dalphin. p. 241.

Die Römische oder Päbstliche Indikzion.
(vom 1. Jäner.)

Wann der Gebrauch bey den Päbsten angefangen habe, die Indikzion vom 1. Jäner zu rechnen, ist unbekannt; denn aus den Briefen Gregor des Großen, Johann des VIII. und Gregor VII. ist bekannt, daß die päbstlichen Briefe und Urkunden mit der Indikzion more græcorum vom 1. September bezeichnet worden. Ein gleiches bezeugen die Acta vetera Vaticana apud Baronium a. 1154. Aber die Acta Alexander des III. beym nämlichen Baronius im Jahr 1158. scheinen schon die Indikzion vom 1. Jäner gerechnet zu haben, in welchen folgendes vorkömmt: Acta sunt hæc omnia Dominicæ Incarnationis millesimo centesimo sexagesimo quinto, Indictione tertia decima, undecimo Kal. Decembris Pontificatus vero ipsius anno sexto; denn in diesem Jahre war die Römische Indikzion 13.

Die Konstantinische oder Kaiserliche.
(vom 24. Sept.)

Dieser Indikzion bediente sich Frankreich * und Engelland. — Von Engelland bezeuget es Beda lib. de Rat. temp. c. 48. — Daß sie in Frankreich üblich gewesen, bezeuget *Rabanus* de Computo p. 66. „ Incipiunt autem Indictiones ab VIII. Kal. Octobris (24. Sept.) ibidemque „ terminantur. „ — *Hariulfus* lib. 3. — — „ siquidem mense Septembri die 24. Indictiones mu„ tantur „ — Aber auch in spätern Zeiten galt noch immer diese Indikzion: „ Acta hominii a Duce „ Britanniæ Regi Franciæ præstiti confecta dicuntur anno Domini 1366. Indictione quinta secun„ dum morem Franciæ mensis Decembris die decima tertia; „ — denn in diesem Jahre war die Römische Indikzion 4. — Das Parlament zu Paris hat eine eigene Indikzion; sie fängt vom 1. Oktober an. — L'art de verifier &c. führet eine Verhandlung zwischen dem Bischofe und Kapitel zu Clermont an, datirt vom 9. und 13. Dezember 1446. Indictione decima sumpta mense Octobri.

* „ Indictionis usus — apud Francos nonnisi a Caroli Magni imperio cœpit. Merovingi reges per annos regni sui computaverunt, ut se ab imperii legibus immunes profiterentur, unde nec consulum nec indictionum rationem habuerunt. „ Constantiniana hæc Indictio, quæ etiam fuit cæsarea imperatorum Germaniæ, ab „ VIII. Kal. Octobris principium duxit. „ *Schœpflin. Alsatia diplomatica Parte I. pag. 30.*

Auch in Italien gebrauchte man sich dieser Indikzion von 24. September. Dieses bestätiget ein Brief der Gräfinn Mathild beym Franciskus Maria 3. B. S. 108. " millesimo nonagesimo octavo 6. Kal. Octobr. Indictione secunda; „ nämlich die erst vor zween Tagen, als am 24. Sept. anfieng, (sagt du Cange: aber was beweiset denn, daß sie nicht schon am 1. September angefangen worden?)

In Deutschland war diese Indikzion immer gewöhnlich; (sagt du Cange: — von den Vorfahren Konrads I. kann man es zwar annehmen; aber von den Nachfolgern nicht allgemein.) — daher sie auch die Kaiserliche genennet wird. Denn in Schilters Glossarium (Seite 426.) findet sich folgendes Datum: " Ain ander Brief Kunig Ludwigs in Bairn — Geben am sechsten tag des „ Weinmons im Neuntzehenden iar des Kaiserthums — Vnnsers reichs im siebenden, der *Kaiserlichen steur anlegum* (anlegung) im IX iare — Nach Christi gepurt 833. „ — Die Römische Indikzion wär' in diesem Jahre die 10te. — Eine Urkunde Kaisers Otto II. ist datirt: " 6. Kal. Octobr. „ an. Dominicæ Incarnationis 982. Indict. 11. anno verò regni secundi Ottonis 22. Imperii autem „ 12; „ — die Römische wäre 10. — Eine andere Urkunde König Heinrichs (Friedrichs II. Sohn) hat diese Merkmale der Zeitrechnung: " Datum apud Bernum 5. Kal. Januarii, Indict. 13. anno „ dominicæ Incarnationis 1224. anno regni nostri 5. „ — denn im Jahr 1224. wäre die Römische 12. — *Joannes de Janua* schreibt: " Nota, quod anni domini renouantur in Kalendis Januarii, siue „ in Natiuitate Domini. Sed Indictio renouatur in octaua Kalendas Octobris: & sic anni Domi„ ni præcedunt nouem mensibus. „

Wir wollen nun den Gebrauch der Indikzion in den Urkunden der deutschen Könige und Kaiser bei Georgisch in Regestis diplomaticis aufsuchen. Um den Raum zu ersparen, enthalten wir uns, die Daten ganz herzusetzen.

Konrad I. König in Deutschland gebrauchte in seinen Urkunden die Kaiserliche Indikzion.

Heinrich der Vogler gleichfalls.

Otto der Grosse bediente sich bald der Kaiserlichen, bald der Römischen. Vom Jahr 937. 10. Sept. findet sich eine Urkunde, die die Indikzion vom 1. September zu rechnen scheinet.

Otto II. und III. bedienten sich meistens der Kaiserlichen, aber auch manchmal der Römischen.

Heinrich der II. brauchte meistens die Römische. Doch in der Urkunde vom Jahr 1002. 15. Sept. scheint er die Indikzion vom 1. Sept. angefangen zu haben. — In einer andern des geh. H. A. vom ihm, ist es vermuthlich die Kaiserliche: Henricus — *data Kl. Nouembri mense anno dominice incarnationis M. II. Indict. I. acta in haselbach. primo anno regnante rege Heinrico.* Die Römische wäre in diesem Jahre die 15te.

Konrad II. bediente sich bald der Römischen bald der Kaiserlichen.

Heinrich der III. fast immer der Römischen.

Heinrich IIII. öfter der Kaiserlichen als Römischen.

Heinrich V. allezeit der Römischen; Nur im Jahr 1124. findet man zweimal die Kaiserliche.

Lothar II. und Konrad III. haben immer die Römische gebraucht.

Friederich I. ingleichen. Im Jahr 1152. findet man am 17. October die Kaiserliche, aber am 24. schon wieder die Römische. — Daß Kaiser Friederich I. die Römische Indikzion gebraucht habe, ist in Schilters Glossarium ein Beispiel (Seite 430.) — „ Do da regiret her Friderich Romischer kaiser — im 5. iar seines Reichs vnd anderm des Kaiserthums. Geben zu Regenspurg am XVIJ dag des Herbstmonats, *in dem vierten jar der Kaiserlichen steuer anlegung* „ im jar nach der menschwerdung Christi 1156. „ — Doch getraut man sich nicht zu behaupten, daß dieses Datum auf die Römische Indikzion eine Beziehung habe, weil die Urkunde vor dem 24. Herbstmonat gefertiget worden.

Heinrich VI. bediente sich bald der Kaiserlichen, bald der Römischen.

Philipp schrieb im Jahr 1201. den 20. Sept. schon die V. Indikzion. Sonst trift man die Kaiserliche und Römische an.

Otto IV. varirte so sehr, daß er im Jahr 1209. 30. Octob. die Kaiserliche, und den 24. Dezemb. die Römische beysetzte.

Friedrich II. bediente sich im Jahr 1212. im October viermal der Römischen, und den 19. Novemb. der Kaiserlichen Im Jahr 1218. den 14. Sept. schrieb er schon die VII. Indikzion. Ueberhaupt brauchte er öfter die Kaiserliche, als die Römische.

Wilhelm bediente sich immer der Kaiserlichen.

Rudolph I. und sein Sohn Albrecht sehr selten der Römischen, und fast immer der Kaiserlichen.

Adolf der Kaiserlichen und Römischen. Doch sind schon die meisten von ihm ohne Indikzion.

Heinrich VII. setzte auch höchst selten die die Indikzion hinzu.

Ludwig und Friederich der Schöne gar niemal.

Karl IV. und sein Sohn Wenzel setzten in den lateinischen Urkunden die Römische hinzu; aber in den deutschen gar keine.

Ruprecht und Siegmund bedienten sich ihrer durchaus nicht.

Albrecht II. eben so wenig. Doch hat die Stadt Frankfurt in dem Wahldekret Albrechts die Indikzion beygesetzet.

Friderich III. und seine Nachfolger haben sie gänzlich ausgelassen; eben so, wie die Päbste in der ersten Hälfte des XV. Jahrhunderts überhaupt, die Indikzion zu gebrauchen verließen.

Aus Vorstehenden ist abzunehmen, daß sich die deutschen Könige und Kaiser (wie die Päbste, die bald diese bald jene gebrauchten) der Römischen Indikzion eben so oft, als der Kaiserlichen bedient haben, bis nämlich auf das große Interregnum. Nach dieser Zeit wurde die Indikzion entweder gar ausgelassen, oder doch vom Anfange des Jahrs, d. i. von Weihnachten oder erstem Jäner, je nachdem man das Jahr annahm, immerfort gerechnet. Wir haben zwar einzig die Urkunden der deutschen Könige und Kaiser beim Georgisch durchgegangen; allein es verhält sich so mit allen übrigen der geistlichen und weltlichen hohen Ständen in Deutschland.

Endlich wollen wir noch aus dem Werke: Traité de Diplomatique (T. V. pag. 238. n. 1.) anführen, daß Pabst Gregor VII. eine neue Art der Indikzion eingeführet habe, nämlich die Indikzion vom 25. März. — Noch eine andere Epoche: (ibidem pag. 266. n. 3.) — Man nimmt auch eine solche wahr, die ihren Anfang zu Ostern hat. Diese Meinung gründet sich auf zween Briefe von Innozenz II. " Datum apud Campilium — III. Non. Martii. *Indict. XV.* Incarnat. „ Dom. anno 1138. Pontif. vero D. Inn. PP. anno 9. „ Und der zweite: " Datum Laterani „ Kal. Maii *Indict. 1.* Incarn. Dom. 1138. Pontif. vero D. Inn. PP. anno 9. „ Aber dieser Beweis gilt für den 25. März eben sowohl als für Ostern. — Noch ist dabei anzumerken, daß, da die erste Urkunde vor dem 25., die zweite aber nach dem 25. Märzen, und zwar am ersten Mai gefertiget worden, die Jahrzahl nicht die nämliche seyn kann, weil beide von der Inkarnazion datirt sind; hiemit eine Unrichtigkeit vorwalten müße.

Es wird hier nicht überflüßig seyn zu zeigen, wie nebst der Indikzion, auch der Mondzirkel (cyclus Lunæ), der Sonnenzirkel (cyclus Solis) und die Epakten zu suchen sind. Dazu soll uns folgendes Datum zur Untersuchung dienen: " Acta sunt hec Frisaci anno dominice incar„ nationis M. C. L. XXXXI. Indictione VIIII. Anno Lunaris cycli XIIII. Solaris vero cycli XXIIII. „ Epacta XXIII. Datum Frisaci in die cene Domini (11. April.) per manus Echardi prepositi. Pre„ sidente ecclesie romane Domino Clemente papa III. Pontificatus eius anno IIII. „ (H. A.)

Um die Indikzion einer gegebenen Jahrzahl zu finden, dividirt man die Jahrzahl mit 15 und addirt zum Rest die Zahl 3, die Summe gibt die Indikzion. Wenn also die Jahrzahl 1191. mit 15 dividiret wird, bleiben zum Rest 6, und 3 dazu addirt, gibt 9 zur Indikzion.

Der Mondzirkel oder die Goldnezahl (cyclus Lunaris, aureus numerus) wird gefunden, wenn man die Jahrzahl mit 19 zertheilt, und zum Reste 1 zusetzt. Die Jahrzahl der Urkunde ist 1191. Wenn diese mit 19 zertheilt wird, bleibt zum Rest 13. Nun 1 dazu addirt, kommen 14 für die Goldnezahl.

Den Sonnenzirkel (cyclus Solaris) findet man, wenn die Jahrzahl mit 28 dividirt, und zum Rest 9 addirt wird. Die Jahrzahl ist 1191. diese mit 28 zertheit bleiben zum Rest 15. Dazu 9 addirt, kommen für den Sonnenzirkel in diesem Jahr 24.

Die Epakten werden gefunden, wenn die Goldnezahl des gegebenen Jahrs mit 11 multiplizirt, und das Produkt mit 30 dividirt wird; wenn aber dieser Rest minder als 11 ist, so werden 30 dazu addirt, und von der Summe 11 abgezogen; das Ueberbleibende enthält die Epakte. — Die gegebene Jahrzahl ist 1191. Wir haben gesehen, daß dieses Jahr 14 zur goldnen Zahl hat; diese 14 mit 11 multiplizirt gibt 154; mit 30 dividirt bleibt zum Rest die Zahl 4. Weil nun weniger als 11 zum Rest geblieben ist, so werden 30 dazu addirt, macht 34; davon 11 abgezogen, bleibet die Zahl 23, als die Epakte dieses Jahrs.

Zeitfolge
der
Päbste.
vom Jahre Christi 900 angefangen.

Es wird nicht überflüssig seyn, einige ältere Päbste nach dem Werk: L'art de verifier les dates anzuführen, die sich in der Jahrsrechnung auszeichnen.

Felix II. (im Jahr 483.) war der erste Pabst, der seine Briefe mit der Indikzion bezeichnete.

Pelag II. (578.) hat einen allgemeinen Gebrauch der Indikzionen eingeführt. Er fügte auch zuweilen die Reichsjahre des Kaisers hinzu.

Gregor der Große (590.) hat zu erst die Monatstage statt der Kalendas, Nonas und Idus in seinen Briefen gebraucht; aber wenige seiner Nachfolger haben ihm nachgeahmt.

Bonifaz IV. (607.) fieng zu erst das Jahr vom 25. März an; aber diese Art ward erst lange Zeit nach ihm von seinen Nachfolgern gebraucht.

Adeodat (672) ist der erste, der mit den Jahren des Pontifikats seine Urkunden bezeichnete.

Leo III. setzte in den gemeinen Briefen den Tag des Monats; aber in seinen Privilegien die Jahre des Pontifikats, und die Regierungsjahre Karls des Großen. Auch unter diesen finden sich einige nur mit den Tag des Monats und der Indikzion bezeichnet.

Marinus (882) bemerkte gemeiniglich seine Urkunden mit dem Tage des Monats, mit dem Jahre seines Pontifikats, mit dem Regierungsjahre des Kaisers und mit der Indikzion, welche er bald vom September, bald vom Jäner anfieng.

Stephan V. (896.) datirte gemeiniglich mit dem Tage des Monats und der Indikzion, ohne das Jahr des Pontifikats und das Reichsjahr des Kaisers beyzusetzen.

Die Zeitfolge der Päbste hab ich theils nach L'art de verifier les dates, meistes aber nach den Tablettes chronologiques de l'histoire universelle par M. l'Abbé Lenglet Dufresnoy genommen.

900. Benedikt IV.

Ward erwählt im Jahr 900. den 6. April.
Starb 904. den 20. Oktober.

Er datirte seine Bullen mit den Jahren des Pontifikats, mit den Reichsjahren des Kaisers, mit dem Tag des Monats, und der Indikzion. L'art de &c.

904. Leo V.

Ward ordinirt 904. den 28. Oktober.
Starb 904. den 6. Dezember.

905. Christoph. Afterpabst.

Bemächtigte sich des päbstl. Stuhls 904. den 9. Dezember.
Starb 905. im Junius.

905. Sergius. III.

Bemächtigte sich des päbstlichen Stuhls 905. den 9. Junius.
Ward ordinirt 905.
Starb 912. den 6. Dezember.

913. Anastasius III.

Folgte 913. den 4. Oktober.
Starb 914. den 6. Junius.

914. Lando.

Folgte 914. den 16. Oktober.
Starb 915. den 25. April.

915. Johann X.

Ward inthronisirt 915. den 30. April.
Starb 928. den 2. Julius.

928. Leo VI.

Folgte 928. den 6. Julius.
Starb 929. den 20. Jäner.

929. Stephan VII. oder VIII.

Folgte 929. den 1. Februar.
Starb 931. den 12. März.

931. Johann XI.

Wurde ordinirt 931. den 20. März.
Starb 936. den 5. Februar.

936. Leo VII.

Wurde ordinirt 936. den 14. Februar.
Starb 939. den 23. August.

939. Stephan VIII. oder VIIII.

Folgte 939. den 1. September.
Starb 943. den 15. Jäner.

942. Marin oder Martin III.

Ward erwählt 943. den 22. Jäner.
Starb 946. den 4. August.

946. Agapit II.

Wurde ordinirt 946. den 9. August.
Starb 956. den 18. März.

956. Johann XII.

Wurde ordinirt 956. den 23. März.
Starb 963. den 5 Dezember.

963. Leo VIII. Afterpabst.

Ward erwählt 963. am 6. Dezember.
Wurde vertrieben 964. am 25 Februar.
Starb 965.

964. Benedikt V.

Ward erwählt 964. den 19. Mai.
Wurde vertrieben 964. den 5. Junius.
Kam abermal zum Thron 965. im Mai.
Starb 965. den 5. Julius.

965. Johann XIII.

Wurde inthronisirt 965. den 1. Oktober.
Starb 972. den 6. September.

972. Benedikt VI.

Wurde ordinirt 972. den 22. September.
Starb 974.

974. Bonifaz VII. Afterpabst.

Ward ordinirt 974. den 1. März.
Wurde vertrieben 975. den 21. Julius.
Im Jahr 985. im Jäner kam er als Afterpabst abermal auf dem Thron.
Starb 985. im Dezember.

Seitdem dieser Afterpabst wieder auf dem Thron gekommen, hatten die Notarien zu Rom zwey Epochen, nämlich von seinem ersten Pontifikat, dem Jahre 974. und vom andern 984. (nach dem Fresnoy 985.)

974. Donus, Domnus oder Domnio II.

Wurde Papst 974. den 5. April.
Starb 975. im Oktober.

975. Benedikt VII.

Erwählt 975. den 11. Mai. *
Gestorben 984. den 10. Julius.

* H. Hofrath von Kollar führt einen Brief des Bischofs Pilgrinus zu Lorch, an den Pabst Benedikt VII. an: (Tom. II. Comment. de Biblioth. Cæs. p. 310. not. 10.) und schreibt dazu in der Note: Benedictus — ex Episcopo sutrino cæpit esse Papa A. 975. d. 11. Maji & obiit 984. d. 10. Juli.

984. Johann XIIII.

Ward vom K. Otto II. eingesetzt 984. den 19. Oktober.
Wurde durch den Afterpabst Bonifaz vertrieben 984 im März.
Starb 985. im Junius.

986. Johann XV.

Ward erwählt 985. im Dezember.
Starb ohne erhaltener Krönung 986. den 9. April

986. Johann XV. oder XVI.

Ward eingesetzt 986. den 25. April.
Starb 996. den 30. April.

996. Gregor V.

Folgte 996. den 17. Mai.
Starb 999. den 18. Februar.
Zu seiner Zeit ward auch ein Afterpabst, Johann, 999. L.

999. Sylvester II.

Ward inthronisirt 999. den 19. Februar,
Starb 1003. den 12. Mai.

1003. Johann XVII. oder XVIII.

Ward ordinirt 1003. den 6. Junius, und starb den 31. Oktober.

1004. Johann XVIIII. Aber nach seinen eigenen Bullen XVIII.

Wurd erwählt 1004. den 19. März,
Starb 1009. den 18. Julius.

1009. Sergius IV.

Wurde erwählt 1009. denn 11. Oktober.
Starb 1012. den 13. Julius.

1012. Benedikt VIII.

Erwählt 1012. den 20. Julius.
Gestorben 1024. den 10. Julius.

1024. Johann XVIIII. oder XX.

Erwählt 1024. den 19. Julius.
Gestorben 1033. den 6. November.

1033. Benedikt VIIII.

Erwählt 1033. den 9. Dezember.
Abgesetzt 1044. den 1. Mai.
Abermal erwählt 1047. den 8. Nov.
Gestorben 1048. den 17. Julius.

Er war der letzte, der die Regierungsjahre des regierenden Kaisers in seine Bullen setzte. L'art de &c.

1044. Sylvester III. Afterpabst.

Wird erwählt 1044. Regierte drey Monat lang.

1045. Gregor VI.

Wurde erwählt 1045. den 28. April.
Begab sich der Regierung 1046. den 17. Dezember,

1046. Klemens II.

Wurde erwählt und inthronisirt 1046. den 25. Dezember.
Starb 1047. den 9. Oktober.

1048. Damasus II.

Ward erwählt 1048. den 17. Julius.
Starb 1048. den 8. August.

1049. Leo VIIII.

Ward erwählt 1049. den 2. Februar.
Inthronisirt 1049. den 12. Februar.
Starb 1054. den 19. April.

Er zählte die Indikzion bald vom Sept. bald vom Jäner. Fieng das Jahr von der Menschwerdung an; doch war er nicht der erste. Er zählte seine Jahre des Pontifikats nicht von der Erwählung, sondern von der Einsetzung, das ist nicht vom 2. Febr. sondern vom 12. Febr. L'art de &c.

1055. Viktor II.

Wurde konsekrirt 1055. den 13. April.
Starb 1057. den 28. Julius.

1057. Stephan VIIII. oder X.

Ward erwählt 1057. den 2. August.
Starb 1058. den 29. März.

1058. Benedikt X. Afterpabst.

Wurde aufgedrungen 1058. den 30. März.
Blieb Pabst bis 1059. den 18. Jäner.

1058. Nikolaus II.

Wurde erwählt 1058. den 19. Dezember.
Gekrönt 1059. den 18. Jäner.
Und starb 1061. den 24. Junius.

Ist der erste Pabst, von dem die Geschichte wegen einer Krönung Meldung macht. L'art de &c.

1061. Alexander II.

Wurde gekrönt 1061. den 30. September.
Starb 1073. den 20. April.

Wider ihn ward auch ein Afterpabst, Honorius II. erwählt 1061. L.

1073. Gregor VII.

Ward erwählt 1073. den 20. April.
Ordinirt 1073. den 30. Juny.
Und starb 1085. den 25. Mai.

Von diesem Papst an bis gegen das Ende des XIV Jahrh. wurden die Bullen nur mit dem Ort und dem Tage des Monats bezeichnet, ohne das Jahr Christi zu setzen. Er fieng das Jahr vom 25. März an nach Art der Florentiner, und setzte oft auch die Indikzion dazu. L'art de &c.

Georgisch führet eine Urkund an, dessen Datum also lautet: Dat. Capuae Kal. Sept. Indictione incipiente XII. (a. 1073.)

1080. Klemens III. Afterpabst.

Ward erwählt 1080. den 23. Junius.
Starb um das Jahr. 1100.

1086. Viktor III.

Ward erwählt 1086. den 24. Mai.
Konsekrirt 1087. den 9. Mai.
Und starb 1087. den 16. September.

1088. Urban II.

Ward erwählt 1088. den 12. März.
Starb 1099. den 29. Julius.

Er fieng das Jahr in seinen Bullen bald nach der Art der Florentiner, bald nach der Art der Pisaner, bisweilen auch nach unserer Art vom Jäner an. Auch fieng er die Indikzion nicht immer von der nämlichen Zeit an. Man findet überdieß Bullen von ihm, die in seinen Pontifikats Jahren um ein Jahr weniger zählen. L'art de &c.

1099. Paskal II.

Ward erwählt 1099. den 14. Aug.
Starb 1118. den 18. Jäner.

Er datirte oft seine Bullen nur mit dem Tag des Monats; folgte auch zuweilen der Jahrerechnung der Pisaner, und zählte um ein ganzes Jahr voraus. L'art de &c.

Nach dem Tode des Afterpabstes Klemens III. folgte ein anderer, Albrecht genannt, 1100. — Noch ein anderer Theodorikus genannt. — Auch ein dritter, Sylvester III. genannt. Er wurde erwählt 1118. L.

1118. Gelas II.

Ward erwählt 1118. den 25. Jäner.
Starb 1119. den 29. Jäner.

Er fieng das Jahr nach der Art der Pisaner an. Man darf sich also nicht wundern, daß man vom ihm eine Bulle findet vom Jahr 1119. 20. Dezemb. da er doch schon den 29. Jäner dieses Jahrs todt war. L'art de &c.

1118. Gregor VIII. Afterpabst.

Wurde vom Kaiser Heinrich V. aufgedrungen 1118.
Vom Konzil zu Rheims 1119. in Bann gethan.
Und in ein Kloster gesperrt 1121.

1119. Kalist II.

Ward erwählt 1119. den 1. Februar.
Starb 1124. den 12. Dezember.

Folgte nach dem Beispiele seines Vorfahrers bisweilen der Jahrsrechnung der Pisaner. L'art de &c.

1124. Honorius II.

Ward inthronisirt 1124. den 21. Dezember.
Starb 1130. den 16. Februar.

Zu seiner Zeit war ein Afterpabst, Kalixtus genannt. L.

1130. Innocenz II.

Ward erwählt 1130. den 17. und konsekrirt den 23. Februar.
Starb 1143. den 24. September.

Er fieng das Jahr bald vom Jäner, bald vom 25. März an, folgte aber selten der Jahrsrechnung der Pisaner. L'art de &c.

1130. Anaklet, Afterpabst.

Wurd am nämlichen Tage erwählt, und inthronisirt wie Innocenz II.
Starb 1138. den 25. Jäner. Nach seinem Tode ward ein anderer Afterpabst erwählt, Viktor IIII. blieb es aber kaum zwey Monate.

1143. Celestin II.

Ward erwählt 1143. den 25. September.
Starb 1144. den 9. März.

1144 Lucius II.

Ward gekrönt 1144. den 12. März.
Starb 1145. den 25. Februar.

1145. Eugen III.

Wurde erwählt 1145. den 27. Februar.
Ordinirt 1145. den 4. May.
Und starb 1153. den 6. Julius.

Er fieng das Jahr bald vom Jäner, bald vom 25. März an. L'art de &c.

1153. Anastas IIII.

Ward erwählt 1153. den 9. Julius.
Starb 1154. den 2. Dezember.

1154. Adrian IIII.

Ward erwählt 1154. den 4. Dezember.
Starb 1159. den 1. September.

Wenige Bullen von ihm sind mit dem Jahr des Pontifikats bezeichnet. Er fieng das Jahr bald vom Jäner, balde vom 25. März an. L'art de &c

1159. Alexander III.

Ward erwählt 1159. den 7. September.
Starb 1181. den 27. August.

Er fieng das Jahr in seinem Bullen nach der Art der Florentiner vom 25. März an. L'art de &c.

1159. Viktor IIII. Afterpabst.

Gegen den Alexander erwählt 1159.
Starb 1164. den 22. April.

1154. Paskal III. Afterpabst.

Wurde gleich nach des Vorigen Tod' erwählt.
Starb 1170.

1170. Kalixt III. Afterpabst.

Ein Nachfolger Paskal 1170.
Er unterwarf sich dem Alexander III. 1178. den 29. August.

1178. Innocenz III. Afterpabst.

Ward nach Unterwerfung des Kalixt erwählt.
Wurde eingesperrt 1180.

1181. Lucius III.

Ward erwählt 1181. den 29. August, und gekrönt den 6. September.
Starb 1185. den 25. November.

Er folgte in der Jahrrechnung den Florentinern, war aber veränderlich in der Indikzion. L'art de &c.

1185. Urban III.

Ward erwählt 1185. den 25. November, gekrönt den 1. Dezember.
Und starb 1187. den 19. Oktober.

Er fieng das Jahr und die Indikzion vom 25. März an, nach der Art der Florentiner. L'art de &c.

1187. Gregor VIII.

Ward erwählt 1187. den 20. Oktober, konsekrirt den 25. Oktober.
Und starb 1187. den 15. Dezember.

1187. Klemens III.

Ward erwählt 1187. den 19. Dezember.
Starb 1191. den 25. März.

Datirte seine Bullen mit den Jahren des Pontifikats, mit dem Ort und dem Tage; in welchen er fast von allen nachfolgenden Päbsten nachgeahmt worden. L'art de &c.

1191. Celestin III.

Ward erwählt 1191. den 28. März, und ordinirt 1191. den 13. April.
Starb 1198. den 7. Jäner.

Er fieng das Jahr gemeiniglich von Ostern an, und oft eben so die Indikzion. L'art de &c.

1198. Innocenz III.

Wurde erwählt 1198. den 8. Jäner, und ordinirt den 21. Februar.
Starb 1216. den 20. Julius.

Er folgte der Zeitrechnung der Florentiner, war aber in der Indikzion veränderlich. Merkwürdig ist, daß sein Kanzler durch das ganze Jahr 1207 in den Bullen die Indikzion IX. statt X. gesetzt hat. L'art de &c.

1216. Honorius III.

Wurde erwählt 1216. den 21. Julius, und konsekrirt den 24. Julius.
Starb 1227. den 18. März.

1227. Gregor VIIII.

Erwählt 1227. den 20. März.
Gestorben 1241. den 21. August.

1241. Celestin IIII.

Erwählt 1241. den 20. September.
Gestorben 1241. den 8. Oktober.

1243. Innocenz IIII.

Wurde erwählt 1243. den 24. Junius, und konsekrirt den 28. Junius.
Starb 1254. den 13. Dezember.

Er war veränderlich in dem Jahresanfange und in der Indiktion. Eben so verhielt es sich mit seinen Nachfolgern bis zu Ende des XIV. Jahrhunderts. L'art de &c.

1254 Alexander IIII.

Ward erwählt 1254. den 25. Dezember.
Starb 1261. den 25. Mai.

1261. Urban IIII.

Wurde erwählt 1261. den 29. August, und gekrönt den 4. September.
Starb 1264. den 2. Oktober.

1265. Klemens IIII.

Wurde erwählt 1265. den 5, und gekrönt den 22. Februar.
Starb 1268. den 29. November.

1271. Gregor X.

Ward erwählt 1271. den 1. September. Gekrönt 1272. den 27. März.
Und starb 1276. den 11. Jäner.

Daß die Päbste überhaupt ihre Pontifikatsjahre von ihrer Krönung, und nicht von ihrer Wahl zählen, beweiset insbesondere folgendes Datum einer Urkunde Gregor X. " Gregorius seruus seruorum dei — Carissimo in Christo filio „ Rudolfo Regi Romanorum — — — Datum Lugduni vj. Kal. Octob. „ Pontificatus nostri Anno Tertio. „ Wenn man das dritte Pontifikatsjahr von seiner Wahl zählet, so käm die Urkunde auf das Jahr 1273. 26. Sept. zu welcher Zeit Rudolph noch nicht einmal erwählter R. König war; wenn man es aber von seiner Krönung rechnet, so fällt die Urkund' in das Jahr 1274. — Auch XII. Konzilium zu Lion, wobei er zugegen war, oder wenigstens von welchem Ort die Urkunde datirt ist, wurde im Jahr 1274. gehalten.

1276. Innocenz. V.

Wurde erwählt 1276, den 20. Jäner. Gekrönt den 23. Februar.
Und starb im nämlichen Jahre den 22. Junius.

1276. Adrian V.

Wurde erwählt 1276. den 4. Julius, und starb im nämlichen Monate, den 16.

1276. Johann XXI. bey einigen XX.
Wurde erwählt 1276. den 13. und gekrönt den 20. September.
Starb 1277. den 16. Mai.

1277. Nikolaus III.
Wurde erwählt 1277. den 25. Nov. gekrönt den 26. Dezember.
Und stirbt 1208. den 22. August.

1281. Martin IIII.
Wurde erwählt 1281 den 22. Febr. und gekrönt den 23. März.
Starb 1285. den 29. März.

1285. Honorius IIII.
Wurde erwählt 1285. den 2. April, und konsekrirt den 6. Mai.
Starb 1287. den 3. April.

1288 Nikolaus IIII.
Wurde erwählt 1288. den 15. Febr. und gekrönt den 22. Febr. *
Starb 1292. den 4. April.

* " Electus ad Pontificalem Cathedram, eandem Ascendit in festo Cathedræ „ S. Petri. „ *La Vita di Nicolo IV. Papa per Mattei. Pisa 1761. 8º.* dem *Fra Lorenzo Ganganelli* dedizirt.

Er setzte fest, das Jahr zu Rom von Ostern anzufangen. L'art de &c.

1294. Celestin V.
Wurde erwählt 1294. den 7. Julius, konsekrirt den 29. August.
Entsagte den 13. Dezember dieses Jahrs, und starb 1296. den 19. Mai.

1294. Bonifaz VIII.
Wurde erwählt 1294. den 24. Dezember und konsekrirt 1295. den 2. Jäner.
Starb 1303. den 11. October.

Er fieng das Jahr zu Weihnachten an, welchem fast alle Nachfolger des XV. Jahrh. nachahmten. L'art de &c,

1303. Benedikt XI.
Würd' erwählt 1303. den 21. und gekrönt den 27. Oktober.
Starb 1304. den 7. Julius.

1305. Klemens V. (Anfang des Stuhls zu Avignon.)
Wurde erwählt 1305. den 21. Julius, und gekrönt den 14. September.
Starb 1314. den 20. April.

Er zählte seine Jahre des Pontifikats von seiner Krönung. Und in der Folge, wenn die Päbste Bullen vor ihrer Krönung ausgaben, setzten sie hinzu: a die suscepti a nobis apostolatus officii. L'art. de &c.

Friederich Nikolai zu Berlin in seinem Versuch über die Beschuldigungen, welche den Tempelherrnorden gemacht worden, Seite 43. in der Note, beschuldiget den Baluzius in Vita Paparum Avenionensium Tom. II. p. 76. eines unrichtigen Jahres, das er in einem Breve des Pabsts Clemens gefunden habe. Dieses Breve ist " Nonis Novembris anno Pontificatus nostri secundo „ datirt. Baluz setzet es ins Jahr 1306, und mit Recht; Herr Nikolai sagt, es gehöre in das Jahr 1307, aber unrichtig. Denn weil Clemens 1305. den 21. Julius erwählt, und den 14. Sept. gekönet worden, so war das erste Jahr seines Pontifikats den 14. September 1306. geendet, folglich war den 5. Nov. (nonis Novembris) darauf das zweite laufende

Pontifikats Jahr. Also ist dieses Breve den 5. November 1306, und nicht 1307. gegeben worden.

1316. **Johann** XXII.

Wurde erwählt 1316, den 7. Aug. und gekrönt den 5. September.
Starb 1334. den 5. Dezember.

1328. **Nikolaus** V. **Afterpabst.**

Drang sich ein 1328.
Begab sich des Pabstthums 1330.
Starb 1333, im September.

1334. **Benedikt** XII.

Wurde erwählt 1334. den 20. Dezember, und gekrönt 1335. den 8. Jäner.
Starb 1342 den 25. April.

1342. **Klemens** VI.

Wurde erwählt 1342. den 9. und gekrönt am Pfingstf. den 19. Mai.
Starb 1352. den 1. Dezember.

1352. **Innocenz** VI.

Wurde erwählt 1352. den 1, und gekrönt den 30, Dezember.
Starb 1362, den 11. September.

1362. **Urban** V.

Wurde erwählt 1362. den 27. Sept. * und gekrönt den 6. November.
Starb 1370. den 19. Dezember.

* Aber diese Wahl ward ihm erst am 27. October kund gemacht. L.

1370. **Gregor** XI.

Wurde erwählt 1370. den 30. Dezember, und gekrönt 1371. den 5. Jäner.
Starb 1378. den 28. März. Der letzte zu Avignon.

1378. **Urban** VI. zu Rom.

Erwählt den 9, und gekrönt den 18. April, 1378.
Gestorben 1389. den 15. Oktober.

1378. **Klemens** VII. Gegenpabst zu Avignon.

Erwählt 1378. den 20. Sept. gekrönt den 31. Oktober.
Gestorben 1394. den 16. September.

1389. **Bonifaz** IX. zu Rom.

Erwählt 1389. den 2, und gekrönt den 9. November.
Starb 1404. den 1. Oktober.

Mansi in Rayn. ad a 1390. schreibt, daß sich Papebrok betrüge, da er behaupten will, daß dieser Pabst seine Jahre des Pontifikats von seiner Erwählung, und nicht von seiner Krönung zu zählen anfienge. L'art de &c.

1394. **Benedikt** XIII. Gegenpabst zu Avignon.

Wurde erwählt 1394. den 28. Sept. und gekrönt den 11. Oktober.
Die Anerkennung wurde aufgeschoben 1398.
Ward abermal anerkannt 1403.
Vom Konzil zu Pisa abgesetzt, 1405.
Auch von dem zu Kostanz 1417. den 18. März.
Starb 1423. den 23. Mai.

1404. Innocenz VII. zu Rom.

Wurde erwählt 1404. den 17. Oktob. und gekrönt den 11. November.
Starb 1406. den 6. November.

1406. Gregor XII. zu Rom.

Wurde erwählt 1406. den 30. November.
Von dem Konzil zu Pisa abgesetzt 1409. den 5. Junius.
Entsagte selbst 1415. den 4. Julius.
Starb 1419.

1409. Alexander V. zu Rom.

Wurde erwählt 1409. den 26. Junius, und gekrönt den 4. Julius.
Starb 1410. den 3. Mai.

1410. Johann. XXIII. zu Rom.

Wurde erwählt 1410. den 17. und gekrönt den 24. Mai.
Entfloh 1415. den 23. März.
Ward abgesetzt 1415. den 29. Mai.
Starb 1419. den 22. November.

1417. Martin V. zu Rom.

Wurde erwählt 1417. den 11. und gekrönt den 21. November.
Starb 1431. den 20. Februar.

1424. Klemens VIII. Gegenpabst zu Avignon.

Wurde erwählt 1424. aber nicht anerkannt, und entsagte 1429. den 26. Julius.

1431. Eugen VI. zu Rom.

Wurde erwählt 1431. den 3. und gekrönt den 11. März.
Vom Konzil zu Basel abgesetzt 1439. den 29. Junius.
Starb 1447. den 23. Februar.

Er fieng das Jahr in seinen Bullen bald vom Jäner, bald vom 25. März, und zuweilen zu Ostern an. Demungeachtet befahl er durch eine Bulle vom Jahr 1440, daß man hinfüro in der Kirche das Jahr von Weihnachten anfangen solle; allein es wurde wenig befolgt; denn weder er selbst, noch seine Nachfolger waren dieser Verordnung getreu. Auch gab er eine andere Verordnung im Jahr 1445. daß das Jahr der Menschwerdung in allen Bullen ausgedrückt werden solle; allein er verstund es nicht von den Breven, welche er mit seinem Sekret-Insigel besiegelte. — Er bediente sich fast niemals der Indiktion.

Er fieng auch an, das Jahr Christi in seinen Bullen beizusetzen; that es aber doch nicht immer. L'art de &c.

1439. Felix V Herzog von Savoyen.

Wurde erwählt 1439. den 17. Nov. und gekrönt 1440. den 24. Julius.
Entsagte 1449. den 7. April.
Starb 1451.

1447. Nikolaus V.

Wurde erwählt 1447. den 6. und gekrönt den 18. März.
Starb 1455. den 24. März.

Er fieng das Jahr vom 25. März an; man darf sich also nicht wundern, von ihm einige Bullen vom Jahr 1446. zu finden. L'art de &c.

Folgendes dienet auch zum klaren Beweise, daß Nikolaus das Jahr vom 25. März nach Art der Florentiner angefangen habe. Die Konkordaten der deutschen Nation, die zwischen dem P. Nikolaus V. mittels seines *Legati a latere* des Kardinals Johannes, dann dem römischen König Friedrich *III.* mit Einwilligung der deutschen Reichsstände sind errichtet worden, haben folgendes Datum: *Anno a Natiuitate Millesimoquadringentesimoquadragesimooctauo, die decimaseptima Mensis Februarii.* (1448, den 17. Febr.) — Und die Bestättigung des Pabsts darüber ist folgendermassen datirt: *Datum Rome apud Sanctumpetrum Anno Incarnationis dominice Millesimoquadringentesimoquadragesimoseptimo Quartodecimo Kl. Aprilis.* (1447. 19. März.) *Pontificatus nostri Anno secundo.* Nach unserer heutigen Jahrsrechnung 1448. 19. März. (H. A.)

Daß Pabst Niklas V. die Pontifikatsjahre von seiner Krönung zähle, beweisen zwey folgende Bullen. Das Datum der ersten: Datum Rome apud Sanctumpetrum Anno Incarnationis dominice Millesimoquadringentesimoquinquagesimoprimo, Decimoseptimo Kalend. Aprilis Pontificatus *Anno Quinto.* (Nach der heutigen Art 1452. 16. März.) — Und das Datum der Zweiten: Datum Rome apud Sanctumpetrum Anno Incarnationis dominice, Millesimoquadringentesimoquinquagesimoprimo, Quartodecimo Kalend. Aprilis, Pontificatus nostri *Anno Sexto.* (Nach der heutigen Art 1452. 19. März.) — Die Veränderung der Pontifikatsjahre ist zwischen den 16. und 19. März, weil er am 28. März 1447. gekrönet worden.

1455. Kalist III.

Wurde erwählt 1455. den 8. und gekrönt den 20. April.
Starb 1458. den 6. August.

Er fieng das Jahr vom 25. März an nach Art der Pisaner. L'art de &c.

1458. Pius II.

Wurde erwählt 1458. den 19. August, und gekrönt am 3. September.
Starb 1464. den 16. August.

Er fieng das Jahr bald von Weihnachten, bald vom 25. März an. Von diesem letztern Jahrsanfang ist die Bulla von Siena: *Datum anno Incarnationis dominice 1458. 25. Februarii, Pontificatus nostri anno primo.* L'art de &c.

Calistus PP. III. predecessor noster VIII. Id. Augusti ex hac uita ad immortalem migrauit, schreibt *Pius II.*

1464. Paulus II.

Wurde erwählt 1464. den 31. August, und gekrönt den 16. September.
Starb 1471. den 28. Julius.

Er fieng das Jahr bald vom Jäner, bald vom 25. März an. L'art de &c.

1471. Sixtus IV.

Wurde erwählt 1471. am 9. und gekrönt am 23. August.
Starb 1484. den 12. August.

Sixtus IV. Nona mensis Aug. electus est. (H. A.)

1448.

1484. Innocenz VIII.

Ward erwählt 1484. den 24. Aug. und gekrönt den 12. September.
Starb 1492. den 25. Julius.

Er fieng das Jahr bald vom Jäner, bald vom 25. März an. Merkwürdig ist von ihm diese Urkunde: *Datum Romae anno Incarnationis Domini MCCCCLXXXVIII. Id. Jan.* Und weiter unten: *Lecta Romae in Cancell. Apost. die Sabbati 19. Jan. 1487.* (L'art de &c.)

1492. Alexander VI.

Wurde erwählt 1492. am 11. und gekrönt am 26. August.
Starb 1503. den 18. August.

„ Innocentius Papa VIII. Predecessor noster septimo Kal. Augusti — ex hac „ mortali uita ad immortalem migrauit — — Pastoremque ecclesie sue „ sancte Tertio Id. Augusti unanimi uoluntate & concordia elegerunt. „ — — (H. A.)

1503. Pius III.

Wurde erwählt 1503. den 22. Sept. gekrönt den 8. Oktober, und starb den 18. Oktober.

1503. Julius II.

Wurde erwählt 1503. den 1. und gekrönt den 19. November.
Starb 1513. den 21. Februar.

1513. Leo X.

Erwählt 1513. den 15. März, und gekrönt den 11. April.
Starb 1521. den 1. Dezember.

Er datirte die Jahre seines Pontifikats von seiner Krönung. Und folgte zuweilen der Jahrrechnung der Florentiner. L'art de &c.

1522. Adrian VI.

Wurde erwählt 1522. den 9. Jäner, und gekrönt den 31. August.
Starb 1523. den 24. September.

1523. Klemens VII.

Wurde erwählt 1523. den 19. und gekrönt den 25. November.
Starb 1534. den 25. September.

1534. Paul III.

Erwählt 1534. den 13. Oktob. und gekrönt den 6. November.
Starb 1549. den 10. November.

1550. Julius III.

Erwählt 1550. den 8. und gekrönt den 22. Februar.
Starb 1555. den 23. März.

1555 Marcell II.

Ward erwählt 1555. den 9. gekrönt den 11. April, und starb den 1. Mai.

1555. Paul IV.

Wurde erwählt 1555. den 23. und gekrönt den 26. Mai.
Starb 1559. den 18. Aug.

1730. Klemens XII.

Erwählt 1730. den 12. und gekrönt den 16. Julius.
Gestorben 1740. den 6. Februar.

1740. Benedikt XIV.

Erwählt 1740. den 17. und gekrönt den 21. August.
Gestorben 1758. den 4. Mai.

1758. Klemens XIII.

Erwählt 1758. am 6. und gekrönt am 16. Julius.
Gestorben 1769. den 2. Februar.

Er folgte in seinen Bullen der Jahrerechnung der Florentiner. L'art de &c.

1769. Klemens XIV.

Ward erwählt 1769. den 19. Mai, und gekrönt den 14. Junius.
Starb 1774. den 21 — 22. September.

1775. Pius VI.

Wurde erwählt 1775. den 15. und gekrönt den 22. Februar.

Zeitfolge

der

Römischen Könige und Kaiser.

von

Konrad dem Ersten,

Könige von Deutschland,

bis

auf unsere Zeiten.

Konrad der Erste.

Ward erwählt 911. 19. Oktober. *
Starb 918. 23. December.

* Georgisch führt eine Urkunde an, aus welcher man abnehmen kann, daß Konrad im Jahre 911. erwählt worden sei: Dat. IV. Id. Nov. a. d. 911. Indict. XV. regnante Rege Chuonrado a. I. — Denn die 15. Indikzion fieng schon im September 911. an. — Das Werk L'art de verifier les dates nimmt das Jahr 912. an; vermuthlich sind diese Patres durch die Indikzion dazu verleitet worden.

Das Chronicon Gotwic. liefert einige Urkunden, um den Beweis zu führen, daß K. Konrad I. schon im Jahr 911. erwählt worden sei: Data II. iduſ marc. Anno incarnationiſ dominicæ D.CCCC.XII. Indictioniſ au. XV. Anno uero ſupradicti piiſſimi regis Chuonradi I. — Diese Urkund ist am 14. März 912. gefertiget worden; folglich muß er schon im Jahr 911. 19. Oktober erwählt worden seyn. Die Indikzion trift richtig ein. — Data III. Non. Febr. Anno ab incarnatione dni. DCCCCXIII. Regni autem domni Chuonradi ſereniſſimi regis anno II. Actum In ipſo monaſterio Corbeia &c. — Diese Urkund ist am 3. Februar 913. gegeben worden. Weil er nun schon das zweite Jahr seiner Regierung zählt, so ist der Beweis abermal klar. — Data VIIIJ. Kl. Jun. Anno dominice Incarnationiſ DCCCCXIIIJ. Indictione II. Anno u. glorioſiſſimi regiſ Chuonradi III. Acta ad foracheim. — Diese Urkunde ist am 24. Mai 914. gegeben worden. Die Indikzion trift richtig ein, weil die Urkunde noch vor dem September gefertiget worden. Auch das dritte Regierungsjahr kömmt mit dem Jahr der Erwählung 911. überein. — Data VIII. Kl. iun. Anno Incarnationiſ dni. DCCCCXIIIJ. Indictione II. Anno u. regni regiſ piiſſimi Chuonradi III. Actum ad foracheun &c. — Diese Urkund ist gegeben am 25. Mai 914. Enthält also den nämlichen Beweis.

Heinrich der Vogler.

Gebohren 876.
Ward erwählt 919. den 1. Julius
Starb 936. den 2. Julius.

Otto der Große
Heinrichs Sohn.

Gebohren 912. den 22. November.
Ward erwählt, und zu Achen gekrönt 936. den 2. Julius.
Als König von Italien zu Pavia ausgeruffen 951. im Oktober.
Noch einmal als König von Italien ausgeruffen, und zu Mailand gekrönt, 961. im November.
Als Kaiser zu Rom gekrönt, 962. am 2. Februar.
Starb 973. den 7. Mai.

Er zählte seine Reichsjahre bald von dem Tode seines Vaters, bald vom Anfange des Jahrs 936. — Vor dem Jahre 951. setzte er nur die Regierungsjahre als König von Deutschland; aber nach demselben auch die Jahre als König von Italien; und vom Jahre 962. auch die Jahre des Kaiserthums (Imperii). — Muratori führt von ihm eine Urkund' an, welche beweisen soll, daß er das Jahr vom 25. März angefangen habe: *Dat. XI. Kal. Febr. an. Dom. Incarn. DCCCC. LXIX. Imperii vero Ottonis VIII. Indict. XIII.* — Die Indikzion zeigt das Jahr 970. nach unserer heutigen Jahrsrechnung. (La'rt de &c.)

Otto der Zweite.

Gebohren 955.
Ward von seinem Vater als König von Deutschland ernannt, und zu Achen gekrönt 961. den 26. Mai.
Als König von Italien erwählt gegen das Ende des 962. Jahrs.
Zu Rom gekrönt 967. am Weihnachttag. *
Folgte seinem Vater in der Regierung 973. den 7. Mai.
Und starb zu Rom, 983. den 7. Dezember.

* Daß Otto II. im Jahr 967. am Weihnachttag zu Rom gekrönet worden, beweisen folgende Bullen beym Georgisch: „ Bulla Joannis XIII. PP. qua confirmat bona & „ priuilegia monasterii S. Maximini Treuirensis. Lectum in Synodo Romæ habita, „ assidentibus diuis Imperatoribus Ottone Magno filioque eius æquiuoco, anno Im„ perii maioris VI. iunioris I. Dat. IV. Non. Januar.

„ Eiusdem Bulla confirmationis episcopatus Misnensis: Data III. Non. Jan. a pontificii „ Johannis XIII. III. imperantibus Ottone & eius æquiuoco filio Impp. anno maio„ ris VI. & minoris I. Indict. XI. „ Weil nun diese zwo Urkunden im Jahr 968. den 2. und 3. Jäner ausgefertiget worden, welches die Reichsjahre Otto des großen, Otto des II., die Pontifikatsjahre des Pabstes und die Indiktion beweisen, so folgt, daß Otto des II. im Jahr 967. am Weihnachttag gekrönet worden. Auch folgendes Datum einer Urkunde des geh. H. A. bestättigt es: *Data xj. Kal. Augusti Anno dominice Incarnationis DCCCC. LXXVI. Indictione quarta Anno vero Regni domini Ottonis Imperatoris Augusti XV. Imperii autem viiij.*

Otto der Dritte.

Gebohren 980.
Ward von seinem Vater als König von Deutschland ernannt; und zu Achen gekrönt 983. am Weihnachttage. *
Zu Rom als Kaiser gekrönt 996, am Pfingstsonntage, 31. Mai. **
Starb 1002. den 23. Jäner.

* Die Deutschen Geschichtschreiber fangen seine Regierung vom Weihnachttag 984. an, weil man damals das Jahr vom 25. Dezember zählte. (L'art de verifier les dates.) Daß er aber, nach heutiger Jahrsrechnung im Jahr 983. am Weihnachttag gekrönet worden, bezeugen seine Urkunden beim Georgisch, weil er im Jäner 984. schon das erste Regierungsjahr schreibt.

** So sagt L'art de verifier &c. — Allein beim Georgisch findet sich eine Urkunde, die am nämlichen Tage seiner Krönung zu Rom ausgefertiget worden ist: " Ottonis III.

„ diplo-

„ diploma, quo Gotescalco Frising. Episcopo concedit monetam cudendi. Dat. VI. „ Kal. Junii a. d. 996. Ind. VIII. a. tertii Ottonis XIII. *die Imperialis consecratio-* „ *nis eius.* Act. Romæ. „ — In der Fortsetzung der allgem. Weltgeschichte (40. Theil, Seite 521.) schreibt Le Bret, 21. Mai. — Auch sagt er, daß Otto mit der Lambardischen Krone nicht gekrönet worden sei.

Heinrich der Zweite.

Gebohren 972. den 6. Mai.
Erwählt 1002. den 6. Junius und den Tag darauf zu Mainz gekrönt.
Ward darnach zu Achen gekrönt, den 8. September. *
Zu Pavia als König von der Lombardei ausgeruffen den 14. Mai, und den folgenden Tag 15. Mai 1004. gekrönet.
Zu Rom als Kaiser gekrönt 1014. den 24. Februar.
Starb 1024. den 13. Julius.

* „ Adelboldus in vita Henrici S. Imp. §. 6. 7. — cupiens Moguntiam ad Regalem „ benedictionem percipiendam venire — Ibi VIII. Idus Junii in Regem eligitur, „ acclamatur, benedicitur, coronatur. — Ditmar. Lib. V. p. 367. — Henricus „ — VIII. Id. Junii (Maguntiæ) communi devotione in Regem electus a Willi- „ gisio eiusdem Sedis Archiepiscopo, accepta Regali unctione — coronatur. — „ Idem p. 369. Leodiensis & Cameracensis Præsules — usque ad Aquasgrani „ eundem comitantur. Qua in nativitate S. Mariæ a Primatibus Luithariorum in „ Regem collaudatur & in sedem Regiam — exaltatur & Magnificatur. „ (Olenschlager, Seite 51.)

Heinrich nannte sich nach der Krönung zu Pavia König der Franken und der Lombarder. Nach der Krönung zu Rom nannte Er sich römischer Kaiser. Vor und nach dieser Krönung nannte er sich oft römischen König, welcher Titel bisher noch unbekannt war, und den seine Nachfolger statt dem, als König von Italien, angenommen haben. (L'art de &c.)

Konrad der Zweite.

Ward erwählt und zu Achen gekrönt 1024. den 8. September.
Im Jahr 1026. im Frühling ließ er sich zu Mailand als König von Italien krönen. — Darauf noch einmal zu Monza.
Ward zu Rom als Kaiser gekrönt 1027. am Ostertag, 26. März.
Und zu Paterno als König vom Burgund 1033, den 2. Februar.
Starb 1039. den 4. Junius.

Heinrich der Dritte.

Gebohren 1017. den 28. Oktober.
Ward erwählt und gekrönt 1028. am Ostertag, 14. April. (Chron. Gottwic.)
Folgte seinem Vater in der Regierung 1039. den 4. Junius. *
Ward zu Rom als Kaiser gekrönt, 1046. ** am Weihnachttag.
Starb, 1056. den 5. Oktober.

* „ Heinrich III. zählte wider die bisherige Gewohnheit die Jahre seines Reichs in Italien „ von der Zeit seiner Gelangung zum deutschen Throne. „ — (Olenschlagers guldne Bulle, Seite 67 und 68.)

** Dieses Jahr 1046. ist, nach der heutigen Art das Jahr anzufangen, genommen, weil er im Jahr 1047. den 3. Febr. das erste Jahr des Kaiserthums zählet.

Heinrich bezeichnete seine Urkunden vor den Jahren des Reichs (Regni) und des Kaiserthums (Imperii) auch mit den Jahren seiner Ordinazion. Durch die Ordinazion versteht er seine erste Krönung, und durch die Jahre des Reichs (Regni) seine gegenwärtige Herrschung. Die Epoche seiner Ordinazion ist das Jahr 1028. 14. April; — des Reiches 1039. 4. Junius; — und des Kaiserthums 1046. 25. Dezember.

Heinrich der Vierte.

Gebohren 1050. den 11. November.
Erwählt 1053, und gekrönt 1054. den 17. Julius.
Folgte seinem Vater im Reich 1056. den 5. Oktober.
Ward Patrizius zu Rom, 1061.
Gegen ihn wurde

Rudolph Herzog in Schwaben.

Erwählt 1077. den 17. März, und darauf den 26. März gekrönt.
Blieb in der Schlacht, 1080. den 15. Oktober.
Nach Rudolphs Tode wurde gegen Heinrich

Hermann Graf von Luxemburg.

Erwählt und gekrönt 1081. den 26. Dezember. *
Entsagte dem Reich 1088.

* Dieses Jahr 1081. ist nach der itzigen Art, das Jahr anzufangen, genommen, weil er im Jahr 1082. im August das erste Regierungsjahr zählte.

Heinrich IV. ward zu Rom als Kaiser gekrönt 1084. am Ostertag, 31. März.
Gegen ihn ließ sich sein eigener Sohn

Konrad

Zu Monza als König krönen 1093; hernach auch zu Mailand.
Er wurde schon vorher 1087. zu Achen als König von Deutschland gekrönet.
Starb, 1101. im Julius

Heinrich IV. nahm seinen zweiten Sohn Heinrich zum Reichsgehilfen auf dem Reichstag zu Achen an 1098.
Wurde von diesem seinem Sohn Heinrich gefangen genommen 1105. am Weihnachttag.
Begab sich gezwungen der Regierung am letzten Tag des Jahrs 1105.
Starb 1106. den 7. August.

Im Jahr 1059. nahm Heinrich den Titel als römischer König an. Er zählte seine Regierungsjahre auf folgende Art: seiner Ordinazion vom Jahr 1054. 17. Julius; — des Reichs (Regni) vom Jahr 1056. 5. Oktober; — und des Kaiserthums (Imperii) vom Jahr 1084. 31. März — Bisweilen zählte er nur die ganzen Jahre, und unterließ das laufende zu rechnen. (L'art de verifier les dates.)

In dem k. k. geh. Hausarchive ist von ihm eine Urkunde dessen Datum also lautet: *Data V. Idus Januarii Anno dominice Incarnationi. M. L. XX:II. Indiktione X. Anno ordinationis domini Heinrici Quarti Regis XVIIII. Regni XVI.*

Heinrich der Fünfte.

Gebohren 1081.
Wurde von seinem Vater zu Ende des Jahrs 1098. als Reichsgehilf ernannt.
Als Nachfolger gekrönt 1099. den 6. Jäner.
Als König von Deutschland erklärt am Weihnachttag 1102.
Stürzte seinem Vater vom Throne 1105. zu Weihnachten.
Bestieg 1106. am Neuenjahrstag den deutschen Thron, und wurde den 6. Jäner gekrönt.
Folgte nach seines Vaters Tode in der Regierung 1106. den 7. August.
Wurde zu Rom als Kaiser gekrönt 1111. den 13. April.
Noch einmal zu Rom gekrönt 1117. am Ostertag.
Zum drittenmal zu Rom gekrönt 1118. am Pfingstsonntag.
Starb 1125. den 23. Mai.

Heinrich V. bediente sich dreyer Epochen in seinen Regierungsjahren: Seiner Ordination vom Jahr 1099. 6. Jäner; — seines Reichs vom Jahr 1106. 6. Jäner —; und des Kaiserthums vom Jahr 1111. 13. April. — Von der Zeit da er seinen Vater vom Throne gestossen, bis zur ersten Krönung zu Rom 1111. 13. April führte er dem Titel als römischer König. (L'art de verifier &c.)

Lothar der Zweyte.

Gebohren 1075.
Wurde erwählt 1125. den 21. August, * und darauf zu Achen gekrönt den 13. September.
Sein Gegner

Konrad III. Herzog in Schwaben.

Ließ sich zu Monza zum römischen Könige krönen 1128 an s. Petrstag; hernach auch zu Mailand.

Lothar (II.) wurde zu Rom gekrönt, 1133. den 4. Junius.
Starb 1137. den 3. Dezember.

* Regnavit annos XII. menses III. dies XII. obiit autem III. nonas Decembris. (Man s. Schmids Geschichte der Deutschen, Band 4. Seite 28.)

Konrad der Dritte,
Herzog in Schwaben.

Gebohren 1093. oder 1094.
Ward nach dem Tode Lothars erwählt, und zu Achen 1138. den 13. Mai gekrönt.
Ließ seinen Sohn Heinrich erwählen und krönen 1147, der aber vor dem Vater gestorben. 1150.
Starb 1152. den 15. Februar.

Weil Konrad III. nicht zu Rom gekrönet worden, enthielt er sich des Titels als Kaiser. Brauchte ihn aber gegen die griechischen Kaiser. Sonst nannte er sich nur König, oder römischer König. (L'art de &c.)

Friederich der Erste.

Gebohren 1121.
Wurde von seinem Oheim zum Nachfolger ernannt, (obschon Konrad selbst einen Sohn, Friedrich, hatte, der aber noch sehr jung war,) und ward zu Frankfurt erwählt 1152. den 5. März und darauf den 9. März zu Achen gekrönt.
Zu Rom gekrönt 1155. den 18. Junius.
Abermal zu Rom gekrönt 1167. den 1. August.
Starb 1190. den 10 Junius.

Friederich war der erste, der sich der anhangenden Siegeln in seinen Urkunden gebrauchte. In vielen Urkunden ließ er die Regierungsjahre ganz weg. In einigen zählte er sie als König von Burgund, welche Krönung 1178. den 30. Julius geschah. In diesem Jahre nahm der Erzbischof zu Mainz den Titel als Erzkanzler in Deutschland an. Der Erzbischof zu Köln nahm schon im Jahre 1156. den Titel als Erzkanzler in Italien an. (L'art de verifier &c.)

Heinrich der Sechste,
Friederichs Sohn.

Gebohren 1165.
Wurde erwählt 1169, und zu Achen gekrönt den 15. August.
Folgte seinem Vater im Reiche 1190. den 10. Junius.
Wurde zu Rom gekrönt 1191. den 15. April.
Zu Palermo als König von Sizilien 1194. den 23. Oktober gekrönt.
Und starb 1197. den 28. September.

Friederich der Zweyte.

Gebohren 1194. den 26. Dezember.
Wurde erwählt 1196. in Mitte des Jahrs.
Und nach seines Vaters Tode nach einmal ausgeruffen 1198.
Doch ward sein Oheim

Philipp Herzog in Schwaben.

Erwählt und zu Mainz gekrönt 1198. in der Osteroktav den 5. April.
Ward noch einmal zu Achen gekrönt 1205. den 6. Jäner.
Und ermordet 1208. den 22. Junius.
Wider Philippen wurde

Otto der vierte Herzog in Sachsen.

Zu Köln erwählt, und zu Achen gekrönt 1198. am Pfingstsonntag den 17. Mai.
Ward nach dem Tode Philipps anerkannt 1208. den 11. November.
Zu Rom gekrönt 1209. den 27. September. *
Starb 1218. den 19. Mai.

* „ Otto — crastina die dominica ante festum Michaelis, quae eo anno *V. Calend. Octob.* „ evenit, a Domino Papa Innocentio — consecratus coronatur — „ (*Ex Cod. Epistol. Rudolph. Gerberti pag. V.*)

Friederich II. wurde zum drittenmal erwählt. 1210.

Und zu Mainz gekrönet 1212. den 6. Dezember.
Hernach zu Achen gekrönet 1215. den 25. Julius.
Zu Rom gekrönt 1220. den 22. November.
Ließ seinen Sohn Heinrich zum römischen König wählen 1220.
Und krönen 1222.
Krönte sich selbst als König zu Jerusalem 1229. den 18. März
Sein Sohn Heinrich empörte sich wider ihn 1234.
Heinrich ward abgesetzt 1235. nach Ostern; und starb 1242.
Friederich selbst wurde des Reichs entsetzt 1245. den 17. Julius.
Gegen ihn ward

Hainrich Raspo

Erwählt 1246, starb aber folgendes Jahr in der Charwoche.
Hernach wurde

Wilhelm von Holland.

Erwählt 1247. den 29. September, und gekrönt den 1. November.
Und ist gestorben 1256. den 28. Februar.

Friederich II. starb 1250. den 13. Dezember.

Friederich des Zweyten Epochen seiner Regierungsjahre sind: des Reichs (Regni) vom Jahr 1215. 25. Julius; — und des Kaiserthums vom Jahr 1220. 22. November. (So sagt L'art de verifier les dates.) — Doch bezeuget das Datum einer Urkund' in dem k. k. geh. H. A. daß er seine Reichsjahre von der ersten Krönung 1212. 6. Dezember zähle: Acta sunt hec Anno dominice incarnationis Millesimo CC. XII. Indiccione prima. Regnante domino Friderico secundo. Romanorum Rege Glorioso. & Rege Sycilie. *Anno Romani Regni ejus primo.* Regni vero Sycilie XV. Datum Ratispone XV. Kalendas marcii. (Diese Urkund ist nach der heutigen Jahrsrechnung im Jahr 1213. am 15. Febr. gefertiget worden.) — Auch folgendes Datum: *Acta sunt hec anno dominice Incarnationis 1216. VII. Kal. Aug. Indict. quarta.* — *anno Romano regni ipsius quarto*

Konrad der Vierte.
Friderichs II. Sohn.

Gebohren 1228. im April.
Ward an die Stelle seines Bruders Heinrich erwählt 1236.
Und gekrönt 1237. im Jäner.
Nach seines Vaters Tode nahm er den Kaisertitel an 1250. 13. Dezember.
Trat die Regierung von Sicilien an, 1251.
Und starb 1254. den 21. Mai.

Richhart aus Engelland.

Wurde nach dem Tode Wilhelms erwählt 1257. den 13. Jäner, und zu Achen gekrönt am Auffahrtstage, 17. Mai. *
Starb 1271. den 2. April.

* Principes Regni pro elegendo Rege — " electionis diem in octava Epiphaniæ (13. „ Jäner.) statuunt in Frankenfurt celebrandum Ubi dum quidam convenissent — „ in Richardum fratrem Regis Angliæ, convenerunt, & electus ab ipsis subsequen- „ ter in die Ascensionis domini (17. Mai.) apud Aquisgranum, in Regem ungitur. „ — *Chron. August. ad an. 1257.* bei Lambacher S. 64.

Alphons K. in Spanien.

Wurde zwei Monate nach Richhards Wahl erwählt 1257. am Palmtage 1. April. *
Er kam aber niemal nach Deutschland.

* " Dominus autem Trevirensis Archiepiscopus —, consentire nolens Electioni prædicte, „ in media quadragesima (18. März) — elegit Dominum Alphonsum Regem Hispaniæ. „ (*Chron. August. ad an. 1257.* bei Lambacher S. 64.)

Konradin,
K. Konrads IV. Sohn.

Wird von den Römern als Kaiser ausgerufen 1267.
Starb eines gewaltsamen Todes durch Tirannen 1269. den 27. Oktober.

Rudolph
Graf von Habspurg.

Gebohren 1218. V. Kal. Maii. (27. April.)
Wurde erwählt 1273. den 1. Oktober, * und zu Achen gekrönt den 28. Okober. **
Starb 1291. den 11. Julius. ***

* *Anno domini M.CC.LXXIII. die S. Remigii die dominica electus est Rex Rudolfus Frankenfurt.* Ex Msto.

** " Ubi in die Apostolorum (darunter muß hier der Simon und Juda Tag verstanden „ werden) „ a nobis Coloniensi Episcopo — unctionis sanctissimæ oleo delibutus. " (*Ex Epistola Engelberti Archiep. Col. ad Gregorium X. P. de inauguratione Rudolphi I.*)

*** " Quinto idus Julii. Translatio S. Benedicti. „ (*Ex Necrologio Duellii*)

Von ihm ist ein Datum ohne Jahr Christi vorhanden: *Rudolfus d. g. Romanorum Rex — Datum Erfordie XIII. Kal. Julii Anno Regni nostri XVII.* (H. A.)

Adolph
Graf von Nassau.

Ward erwählt 1292. den 20. Mai; und zu Achen gekrönt den 24. Junius.
Wurde des Reichs entsetzt 1298. den 23. Junius.
Blieb in der Schlacht 1298. den 2. Julius

Albrecht der Erste,
Rudolphs Sohn.

Gebohren 1248.
Erwählt 1298. den 23. Junius.
Wurde nach Adolphs Tode noch einmal gewählt 1298. den 27. Julius, * und zu Achen gekrönt den 24. August.
Ward umgebracht 1308. den 1. Mai. **

* In der Verkündigung der Kurfürsten an alle Stände des Reichs, daß Herzog Albrecht zu Oesterreich zum römischen König erwählt worden sei, wird der Tag der geschehenen Wahl also ausgedrückt: " *prefixa fuit dies ad eligendum personam ydoneam in Romanorum Regem videlicet VI. Kalend. Augusti* (27. Julius.) *in vrankinuort.* — "

** Ein Revers des Abts zu Schotten (Gegeben zu Wien 1313. an s. Michels tage,) zeigt den Tag seines Todes an: " alle iar an sant Philippe tage — daß sie bar " vmbe des selben tages unsers Saeligen Herren Chunch Albrechtes, der an dem selben tage verschaiden ist — Jartag begen, — "

Heinrich der Siebende,
Graf von Luxemburg.

Gebohren 1262.
Wurde zu Frankfurt erwählt 1308. den 27. November. *
Und zu Achen gekrönt 1309. den 6. Jäner.
Zu Mailand als König von Italien gekrönt, 1311. den 6. Jäner.
Und zu Rom als Kaiser gekrönt 1312. den 29. Junius.
Starb 1313. den 24. Aug. — Seines Reichs im fünften und des Kaiserthums im zweiten Jahre.

Georgisch hat das Decretum Electionis Heinrici VII. R.R. ad Clementem V. Papam transmissum. " Actum Frankenvort a. d. 1308. feria IV. ante festum b. Andreæ. " Man. s. auch *Leibnitz Mant. C. J. G. D. Parte* 2. *p.* 2?0.

Friederich der Schöne,
des römischen Königs Albrecht Sohn, Herzog zu Oesterreich.

Gebohren 1286.
Zu Frankfurt erwählt 1314. den 19. Oktober. *
Und zu Bonn gekrönt 1314. den 25. November. **
Wurde in der Schlacht gefangen 1322. den 28. September.
Wurde als Mitregent erklärt 1325. den 5. September. ***
Starb 1330. den 13. Jäner.

* Der angesetzte Wahltag zu einem röm. König erhellet aus dem Gewaltbrief des Kurfürsten Heinrich zu Köln de dato *brunne III. nonas Octobris a. d. M. CCC. Quartodecimo*, der sich im k. k. geh. H. A. befindet, in welchem er dem Kurf. Rudolf bei Rhein Vollmacht giebt, in seinem Namen bei der auf den 19. Oktober nach Frankfurt ausgeschriebenen röm. Königswahl den Herzog Friederich zu Oesterreich zum röm König zu erwählen: — " die, videlicet in crastino b Luce Ewangeliste apud Frankenuort " ad eligendum futurum romanorum Regem — " und ferner aus dem Schreiben der Kurfürsten, als K. Heinrichs zu Böhmen, Pfalzgrafen Rudolf bei Rhein, und Herzogs Rudolf zu Sachsen an den zukünftigen Pabst, daß sie am ausgeschriebenen Wahltage den Herzog Friederich zu Oesterreich zum römischen König erwählet haben: " die " crastino b. Luce ewangeliste — Illustrem principem dominum Fridericum Ducem " Austrie — in Romanorum Regem — elegimus. — "

** Der Tag seiner Krönung wird in dem Schreiben des Kurf. Heinrich zu Köln an den Pabst de dato *IIII. Kalend. Decemb. 1314.* durch folgende Worte ausgedrückt: " Cum " nuper — dies certa, crastinum videlicet festiuitatis b. Luce ewangeliste preteri- " tum, quod fuit XIIII. Kal. nouembris (19. Oktober.) sub anno domini Millesi- " mo Trecentesimo Quartodecimo ad eligendum Romanorum Regem — fuisset apud

„ Frankefurd peremptorie prefixa — Illustem Principem dominum Fridericum Ducem
„ Austrie & Styrie — in Regem Romanorum — promouendum, qui sic electus —
„ dein per me — die certa, que fuit festum b. Katharine (25. November) nuper
„ preteritum ad hoc statuta, & proclamatione, sicut iuris est, premissa, in Regem
„ Romanorum extitit inunctus & cum solempnitate debita Regali Dyademate corona-
„ tus. „ (Auf was für einen Grund mag wohl das Werk L'art de verifier les dates die Behauptung bauen, daß Friderich erst das Jahr darauf nach seiner Erwählung 1315. am Pfingstsonntage zu Bonn gekrönt worden sei?)

*** Die Urkund, vermöge welcher die zween römische Könige, Friedrich und Ludwig sich vereinigen, um mit einander zugleich, ohne Vorzug zu regieren, fängt also an: Wir Ludowich vnd Friederich von Gots gnaden Romische Chunige ze allen zeiten merer des Riches — und endigt sich: geben zu München an dem Pfincztag vor vnser Vrowen tag als sie geboren wart (5. September.) 1325.

Ludwig
Pfalzgraf bei Rhein, Herzog in Baiern.

Gebohren 1284.
Wurde den Tag nach der Erwählung Friedrichs auch zu Frankfurt erwählt 1314. den 20 Oktober. *
Und zu Achen gekrönt 1314. den 26. November.
Ließ sich zu Mailand krönen 1327. den 31. Mai.
Und zu Rom 1328. den 17. Jäner.
Starb 1347. den 11. Oktober.

* Daß Ludwig erst den Tag nach dem ausgeschriebenen Wahltag erwählet worden sei, bezeiget das Schreiben des Kurfürsten Balduin zu Trier an den künftigen Pabst de dato *apud Frankenvurt decimo Kalend. Nouemb.* (23. Oktob.) *1314.* — „ dictum ter-
„ minum videlicet crastinum beati Luce — usque *in diem sequentem* duximus conti-
„ nuandum — ipsa die continuationis, quæ fuit vicesima mensis Octobris — Illu-
„ strem Virum Ludouicum Comitem Palatinum Rheni Ducem Bauarie — in Roma-
„ norum Regem eligendum. — „

Ludwig zählte in seinen Urkunden die Jahr des Reichs und des Kaiserthums. In einigen Urkunden zeigte er den Jahrsanfang vom 25. März durch folgende Formel an: anno Christianæ libertatis. (L'art de &c.)

Ein Datum von ihm ohne Jahr Christi: Wir Ludwig — Romischer Keiser — G ben ze Linz. an Walburgen tag. In dem Ninen vnd zweinczigsten iar vnsers Richs vnd in dem Achten des Keisertums. (H. A.)

Karl der Vierte,
König zu Böhmen.

Gebohren 1316. 14. Mai.
Wurde noch bei Lebzeiten K. Ludwigs zu Rheuse erwählt 1346. den 11. Julius und zu Bonn gekrönt den 26. November (Dominica ante fest. S. Andreæ.)
Gegen ihn ward.

Eduard König in Engelland.

Erwählt. Weil er aber das Reich nicht annahm, so wurde

Friederich von Meissen

Erwählt, der sich für diese Ehre bedankte 1348. im November.
Darauf wurde

Günther Graf von Schwarzburg.

Erwählt 1349. den 30. Jäner.

Er begab sich der röm. Königswürde 1349. den 24. Mai.
Und starb 1349. den 14. Junius.

Karls IV. Gemahlinn wurde darauf zu Achen 1349. 25. Julius gekrönt.
Er wurde als König von der Lambardei gekrönt 1355. den 6. Jäner.
Zu Rom 1355. am Ostertag (5. April.) *
Und zu Avignon von Urban V. als König von Arelat gekrönt 1365.
Starb 1378. den 29. November. Seines Reichs vom Tode Ludwigs im XXXI. und des Kaiserthums im XXIV.

* In k. k. geh. H. A. ist eine Urkunde dieses Kaisers vorhanden, die am Tage seiner Krönung zu Rom, ausgefertiget worden: *Dat. Rom. a. d. 1355. VIII. Indict. Nonis Aprilis in die pasche Resurrectionis dominice, quo fuimus Imperiali dyadeniate coronati Regnorum nostrorum anno nono Imperii vero primo.*

Karl bezeichnete seine Urkunden mit den Regierungsjahren als röm. König, als König zu Böhmen, und als Kaiser. Die Epoche seiner Regierungsjahre als röm. König ist seine Wahl zu Rhense 1346. 11. Julius, und nicht seine Krönung zu Bonn 26 November; dieses beweiset folgende Urkunde: Wir Charel — — Geben ze Graecz 1347. des Eritages nach sant Jakobstag (31. Julius,) in dem andern Jar unsers Römischen Rychs, vnd in dem ersten Jar vnser Chunich Reiches zu Behaim. Denn am 11. Julius fieng das andere Reichsjahr an. — Auch folgende: *Karolus - Dat. Prage 1350. 24. Julii — Regnorum nostrorum Romani anno quinto;* den am 11. Julius 1350. fieng das fünfte Reichsjahr an.

Data einiger Urkunden Karl des IIII. in welchen das Jahr Christi ausgelassen ist. (H. A.)

Wir Karl von Gots gnaden Römischer Kung — vnd Kung ze Beheim — Geben ze Prage an Mittwochen des Achten tags Sant Petirs vnd Sant Pauls der heiligen zwelfpoten, in den fünften Jare vnsirr Reiche.

Karolus quartus — Romanorum Imperator — & Boemie Rex — Datum Prage ij. die mensis Augusti, Regnorum nostrorum, anno Romanorum sextodecimo, Boemie quintodecimo Imperii vero septimo. (1362).

Wir Karl — Geben zu Prag an vnser frawen abend Lichtmesse, vnser Reiche in dem Neuntzenden vnd des kaiserthums in dem Czenden Jare. (1365).

Wenzel
Kaisers Karl Sohn.

Gebohren 1361. am Freitag vor dem Sonntag Oculi, 26. Februar.
Wurde zum römischen König erwählt 1376. den 10. Junius, * und zu Achen gekrönt, den 24 Junius. **
Folgte seinem Vater im Reich 1373. den 29. November.
Ward des Reichs entsetzt 1400. den 20. August.
Starb 1419. den 16. August.

* Das Verkündigungsschreiben seines Bruders Markgraf Siegmunds zu Brandenburg an die Reichsstände, daß Wenzel zum römischen Köni erwählet worden sei, ist vom Dienstag nach Dreifaltigkeit, den 10. Junius 1376;

** „ Karl von Gots Gnaden Romischer Kayser — und Kunig zu Beheim — Wir lassen uch wissen, daz Wir an dem heiligen Pfingstage zu Rense gewesen sein, da alle „ Wir Kurfürsten — den allerdurchluchtigsten Wenczlaw Kunig zu Beheim, unsern „ lieben Son, zu Romischen Kunig genannt haben. Und sullen und wellen den von dem „ hutigen Tage über acht Tage (10. Junius) zu Frankenfurt kysen — und darnach uff „ den nächsten Sant Johanns Tag zu Achen cronen zu Romischen Kunige — — Geben zu Bachrach des Dienstags zu Pfingsten. (1376. 3. Junius) „

Im folgenden Datum ist das Jahr Christi ausgelassen: Wir Wenczlaw von Gotes Gnaden Romischer Kunig — Geben zum Budweis am freitag vor vnser frawen tage als sie geborn wart Unserr Reiche des Behemischen in dem Czwainczigsten vnd des Romischen in dem sibenden Jare. (H. A.)

Nach König Wenzels Absetzung wurde

Friedrich zu Braunschweig.

Zu Rhense erwählt; aber zwei Tage darnach zu Fritzlar umgebracht.

Ruprecht.

Pfalzgraf am Rhein, und Herzog in Baiern.

Gebohren 1352.
Wurde zu Rhense erwählt 1400. den 24. August.
Zu Köln zum römischen Könige gekrönt 1401. den 6. Jäner.
Und starb 1410. den 18. Mai.

Jost

Markgraf in Mähren.

Wurde zu Frankfurt zum röm. König erwählt 1410.
Starb 1411. den 8. Jäner.

Siegmund

König in Hungarn

Gebohren 1368. 14 — 15. Februar.
Wurde zu Frankfurt erwählt 1410. den 20. September.
Nach Josts Tode nochmal erwählt 1411. den 21. Julius.
Zu Achen gekrönt 1414. den 8. November.
Zu Mailand 1431. den 25. November.
Und zu Rom als Kaiser gekrönt 1433. den 31. Mai.
Starb 1437. den 9. Dezember.

Siegmund zählte seine Regierungsjahre als römischer König von der ersten Wahl, 1410. 20. September, und als Kaiser von der Krönung zu Rom, 1433. 31. Mai.—(Man s. kritische Untersuchung der Erwählung, und Krönungs - Epochen K. Siegmund, gegen Ende dieses Werks.)

Data einiger Urkunden, in denen das Jahr Christi ausgelassen ist: (H. A.)

Wir — Siegmund Romischer Kunig — Geben zu Costencz am andern Pfingsttag. Unserr Riche, des Ungrischen ic. in dem XXIX. und des Romischen in dem fünften Jahren.

Wir Siegmund — Geben zu Costencz des nechsten Freitags, nach s. Erasmi tag, unserr Riche dez ungrischen ic. in dem XXIX. vnd des Romischen in dem fünften Jare.

Wir Siegmund — Römischer Kayser — Geben zu Prag am freytag nach unsers herren fronlichnambs tag Unserr Reiche des Hungarischen ic. im lj. des Römischen im xxvij. Des Behemischen im xvij. vnd des Kaysertums im fünften Jaren.

Albrecht der Zweite.

Gebohren 1397. *
Wurde zum römischen König erwählt 1438, Dienstag nach dem Sonntage Okuli.
Und nahm die Wahl an, am 29. April.
Ist als ein römischer König niemals gekrönt worden. (Man s. kritische Untersuchung der Epochen des röm. Königs Albrecht, gegen Ende dieses Werks.
Starb 1439. den 27. Oktober. **)

* Eine Urkunde Kais. Siegmunds (Geben zu der Burg — vierzehenhundert Jarr vnd darnach In dem Eylften Jare, des nechsten fritags vor Allerheiligen tag,) enthält folgende Worte: " Vnd das der vorgenant Albrecht, nu vber vertzehen Jar komunen „ — vnd daz auch die obgenant vormundschaft uff sant Jorgen tag der nechst was vß- „ gegangen — — daz der vorgenant Albrecht, des vorgenanten Ernstes vormundschaf- „ te vnd verwesung fürbasmer ledig vnd entladen sein solle — „ — Weil nun Albrecht im Jahr' 1411. am 30. Oktober, oder vielmehr im Aprilmonde 14 Jahr alt war, so muß er im Jahr 1397. um Georgi gebohren worden seyn.

** Der gestorben ist zu Langendorf in dem Königreich zu Hungarn an s. Symonis vnd Judas abent 1439. (Cod. Ms. Jur. Civ. Nro. 82. olim. Ambr. 321.)

Friedrich der Dritte. *

Gebohren 1415. den 23. Dezember. **

Wurde zu Frankfurt zum römischen König erwählt, 1440. den 2. Februar, und nahm die Wahl an, den 6. April. (Man s. Kritische Untersuchung der Regierungs Epochen dieses Kaisers zu Ende dieses Werks.)

Ward zu Achen gekrönt 1442. den 17. Junius.

Und zu Rom als König von der Lombardei 1452. den 16. März, und als Kaiser, den 19. März.

Starb 1493. den 19. August.

* " Quod autem *Tertium* se appellat, non fit respectu Electionis & Coronationis ger- „ manicæ — sed respectu Coronationis romanæ per summum Pontificem; quippe „ quam ex quatuor Imperatoribus, qui ante ipsum Friderici nomen habuerunt, non „ nisi duo consequuti sunt, nempe Imp. Fridericus sive Ænobarbus & Imp. Fridericus II. — : quibus ipse accessit Tertius, vtpote qui anno 1451. (1452.) a sum- „ mo Pontifice Nicolaus V. Romæ in Basilica Vaticana S. Petri corronatus est. „ *Lambecius.*

** " Hoc anno (1415.) natus est Fridericus Imperator — in die Matthæi Apostoli & „ Evangelistæ. „ *Chronicon Salzburgense ab an. 1403. usque 1494. pag. 132.*

Friderich datirte seine Urkunden mit den Jahren von Annehmung der Wahl zum römischen König 1440. 6. April; von seiner Krönung zu Rom als Kaiser 1452. 19. März; und von der Erwählung zum König von Hungarn 1459. 4. März.

Data seiner Urkunden, in welchen das Jahr Christi ausgelassen ist: (H. A.)

Friedrich von Gotesgnaden Römischer Kunig — Geben zu wyenn an Montag nach dem Suntag Reminiscere in der Vasten vnnsers Richs im fünften Jar.

Friedrich von Gotsgnaden Romischer kung — Geben ze Wienn am Mantag vor sant Elspetentag, vnsers Richs im Achten Jare.

Maximilian der Erste.

Gebohren 1459. den 22. März. *

Wurde zum römischen König erwählt 1486. den 16. Februar, ** und zu Achen gekrönt den 9. April. ***

Nahm den Titel als römischer Kaiser an 1508. den 10. Februar. ****

Starb 1519. den 12. Jäner.

* " Maximilian ist gebohren 1459. an dem Weihenpfinztag — — auf dem H. Ostertag hernach getauft worden. „ (Burgklechners zu Tierburg und Volandtsegg, Leben des K. Maximilian des Ersten.)

" Natus est Maximilianus 1459. undecima Kalendas Aprilis duabus horis ante solis oc- „ casum. „ *Ex Msto Hist. Friderici III. Imp. per Jos. Gruenbekhium Presbyterum Noricum, in Tab. Aug. Domus adservato.*

** „ Ma-

** „ Maximilian I. Kaiser Friedrichs III. einziger übriger Sohn, Erzherzog zu Oester„ reich, ward noch bei Lebzeiten des Vaters im Jahre 1486. Donnerstag nach Invo„ cavit (16. Febr.) zu Frankfurt zum römischen König erwählet, und am Sonntage „ Misericordia domini (9. April,) zu Aachen gekrönet. " (Müllers Reichstags-Theater Kais. Max. I.)

*** „ Item am Sonntag Misericordias domini der IX. Tag des Monats Aprilis der „ vorgenannt König Maximilianus — in der Stadt Aiche — zum Romischen Konig „ gesalbet und gekronet worden. " (Olenschlager Urkundenbuch Seite 257.) — Auch wird nicht überflüßig seyn, das Datum einer Urkunde anzuführen: „ Maximilianus d. g. Romanorum Rex — Datum Aquisgrani In die Coronaciohis nostre que fuit Men„ ßis Aprilis die Nona, Anno domini Millesimo quadringentesimo Octuagesimo sexto. „ Regni nostri Anno primo. "

**** „ Anno Domini 1508 — den 10. Februar sein Ier Mayestath in der Thumkhär„ chen zu Trient erschinen, vnnd nach gehaltenem Gottesdienst hat wohlermelter „ Bäbstlicher Legat den Röm. Künig durch seine gewöhnliche Ceremonien mit dem „ Tittel aines erwehlten Römischen Kaisers vast zierlich begabt. " (Burgklechner ebendaselbst.)

Karl der Fünfte.

Gebohren 1500. den 25. Febr. *
Wurde als römischer König erwählt 1519. den 28. Junius. **
Und gekrönt 1520. den 23. October. *** ****
Ward zu Bononien als König von der Lombardei gekrönet 1530. den 22. Febr.
Und als Kaiser 1530. den 24. Februar.
Begab sich der Regierung als Kaiser 1558. den 14. März.
Starb 1558. den 21. September.

* „ Natus fuerat Carolus Gandavi — Anno Christi millesimo quingentesimo, die vero „ sexto Calendas Martias. " (Joannis Genesii Sepulvedæ Operum Vol. I. de Reb. gestis Caroli V. Lib. II. §. IV. p. 42.) — Auch der oben angeführte Burgklechner im zweiten historischen Theile schreibt: „ Anno domini 1500 — Daß Ir Sohn Phi„ lippus — auf den Tag Mathia ainen Erben bekhomen habe, So hienach Carolus „ genannt worden. " — Weil nun das Jahr 1500 ein Schaltjahr war, so fiel das Mathiasfest auf den 25. Februar.

** Die Verkündigung der Kurfürsten, daß sie Ihn einhellig zum römischen König und künftigen Kaiser erwählet haben, ist datirt: Geben und geschehen zu Frankfurt am Maine, im Jar — Tausent Fünfhundert, Neunczehen — auf Dinstag den Acht- undzweinzigsten tag des Monets Juny. (H. A.)

*** „ Notel des Eides, so K. Carl V. vor seiner Crönung zu Aachen in der Sakristey „ am 23. October 1520. abgeschworen. " (Georgisch.)

**** Karl nahm drei Tage nach seiner Krönung, nämlich den 26. October 1520, den Titel als erwählter römischer Kaiser an. (Häberlin.) Auch seine Urkunden beweisen es.

„ Carolus V. annos regiminis regni romani non numerat ab electione, sed a corona„ tione, uti diplomata ipsius in Tabulario August. Domus Austr. ostendunt. " (*Rosenthal.*)

Von ihm ist auch ein Datum einer Urkunde vorhanden, in welchem das Jahr Christ ausgelassen ist: (H. A.)

Karl — Geben in vnnser Stadt Monczon am *XXVIIII.* tag des Monats Junij, vnnsers Kayserthumbs im *XXII.* vnd vnnserr Reiche im *XXVII.*

Ferdinand der Erste.

Gebohren 1503. den 10. März.
Wurde als römischer König erwählt 1531. den 5. und gekrönt den 11. Jäner.
Nach der feyerlichen Abdankung Kais. Karls V. ward er von den Kurfürsten als Kaiser proklamirt 1558. den 14. Mai.
Starb 1564. den 25. Julius.

Maximilian der Zweite.

Gebohren 1527. den 1. August.
Wurde zum römischen König erwählt 1562. den 24. November. *
Folgte seinem Vater im Kaiserthum 1564. den 25. Julius.
Und starb 1576. den 12. Oktober.

* Einladungsschreiben des Kurfürsten von Mainz auf den 24. November 1562, zur römischen Königswahl. Vom 14. November 1562. (H. A.)

Rudolf der Zweite.

Gebohren 1552. den 18. Julius.
Wurde zum römischen König erwählt 1575. den 27. Oktober, * und gekrönt den 1. November.
Folgte seinem Vater im Kaiserthum, 1576. den 12. Oktober.
Starb 1612. den 20. Jäner.

* Einladungsschreiben des Kurfürsten zu Mainz auf den 27. Oktober 1575, zur Wahl eines römischen Königs. Vom 22. Oktober 1575.

Mathias.

Gebohren 1557. den 24. Februar.
Ward zum römischen König erwählt 1612. den 13. Junius, * und gekrönt am 24. Junius.
Starb 1619. den 20. März.

* Proklamazion des Königs Mathias zu Hungarn und Böhmen zum römischen Könige 1612. den 13. Junius um XI. Uhr in der St. Bartholomäi Kirche zu Frankfurt (Georgisch.)

Ferdinand der Zweite.

Gebohren 1578. den 9. Julius.
Ward zum römischen König erwählt 1619. den 28. August, und gekrönt den 9. September.
Starb 1637. den 15. Februar.

Ferdinand der Dritte.

Gebohren 1608. 13. Julius.
Wurde zum römischen König erwählt 1636. den 22. Dezember. *
Folgte seinem Vater im Kaiserthum 1637. den 15. Februar.
Und starb 1657. den 2. April.

* Montag nach St. Thomä, den 22. Dezember neuen Calenders. (Georgisch.)

Ferdinand der Vierte.

Gebohren 1633. den 8. September.
Wurde als römischer König gekrönt, 1653. den 31. Mai.
Starb vor dem Vater 1654. den 9. Julius.

Leopold
gebohren 9. Juny 1640
zum Röm. Kaiser ...
gestorben 5. May 170[illegible]

Joseph der Erste.

Gebohren 1678. den 26. Julius.
Ward als römischer König gekrönt 1690. den 14. Jäner.
Folgte seinem Vater im Kaiserthum 1705. den 5. Mai.
Und starb 1711. den 17. April.

Karl der Sechste.

Gebohren 1685. den 1. Oktober.
Ward zu Frankfurt erwählt 1711. den 12. Oktober, und gekrönt am 20. Dezember.
Starb 1740. den 20. Oktober.

Karl der Siebende.

Wurde erwählt 1742. den 24. Jäner, und gekrönt am 12. Februar.
Starb 1745. den 20. Jäner.

Franz der Erste.

Gebohren 1708. den 8. Dezember.
Ward erwählt 1745. den 13. September, und gekrönt am 4. Oktober.
Starb 1765. den 18. August.

Joseph der Zweite.

Gebohren 1741. den 13. März.
Wurde als römischer König erwählt 1764. den 26. März, und gekrönt am 3. April.
Folgte seinem Vater im Kaiserthum 1765. den 18. August.

Zeitfolge der Könige in Hungern.

Stephan der Erste.

Gebohren 983.
Ward als erster König in Hungern gekrönt 1000. den 15. August.
Starb 1038. den 15. August.

Petrus der teutsche.

Wurde vom K. Stephan als Nachfolger erwählt 1031.
Kam zum Reiche zu Ausgang des 1038. Jahrs.
Ward abgesetzt und geblendet 1040.
Kam wieder auf den Thron nach dem Tode Samuels 1044.
Und starb 1047.

Samuel mit dem Beinamen Abo.

Wurde gegen Petern erwählt 1040.
Und gekrönt 1042.
Wurde umgebracht 1044.

Andreas der Erste.

Ward gekrönt 1047.
Blieb in der Schlacht wider den K. Boleslas in Polen 1060.

Bela der Erste.

Wurde gekrönt 1060.
Starb durch Einsturz seines Zimmers 1063.

Salomon des K. Andreas Sohn.

Wurde gekrönt 1063, und noch einmal 1069.
Ward abgesetzt 1074.
Entsagte dem Reich, und begab sich in die Einöde 1085.
Starb 1096.

Geysa der grosse, des Bela Sohn.

Ward erwählt und gekrönt 1074.
Starb 1077.

Ladislaus der heilige, des Geysa Bruder.

Ward erwählt 1077.
Und gekrönt 1080.
Starb 1095. den 29. Julius an einem Sonntage.

Koloman des Geysa Sohn.

Ward aus Polen zurück berufen, und gekrönt 1095.
Starb 1114. den 3. Februar.
Nahm den Titel als König von Dalmatien an 1103. und bald hernach auch den von Bosnien.

Stephan der Zweite, Colomans Sohn.

Ward erwählt 1114.
Fieng die Regierung an 1123.
Starb 1131.

Bela der Zweite, Enkel des Geysa.

Wurde zu Lebzeiten Stephans, und mit seiner Bewilligung gekrönet 1128.
Starb 1141. den 13. Febeuar.

Geysa der Zweyte.

Zween Tage nach des Vaters Tode ward er gekrönt (am ersten Sonntag in der Fasten) 1141. den 16. Febr.
Starb 1161. den 31. Mai.

Stephan der Dritte.

Da er schon vom Vater ernannt war, wurde er gekrönt 1161. im Junius.
Legte die Regierung nieder 1162.
Uebernahm die Regierung abermal 1163.
Starb 1173. den 4. März.

Ladislaus der Zweite, des Geysa Bruder.

Wurde wider seinen Bruder erwählt, und gekrönt 1162.
Starb nach sechs Monaten 1162.

Stephan der Vierte, des Geysa Bruder.

Ward auch wider seinen Bruder Stephan erwählt, und gekrönt 1163.
Starb nach fünf Monaten.

Bela der Dritte, des Geysa Sohn.

Wurde gekrönt 1174. den 13. Jäner an einem Sonntage.
Starb 1196. am Grünendonnerstag den 18. April.

Emerich oder Heinrich.

Wurde auf Verlangen seines Vaters gekrönt 1185.
Folgte in der Regierung 1196. den 18. April.
Starb 1204.
Er legte sich den Titel von Bulgarien und Servien bey.

Ladislaus der Dritte.

Wurde vom Vater als Nachfolger ernannt, und folgte in der Regierung 1204.
Starb nach sechs Monaten.

Andreas der Zweite, des Bela Sohn.

Wurde gekrönt 1205. den 29. Mai.
Und starb 1235. den 7. März.

Bela der Vierte, des Andreas Sohn.

Bald nach seiner Geburt 1206. ward er als zukünftiger König anerkannt.
Wurde gekrönt 1235. den 14. Oktober.
Starb 1270. den 7. Mai.

Stephan der Fünfte.

Ward als Knab gekrönt, und König der jüngere genannt.
Kam auf den Thron nach dem Tode seines Vaters 1270. den 7. Mai.
Und starb 1272. den 1. August.

Ladislaus der Vierte
mit dem Beinamen der Kumanier.

Wurde nach dem Tode seines Vaters gekrönt 1272.
Und von den Kumaniern umgebracht 1290. den 19. Julius.

Andreas der Dritte, der Venediger
Andreas des Zweyten Enkel.

Wurde 16 Tage nach dem Tode des Ladislaus gekrönt 1290. den 4. August.
Starb am Gift 1301. am Tage des h. Felix den 14. Jäner.

Karl Martell.

Der Papst ließ ihn zu Neapel als K. von Hungern krönen 1290.
Kam niemal nach Hungern und starb 1295.

Wenzel König zu Böhmen.

Wurde gekrönt 1301. und verließ den Thron 1304.
Ward umgebracht 1306. den 27. August.

Otto aus Bayern.

Wurde gekrönt 1305.
Begab sich des Reichs, aber nicht des Titels 1309.
Starb 1312.

Karl Robert
Karl Martells Sohn.

Wurde nach dem Tode Andreas III. gekrönt. 1301.
Als König erkannt und gekrönt 1310. den 27. August.
Starb 1342. den 16. Julius.

Ludwig der Große.

Gebohren 1326. den 5. März.
Wurde sechs Tage nach seines Vaters Tode gekrönt 1342. den 22. Julius.
Ward König in Polen 1370.
Und starb 1382. den 11. September.

Maria.

Wurde gekrönt den Tag nach ihres Vaters Tode 1382. den 12. September.
Starb 1392.

Karl der Kleine.

Wurde gekrönt 1385. * den 5. Dezember.
Und umgebracht 1386. den 16. Februar.

* Von ihm ist in dem k. k. geh. Hausarchive ein Freiheitsbrief für den Gr. Stephan v. Vegle und Modrusch vom Jahr 1386. 22. Jäner vorhanden: „ Datum Bude anno domini Millesimo. Trecentesimo *Octuagesimo sexto*. die vicesimo secundo Januarii none „ Indictionis Regnorum nostrorum. Vngarie, Dalmacie &c. *anno primo*. Jerusalem „ vero & Sicilie Anno quinto. " — Aus diesem folgt, daß er nicht im Jahr 1385. sondern 1386. umgekommen, auch daß er nicht im Jahr 1384., ** sondern 1385. gekrönt worden sey, weil er Vngarie *anno primo* schreibt. Also hat sich auch Maria mit Siegmunden nicht im Jahr 1384., sondern 1385. verheurathet.

** „ Hæc (coronatio) Nonis Decembribus, & in anni (1384.) exitu acta, qui ut „ non undequaque auspicatus Carolo erat, ita sequentis principium prorsus fatale „ fuit. — So schreibt P. Pray, aber — —

Siegmund.

Gebohren 1368. 14.—15. Februar.
Wurde gekrönt 1387. den 31. März.
Starb 1437. den 9. Dezember.
S. kritische Untersuchung der Epochen dieses Königs.

Albrecht, unter den Kaisern der Zweite.

Gebohren 1394.
Wurde zu Presburg erwählt 1437. am 19. Dezember.
Und gekrönt zu Stuhlweißenburg 1438. am 1. Jäner.
Starb 1439. den 27. Oktober.

Wladislaus in Polen.

Ward gekrönt 1440. den 17. Julius.
Blieb in der Schlacht bey Varna 1444. den 10. November.

Johannes Hunniades.

Wurde zum Regenten von Hungern ernannt 1445. den 16. Mai.
Starb 1456. den 10. September.

Ladislaus Posthumus.

Gebohren 1440. den 22. Febr. und 4 Monat darnach gekrönt.
Trat das Reich an 1453. den 13. Februar.
Und starb 1457. den 23. November.

Friedrich, unter den Kaisern der Dritte.

Wurde von einem großen Theile der Stände erwählt 1459. den 17. Februar.
Nahm die Wahl an den 4. März.
Und starb 1493. den 19. August.
S. kritische Untersuchung ꝛc.

Mathias Korvinus.

Gebohren 1443. den 14. Febr.
Wurde erwählt 1458. den 24. Jäner.
Gekrönt 1464. den 29. März. *
Und starb 1490. den 7. April.

* K. Mathias zählte seine Regierungsjahre von der Wahl, und der sechs Jahre darauf erfolgten Krönung, wie es die Data seiner Urkunden beweisen: „ Nos Mathias — —

 „ Da-

„ Datum in Christo in festo beate Barbare, anno domini Millesimo quadringentesimo „ sexagesimo quinto, *Regni nostri anno octauo, Coronationis secundo.*

Wladislaus der Zweite, K. zu Böhmen.

Wurde ausgerufen 1490. den 15. Julius.
Und gekrönt 1490. den 21. September.
Starb 1516. den 13 März.

Maximilian.

Kaisers Friedrich Sohn.

Einige Magnaten huldigten ihm als König von Hungern 1490. den 1. Nov.
Abermal einige andere 1490. den 8. Dezember.
Schloß mit dem Könige Wladislaw zu Hungarn einen ewigen Frieden, und erhielt die künftige Erbfolgsversicherung in Hungern 1491. den 18. Jäner.

Ludwig der Zweite.

Gebohren 1506. und gekrönt 1508.
Folgte in der Regierung 1516. den 13. März.
Blieb in der Schlacht bei Mohatz 1526. den 29. August.

Johann von Zapolya.

Wurde erwählt 1526. den 1. und gekrönt den 11. Nov.
Starb 1540. den 21. Julius.

Ferdinand der Erste.

Gebohren 1703. den 10. März.
Erwählt 1526. am 16. Dezember.
Und gekrönt 1527. am 3. Nov.
Starb 1564. den 25. Julius.

In dem Glückwünschung-Schreiben des Herzogs zu Sachsen an Ferdinanden König zu Hungern sind folgende Worte: „ — In Eur kö. Wirden Election zu Hungrischen „ König jungst den sechzehenden tagk Decembris (1526) vorgangen zu Bresburg „ bescheheu, ainhellig bewilligt, die Ratificirt bechrefftigt, und der Chronungtag in „ Eur Ko. Wirden Stat Stuelweissenburg nach altem Gebrauch furgenommen und „ beschlossen — den dritten tag berürts Itzigen Monats (3. Nov. 1527.) mit des „ h. Königs Steffans Chron, und des audern Tags darnach die Durchl. Furstin — „ Eur Gemahl — solempniter — gekrönet worden. — Datum Torgau 23. Tag „ Nouemb. 1427."

Er zählte seine Reichsjahre von seiner Erwählung.

Maximilian der Zweite.

Gebohren 1527. den 1. August.
Wurde bey Lebzeiten seines Vaters gekrönt 1563. den 8. September.
Starb 1576. den 12. Oktober.

Rudolph

unter den Kaisern der Zweite.

Gebohren 1552. den 18. Julius.
Wurde bey Lebzeiten des Vaters gekrönt 1572. den 24. September.
Uebergab die Regierung seinem Bruder Mathias 1608. den 27. Junius.
Und starb 1612. den 20. Jäner.

Mathias der Zweite.

Gebohren 1557. den 24. Februar.
Ward erwählt 1607. den 14. Oktober.
Gekrönt 1608. den 19. November.
Starb 1619. den 20. März.

Ferdinand der Zweite.

Gebohren 1578. den 9. Julius.
Wurd zu Presburg gekrönt 1618. den 1. Julius.
Starb 1637. den 15. Februar.

Ferdinand der Dritte.

Gebohren 1608. den 13. Julius.
Wurde zu Presburg gekrönt 1625. den 8. Dezember.
Und starb 1657. den 2. April.

Ferdinand der Vierte.

Gebohren 1633. den 8. September.
Wurde gekrönt 1647. den 2. Junius.
Starb 1654. den 9. Julius.

Leopold der Große.

Gebohren 1640. den 9. Junius.
Erwählt 1655. den 22. und gekrönt den 27. Junius.
Starb 1705. den 5. Mai.

Joseph der Erste.

Gebohren 1678. den 26. Julius.
Ward gekrönt 1687. den 9. Dezember.
Starb 1711. den 17. April.

Karl der Dritte,
unter den Kaisern der Sechste.

Gebohren 1685. den 1. October.
Wurde gekrönt 1712. den 22. Mai.
Starb 1740. den 20. Oktober.

Maria Theresia.

Gebohren 1717. den 13. Mai.
Wurde gekrönt 1741. den 25. Junius.
Und starb 1780. den 29. November.

Joseph der Zweite.

Gebohren 1741. den 13. März.
Folgte seiner Mutter im Königreich 1780. den 29. November.

Zeitfolge
der
Herzoge und Könige
in
Böhmen.

Libussa und Premislaw der Ackersmann.

Premislaw fieng an zu regieren im J. 722.

Borziwoy Herzog in Böhmen.

Folgte auf seinen Vater Hostivit im Reiche, 876.
Verließ das Reich 890.
Starb ungefähr 900.

Spitignew.

Folgte seinem Vater im Reiche 900.
Starb 921.

Wratislaw und Drahomira.

Folgte seinem Bruder im Reiche 921.
Starb 925.
Drahomira ward abgesetzt, und des Landes verwiesen 928.

Wenzel, Sohn des Wratislaw.

Uebernahm die Regierung 928.
Wurde von seinem Bruder Boleslaw umgebracht 936.

Boleslaw der Brudermörder.

Trat das Reich an 936.
Starb 967.

Boleslaw der Zweite.

Folgte seinem Vater im Reiche 967.
Starb 999.

Boleslaw der Dritte.

Folgte auf seinen Vater 999.
Wurde des Reichs entsetzet 1001.
Kam abermal nach Böhmen, und eroberte Prag 1003.
Starb 1037.

Jaromir.

Folgte auf seinen Bruder 1004.
Wurde auch des Reichs entsetzt 1012.
Starb 1038.

Udalrich.

Bekam das Herzogthum statt seines Bruders 1013.
Starb 1037. den 9. November.

Bretislaw.

Folgte seinem Vater im Reiche 1037.
Starb 1055. den 10. Jäner.

Spitignew der Zweite.

Folgte auf seinen Vater 1055.
Starb 1061. den 28. Jäner.

Wratislaw der Zweite.

Der erste König in Böhmen.

Folgte auf seinen Bruder 1061.
Kaiser Heinrich IV. ließ ihn durch den Erzb. zu Trier zum König von Böhmen krönen 1086. den 15. Junius.
Starb 1093. den 14. Jäner.

Konrad Herzog in Böhmen.

Folgte auf seinen Vater 1093.
Starb nach acht Monaten 1093. den 6. September.

Bretislaw der Zweite.

Folgte auf seinen Bruder 1093. den 14. September.
Wurde erschossen 1100. den 22. Dezember.

Borziwoy der Zweite.

Bestieg nach seines Bruders Tode den Thron 1100. den 25. Dezember.
Wurde vertrieben 1107.
Und starb in Hungern 1120. den 2. Februar.

Swatapluk.

Bemächtigt sich des Reichs 1107.
Und ward ermordet 1109. den 12. September.

Wladislaw der Erste.

Das Herzogthum ward ihm zuerkannt 1110.
Starb 1125. den 12. April. (2. Id. Aprilis.)

Sobieslaw.

Folgte auf seinen Bruder 1125.
Starb 1140. den 13. März.

Wladislaw der Zweyte.

Der zweyte König in Böhmen.

Erhielt das Reich nach seinem Vater 1140.
Kaiser Friedrich der Erste setzte ihm zu Regenspurg die Krone mit eigener Hand auf, 1158. den 11. Jäner.
Starb 1174.

Wladislaw nennte sich in einer Urkunde vom J. 1160. (XVI. Kal. Julii) den zweiten König in Böhmen: Ego Wladislaus d. g. secundus Rex Boemorum; und macht Meldung von seinem Großvater: Avi mei primi Regis Boemorum Wratizlai.

Sobieslaw der Zweite.

Herzog in Böhmen.

Gebohren 1134.
Wurde vom Kaiser zum Regenten von Böhmen ernannt 1174.
Wurde vertrieben 1178.
Und starb im Elende 1180.

Friedrich

Herzog in Böhmen,

Sohn des Königs Wladislaw.

Sein Vater übertrug ihm die Regierung 1173.
Kam zum Besitze des Throns 1178.
Wurde vertrieben 1179, aber bald hernach wieder angenommen.
Starb 1189.

In einer Urkunde vom J. 1181. macht er Meldung von seinem Vater: a patre nostro — Duce postea Rege Wladislao. — In einer andern vom J. 1186. macht er zugleich von seinem Großvater Meldung: Ego Fridericus Boemorum Dux — Propter istam — ordinationem Avi mei Wladislai ducis — sicut predictus avus meus constituit & post eum pater meus Wladislaus. —

Konrad der Zweite.

Kam zum Throne 1189.
Starb 1191.

Wenzel (Sohn Sobieslaw des Ersten.)

Kam auf den Thron 1191.
Besaß denselben nicht länger als einige Monate.

Heinrich Bretislaw.

Bischof zu Prag, Konrads Bruder.

Kam auf den Thron 1193.
Und starb 1197.

Premislaw der Zweite.

mit dem Beinamen

Ottokar,

der dritte König in Böhmen.

Sohn Königs Wladislaw.

Kam auf den Thron 1198.
Der römische König Philipp krönte ihn zum König von Böhmen 1198, und ertheilte ihm die königliche Würde für alle seine Nachfolger.

Wen-

Wurde auch vom röm. K. Otto zum König von Böhmen gekrönt 1203.
Starb 1230. den 15. Dezember.

Sein Bruder Wladislaw Markgraf in Mähren sagt in einer Urkunde vom J. 1200. Kal. Sept. — fratris mei Otrokari inclyti Regis Boemie tertii. — Und er selbst sagt von sich in einer Urkunde vom J. 1201. „Ego Przemisl d. g. tertius Boemorum Rex."

In der Bestättigung eines Stiftbriefs vom J. 1194. (welchen ich aber nur in einer Abschrift habe,) nennet er sich und seinen Vater Könige zu Böhmen: Ego premisl d. g. rex boemorum sequens uestigia patris mei pie memorie regis Wladislai — aber seinen Bruder nennet er in eben dieser Urkunde nur Herzog: & fratris mei Ducis friderici. Das Ende dieser Urkunde ist: Acta hec sunt prage anno dominice incarnationis M.C.LXXXXIIII. nostri uero *regni* anno octauo. Nach dieser Urkunde sollte man schliessen, daß er im J. 1194. schon regiert; daß er schon den königlichen Titel geführet; und daß er schon 1187. das Reich angetreten habe, weil er das achte Jahr des Reichs zählte. — Aber ein Gabbrief dieses Königs auf das Klosier Braunau um einen Hof Chllichi etc. hat folgendes Datum: Ego Premizl — Boemorum dux. — — Datum Prage anno ab jncarnacione domini M. C. LXXXX. IIII. *ducatus* nostri Anno Primo. — Das Original davon ist im Braunauschen Archive.

Wenzel

mit dem Beynamen Ottokar.

Wurde von seinem Vater als König zu Böhmen ernannt 1216. *
Von dem Erzb. von Mainz zu Prag gekrönt 1228.
Folgte auf seinen Vater 1230. den 15. Dezember.
Die Böhmen trugen seinem Sohn Ottokar die Regierung an 1248.
Wenzel kam bald hernach abermal zur Regierung.
Starb 1253.

* Daß Wenzel bey Lebzeit seines Vaters zum K. von Böhmen ernennet worden, bezeuget die Einwilligung K. Friedrichs II. vom J. 1216. VIII. Kal. Aug. (16. Julius.)

In seinen Urkunden nennet er sich: Wenzeslaus d. g. Quartus Rex Boemorum — Dat. 1242. — Und 1249. Kal. Sept. — Nos Wenzeslaus d. g. quartus Rex Boemie.

Von ihm ist in dem k. k. geh. Hausarchiv ein Brief vorhanden vom XVII. Kal. Sept. (16. Aug.) 1253, welcher beweiset, daß er erst nach dem 16. August gestorben sey.

Ottokar (Premislaus III.)

König Wenzels Sohn.

Wurde gegen seinen Vater als König in Böhmen ausgerufen 1248.
Blieb in der Schlacht 1278. den 26. August. *

Aus einer Urkunde erhellet, daß er den 17. Dezember 1253. schon regiert habe: Otacharus d. g. dominus Regni Boemie dux Austrie & Stirie. — Dat. Prage 1253. XVI. Kal. Januar.

* Aus einem Schreiben des röm. Königs Rudolf an den Erzb. von Salzburg: — „Scias itaque quod nos feria quinta proxima post festum Bartholomæi Apostoli eo „loco locauimus castra — — Mane vero sextæ feriæ subsequentis — — pugna „committitur in qua dictus Rex Bohemiæ — victus occubuit." (26. Aug.) — Lambachers österreichisches Interregnum, Seite 169.

Otto von Brandenburg bekam die Regentschaft über Böhmen, und die Vormundschaft über den Prinzen Wenzel.

Wenzel der Zweite.
Ottokars Sohn.

Wurde als König ausgerufen 1283. den 23. Junius.
Nahm die Herzogthümer Krakau und Sendomir in Besiz 1290.
Ließ sich zu Prag feyerlich krönen 1297. den 2. Junius.
Wurde zu Gnesen als König in Polen gekrönt 1300.
Er überließ seinem Sohne das Königreich Ungern 1301.
Und starb 1305. den 23. Junius.

* Er muß vor dem 23. Aug. 1283. schon König gewesen seyn, weil in einem Briefe K. Rudolphs vom J. 1283. X. Kal. Sept. folgende Worte vorkommen: Nunctii illustris Wenczlai Regis Boemie nostram Celsitudinem accesserunt.

Wenzel zählte seine böhmischen Reichsjahre von seiner feierlichen Krönung zu Prag 1297. 2. Junius, welches folgende Urkunden beweisen: Wenczlaus d. g. Boemie & Polonie Rex — Dat. 1301. VIII. Kal. Octob. (14. Sept.) anno regnorum nostrorum Boemie quinto, Polonie vero secundo. — Die zweyte ist vom J. 1304. X Calend. Octob. (22. Sept.) anno regnorum nostrorum Boemie octavo, Polonie vero quinto. — Aus diesen Urkunden erhellet auch, daß er in Polen vor dem 14. September 1300. gekrönt worden sey.

Wenzel der Dritte.
der letzte Zweig des Primislaischen Stammes, welcher durch sechs Jahrhunderte unausgesetzt regiert hatte.

Folgte seinem Vater im Reiche 1305. den 23. Junius.
Wurde ermordet 1306. den 4. August.

Rudolf
Herzog von Oesterreich.

Nahm Besiz vom Reiche 1306. den 8. September. *
Starb 1307. vor den 17. Junius.

* In einer in dem k. k. geh. Hausarchive befindlichen Urkunde des röm. Königs Albrecht (Dat. Wienne X. Kalend. Januarii (23. Dezemb.) Indictione quinta. Anno domini Millesimo Trecentesimo sexto. Regni vero nostri anno nono) nennet er seinen Sohn Rudolf schon König zu Böhmen: — Rudolfum inclitum Regem Boemie — — filios nostros. — Aber in einer vorgehenden Urkunde vom 8. Sept. dieses Jahrs wird er noch Herzog zu Oesterreich genennet.

Heinrich,
Herzog in Kärnten.

Ward erwählt 1307.
Abgesezt 1310. den 24. Julius und entfloh den 9. Dezember.
Starb 1335. den 4. April.

Daß Heinrich zwischen den 17. Junius und 19. August 1307 erwählt worden sey, beweisen zwo Urkunden: Nos Heinricus Boemie & Polonie Rex — Dat. 1308. XV. Kal. Iulii. (17. Junius) anno primo. — Und Dat. 1309. XIV. Kal. Sept. (19. August,) anno tertio.

Johann,
von Luxemburg.

Wurde mit der Prinzeßin Elisabeth, Wenzels Tochter, zu Speier von dem Erzb. von Köln vermählt 1310. den 1. September. Den andern Tag darauf schrieb er sich schon König zu Böhmen. (Pelzel.)

Auch

Auch eine Urkunde von ihm bestätiget es: Joannes d. g. Boemie — Rex. — Datum Brunne IV. Kal. Martii Anno domini Millesimo Trecentesimo quinto decimo. Regnorum vero nostrorum anno quinto.

Ward zu Prag von Erzb. zu Mainz gekrönt 1311. den 7. Februar.
Und blieb in der Schlacht 1346. den 26. August.

Karl der Erste.

(unter den Kaisern der Vierte.)

Gebohren 1316. den 14. Mai.
Trat nach seines Vaters Tode das Reich an 1346. den 26. August. *
Wurde gekrönt 1347. den 2. September.
Und starb 1378. den 29. Nov.

* Von diesem Tag an rechnet König Karl seine böhmischen Reichsjahre. Hr. Pelzel in seinem Kaiser Karl IV. Künig in Böhmen (1. Theil, Seite 203.) beschuldiget Karln, daß er in seinen Urkunden seine Reichsjahre bald von dem Tage, da er zum Reiche gelanget war, bald vom neuen Jahrstag an gerechnet habe. Dem widersprechen die Original-Urkunden des k. k. geh. Hausarchives geradezu, indem nicht eine weder zu Anfange noch gegen das Ende seiner Regierung anzutreffen ist, die nicht richtig mit dem 26. August 1346, als dem Sterbtage seines Vaters K. Johanns, zutrift. Z. B. Wir Charel — — Geben ze Grácz 1347. des Freitages nach sant Jacobs tag, in dem andern Jar vnsers Romischen Ryches, vnd in dem ersten Jar vnsers Chünichs Reiches ze Behaim. — Weil die Urkunde im Julius 1347. gegeben worden, so war das erste Reichsjahr noch nicht geendigt. — Die allda zitirten Urkunden zu untersuchen, ist außer dem itzigen Zweck, so wie man die (1. Th. S. 416.) in Kupfer gestochene Urkund', in der sich Kaiser Karl verschrieben haben soll, und gewiß verschrieben hätte, in ihrem Werthe lassen will.

Wenzel der Vierte.

Kaiser Karls Sohn.

Gebohren 1361. am Freytag vor dem Sonntag Oculi 26. Febr. (Pelzels Karl IV. im 2. Theil, S. 680.)
Ward gekrönt 1363. den 15. Junius.
Folgte dem Vater im Reiche 1378. den 29. November.
Und starb 1419. den 16. August.

Sigmund,

Kaiser Karls Sohn.

Gebohren 1368. den 14—15. Februar.
War gekrönt 1420. den 30. Julius. *
Starb 1437. den 19. Dezember.

*. S. Kritische Untersuchung der Krönungs-Epochen K. Sigmunds.

Albrecht,

Herzog zu Oesterreich,

unter den römischen Königen der Zweite.

Gebohren 1394.
Wurde erwählt 1437. den 27. Dezember.
Zum zweytenmal 1438. den 13. Junius
Vom Bischofe zu Olmütz gekrönt 1438. den 29. Junius.
Und starb 1439. den 27. Oktober.

S. Kritische Untersuchung der Wahl und Krönung dieses Königs.

Ladislaus,

König Albrechts Sohn.

Gebohren 1440. den 21. Februar.
Wurde zu Prag vom Erzbischofe zu Gran gekrönet 1453. den 28. Oktober.
Starb. 1457. den 23. November. *

* In dem Wienerischen Stadtarchive befindet sich unter dem Titel Nr. 2. allerley Handlung der Stat vnd Landteg Fol. 64. folgende Stelle: „ Anno domini MCCCCLVII. „ ist vnser gnedigister Herr Kunig Lasslaw, seins Alters im achtzehenden Jar, zu „ Prag an der Pestilencz gestorben an Mitichen zwischen drein vnd virn, nach mit„ tag vor sand Kathrein tag. “

Georg von Podiebrad,

Gubernator des Königreichs Böhmen,

und hernach König.

Gebohren 1420. den 23. April. (die s. Georgii.)
Wurde zum Gubernator erwählt 1444. und regierte das Königreich bis 1458.
Ward zu Prag zum Könige gekrönt, 1458. den 7. Mai.
Und starb 1471. den 22. März.

Wladislaus der Zweite,

Sohn Kasimirs, Königs in Polen.

Wurde erwählt und gekrönt 1471. den 22. August.
Starb 1516. den 13. März.

Ludwig.

Gebohren 1506.
Ward zu Prag gekrönt 1509. den 11. März.
Folgte in der Regierung 1516. den 13. März.
Blieb in der Schlacht bei Mohatz, 1526. den 29. August.

Ferdinand der Erste.

Gebohren 1503. den 10. März.
Erwählt 1526. den 24. Oktober.
Gekrönt 1527. den 24. Februar.
Und gestorben 1564. den 25. Julius.

Maximilian,

(unter den Kaisern der Zweite.)

Gebohren 1527. den 1. August.
In dem Heurathsvertrag 1548. 24. April wurde bedungen, daß er alsogleich den Titel als König zu Böhmen führen soll.
Wurde gekrönt 1562. den 20. September.
Folgte in der Regierung 1564. den 25. Julius.
Starb 1576. den 12. Oktober.

Rudolf der Zweite.

Gebohren 1552. den 18. Julius.
Wurde gekrönt 1575. den 22. September. *
Folgte in der Regierung 1576. den 12. Oktober.
Starb 1612. den 20. Jäner.

* Aus

* Aus einer gleichzeitigen Abschrift der Zeremonien seiner Krönung zum K. von Böhmen erhellet, daß er den 22. Sept. 1575. zu Prag gekrönet worden sey.

In einem Befehl des Kais. Maximilian II. vom Dienstage nach Kreuzerhöhung 1575. um die Kleinodien zur Krönung vom Karlstein zu schicken, steht folgendes: „womit „unser geliebtester Sohn am nächstkommenden Donnerstag gekrönet werde."

Mathias.

Gebohren 1557. den 24. Februar.
Wurde gekrönt 1611. den 23. Mai. *
Folgte in der Regierung 1612. den 20. Jäner.
Und starb 1619. den 20. März.

* „Vermittelst seiner Landesproposition am Montag nach Quasimodogeniti (11. April) zu „vernehmen gegeben — an welchem unsere Krönung — verrichtet werden soll, nämlich den nächstkünftigen Pfingstmontag (23. Mai) einverstanden und verglichen rc."

Ferdinand der Zweite.

Gebohren 1578. den 9. Julius.
Wurde gekrönt 1617. den 29. Junius. *
Folgte in der Regierung 1619. den 20. März.
Starb 1637. den 15. Februar.

* In dem Original-Reverse des Erzherz. Ferdinands steht, daß seine Krönung zum Könige von Böhmen auf den 29. Junius angesetzt sey.

Friedrich,

Afterkönig.

Ward erwählt 1619. den 5. September, und gekrönt den 25. Oktober.
Entwich nach der Schlacht bey Prag 1620. den 8. November.

Ferdinand der Dritte.

Gebohren 1608. den 13. Julius.
Wurde gekrönt 1627. den 27. November.
Folgte in der Regierung 1637. den 15. Februar.
Starb 1657. den 2. April.

Ferdinand der Vierte.

Gebohren 1633. den 8. September.
Wurde gekrönet 1646.
Starb vor dem Vater 1654. den 9. Julius.

Leopold.

Gebohren 1640. den 9. Junius.
Wurde gekrönt 1654. den 14. September.
Folgte in der Regierung 1657. den 2. April.
Starb 1705. den 5. Mai.

Joseph der Erste.

Gebohren 1678. den 26. Julius.
Trat die Regierung an 1705. den 5. Mai.
Wurde nicht gekrönt.
Starb 1711. den 17. April.

Karl der Zweite,

unter den Kaisern der Sechste.

Gebohren 1685. den 1. Oktober.
Trat die Regierung an 1711. den 17. April.
Wurde gekrönt 1723. den 5. September.
Starb 1740. den 20. Oktober.

Maria Theresia.

Gebohren 1717. den 13. Mai.
Folgte in der Regierung 1740. den 20. Oktober.
Wurde gekrönt 1743. den 29. April.
Starb 1780. den 29. November.

Karl Albrecht,

Kurfürst und Herzog in Baiern.

Ihm wurde zwar zu Prag als K. zu Böhmen gehuldigt 1741. den 19. Dezember.

Joseph der Zweite.

Gebohren 1741. den 13. März.
Folgte in der Regierung 1780. den 29. November.

Zeitfolge
der
Herzoge und Könige
in
Polen.

Piast.

Wird erwählt zum Herzog in Polen im Jahr 842.
Starb 861.

Ziemovit.

Folgt in der Regierung 861.
Starb 892.

Lesko der Vierte.

Folgte nach dem Vater 892.
Starb 913.

Ziemomislas.

Folgte nach seinem Vater 913.
Starb 964.

Micislas oder Miecislas.

Folgte auf seinen Vater 964.
Starb 999.

Boleslas der Erste,
mit dem Beiname Chobri, unerschrocken.

Folgte nach dem Vater 999.
Erhielt vom Kaiser Otto III. den Königstitel 1001.
Starb 1025. den 28. Oktober.

Miecislas der Zweite.

Folgte auf den Vater 1025.
Starb 1034. den 15. März.

Zwischenzeit.

Kasimir der Erste.

Wurde aus dem Kloster in Frankreich zurück berufen, und folgte seinem Vater im Herzogthum 1041.
Starb 1058. den 28. November.

Boleslas der Zweite.

Folgte auf seinen Vater 1058.
Starb 1081.

Wladislas Hermann.

Folgte auf seinen Bruder 1081.
Starb 1102. den 26. Julius.

Boleslas der Dritte.

Gebohren 1085.
Folgt auf den Vater 1102.
Starb 1139.

Wladislas der Zweite.

Folgte auf seinen Vater 1139.
Er wurde in dem Kriege wider seine Brüder geschlagen, und flüchtete sich nach Deutschland, 1146.
Starb 1159. den 4. Julius.

Boleslas der Vierte.

Folgt auf seines Bruders Entweichung 1146.
Starb 1173. den 30. Oktober.

Miecislas der Dritte.

Folgte auf seinen Bruder 1173.
Sein Bruder Kasimir trieb ihn in die Flucht 1178. Also war der Thron ledig.

Kasimir der Zweite.

Gebohren 1138.
Ward als Herzog ausgerufen 1178.
Starb 1194. den 4. Mai.

Lesko der Fünfte.

Folgte auf seinen Vater 1194.
Wurde ermordet 1227. den 11. November.

Boleslas der Fünfte.

Gebohren 1219.
Ward als Herzog von Polen ausgerufen. 1227.
Starb 1279. den 10. Dezember.

Lesko der Sechste.

Wurde als Herzog von Polen erkannt 1279.
Starb 1289.

Zwischenreich.

Premislas der Zweite.

Nahm den Königstitel an, und ließ sich krönen 1295. den 26. Junius.
Wurde ermordet 1286, am Aschermittwoch.

Wladislas Loktik,

Bruder des Lesko des Sechsten.

Kam zum Thron als Herzog 1296.
Ward abgesetzt 1300.

Wenzeslas.

König in Böhmen und Polen.

Ward als König von Polen gekrönt 1300.
Und vertrieben 1304.

Wladislas Loktik abermal.

Wurde zurück berufen 1304.
Ließ sich zu Krakau krönen 1320.
Starb 1333. den 10. März.

Kasimir der Dritte.

Folgte auf seinen Vater 1333.
Starb 1370. den 8. November.

Ludwig
König in Hungern und Polen.

Ward als König von Polen ausgerufen 1370.
Starb 1382. den 14. September.

Zwischenreich.

Hedwig und Jagello.
unter dem Name
Wladislas der Fünfte.

Hedwig ward zu Krakau gekrönt 1384.
Sie heurathete den Herzog Jagello 1386. den 17. Februar.
Hedwig starb 1399.
Jagello starb 1434. den 31. Mai.

Wladislas der Sechste.

Gebohren 1424. den 31. Oktober.
Folgte auf seinen Vater 1434.
Entfloh aus Polen 1437.
Wurde als König in Hungern erwählt 1440.
Komt in der Schlacht um 1444. den 10. November.

Kasimir der Vierte.
Herzog von Lithauen.

Gebohren 1427. den 29. November.
Folgte auf seinen Bruder 1445.
Zum zweitenmal erwählt 1446.
Wurde zu Krakau gekrönt 1447. den 26. Junius.
Und starb 1492. den 7. Junius.

Johann Albrecht.

Gebohren 1451.
Folgt auf seinen Vater 1492.
Starb 1501. den 17. Junius.

Alexander.

Folgte auf seinen Bruder 1501.
Vereinigte Lithauen mit Polen.
Starb 1506. den 19. August.

Siegmund.
Bruder des Alexander.

Folgte auf seinen Bruder 1506.
Starb 1548. am Ostersonntag, 1. April.

Siegmund August.

Sohn Siegmunds.

Folgte auf seinen Vater 1548.
Starb 1572. den 7. Julius.

Zwischenreich.

Heinrich von Valois.

Ward zu Krakau gekrönt 1574. den 21. Februar.
Verließ Polen 1574. den 18. Junius.

Stephan Bathor

Fürst in Siebenbürgen.

Ward als König in Polen erwählt 1575. den 1. Dezember.
Zu Krakau gekrönt 1576. am 1. Mai.
Und starb 1585. den 13. Dezember.

Siegmund der Dritte,

aus Schweden.

Wurde als König ausgerufen 1587. den 9. August.
Und zu Krakau gekrönt 1587. den 27. Dezember.
Starb 1632. den 29. April.

Wladislas der Siebende. *

Gebohren 1595. den 9. Junius.
Wurde nach seines Vaters Tod erwählt 1632. den 13. November.
Und gekrönt 1633. den 18. Februar. **
Starb 1648. den 19. Mai

* In einer Urkunde (des k. k. geh. H. A.) nennt er sich den Vierten; und 1627. schon König: Vladislaus Quartus Dei gratia Rex Poloniæ — necnon Suecorum — hereditarius Rex — Datum Varsauiæ die XXV. Mensis Februarii Anno Regnorum Nostrorum Poloniæ IV. Sueciæ vero III.

** Georgisch führt eine Urkunde an: Dat. Cracoviæ in Comitiis Coronationis suæ die 14. Mart. 1633.

Johann Kasimir,

Sohn Siegmund des Dritten.

Wurde nach seinem Bruder als König ausgerufen 1648. den 20. November.
Und gekrönt 1649. den 17. Jäner.
Legte die Regierung ab 1668. den 16. September.
Und starb 1672. den 15. Dezember.

Michael Koribut Wiesniowiecki.

Vom Jagellonischen Stamme.

Ward erwählt 1669. den 19. Junius.
Starb 1673. den 10. November.

Johann Sobieski.

Gebohren 1629.
Ward erwählt 1674. den 21. Mai.
Und gekrönt 1676. den 2. Februar.
Starb 1696. den 17. Junius.

Zwi-

Zwischenreich.

Friedrich August.

Ward erwählt 1697. den 27. Junius.
Gekrönt 1697. den 15. September.
Allgemein dafür erkannt 1698. den 16. Mai.
Wurde abgesetzt 1704. den 15. Februar.

Stanislas Leczinski.

Gebohren 1677. den 20. Oktober.
Ward erwählt 1704. den 12. Julius.
Und zu Warschau gekrönt 1705. den 4. Oktober.
Verließ Polen 1714.

Friedrich August.

noch einmal.

Bemächtigte sich des Throns und wurde als König erkannt 1709. den 2. Oktober.
Starb 1733. den 1. Februar.

Zwischenreich.

Stanislaus.

Ward zum zweitenmal König 1733. dem 12. September.

Friedrich August.

Wurde nach seinem Vater erwählt 1733. den 5. Oktober.
Gekrönt 1734. den 17. Jäner.
Allgemein als König erkannt 1734. den 26. Junius.
Und starb 1763. den 5. Oktober.

Zwischenreich.

Stanislas August.

Gebohren 1732. den 17. Jäner.
Wurde erwählt 1764. den 7. September.
Und gekrönt 1764. den 25. November.

Kritische Untersuchung

der bisher noch unbestimmt gebliebenen Erwählung- und Krönungs-Epochen Siegmunds Hungerischen, Römischen, Böhmischen Königs und Römischen Kaisers.

Daß die Erwählung- und Krönungstage Siegmunds noch immer unbestimmt geblieben, erhellet aus einer diplomatischen Aufgabe, die der sel. k. k. Hofrath und geh. Hausarchivar v. Rosenthal einigen Diplomatikern aufzulösen vorgelegt hat; sie lautet also:

" In dem k. k. geh. Hausarchive befindet sich ein Original Brief des röm. Königs Siegmund, „ Königs zu Hungern und Böhmen, worinn weder das Jahr Christi, noch der Tag beigesetzt ist, sondern nur die Jahre der Reiche folgendermassen angeführt werden: „

Geben im Felde bey Kywanczicz in Merhern, vnserer Riche des Hungrischen ꝛc. in dem xxxix. des Romischen in dem xvj. vnd des Behemischen in dem Sechsten Jaren.

" Die Frage ist, in was für einem Jahre, und in was für einer beyläufigen Zeit des Jahrs, dieser Brief ausgefertiget worden sey. „

" Bey den Jahren der Siegmundischen Reiche kommen allerlei Anstände und Bedenken in der „ Berechnung vor, um deren Ausmachung und richtige Bestimmung es noch vornehmlich „ zu thun ist. „

" Hungern betreffend, finden sich zweyerley Meinungen von der Zeit der Annehmung und Krönung Siegmunds zum Könige, welche von einigen in das Jahr 1386. auf Pfingstsonntag (10. Junius), von andern ins Jahr 1387. auf Palmsonntag (31. März) gesetzet wird. Aus verschiedenen andern wegen der Hungerischen und übrigen Reichsjahre eingesehenen, wiewohl zum Theil nicht allerdings miteinander zutreffenden Urkunden, „ habe ich noch nichts zuverläßiges entnehmen und bestimmen können. „

" Der röm. Reichsjahre wegen, hab ich bisher beobachtet, daß Siegmund dieselben von Zeit „ seiner ersten Erwählung wider den Markgrafen Jost im Jahre 1410, und nicht von der „ letztern 1411. gerechnet zu haben scheine. „

" Die Böhmischen Reichsjahre werden nicht von Zeit des Absterbens seines Bruders Wenzel „ im Jahr 1419, sondern von seiner 1420 zu Prag vollzogenen Krönung an gerechnet. „ Diese aber wird von einigen auf den Sonntag vor: von andern nach Jakobi (21 oder „ 28 Julii) angesetzt. „

" Auf allen Fall könnte die Geschichte wegen des Feldlagers bey Eywantschitz zu Hülfe genommen „ werden, wenn nur dieser einzelne Umstand darinn zu finden seyn möchte. „

Diese Aufgabe ist noch immer unerörtert geblieben, weil niemand die Epochen der Regierungsjahre mit Gründlichkeit zu bestimmen auf sich genommen hat. Daß aber diese Bestimmung keine so leichte Sache sey, kann man aus seinen eigenen Worten schlüssen: aus verschiedenen — Urkunden habe ich noch nichts zuverläßiges entnehmen und bestimmen können.

Ich habe hier einen Weg eingeschlagen, der mich richtig zum Ziele führte.

Die Algebre und die Dechifrirkunst sind mir, den Prinzipien nach, sehr wohl zu statten gekommen, ohngeachtet die Diplomatik mit der Algebre nichts gemein zu haben scheint · ..ein, in

diesem

diesem Falle ist doch der Zweck, die Auffindung einer unbekannten Sache: und die Algebre lehrt, aus bekannten Dingen (und dieses sind die dazu gehörigen Urkunden) das Unbekannte suchen und finden.

Dieses Problem gab Anlaß zu gegenwärtiger Untersuchung. — Dieß Untersuchen theilet sich ganz richtig in fünf Paragraphen: §. I. Von der Zeit der hungarischen Krönung. §. II. Von dem Tage der römischen Königswahl. §. III. Von der böhmischen Krönung. §. IV. Von der römischen Krönung zum Kaiser. Und §. V. Auflösung des Problems.

§. I.

Von den wahren Krönungsjahre und Tage Siegmunds als König zu Hungern.

Der Tag der hungarischen Krönung wird von einigen auf den 10ten Junius 1386. und von andern um ein Jahr später, nämlich in das Jahr 1387, auf den 31. März gesetzet. Beide Epochen zu untersuchen sei dieser Absatz gewidmet.

Man kann sicher als ein Axiom annehmen, daß, wenn man eine Sache diplomatisch erweisen kann, es vielmehr Kraft habe, als wenn man sich auf die Autorität der Schriftsteller beziehet; die deswegen doch ihren Werth behält.

Wenn man die Regierungsjahre dieses Königs in den Urkunden durchgehet, so findet sich die Schwierigkeit, daß die Regierungsjahre, als König in Hungern, nicht gleich von seiner Krönung an, und nicht immer daselbst ausgedrückt sind. So findet sich die erste Urkunde mit dem Regierungsjahr im k. k. geh. Hausarchive vom Jahr 1398. *V. Id. Sept.* (9. Sept.) *Regni autem nostri anno duodecimo;* in allen vorhergehenden und sehr vielen folgenden sind die Regierungsjahre ausgelassen. Aber auch diese Urkunde beweiset schon, daß man die Epoche auf das Jahr 1387. 31. März setzen müsse. Welches zu beweisen ist.

Wenn man das Jahr 1386. 10. Junius vom Jahre der Urkunde 1398 9. Sept. abziehet, so bleiben 12. ganze Jahre und einige Tage übrig, ein Zeichen, daß das 13te Jahr schon angefangen habe, welches wider die Urkunde streitet. Ziehet man aber von 1398. 9. Sept. das Jahr 1387. 31. März ab, so bleiben 11. Jahre und einige Tage übrig, also ein Zeichen, daß das 12te Regierungsjahr angefangen habe, welches mit der Urkunde übereinstimmt.— Finden sich zwo Urkunden dieses Königs von einem Jahre, wo die Regierungsjahre abwechseln, so wird diese Epoche in ein besseres Licht gesetzt.— Beim Georgisch. (Regesta chronologico - diplomatica) werden zwo Urkunden dieses Königs von einem Jahre angeführt:

Datum 1415. 28. März — des hungrischen im XXVIII.

und

Datum 1415. 7. April — des hungrischen im XXIX.

Weil nun die Abwechselung der Regierungsjahre zwischen den 28. März und 7. April fällt, so muß auch der Krönungstag dazwischen fallen. Daß aber das Jahr 1387. und nicht 1386. als das wahre Krönungsjahr angenommen werden müße, ist zu erfahren, wenn man von dem Jahre der Urkunden 1415. 28. März, oder 7. April das Jahr 1387. 31. März abziehet, so bleiben beim ersten 27. Jahre und einige Tage, also im 28sten Jahre, und beim zweiten 28 Jahre und 7 Tage, folglich im 29sten Jahre der Regierung. Diese Weise ist der Probierstein aller übrigen Regierungsjahre.

Weiter kommen nochmal zwo Urkunden von einem Jahre vor:

Datum 1417. 26. Martii, regnorum — Hung. — XXX.

und

1417. 5. April — des hungrischen im XXXI.

mithin fällt der Krönungstag zwischen den 26. März und 5. April.

Noch einmal finden sich zwo Urkunden von einem Jahre:

Datum 1426. 20. Martii, regnor. — Hung. — XXXIX.

und

1426. 1. Aprilis, regn. — Hung. — XL.

also war die Abwechselung der Regierungsjahre zwischen den 20. März und 1. April.

Endlich findet sich noch eine andere Urkunde, die den Krönungstag vollends bestimmet.

Dat. 1425. 30. Martii, regn. — Hung. — XXXVIII.

Es ist daher klar, daß der 30. März der letzte Tag des 38sten Regierungsjahres sey; weil am 1sten April des obigen 1426sten Jahrs der zweite Tag des 40sten Regierungsjahrs war; oder, um sich auf andre Art auszudrücken: Es erhellet klar, daß der 31ste März der wahre Krönungstag des Königs Siegmund in Hungarn sey, weil die Abänderung der Regierungsjahre zwischen den 30. März und ersten April fällt; folglich ist diplomatisch erwiesen, daß der 31. März des 1387sten Jahrs der wahre Krönungstag Königs Siegmund in Hungern sei, welches zu beweisen war.

Mit diesem Tage kommen auch die gleichzeitigen Schriftsteller überein. Der gelehrte P. Pray in seinen Jahrbüchern von Hungern führt zwo Stellen an: " Als man zalte tausend dreyhundert und „ sieben und achtzig jar darnach des lesten tages in dem Merzen, da wart Konig Sigmund zu „ ungerischen Konig gekronet — — und was auf dem Palmtag in demselben Jare. „ Windekius in Hist. vitæ Sigismundi Imp. Cap. IV. ap. Menken Tom. I. Script. rer. Germ. p. 1074. Und die zwote Stelle: " *Eodem anno 1387. Sigismundus Marchio Brandenburgensis in Regem Hungariæ dominica Palmarum coronatur.* „ Caresinus ap. Lucium Lib. V. Cap. II. &c.

§. II.

Von dem wahren Erwählungs- und Krönungstage Siegmunds zum römischen Könige.

Bey dem Tage der Erwählung Siegmunds zum römischen König kommen abermal zweierley Meinungen vor. Georgisch (in Regestis chronologico - diplomaticis) nimmt den 21. Julius an; und andere den 20. September. Mit dem Jahre 1410. kommen alle überein. Nun ist zu untersuchen, welcher Tag für die wahre Epoche der Erwählung Siegmunds zum römischen König zu halten sei.

Georgisch liefert uns folgende Urkunden: Es finden sich zwo von einem Jahre:

Datum 1436. 22. Julii, regn. Rom. — XXVI.

und

1436. 29. Sept. regn. Rom. — XXVII.

daraus ist schon zu schliessen, daß der 21. Julius der Tag der Erwählung nicht sei, weil erst zwischen dem 22. Julius und 29. September die Veränderung der Regierungsjahre vorkömmt.

Weiter trift man beim Georgisch noch einmal zwo Urkunden von einem Jahre an:

Datum 1434. 23. Aug. romani Regni — XXIV.

und

1334. 23. Sept. *romani regni — XXV.*

Also kömmt der zu suchende Tag der Erwählung zwischen den 13. August und 23. September, weil die Abänderung der Regierungsjahre entzwischen fällt.

Daraus kann man nun schon sicher schliessen, daß nicht der 21. Julius, sondern der 20. September der wahre Erwählungstag sey, und also der Tag, von welchem er seine Regierungsjahre zählet.

Siegmund ist zweimal zum röm. König erwählet worden. Das erstemal 1410. den 20. September wider den Markgrafen Jodokus in Mähren; und das anderemal nach des Jodokus Tode 1411. den 21. Julius. Und daraus läßt sich entdecken, warum Georgisch den 21. Julius zur Epoche seiner Regierungsjahre bestimmt habe, indem er wohl vom 21. Julius wußte, aber nicht wußte, daß er nur zur zweiten röm. Königswahl 1411 gehöre.

Daß aber Siegmund die röm. Regierungsjahre von dem Erwählungstage, und zwar von der ersten Erwählung rechne, bezeuget das Datum einer Urkunde beim *Dumont* (Corps diplomatique Tom. II. P. II. p. 17.)

Sigismundus — Datum Aquisgrani, anno domini 1414, ipsa die coronationis nostræ, quæ fuit 8. Nouembris, Regnorum nostrorum anno Hungariæ &c. vigesimo octavo, Romanorum vero electionis quinto.

Diese Urkunde beweiset erstens: daß die Regierungsjahre vom Wahltage an gezählt werden; und wenn man nachrechnet, wie oben gewiesen worden, von der ersten Wahl; und daß zweitens der wahre Krönungstag zum röm. König der 8. November sei.

Noch eine andere Urkund beweiset, daß Siegmund die Regierungsjahre eines röm. Königs von seiner ersten Erwählung rechne. Sie ist beim Georgisch zu finden.

Datum Nouimagi a 1416. 17. Nouembr. regnor. nostror. Hungariæ anno XXX. Romanorum electionis anno VII. Coronationis anno III.

Wenn man abermal nachrechnet, wie oben gewiesen worden, so zeigt sich, daß Siegmund die röm. Reichsjahre von der ersten Wahl rechne.

Doch muß man bekennen, daß nicht alle Urkunden beim Georgisch übereinstimmen. Wenn die Schuld dem Buchdrucker nicht beizumessen ist, und, wenn in dem Original die Regierungsjahre auch so geschrieben sind, wie sie sich im Drucke befinden, so muß man, um eine Urkunde nicht für verdächtig zu halten, (bis andere Umstände es wahrscheinlicher machen,) seine Zuflucht zur zweiten Erwählungs-Epoche nehmen, und die Schuld den Cancellariis beimessen, welche öfters eine Epoche für die andere genommen haben. Hier ist ein Beispiel.

Beim Georgisch findet sich diese Urkunde:

Dat. 1414. 1. Nouembr. regni romani a. IV.

Wenn man diese Urkunde mit der Epoche der ersten Wahl zusammen hält, so zeigt sich, daß das 4te Jahr schon verflossen, und das 5te schon angefangen habe. Dieses streitet wider die Urkunde. Nimmt man aber die zweite Wahl, so ist die Urkunde gerettet. Ueberhaupt werden die Regierungsjahre von der ersten Wahl gerechnet; einige Urkunden aber gehören unter die Anomalien.

§. III.

Von dem wahren Krönungstage Siegmunds als König in Böhmen.

Hagecius setzt die böhmische Krönung auf den Tag nach Prokopius; nun aber wird das Fest des h. Prokops im Königreiche Böhmen den 4. Julius gefeiert; also fiel die böhmische Krönung auf den 5. Julius.

Andere setzen den Krönungstag auf den Sonntag vor, und wiederum andere auf den Sonntag nach Jakobi (21. oder 28. Julius.)

Zwar hat sich Siegmund nach einer im k. k. geh. H. A. befindlichen Urkunde im Jahr 1420. den 20. Julius schon König zu Böhmen geschrieben: Wir Segemund von g. g. Romischer Kunik zu allen czeiten merer des reiches vnd zu Vngern czu Böheim ꝛc. Kunig — — Geben zu Prage — 1420. am nehisten Sampstag vor s. Mariemagdalenen tage, vnserer Reiche des Vngrisschen in dem vierundreissigisten vnd des Romischen in dem zehenden Jaren. Aber die böhmischen Reichsjahre zählte er noch nicht. Auch den 27. Julius dieses Jahres zählte er noch keine bömischen Reichsjahre: *Sigismundus — — Datum anno domini 1420. die 17. Julii. Regnorum nostrorum anno Hungarie Tricesimo quarto, Romanorum vero decimo.*

Nun wollen wir doch nach unserer Art untersuchen, ob es der 5te, oder 21te, oder 28te Julius seyn kann. Noch ist zu erinnern, daß wegen der Krönungsjahre kein Streit ist, sondern alle Schriftsteller mit dem Jahre 1420. übereinstimmen.

In dem k. k. geh. H. A. findet sich eine Urkunde:

Datum 1428. 11. Julii, Regni Bohemie — — VIII.

Wenn man die Hagezische Epoche (1420. 5. Julii) vom gegebenen Jahre abzieht, so bleiben 8 Jahre und 6. Tage, welches anzeigt, daß das 9te Jahr schon angefangen habe, welches gegen die Urkunde streitet. Also muß die Krönung später geschehen seyn.

*Beim Georgisch findet sich folgendes Datum:

1430. 25. Julii, regn. Bohemiæ — — X.

Wenn man die zweite Epoche (1420. 21. Jul.) von diesem Datum abzieht, so bleiben 10 Jahre und 4 Tage, welches abermal anzeigt, daß das 11te Jahr schon angefangen habe, aber wiederum gegen die Urkunde streitet. Aus diesem erhellet, daß auch der 21te Jul. der Krönungstag nicht seyn kann.

Beim *Dumont* (Corps diplom. III. P. I. p. 30.) befindet sich eine Urkunde:

Datum 1437, die lune post festum S. Jacobi (29. Jul.) *regni Bohemici — XVII.*

Wenn man nun die dritte Epoche (1420. 28. Jul.) annimmt, und vom letztgegebenen Datum abzieht, so bleiben 17 Jahre und 1 Tag, welches ebenfalls beweiset, daß das 18te Jahr schon angefangen habe, und eben so wider die Urkunde streitet. Der Krönungstag muß also noch um etwas weiter hinaus gerücket werden.

In den k. k. geh. H. A. findet sich eine Urkunde mit folgendem Datum:

Geben zu Eger 1437. an s. Peters tag ad Vincula (1. Aug.) vnserr Reiche — des Behemischen Im Achtczehenden — Jaren.

Wenn man die nämliche Epoche (1420. 28. Jul.) von dem itztgegebenen Datum abzieht, so bleiben 17 Jahre und 3 Tage; so folget daraus daß das 18te Jahr schon angefangen habe, mithin der Krönungstag schon vorbei sei. Weil nun die beiden letztern Urkunden in einem Jahre, nämlich 1437, gegeben worden sind, und die Abänderung zwischen dem 29. Jul. und 1. Aug. vorkömmt, so ergiebt sich klar, daß zwischen diesen Tagen der Krönungstag gewesen seyn müsse.

Beim Georgisch trift man noch ein Datum an, welches den Krönungstag noch näher bestimmen hilft:

1434, die ultimo mensis Julii (31. Jul.) *anno Bohemiæ XV.*

Nach der Epoche 1420. 28. Jul. ist der Krönungstag auch schon vorbei. Dieses beweist, daß Siegmund zwischen den 29. und 31. Julius, folglich den 30. Julius als König von Böhmen gekrönet worden sei.

Mit diesem Tage stimmt auch Balbinus überein, der da schreibt: „30. Julii de consilio „omnium Procerum Sigismundus Pragæ obsidionem soluit. — Eodem ipso die Sigismundus a Con„rado Archiepiscopo in arce S. Viti Bohemiæ Rex coronatur.“ (*Balbin. Epit. rer. bohem. Lib. IV. Cap. VII. p. 440.*)

* Gelehrte Freunde machten mich auf diese Epoche der böhmischen Krönung, nachdem Sie dieselbe in dem zweiten Theile der Beiträge zur Erweiterung der Geschichtskunde von Joh. Georg Meisel 1782, in welche diese kritische Untersuchung als ein Versuch eingerückt ist, gelesen hatten, mißtrauisch. Auch eine Urkunde, die mir vor diesem nicht zu Gesicht gekommen, hat mich aufmerksam gemacht, und daher bewogen, weiter nachzuspüren. Getreu dem Gefühle des bessern, gebe ich diese Epoche hier anders, als sie in den vorgenannten Beiträgen erschienen ist.

§. IV.

Von dem Jahr und Tage der Krönung Siegmunds zum römischen Kaiser.

Ueber dieses Jahr, und den Tag ist unter den Schriftstellern keine Verschiedenheit. Siegmund ist zu Rom den 31. Mai 1433. gekrönet worden, und vom nämlichen Tag und Jahre ist von ihm eine Urkunde vorhanden, dessen Datum beim Georgisch also lautet:

Datum apud S. Petrum in Capella, ultima die mensis Maii, regnorum nostrorum anno Imperii I.

Georgisch führet drei Urkunden von einem Jahr an, die einer Erläuterung bedürfen:

Datum. 1435. 8. Maii — anno Imperii II.
1435. 6. Julii — anno Imperii IV.
1435. 19. Julii — anno Imperii III.

Die erste Urkunde kömmt richtig mit der izt angeführten Epoche (1433. 31. Mai.) überein. Eben so verhält es sich mit der Dritten; denn weil sie nach dem 31. Mai ausgefertiget worden, so hat das dritte Reichsjahr bereits angefangen. Die zweite hingegen sollte man beinahe für unächt halten. Allein Kaiser Siegmund ist vor der Krönung zu Rom auch zu Mailand 1431. den 25. November zum König von Italien gekrönet worden: und diese Epoche hat der Kanzler mit der römischen verwechselt; und so ist die Urkunde zu retten. Denn, wenn man diese Epoche von dem Jahre der Urkund' abzieht, so macht es das vierte Jahr.

Und hiemit sind die Epochen der hungerischen Krönung, der Erwählung zum römischen König, und der böhmischen Krönung Siegmunds diplomatisch, streng, und einleuchtend bewiesen, und einige Urkunden, wegen Vermengung verschiedener Epochen, gerettet worden.

§. V.

Auflösung der diplomatischen Aufgabe.

Weil nun die Epochen der verschiedenen Krönung und Erwählung erörtert sind, so findet sich keine Schwierigkeit mehr, die Aufgabe aufzulösen. Die Auflösung besteht im folgenden: man setze zu jeglichem Krönungs- und Erwählungsjahre die in der Aufgabe angegebene Regierungsjahre, weniger eins, hinzu, so müßen die Summen auf ein Jahr hinauslaufen.

Die hungerische Krönung geschah 1387. 31. Mai. Die Aufgabe sagt: des hungerischen im 39sten Jahre. Man setze 38 hinzu, so kömmt die Summe 1425.

Die böhmische Krönung war 1420. 30. Julius. Die Aufgabe sagt: des böheimischen im 6sten Jahre. Man setze 5 hinzu, so kömmt zur Summe 1425.

Die Erwählung zum römischen König geschah 1410. 20. Sept. Die Aufgabe sagt: des römischen im 16ten Jahre. Man setze also 15 hinzu, so kömmt die Summe 1425.

Hiemit lautet die Auflösung also:

Die Siegmundische Urkund' ist gefertigt im Jahre 1425, zwischen dem 20. September und halben Oktober, weil man dazumal nicht länger sich im Felde aufhielt.

Einem Einwurf muß man noch zuvorkommen. Man könnte sagen, im Jahre 1426. bis den 31. März gelten noch immer die nämlichen Regierungsjahre: also könne sie auch im Jahre 1426. ausgefertiget worden seyn. Allein, wenn man bedenkt, daß die Urkund im Felde gefertiget worden, und wenn man weiter betrachtet, daß man damals nicht so frühe (vor dem 31sten März) in das Feld rückte, so ergiebt sich von selbst, daß sie noch im Jahre 1425. gegeben worden sei.

Untersuchung
des
Geburtstages
Siegmunds
Römischen Kaisers ꝛc.

Ich finde in dem geh. Hausarchive (schreibt H. Archivar von Rosenthal) keine Urkunden, woraus der eigentliche Geburtstag Kaisers Siegmunds bestimmet werden könnte. Die böhmischen Geschichtschreiber aber, und die Briefe beym Wenker geben hierinne sattsames Licht.

Lupatius in Ephemer. siue Kalend. Histor. ad d. 15. Febr. meldet, daß alle Annales domestici, die er gesehen, in dem Jahr 1368. übereinstimmen; der Tag der Geburt aber werde in einigen Handschriften auf den 15. Februar gesetzet, welches er jedoch einer weiteren Untersuchung überläßt. Eben dieses Jahr und den erwehnten Tag bestimmet Adam von Weleslawina in seinem böhmischen historischen Kalender S. 88. allwo er den Hagez anziehet, welcher aber ad a. 1368. nur den Monath Februar, ohne Tage, anführet. Weleslawina merket zugleich an, daß einige den 28. Juny, und das Jahr 1367. setzen, welches aber irrig sey. Dieser irrigen Meinung ist auch Heneltus in Annal. Siles. ap. Sommersberg T. II. S. R. S. pag. 295. Balbinus, welcher in Epit. Hist. Reg. Boh. L. 3. Cap. 21. pag. 375. nur das Jahr 1368. anführet, aber in Miscell. Dec. 1. Lib. 7. pag. 178. den 15. Februar hinzusetzet, scheinet diesen Tag aus den Lupazius und Weleslawina genommen zu haben.

Wenker in Collect. Archiv. pag. 126. hat zwey Briefe, ohne Jahrzahl von der Kaiserinn Elisabeth, K. Karl des IV. letzten Gemahlinn und K. Siegmunds Mutter bekannt gemachet, wodurch sie den Straßburgern die Geburt zweyer Söhne zu zwey verschiedenen Zeiten zu wissen gethan. Der erste Brief ist vom 16. Febr. ihrer Reiche im V. Jahre datirt, und darinne wird die feria secunda post dominicam Exurge, hora quasi septima in nocte als die Geburtszeit des einen Sohns angeführt. Der zweyte Brief aber ist vom 23. Juny ihrer Reiche im VII. und des Kaiserthums im II. Jahre: und laut desselben ist der andere Sohn Sabbatho ante * festum s. Joannis baptistæ, hora quasi XXII. gebohren worden. Die in beyden Briefen beygesetzte Jahre der Reiche, und in dem einen des Kaiserthums, geben zu erkennen, daß der erste vom J. 1368, und der andere vom Jahre 1370. sey, indem die K. Elisabeth im J. 1363 mit K. Karln vermählet, und 1368. am Allerheiligen Tag zu Rom zur Kaiserinn gekrönet worden.

* Ich lese ante anstatt in beym Wenker, weil vermuthlich in autographo an. gesetzt gewesen; denn in festo kann es nicht heissen, weil im J. 1370, wovon der Brief ist, das Fest des h. Johann des Taufers nicht auf einen Samstag, sondern Montag gefallen ist.

Aus dieser Zeitrechnung ist also unwidersprechlich zu schliessen, daß der erste Brief von der Geburt des Königs Siegmund, der andere aber von seinem jüngern Bruder Johann von Görlitz zu verstehen sey. Denn darinne kommen die Geschichtschreiber überein, daß dieser Johann, als der zweyte Sohn der K. Elisabeth im J. 1370, ihr dritter Sohn Karl aber im J. 1372. gebohren worden. Dahero irret sich Struve in Corp. Hist. Germ. Per. 9. Sect. 9. ad §. 1. p. 678. Da er diesen letztern Brief beym Wenker auf den Siegmund ziehen will.

Der

Der in dem ersten Brief vom J. 1368. erwehnte Geburtstag K. Siegmunds feria secunda post Dominicam Exurge fällt zwar nach dem Calendario Rabiano auf den 14. Febr. selbigen Jahrs. Weil aber die Geburtsstund hora quasi septima in nocte gewesen, und aus dem zweyten Brief, worinn die 22ste Stund genennet wird, zu sehen ist, daß man sich damals zu Prag als dem Loco dati nach der langen Uhr von 24 Stunden gerichtet habe, wie es noch heut zu Tage sowohl daselbst zu Prag bey dem Alt- und Neustädter Rathhause, als an verschiedenen andern Orten in Böhmen gebräuchig ist; so ergiebt sich, daß die hora quasi septima in nocte von Sonnenuntergang an zu rechnen, im damaligen Monath Februar just um Mitternacht eingetroffen ist. Und kann dahero, um den Innhalt des Briefs, welcher eigentlich auf den 14. Februar lautet, mit den Geschichtschreibern, welche den 15. setzen, ohne Zwang zu vereinbaren, mit gutem Grunde behauptet werden, daß K. Siegmund im J. 1368. zwischen den 14. und 15. Februar um Mitternacht gebohren worden.

Uebrigens steht denenjenigen, welche den 28. Juny 1368. für den Geburtstag K. Siegmunds angeben, auch noch entgegen, daß K. Karl samt seiner Gemahlinn schon in demselben Monathe Juny nach Italien abgereiset ist.

Dubravius (lib. 22. Hist. Boh. pag. m. 185.) vermeinet, daß Siegmund erst nach K. Karls Zurückkunft aus Italien gebohren worden; welches aber unerweislich ist. Noch weniger reimet sich das in den beyden Editionen cum notis Jordani am Rande gesetzte Jahr 1362. (So weit Hr. Hofrath von Rosenthal.)

Kritische Untersuchung
von den Epochen der Regierungsjahre Albrechts II. Römischen, Hungerischen und Böhmischen Königs.

Von der Böhmischen Wahl und Krönung.

Der sel. v. Rosenthal hat folgendes auf einem Blatt angemerket: Gewaltbrief auf einige österrei-
chische Landleute zu Regierung des Landes Oesterreich in seiner Abwesenheit: „ Wir Albrecht von
„ g. g. Küuig ze Hungern Dalmatien ꝛc. Bekennen, als wir nu — — zu einem Kunig ze Hun-
„ gern gekrönet, vnd auch zu ainem Behemischen künige sein erwelet worden, dadurch vnser ku-
„ nigleich magestat, nu mer zu hanndeln vnd zu schaffen hat, dann vor — — Mit vrkunt des
„ briefs. der geben ist ze Ofen an Suntag nach sant Dorotheen tag, (9. Febr.) Nach Kristi
„ gepurd, vierczehenhundert Jar, vnd darnach in dem acht vnd dreyssigisten Jare, vnsers Reich ze Hun-
„ gern ꝛc. in dem ersten Jare. “ — Hieraus erhellet, daß Albrecht den 9. Febr. 1438. schon zum
Könige von Böhmen erwählet gewesen sey; welche Wahl Hagecius, Lupatius, Welesavina &c.
am Tage S. Joannis Euang. (27. Dec.) 1437. geschehen zu seyn erzählen; andere aber selbe erst in
den Mai 1438. setzen, das aber per priorem discordem & posteriorom concordem electionem com-
binirt werden muß. Noch ist anzumerken, daß er in vorangezogener Urkunde keine böhmischen Regierungsjahre zählet. (Soweit v. Rosenthal.)

In dem k. k. geh. Hausarchiv ist noch eine Urkunde wegen dieser böhmischen Krönung.
Nämlich ein Brief an seinen Vetter Herzog Friedrich zu Oesterreich: „ Albrecht von g. g. Küuig
„ ze Hungern, Dalmatien ꝛc. — — Daz wir vnd — vnser Gemahel nu nachst an dem Eben-
„ weichtag — zu Weissemburg — gekronet worden — So ist vns heut ain schreiben von vnsern
„ Reten vnd Dienern die wir zu Prag haben, kömen, desselben brieffs abschrift wir dir sen-
„ den, daran du wol magst vernemen, wie vnser sachen daselbs ain gestalt haben, und geschicket
„ sein, das alles verkünden wir deiner lieb aber in sundern wolgetrawen vnd zu sunderleichen frewden,
„ wan wir zweifeln nicht, wenn du das vernemest, du emphahest davon mitsampt vns frewde, vnd
„ guten mut — Geben zu Ofen an Phinztag nach s. Erhartstag (9. Jäner) Anno ꝛc. Tricesimo-
„ octauo, Vnserr Reich des Ungerischen ꝛc. in dem ersten Jare. “ — Es ist zu bedauern, daß die
eingeschlossene Abschrift nicht vorhanden ist, aus der man den ganzen Inhalt des Fürgangs zu Prag
abnehmen könnte. Doch beweiset dieses Schreiben K. Albrechts, daß in Böhmen vor dem 9. Jäner die Wahl schon vor sich gegangen seyn müße; denn sonst würde er seinem Vetter die Zeitung
nicht so freudig angekündiget haben, indem das innliegende Schreiben nur allein das Geschäft seiner
Räte und Diener zu Prag betrifft.

In einer Urkunde vom 13. März 1438. schreibt er schon in seinem Titel: „ Wir Albrecht
„ von g. g. Kunig ze Hungern ꝛc. Erwelter Kunig ze Behem, Herzog ze Oesterreich ꝛc. “ —
Dieses beweiset ferner, daß er nicht erst im Monate Mai, sondern schon vor dem 9. Jäner, wie
oben bewiesen worden, zum König von Böhmen erwählet worden. — Doch ist eine nochmalige Wahl
im Mai vorgenommen worden, so, daß die erste nur von einem Theile der Stände, die zweite
aber einmühiger geschehen sei. Die erstere Wahl berührt eine Stelle des Balbinus (Epit. Lib. 5.
„ Cap. 2. p. 498.): „ extremo mense 1437 & anni sequentis initio Comitia de noui Regis
„ electione litigiosa fuisse; & partem aduersam — Casimirum Wladislai Poloniæ Regis fratrem
„ 6. Mai conuentu in Tabor celebrato elegisse. “ — Und die zweite der gelehrte Piarist Pater Gelasius (in Monument. Bohem. pag. 200 seq.): „ Albertum eodem anno 1438. dominica post A-
„ scensionem Domini (25. Mai) & ipsa septimana venisse Iglauiam, & ibi per Barones Bohe-
„ miæ aliosque fautores suos in Regem Bohemiæ electum esse feria 6. in crastino Corporis

„ Christi, quod erat feria 6. ante S. Viti die 13. Junii — in civitatem Pragam pro Domino „ adductum & assumptum." — Bald darauf geschah die Krönung zu Prag nämlich den 29. Junius am Peter und Pauls Tage, welche keinem Zweifel unterworfen ist, wie es vorgedachter Balbinus (Epit. Lib. 5. Cap. 8. p. 498.) ex Msto Barthol. Drahonicii beweiset.

Wegen der kurzen Regierung dieses Königs sind wenige Urkunden vorhanden, und fast gar keine, die diesen Epochen vor= oder nachgehen, woraus man Beweise ziehen könnte. Nur eine einzige solche Urkunde befindet sich im k. k. geh. Hausarchive vom 17. April 1439. *Regnorum nostrorum anno secundo*, welche überzeugt, daß wenigstens vom 17. April. 1438. Albrecht schon die böhmischen Reichsjahre zählte.

Von der Hungerischen Wahl und Krönung.

Die Hungerischen Erwählungs= und Krönungs=Epochen sind ausser Streit. Albrecht ist zu Presburg 1437. 19. Dezember erwählt, und den ersten Jäner darauf (1438.) zu Stuhlweissenburg gekrönet worden, wie es der oben angeführte Brief Albrechts an seinem Vetter Herzog Friedrichen vom 9. Jäner 1438. bezeuget.

Von der römischen Königswahl.

Die Erwählung zum römischen König ist auch keinem Streit unterworfen. In dem k. k. geh. Hausarchive befindet sich das Original Wahldekret der Kurfürsten: „ nach Inhalt der Heiligen Keiserlichen gesetze dage vnd ziel gesaczt, zugeschreben vnd verkundet gen Frangfurt, Mitnamen den Sontag Reminiscere itzt vergangen, mit den andern nachfolgenden tagen, zu der wale und Kure eines Romischen Kuniges notdorfftig, vnd als wir uff den iczgenanten Sontag gen Frangfurt komen waren, Haben wir uff den Mantag darnach eine Messe von dem heiligen geiste lassen singen, uff die Mittewochen allernehste darnach volgende — Sin wir alle vnd vnser iglicher besunder, vor den Altar gegangen, vnd haben unserr eyde — getan vnd gesworen, vnd darnach uff den Dinstag Mitnamen nach dem Sontage als man in der heiligen kirchen in der Vasten pfleget Oculi zu singen, Haben wir — zu einem Romischen Kunige ob gott will zukünftigen Kayserr, eynmuticlichen — erwelet vnd gekoren — — Des zu Orkunde vnd mehrer sicherheit — Nach Cristi geburte Vierczenhundert, vnd darnach in dem achtvnddrissigsten Jare in der ersten Indiccien — vff den Dinstag nach dem Sontag Oculi, der was der Achczehende des Mandes Martii. 2c." — Doch hat er diese Wahl, wegen dem Königreich Hungern, nicht gleich angenommen. Die Annehmung des deutschen Reiches geschah erst den 29. April in der St. Stephanskirche zu Wien. — Aber die zu Aachen den 30. Mai 1438. geschehen seyn sollende Krönung ist ganz unmöglich. Denn ein Uebergabbrief Albrechts über die Herrschaft Ernstbrunn: Geben zu Wien Suntag vor dem h. Auffarttag (18. Mai) 1438; Und eine andere Urkunde desselben: Geben ze Wien an Suntage s. Vrbans tag nach kristi geburde 1438. (25. Mai); auch eine dritte von ebendemselben: Wien an Mittich vor Pfingsten (28. Mai 1438, beweisen, daß er weder den 25. Mai zu Iglau (wie die vom P. Gelasius angezogene Stelle lautet), weder den 30. Mai zu Aachen gewesen seyn könne, weil er noch den 28. Mai zu Wien war. Diese drei Urkunden befinden sich in dem k. k. geh. Hausarchive.

Kritische Untersuchung

der Erwählungs- und Krönungs-Epochen Friedrich des Dritten römischen Königs, Kaisers und Königs zu Hungern.

Herr Hofrath von Rosenthal hat einige Anmerkungen über die Rechnung der Regierungsjahre in den Urkunden Kaisers Friedrich des Dritten auf einzelnen Papieren hinterlassen, die ich hier ergänzt liefere.

Die Kaiser pflegten in vorigen Zeiten, da die Empfangung der kaiserlichen Krone zu Rom noch im Gebrauche war, in ihren Urkunden die Regierungsjahre des römischen Reichs und des Kaiserthums zu unterscheiden, und die ersteren von dem Tage der römisch-königlichen Wahl oder königlichen Krönung in Teutschland; die andern aber vom Tage der kaiserlichen Krönung zu Rom an zu rechnen. Bei dieser Rechnung finden sich in den Regierungsjahren Kaisers Friedrich III. insonderheit in den römisch-königlichen, des eigentlichen Zeitpunkts wegen, einige erhebliche Anstände, welche bisher nicht allzugenau beobachtet, noch gehörig erörtert worden.

Von den Regierungsjahren

als

Römischer König.

Da geschichtskundigermassen Friedrich im Jahre 1440. am Lichtmeßtage (2. Febr.) zu Frankfurt zum römischen König erwählet worden, so hat Georgisch (in Regesto chronologico-diplomaticis) unter diesem Kaiser den Anfang dessen römisch-königlicher Regierungsjahre ohne Bedenken auf den 2. Februar angesetzet, und diesen Tag durch die ganze Regierungszeit von Jahr zu Jahr am Rande beständig angemerket, ungeachtet ihm seine angeführten Urkunden widersprechen, indem er zwo Urkunden von einem Jahre, nämlich 1444 anzieht; die erste vom 5 April unsers Reichs im vierten Jahr: und die zweite vom 26. April unsers Reichs im fünften Jahr, die ihn aus seinem Irrthume hätten bringen können, wenn er darüber gedacht hätte, weil nothwendig zwischen den 5. und 26. April die Veränderung der Regierungsjahre mußte geschehen seyn, woraus er hätte schliessen können, daß die Regierungsjahre nicht vom 2. Februar gezählt werden müssen.

Calmet (in Chronologia) setzet die Erwählung Friedrichs zum römischen König, ohne den mindesten Grund anzugeben, auf den ersten Jäner 1440.

Das in dem k. k. geh. Hausarchive vorhandene Original Wahl-Dekret lautet also: —
„ Vnd darnach uff Dinstag vnser lieben frawen tag Purificationis zu latin genant. Haben wir —
„ unwerr Kunigliche gnade, zu einem Haupte, schuczer vnd Vogte der ganczen Cristenheit vnd zu ei-
„ nem Romischen Kunige ob got wil zukunftigen Keyser eynmuticlichen erwelt vnd gekoren — -
„ Geschehen vnd geben zu Frangfurt uff dem Meyne gelegen — Nach Cristi geburt Vierzehunn-
„ dert, vnd darnach In dem Vierczigsten Jare." — Also ist ganz richtig, daß im Jahre 1440. den 2. Februar Friedrich zum römischen König erwählt worden sey; doch irren diejenigen sehr, die dafür gehalten haben, daß in den Urkunden dieses Kaisers der Anfang der römischen Reichsjahre von diesem Wahltage an gerechnet werde; (aber doch auch nicht von der römischen Krönung, die erst im Jahre 1442. den 17. Junius zu Aachen erfolgte.) Nach dem Zeugnisse der bewährtesten Geschichtschreiber hat Friedrich sich lange bedacht, bevor er die auf ihn gefallene Wahl anzunehmen sich entschlossen hat. Ein Beweis dessen ist sein Antwortschreiben auf das Glückwünschungsschreiben des

Raths

und Vesper zu Frankfurt an ihr Stift in die Purificationis
beatae Mariae Virginis anno XIIIIC XL mo. Ebenso in Lersners
Chronik der Stadt Frankfurt I. T. 4. C. S. 104 zu finden.
"Friedrich von Gottes Gnaden Herzog zu Oesterreich etc. –
"und wann wir uns noch von des heiligen Reichs wegen auch
"die genannten verwaltung nicht angenommen haben, wann
"wir aber nach schickung des almächtigen gott darein versehn
"würden – geben zu Wien am Montag nach dem Suntag
"Reminiscere in der fasten Anno XIIIIC quadragesimo"
(22. Februar.) – Aus diesem erhellet klar, daß Friedrich
die Wahl auch den 22. Februar noch nicht angenommen hatte.

Ueberdieses findet man in dem K. K. geh. Hausarchive
zwei Hauptverträge zwischen ihm und seinem Bruder Albrecht
vom 9. März 1440. worinn Friedrich noch nicht anders als
Herzog zu Oesterreich genannt wird – Ein ebenda
selbst vorhandener Brief vom Sontage Reminiscere (12. März)
1441. nennet er noch des ersten Jahres seines Reichs; und man
kann mehr als dreissig Originalbriefe vom Hornung, März
und vom Anfange des Aprils verschiedener Jahre aufsinden,
in welchen die Erwähnung der beigesetzten römischen Reichsjahre
klar und einstimmig beweiset, daß er noch nicht einmal in den
ersten Tagen des Aprils 1440. die römische Königswürde
angenommen habe, zumal insonderheit und deinem das Stift
vorzüglich beiliegenden Originalbriefe vom Freytage
vor dem Sonntage Misericordia Domini (8. April) 1448.
des römischen Reichs im achten Jahre deutlich zu ersehen. –
Müller im Reichstags Theater unter Friedrich I. Aufl. Cap. 1.
S. 2. p. 8. meldet zwar, daß derselbe ersten Tage des Reichs
Herzog ihn nach Neustadt zu ihm abgeschickten Reichsgesandt.

schafft die Antwort und Erklärung wegen Annehmung der römischen Königswürde erhalten habe. Allein dieser Zeitpunkt ist etwas zu spät, und stimmt mit dem eigentlichen Antreten und Zahl der römischen Reichsjahre nicht zusammen, da aus dem k.k. geh. Hausarchiv ein und andere mitgetheilt worden, so dergestalt unterzeichnete Originalbriefe, so von 1480. 17. April. 1467. 10. April. und 1442. 7. April vorhanden sind, aus welchen klar zu sehen ist, daß man gedachte römische Jahre schon mehrere Tage vor diesem Feste [illegible] ange- fangen worden!

Zur näheren Erkenntnis dient hauptsächlich die von Hn Hettingers Urkunde über die Freiheiten der Stadt Neustadt, welche vom Dienstag als man singet Judica in der Fasten (17. April) 1442. im römischen Reich im dritten Jahr datirt ist, wodurch die Annehmung übergenommen, wie aber Friedrich schon am 7. April 1440. die römisch königliche Würde angenommen, und bereits das dritte Jahr das Reich verwaltet habe. Wenn man also die Urkunde vom 7. April 1442. wo das dritte Jahr des Reichs schon angefangen war, mit dem eben angeführten Briefe vom 8. April 1443. da das vierte Reichsjahr vielleicht genommen war, genau zusammen hält, und hiernach die gesuchte Annehmung näher hergiebt, so ist es nothwendig zu folgen, daß der eigentliche Anfang der römischen Reichsjahre vom sechsten April anzurechnen sei; welches ohne weitschweifiger bewiesen werden kann.

In einem Diario manu Friderici III. Imperat. scripto, quod edidit clarissimus Dominus de Kollar S. C. R. A. M. a consiliis et Director Bibliothecae Palat. in Analectorum Vindobonens: Tomo II. col. 672. ist folgende merkwürdige Stelle, die die [illegible] 1440. [illegible]

[illegible]

[illegible] 1440. [illegible] 6. [illegible]

[illegible]

Von den Regierungs Jahren des Kaisers [illegible]

[illegible] 1452 [illegible]

[illegible] 19. März [illegible]

[illegible] 19. Mär [illegible]

[illegible] 18. März [illegible] 1491. [illegible]

[illegible] 1452 [illegible]

[illegible] 18. März 1452. [illegible]

[illegible]

Auch scheint eine Irrung vorzuwalten, welche die Krönung in das vorhergehende Jahr 1451 setzen, und vermuthlich durch das Datum der Bulle des Pabst Nicolaus V. de coronatione romana Friderici Imperatoris (datum Romae apud Sanctum Petrum Anno incarnationis dominicae Millesimoquadringentesimo quinquagesimoprimo, duodecimo Kalend. Aprilis (19 März) Pontificatus nostri anno Sexto) verleitet worden, und scheinen den Gebrauch der päbstlichen Kanzley nicht gewußt zu haben, bei welcher von alten Zeiten her in den Bullen der Jahresanfang vom 25. März gerechnet wird, wornach also zur Zeit dieser Bulle das Jahr 1451 noch nicht verflossen war, obschon dieselbe wirklich in dem mit dem Jänner Ersten gerechneten Jahre 1452 den 19. März ausgefertiget worden ist. Und dieses ist auch das rechte Jahr, und der eigentliche Tag, an welchem, als dem damaligen Sonntag Laetare, Kaiser Friedrich nach dem Zeugniß des Lankmann v. Falkenstein eines unverwerflichen Augenzeugens, zu Rom mit der Kaiserkrone gekrönet worden. Drei Tage vorher wurde er auch zu Rom mit der lombardischen Krone gekrönt, wovon das Datum der Bulle folgendermaßen lautet: Datum Romae apud Sanctum Petrum anno incarnationis Dominicae Millesimoquadringentesimoquinquagesimoprimo, decimoseptimo Kalend. Aprilis (16 März) Pontificatus nostri anno quinto. — Ob aber die Sammler des Bullarii romani recht gethan, daß sie das Datum gedachter Bulle eigenmächtig verändert, und zwar nach Anweisung des in dem k.k. geh. Hausarchiv verwahrten Original mit ganzen Worten ausgeschriebenen Jahrs 1451, so wie oben angezeigt worden, eigenmächtig geändert, und dafür 1452 gesetzt haben; davon kann man wohl keiner andern Meinung seyn, als die ich hier äußere. *

* Man sehe hierüber Beilage.

in einem gleichen Falle [illegible] dem Vorhergegangenen [illegible] Verändern das wahre Datum [illegible] der zahl Wochen [illegible] [illegible] [illegible] Einmal [illegible].

Von den hungarischen Reichs-Jahren.

Herr [illegible] gibt Kaiser [illegible] [illegible] den hungarischen Reichs [illegible] [illegible] [illegible] der hungarischen Krone, den 17. Febr. 1459. [illegible] Friedrich die hungarischen Reichsjahre nicht von diesem Tage, sondern dem 4. März, als demjenigen Tage, an welchem er die [illegible] [illegible] Königswahl zu Neustadt feierlich [illegible] lassen [illegible] [illegible] anzeigen. Zu diesem Ende [illegible] [illegible] [illegible] eigene Urkunden, nämlich [illegible] [illegible] über [illegible] [illegible] [illegible] dem Datum Pfingsttag vor dem Sonntag Laetare [illegible] [illegible] 5. März 1467. [illegible] hungarischen Reichs im neunten Jahr [illegible] Und ein [illegible] [illegible] Wilhelm [illegible] [illegible] Sonntag [illegible] Kunigunden tag [illegible] 3. März 1470. [illegible] hungarischen [illegible] elften Jahre; [illegible] [illegible] [illegible] 1459 zurück, [illegible] dass den dritten März dieses Jahres [illegible] hungarische Reichsjahre [illegible] — [illegible] selben Monats aber dieselbe schon angefangen hatte.

[illegible] [illegible] [illegible] [illegible] [illegible] [illegible] [illegible] [illegible].

Verb:

Erklärung der Vignette.

Die hier oben stehenden Linien zeigen gewiesen wie man aus einem gegebenen Quadrat ein gleichseitiges Triangel zu machen habe, ohne den Inhalt die Fläche des Quadrats zu vermindern oder zu vermehren. Dieses Problem [illegible] Problem [illegible] auflösen. Zur leichteren Einleitung.

Es sei das gegebene Quadrat a.b.c.d. — Verlängert man die Grundlinie bc. mache man ein gleichseitiges Triangel bec. Nun suche man die mittlere Proportionallinie zwischen der Höhe des Triangels ef. und der Hälfte der Grundlinie des Quadrats bc. die gefundene mittlere Proportionallinie giebt die Höhe xy. zu dem gesuchten gleichseitigen Triangel. — will man aber auch die Seite zu dem gleichseitigen Triangel haben, so sucht man zu der gefundenen mittleren Proportionallinie eg. oder xy. und der Höhe Grundlinie bc. des Quadrats die dritte Proportionallinie; diese ist zb. und zugleich die Seite des gesuchten gleichseitigen Triangels zxb.

www.ingramcontent.com/pod-product-compliance
Lightning Source LLC
Chambersburg PA
CBHW020819230426
43666CB00007B/1049
9783337023379